Kyriacos C. Markides

Feuer des Herzens

Heiler, Weise und Mystiker

Aus dem Amerikanischen
übersetzt von Karl Friedrich Hörner

Knaur

Inhalt

Vorbemerkung 7

1 Die Erewna 13
2 Höllen und Paradiese 47
3 Illusionen 83
4 Das Verständliche und das Reale 113
5 Künstler des Herzens 137
6 Universales Gedächtnis 155
7 Erwachen eines Meisters 181
8 Entdeckungen 225
9 Kosmos und Geist 265
10 Gestalten des psychonoetischen Körpers 303
11 Visionen 331

Glossar 357

Vorbemerkung

Feuer des Herzens ist Teil einer Trilogie, die Fortsetzung meiner früheren Bände *Der Magus von Strovolos* und *Heimat im Licht*. Doch es ist darüber hinaus ein eigenständiges Buch; man kann *Feuer des Herzens* auch lesen, ohne mit den beiden vorausgegangenen Bänden vertraut zu sein. Wer *Der Magus von Strovolos* und *Heimat im Licht* jedoch bereits kennt, wird feststellen, daß *Feuer des Herzens* Material bietet, das in jenen Werken noch nicht geschildert oder ausgearbeitet wurde. Das erste Kapitel dient vor allem als zusammenfassender Überblick über die Grundgedanken der beiden ersten Bände. Die starke Verdichtung dieses Kapitels und das neue Vokabular brauchen den »uneingeweihten« Leser jedoch nicht einzuschüchtern. Die Gedanken und Begriffe werden in den folgenden Kapiteln weiter ausgeführt und durch ausführliche Dialoge, Anekdoten, Geschichten und experimentelle Vignetten illustriert. Um besser folgen zu können, sollte der »neue« Leser von dem Glossar am Ende des Buches reichlich Gebrauch machen.

Wie schon in den vorausgegangenen Bänden habe ich männliche Vornamen in Übereinstimmung mit der griechischen Grammatik dekliniert. Wenn ich über eine Person berichte, schreibe ich Daskal*os*, Kost*as*, Yiann*is*, Anton*is*, Stephan*os* – zum Beispiel: »Daskal*os* war nicht zu Hause, als ich eintraf.« Wenn ich einen Griechen anspreche, sage ich aber: Daskal*e*, Kost*a*, Yiann*i*, Anton*i*, Stephan*e* – zum Beispiel: »Sage mir, Daskal*e*, wie kannst du deinen Körper nach Belieben verlassen?« (Weibliche Vornamen besitzen im Griechischen keine eigene Anredeform.)

Alle Namen in diesem Buch sind frei erfunden, mit Ausnahme historischer Namen und derer von Angehörigen meiner eigenen Familie. *Daskalos* ist jedoch kein Pseudonym, sondern der Titel, mit dem ihn seine Schüler anreden. Er ist in Griechenland recht gebräuchlich und bezeichnet im allgemeinen Schulleiter oder Priester. Wörtlich bedeutet Daskalos »Lehrer« oder »Meister«.

Die Reihe der Personen, denen ich im Zusammenhang mit der Fertigstellung dieses und der beiden vorausgegangenen Bände Dank schuldig bin, ist zu lang, um alle namentlich zu erwähnen. Zu ihnen gehören all jene lieben Freunde, die Teil dieses Buches sind, aber auch meine Verwandten auf Zypern. Es erübrigt sich fast zu sagen, daß ich Daskalos und Kostas, den griechisch-zypriotischen spirituellen Meistern, zutiefst dankbar bin für ihre Freundschaft und ihr Vertrauen, mit dem sie mir die Gelegenheit und Ehre erweisen, ihre außergewöhnlichen Lehren einem breiteren Publikum zugänglich zu machen.

Ich danke der University of Maine für ein Ferienjahr und ein Sommerstipendium, die die Fortführung meiner Arbeit in Zypern erst ermöglichten. Alle meine Kollegen von der Abteilung für Soziologie und Sozialarbeit waren mir eine große Hilfe und unterstützten meine Forschungen, was ich sehr zu schätzen weiß. Besonders dankbar bin ich meinen Freunden und Kollegen, den Professoren Steve Cohn, Stephen Marks und Kathryn Grzelkowski für ihr tätiges Interesse, ihre moralische Unterstützung und ihre Bereitschaft, mir mit hilfreichem Rat und kritischen Kommentaren zur Seite zu stehen. Sehr dankbar bin ich auch Susan Greenwood für ihren Enthusiasmus und für die Zeit und Energie, die sie großzügig einsetzte, um die erste Fassung des vorliegenden Buches sorgfältig zu lesen. Michael Lewis' Kunst und seine tiefe Anteilnahme an der Essenz dieser Bücher schätze ich sehr. Im Laufe der letzten Jahre und dank der hier dargestellten Lehren konnte ich das große Privileg von Michaels Freundschaft, seinem künstlerischen Rat und seiner spirituellen Sensitivität genießen.

Meine Frau Emily war von Anfang an Teil dieser Arbeit. Wir sind in unseren spirituellen und existentiellen Anstrengungen zusammengewachsen, als wir versuchten, die mächtige Herausforderung des mystischen Weltbildes von Daskalos und Kostas zu bewältigen. Als gebürtige Zypriotin, versiert in deutscher und französischer Literatur, brachte Emily eine kultivierte und kritische Perspektive in unsere Arbeit ein und löste damit einige der besten Dialoge aus. Sie machte mir bewußt, daß es für die spirituelle Renaissance der Menschheit notwendig ist, »die Göttin wieder zum Leben zu erwecken«. Vor allem aber war sie ein sehr wichtiges, stabilisierendes Element auf der Reise meines Lebens. Ich bezweifle, ob ich ohne ihre Anwesenheit Energie und Seelenfrieden aufgebracht hätte, meiner langjährigen abenteuerlichen Entdekkungsreise in die geheimnisvolle Welt der spirituellen griechisch-zypriotischen Meister nachzugehen.

Στούς Ἐρευνητές τῆς Ἀληθείας

1

Die Erewna

Kaum war ich im Mai 1987 in Nicosia angekommen, als Stephanos mich anrief. »Ich muß dir etwas zeigen«, sagte er. »Es geht um Daskalos. Ich muß dich gleich sehen.« Seine Stimme klang erregt und drängend, und obwohl ich wegen des langen Fluges von Maine nach Zypern in der Nacht zuvor nicht geschlafen hatte, sagte ich ihm, er könne sofort kommen. Ungeachtet meiner Müdigkeit war ich mehr als erfreut, meinen guten Freund und Vertrauten Stephanos wiederzusehen.

»Die Dinge geraten allmählich außer Kontrolle«, meinte er schmunzelnd und überreichte mir eine Zeitung mit einem zweiseitigen Artikel über Daskalos.

Unwillig schüttelte ich den Kopf. Trotz meines Versprechens, Daskalos' Privatsphäre zu schützen, schien es keine Möglichkeit mehr zu geben, seine Identität geheimzuhalten. Ich hatte bereits zwei Bücher über ihn geschrieben; die Insel Zypern ist jedoch zu klein, als daß hier jemand anonym bleiben konnte – schon gar nicht eine Persönlichkeit wie Daskalos. Wenn er eine »Wunderheilung« vor den Augen mehrerer staunender Journalisten vollbrachte, ließ es sich nicht vermeiden, daß diese Geschichte bald darauf durch die Presse ging. Stephanos war gerade zugegen, als die außergewöhnliche Heilung stattfand, und konnte mir ausführlicher darüber berichten.

»Ich unterhielt mich gerade mit Daskalos«, begann er, während wir uns mit einem Glas Eistee niederließen, »als diese Journalisten mit ihren Kameras und Kassettenrekordern ins Haus kamen und um einen Termin mit ihm baten. Sie hatten erfahren, was er tat, und wollten ihm einige Fragen stellen.

Daskalos lud sie ein hereinzutreten und sprach über eine Stunde lang mit ihnen.«

»Das ist wahrlich eine Neuerung«, wunderte ich mich. Ich wußte, daß Daskalos Journalisten früher nie Interviews zu geben pflegte.

»Sie stellten alle möglichen Fragen«, fuhr Stephanos fort, »über das Leben nach dem Tode, Reinkarnation, Heilungen, Hellsichtigkeit und ähnliches. Ich glaube nicht, daß diese Burschen vorher je etwas über solche Themen vernommen hatten, und sie hörten offensichtlich fasziniert zu.

Als sie gerade dabei waren, sich zu verabschieden, kam eine Engländerin herein, die ihren dreijährigen Sohn auf den Armen trug. Was dann geschah, entspricht weitgehend dem, was die Zeitung berichtet.«

Ich blickte auf das Wochenblatt und las erneut die Schlagzeile: »Spyros Sathi [Daskalos] heilte vor mehreren Zeugen dreijährigen Engländer von Kinderlähmung.« Ich las weiter: »War es ein Wunder? War es Suggestion? Ich weiß nicht, was ich sagen soll. Ich weiß nur, was ich mit eigenen Augen gesehen habe: Ein kleines Kind, das wenige Minuten zuvor noch nicht auf eigenen Füßen zu stehen vermochte, konnte nun im Zimmer umherlaufen.« Der Journalist schilderte weiter, wie Daskalos die Heilung vollbracht hatte: »Neugierig starrte ich die englische Frau mit ihrem Kind auf den Armen an. Erst, als sie den Knaben in Spyros Sathis Arme gab, fiel mir auf, daß sein linkes Bein mit einer massiven Kunststoffschiene fixiert war. Es war atrophiert und deutlich kürzer als das rechte. ... Spyros Sathi setzte sich auf einen Stuhl, hielt den Jungen in den Armen und begann, sehr sanft und liebevoll zu ihm zu sprechen. Dabei strich er behutsam über das kranke Bein. ›Was fehlt Ihrem Sohn?‹ fragte flüsternd einer meiner Kollegen die Frau. ›Er hat Kinderlähmung‹, antwortete sie. ›Er kann nicht einmal stehen. Wenn wir ihn nicht halten, fällt er um.‹ In der Zwischenzeit strich Spyros Sathi weiterhin über das verkümmerte Bein. Er zog einige Male, als wolle er es verlängern. ... Es mußten etwa zwanzig Minuten vergangen sein, ich habe nicht genau darauf geachtet. Ich hatte meinen Blick abwechselnd auf das Kind und auf Spyros Sathi geheftet. Plötzlich verzerrte sich das Gesicht des Knaben. In diesem Augenblick hob Spyros Sathi den Jungen hoch, gab ihm einen leichten Klaps auf das Gesäß und forderte ihn auf: ›Jetzt lauf, mein Junge.‹ Und das Kind begann im Zimmer umherzurennen! War das ein Wunder? War es Suggestion? Man kann es deuten, wie man mag. Ich habe nur berichtet, was ich mit eigenen Augen sah.«

»Die Zeit der Anonymität ist vorbei«, sagte ich zu Stephanos, der meine Erlebnisse mit Daskalos seit fast einem Jahrzehnt geteilt hatte.

Im Sommer 1978 war ich Spyros Sathi zum ersten Mal begegnet. Der pensionierte Beamte, ein hochgewachsener, »normal« aussehender Mann, schien sich äußerlich von seinen Landsleuten nicht zu unterschieden. Männer seiner Erscheinung fand man in großer Zahl in den Kaffeehäusern Zyperns, deren ausschließlich männliche Besucher sich die Zeit mit Backgammon und Kartenspielen totschlugen, Zeitungen lasen, klatschten und gemächlich ihren türkischen Kaffee schlürften.

Aber Spyros Sathi war kein gewöhnlicher Mann, und er zählte schwerlich zu den Stammgästen der Kaffeehäuser. In seiner Freizeit kümmerte er sich lieber um seine Kakteen und andere Pflanzen, malte fremdartige, »unirdische« Landschaften und hörte Musik von Beethoven. Hätte er in Sibirien, Nepal oder in einem afrikanischen Dorf gelebt, würden ihn die Anthropologen höchstwahrscheinlich als Schamanen bezeichnen. Als Mexikaner oder Peruaner hätte er gewiß den Titel *Curandero* verdient; Inder und Tibeter würden ihn als Yogi oder Lama verehren.

Spyros Sathi ist ein Heiler und ein Meister metaphysischen

Wissens und unvorstellbarer psychischer Kräfte. Er behauptet, seinen alternden Körper nach Belieben verlassen und in Gesellschaft anderer »unsichtbarer Helfer«* an entfernte Orte oder in andere Dimensionen reisen zu können, um jenen, die seiner Hilfe bedürfen, »zu Diensten zu sein«. Dies tut er bei vollem Bewußtsein, und anschließend berichtet er seinen Anhängern von seinen Erlebnissen in der *Eksomatose** (außerhalb des Körpers).

Menschen aus allen Teilen der Gesellschaft suchten ihn diskret auf, nachdem sie die Möglichkeiten der konventionellen Medizin ausgeschöpft hatten, und baten um die Durchführung von Exorzismen und um Heilung an Leib und Seele* von allen möglichen physischen und psychischen Gebrechen.

Schon seit langer Zeit war sein Name auf der Insel gleichbedeutend mit Okkultismus, und fromme Menschen hielten es für ihre Pflicht, ihm als einem »Magus*« mephistophelischen Formats aus dem Wege zu gehen. »Erwähne bloß nicht den Namen dieses Mannes in meinem Hause«, warnte mich einst eine liebe, tiefreligiöse Tante. Frühere Anstrengungen seitens der klerikalen Hierarchie, ihn zu exkommunizieren, scheiterten an dem beherzten Widerstand des damaligen Erzbischofs Makarios. Man munkelte, daß Seine Seligkeit selbst zum Kreise der Schüler des Daskalos gehörte und insgeheim Tonbandaufnahmen von Vorträgen und Unterweisungen Sathis empfing. Gewiß hatte der Metropolit erkannt, daß dieser Mann keine Gefahr für das Christentum darstellte und bestimmt auch kein rabiater Hexer war. Er mußte, wie ich, begriffen haben, daß der ungewöhnliche Mann aus Strovolos ein christlicher Mystiker war.

Für den gewöhnlichen, ungläubigen Intellektuellen war Spyros Sathi nicht ernst zu nehmen. Vielleicht war er ein Schelm, gewiß aber ein Scharlatan. Bestenfalls war er eine

* Alle bei ihrem ersten Erscheinen im Text mit diesem Zeichen (*) versehenen Begriffe werden im Glossar am Ende des Buches erläutert.

amüsante Kuriosität, ein harmloser Anachronismus für den Leichtgläubigen und Naiven, eben jemand für »leicht bescheuerte« Menschen, die nicht im akademischen Denken und in wissenschaftlicher Objektivität geschult waren. »Willst du wirklich deine Zeit mit diesem Mann vergeuden?« fragte mich ein besorgter Vetter, ein erfolgreicher Sozialwissenschaftler, und schüttelte den Kopf, als ich zum ersten Mal meine Absicht äußerte, ein Feriensemester damit zu verbringen, die Welt des Spyros Sathi zu erkunden. »Warum untersuchst du nicht die Klassenstruktur auf Zypern und die Beziehung zwischen dem Stimmverhalten der Bürger und ihrer Zugehörigkeit zu politischen Parteien? So etwas hat noch keiner in Angriff genommen«, legte er mir allen Ernstes ans Herz.

Spyros Sathi verbrachte die meiste Zeit als eine Art Paria in seiner eigenen Gesellschaft; Gläubige wie Ungläubige betrachteten ihn mit tiefem Argwohn. Das galt natürlich nicht für jene, die ihn um Hilfe ersucht hatten, oder für seinen wachsenden Kreis von Schülern, die ihren Ruf aufs Spiel setzten, um seine Vorträge in der *Stoa** zu besuchen, einem Raum hinter seinem Haus, der der geistigen Arbeit geweiht war. Dort versammelten sie sich und praktizierten die mystischen Disziplinen, darunter die Meditationsübungen, die er für ihre psychonoetische und spirituelle Entwicklung ersonnen hatte. Für sie war Spyros Sathi nicht nur »der Magus von Strovolos«, sondern »Daskalos«, Meister und Lehrer der esoterischen Weisheit.

Ich teilte Stephanos mit, daß ich Daskalos am nächsten Morgen aufsuchen wollte, nachdem ich gut ausgeschlafen hätte. Als ich am folgenden Tage an seinem Hause ankam, traf ich wie gewöhnlich mehrere Besucher, die aus verschiedenen Gründen seine Hilfe suchten. Er war leutselig und freute sich, mich zu sehen, nachdem seit meinem letzten Besuch im August 1986 mehr als acht Monate ins Land gegangen waren.

Alles andere als verärgert über seine Darstellung in der Presse, schien er sogar erfreut, ja zutiefst amüsiert über das Erstaunen der Journalisten. »Es war überhaupt nichts Wunderhaftes und Außergewöhnliches dabei«, meinte er schmunzelnd. »Ich wurde lediglich zum Werkzeug des Heiligen Geistes*, das ist alles.« Er wiederholte, was er zu mir schon viele Male gesagt hatte: Was ein Wunder zum Wunder macht, ist unsere Unwissenheit. Wüßten wir, wie die Natur arbeitet, brauchten wir solche Phänomene nicht als Wunder bezeichnen. »Das einzige Wunder«, stellte er fest, »ist das Leben selbst. Sonst nichts.«

In seiner verschmitzten Art machte Daskalos einige Witze über die Episode und verbreitete Heiterkeit unter seiner kleinen Zuhörerschar. Da er in Gesellschaft war und Arbeit hatte, blieb ich nur kurz. Wir vereinbarten, uns im Laufe der Woche wieder zu treffen. In der Zwischenzeit verbrachte ich einige Tage in der florierenden Hafenstadt Limassol. Dort nahm ich den Kontakt zu Kostas wieder auf, dem am weitesten fortgeschrittenen Schüler von Daskalos.

Der Zeitungsartikel hatte überall auf der Insel für Aufregung gesorgt, selbst unter jenen, die solche Dinge wie geistige Heilung, psychische Fähigkeiten und dergleichen normalerweise ignorierten. Da ich in gewissem Sinne als »Experte« für solche Themen galt, fragten mich Freunde und Bekannte nach meiner »wohlinformierten Meinung«. Unter ihnen war auch Sophia, eine Soziologin zypriotischer Abstammung, die an einer kanadischen Universität arbeitet. Sie war im Sommer auf die Insel gekommen, und nachdem sie von meiner Anwesenheit auf Zypern erfahren hatte, setzte sie sich mit mir in Verbindung.

Wir verabredeten uns für Samstag gegen Abend im *Elefthere Karpasia*, einem Restaurant nahe der »Grünen Linie*«, der von den UNO-Behörden auf Zypern (UNFICYP) bestimmten Demarkationslinie, die den Frieden zwischen griechischen und türkischen Zyprioten gewährleisten sollte. Es handelte sich um ein ausgebombtes, aufgegebenes Regierungsgebäude aus Sandstein, das in der britischen Kolonialzeit gebaut worden war. Mir gefällt dieser Ort trotz der bitteren Erinnerungen an den tragischen Zustand zwischen den beiden ethnischen Gruppen und der katastrophalen Invasion der Insel durch die Türkei im Sommer 1974.

Das Restaurant war nur zur Hälfte überdacht, die andere Seite war bei der Bombardierung zerstört worden. Es gab einen offenen Platz, einen Hof mit Jasmin-Sträuchern, Palmen und alten venezianischen Bögen mit Blick über die türkisch besetzte Seite Nicosias. Flüchtlinge aus der Halbinsel Karpasia, die nun von Türken besetzt war, hatten das Gebäude übernommen und unterhielten hier während der heißen Sommermonate dieses bescheidene Unternehmen. Es war bevorzugter Aufenthaltsort von einigen Angehörigen der örtlichen Intelligenz und manchen radikalpolitischen Aktivisten und eignete sich gut für lange, ungestörte Gespräche.

»Offen gesagt, ich begreife nicht, was du in all diesen Jahren getan hast«, begann Sophia lächelnd, nachdem wir uns an einen Tisch unter einem der venezianischen Bögen gesetzt hatten. »Ich muß dir ganz ehrlich sagen: Die Dinge, mit denen du dich beschäftigst, beunruhigen mich. Sie stehen im Gegensatz zu meiner ganzen Ausbildung und Denkweise.«

»Ich kann das nachempfinden«, erwiderte ich lachend und versicherte ihr, daß mich solche Reaktionen nicht im geringsten betrübten. Ich war fast sicher, daß Sophia über meine Forschungen nur vage Informationen besaß. Sie kannte mich als politischen Soziologen, bei verschiedenen Gelegenheiten hatten wir an Seminaren über die Lösung des Zypern-Problems teilgenommen. Es fiel ihr schwer zu verstehen, wie ich mich mit dem Leben und Wirken obskurer Heiler und Mystiker beschäftigen und durch meine schriftstellerische Tätigkeit einen so radikalen Gesinnungswandel demonstrieren konnte.

Wie ich, hatte auch sie in der wissenschaftlichen, positivistischen Tradition der Sozialwissenschaften studiert und gelernt, daß jegliche Form von Religion ein Schutz ist, entweder für die Gesellschaft oder für eine Psychopathologie. Es war nur natürlich, daß Sophia meine Sympathien für Daskalos, Kostas und deren Schülerkreis in Frage stellte. Ich ahnte, was in ihrem Denken vorgehen mußte: Armer Kyriacos! Er meint es gut, aber wie konnte es nur so weit kommen?

»Als ich vor fast zehn Jahren meine Forschungen mit Daskalos begann, war ich durch und durch Skeptiker wie du«, erklärte ich. »Aber nach all diesen Jahren bin ich zu der Erkenntnis gelangt, daß es sich hier um etwas höchst Authentisches handelt, das wir nicht leichtfertig abtun dürfen.«

»Aber wie steht es nun um deine wissenschaftliche Objektivität?« fragte Sophia mit freundlicher Ironie.

»Ich versichere dir, daß mein Vorgehen nicht im Widerspruch zu den Zielen der Wissenschaftlichkeit steht. Ich gehe lediglich einen eher phänomenologischen Weg in diesem besonderen Falle.« Es war nicht mein Ziel gewesen, die Welt zu erklären (oder vom Tisch zu wischen), die Menschen wie Daskalos und Kostas erlebten.

»Statt als amerikanischer Akademiker die Welt des Daskalos mit festen vorgefaßten Vorstellungen über ihre Realität zu betreten, beschloß ich vielmehr, ihn zu bitten, mir selbst darüber zu erzählen. In Situationen, in denen die Realität deines Forschungsobjektes so radikal verschieden ist von deiner eigenen, ist es unklug, deine Sichtweise aufzudrängen, ganz gleich, wie wissenschaftlich sie auch zu sein scheint, bevor du ihm die Möglichkeit bietest, seine Sache in eigener Sprache und Begrifflichkeit darzustellen. Ich mußte vorsichtig sein, um ihm nicht meine Vorurteile und Begrenzungen aufzudrängen.«

»Meinst du nicht, Kyriaco«, warf Sophia nachdenklich ein, »daß deine Methode auch ihre Nachteile hat? Mit anderen

Worten: Ist es nicht ein Rückschritt, daß deine Methode deskriptiv ist und nicht auf kritischer Grundhaltung basiert?«

»Im Gegenteil, bei meinen Begegnungen mit Daskalos ebenso wie mit Kostas hatte ich immer die Rolle des ›zweifelnden Thomas‹ gespielt. Die ganze Zeit hatte ich eine kritische Grundhaltung, manchmal sogar intensiver, als es die Umstände erfordert hätten. Anders ausgedrückt: Ich fühlte mich gezwungen, die Gültigkeit dessen zu erforschen, was über das Wesen der Realität gesagt wurde. Dies war gar nicht schwer, weil ich als Skeptiker akzeptiert war.«

Sophia blieb hartnäckig: »Andererseits bedeutet deine Methode, daß du ihre Version der Wirklichkeit im Grunde gar nicht hinterfragst. Du konfrontierst sie nicht mit einer alternativen Sicht.«

»Auf der Ebene der Konfrontation allein wäre ich nicht so weit gekommen. Es wäre mir nicht möglich gewesen, zehn Jahre lang soviel Material über die außergewöhnliche Welt zu sammeln, in der diese Mystiker leben und wirken. Sie hätten mich längst als hoffnungslos starren Dogmatiker abgelehnt.«

»Aber«, beharrte Sophia, »läufst du nicht Gefahr, dich mit diesen Leuten zu identifizieren, wenn du dich unter sie mischst, ihre Welt und Wahrnehmungsweise teilst und dabei deine Rolle als kritischer Soziologie vergißt?«

»Ist das mein Risiko oder dein Vorurteil?« konterte ich. »Das Risiko, sich mit ihnen zu identifizieren, verlangt, daß ich als Forscher mich weigere, in die Situation hineinzugehen, um meinen Gegenstand wirklich zu verstehen. Statt dessen ziehe ich es vor, einen wissenschaftlichen Abstand zu wahren, und behandele die anderen als Forschungsobjekte. Ich glaube nicht, daß ein solcher Weg in Fällen dieser Art zu irgendwelchen fruchtbaren Resultaten oder zu wirklichem Verstehen führen würde. Im Gegenteil: Es führt zu Voreingenommenheit und einem Mangel wirklicher Einsicht in die zu erforschende Materie.«

Unsere kurze und freundschaftliche Debatte über die Methodik endete, als der Kellner an unseren Tisch kam. Sophia bestellte Tee, ich bat um ein Glas Bier. Es wurde langsam dunkel, die Sonne war schon vor fast einer Stunde untergegangen. Aber wir konnten noch die Menschen auf den Balkonen jenseits des breiten, trockenen Grabens sehen, der uns von den Türken trennte, die innerhalb des Stadtgebietes lebten; die Befestigungen waren von den Venezianern im sechzehnten Jahrhundert gebaut worden, als sie die Insel beherrschten.

»Willst du damit sagen, Kyriaco«, fragte Sophia, als sie auf die türkische Seite hinüberblickte, »daß dieser Daskalos sogenannte paranormale Fähigkeiten besitzt?«

»Ich will dir sagen, was er selbst sagt und was in der Tat alle echten Mystiker sagen: daß es in Wirklichkeit nichts Metaphysisches auf der Welt gibt. Es ist die Begrenztheit unserer Wahrnehmung, die gewisse Phänomene oder Fähigkeiten als ›paranormal‹ einordnet. Wäre unsere Wahrnehmung anders, erschienen uns Dinge wie nicht-medizinische Heilungen, psychische Fähigkeiten und so weiter möglicherweise als völlig normal und natürlich.

Tatsächlich habe ich erkannt, daß unser Bewußtsein über das Wesen der Natur stark begrenzt ist. Alles, was sich außerhalb dieser Grenzen befindet, nennen wir ›paranormal‹ oder ›metaphysisch‹ und definieren es als etwas, das jenseits des Bereichs von Verstand und Vernunft ist. Wenn wir diese Einordnung in unserem Denken einmal vorgenommen haben, lehnen wir bewußt oder unbewußt ab, was wir so bezeichnet haben. Wir bezeichnen es als unreal und behaupten bestenfalls, es entziehe sich dem menschlichen Verstehen. Hinter beiden Haltungen steht die Aufforderung: ›Kümmere dich nicht darum.‹ – Mit anderen Worten: Für natürlich und wirklich halten wir nur das, was unserem gewöhnlichen Sehen, Hören, Berühren, Schmecken und Riechen zugänglich ist. – Wenn wir aber nun mit ›Über-Sinnen‹ begabt wären, wie es

Mystiker und sogar einige Wissenschaftler unserer Zeit behaupten? Und wenn wir diese Über-Sinne entfalten und beherrschen können und sie einsetzen für ein profunderes Verstehen der Welt?

Wir halten es für selbstverständlich«, fuhr ich fort – Sophia lauschte mir nun mit offensichtlichem Interesse –, »daß die Evolution des menschlichen Bewußtseins vom Punkt der Unbewußtheit voranschritt zu Aberglaube und primitiver Magie. Dann entfaltete sie sich weiter zur Vernunft und gipfelte in den Triumphen des wissenschaftlichen Denkens im neunzehnten und zwanzigsten Jahrhundert. Aber es gibt keine logische Basis für die Annahme, das Wachstum des Bewußtseins habe in der mechanistischen Wissenschaft unserer Tage sein höchstes Ziel und seine Bestimmung erreicht. Vielleicht gibt es – wie die größten Mystiker zu allen Zeiten uns sagten – Stufen jenseits des Rationalen und Wissenschaftlichen, die die Spezies Mensch erst noch zu erreichen hat? Das entspräche genau dem, was Vertreter der transpersonalen Psychologie heute behaupten.«

Sophia nippte nachdenklich an ihrem Tee. »Deutest du damit an«, meinte sie schließlich, »daß Menschen wie deine Freunde Daskalos und Kostas außergewöhnliche Fähigkeiten besitzen, die über die fünf Sinne hinausgehen?«

»Alles, was ich dir sagen kann«, antwortete ich lächelnd, »ist, was ich bei diesen Menschen im Laufe der vergangenen zehn Jahre erlebt habe. Ziehe deine eigenen Schlüsse daraus. Als ich dieses Projekt in Angriff nahm, betrachtete ich jede Behauptung sogenannter paranormaler Fähigkeiten mit Argwohn. Doch was ich im Laufe der Jahre bei Daskalos und Kostas erlebte und aus Büchern über solche Themen erfuhr, zwang mich, meine frühere, positivistische Voreingenommenheit zu überdenken. Ich bin zu der Hypothese gelangt, daß solche Fähigkeiten nicht nur möglich, real und normal sind, sondern vielleicht das phylogenetische Erbe unserer Spezies darstellen. Sie schlummern gewissermaßen in der Psyche des Durchschnittsmenschen, manifestieren sich aber in manchen begabten Individuen wie Daskalos und Kostas. Solche Menschen bezeichnet man als Mystiker, Hellsichtige, Schamanen und Medien.

Ich muß zugeben, daß meine frühere Skepsis im Laufe der Zeit beträchtlich unterhöhlt wurde, als ich mit eigenen Augen eine Reihe außergewöhnlicher Heilungen und Koinzidenzen beobachtete. Was neulich vor den Journalisten stattfand, war für mich nicht mehr überraschend, nachdem ich solche Phänomene oft genug beobachtet hatte, um sie langsam als selbstverständlich zu akzeptieren.«

»Kannst du mir einige Beispiele nennen?« fragte Sophia.

»Letzten Sommer kam eine britische Heilerin, um Workshops in ihrem Spezialgebiet anzubieten. Ich bereitete mich gerade auf meine Rückkehr nach Maine vor. Die Heilerin hatte meine Bücher gelesen und suchte Daskalos auf. Als sie ihr Gespräch beendet hatten, heilten Daskalos und Kostas sie von ihrem chronischen Wirbelsäulenleiden. Als ihr klar wurde, was geschehen war, blieb sie noch einige Zeit allein in der Stoa und schluchzte. Später am gleichen Abend rief sie meine Frau Emily an, um ihr mitzuteilen, daß sie beim Zubettgehen entdeckt habe, daß ihre beiden Beine nun gleich lang seien. Sie hatte keine Probleme beim Gehen mehr. Sie war noch sehr ergriffen und schluchzte am Telefon. ›Da bin ich nun‹, sagte sie, ›nach Zypern geflogen, um Seminare über das Heilen zu geben, und statt dessen wurde ich selbst geheilt.‹«

Dann schilderte ich Sophia noch eine Reihe weiterer Fälle – auch die spektakuläre Heilung von Mrs. Katina, die gelähmt im Bett lag und ebenfalls unter Problemen der Wirbelsäule litt. Daskalos heilte sie vor unseren Augen. Die Frau konnte seit damals ein normales Leben führen, ohne einen Rückfall zu erleiden. Von besonderer Bedeutung war in diesem Falle die Tatsache, daß sie nach ihrer plötzlichen Genesung ihren Radiologen aufsuchte, der Röntgenaufnahmen ihrer Wirbelsäule anfertigte. Die neuen Bilder zeigten eine normale Wirbelsäule, während Aufnahmen, die eine Woche früher entstanden waren, eine kranke Wirbelsäule dokumentierten.

»Bei einer anderen Gelegenheit war ich mit Daskalos unterwegs. Da begann er ganz unvermittelt, mir das Innere unseres Hauses in Maine zu beschreiben und scherzte, wir sollten auch im Obergeschoß ein Telefon anschließen lassen. ›Wenn du immer die Treppe hinuntereilst, um zum Telefon zu gelangen, kannst du dir eines Tages noch den Hals brechen, Kyriaco‹, bemerkte er. Keiner hatte ihm je das Innere unseres Hauses in Maine geschildert – und ganz gewiß nicht den Ort, an dem das Telefon steht.«

»Vielleicht«, meinte Sophia zögernd, »kann man all dies als bloßen Zufall erklären?«

»Es fiele mir schwer, all diese Dinge als Zufall abzutun. Wenn solche Fälle sich häufen, wirst du aufmerksam. Dann verliert die Vermutung, es handele sich um bloße Zufälle, allmählich ihre Macht.«

Ich zitierte weitere Beispiele. »Eine meiner Studentinnen hatte seit zwanzig Jahren körperliche Probleme. Die Ärzte konnten die Ursache nicht finden. Ich nahm ein Photo von ihr zu Daskalos mit. Nachdem dieser es einige Augenblicke in der Hand gehalten hatte, diagnostizierte er, daß das Problem im Gehirn liege. Er riet zu einem Elektroenzephalogramm. Die Studentin folgte seinem Rat und ließ eine teure Untersuchung ihres Gehirns durchführen. Dabei stieß man tatsächlich auf das Problem. Sie vermied es, den Ärzten zu erzählen, wie sie auf die Idee einer Gehirnuntersuchung gekommen war.

In einem anderen, ähnlichen Fall brachte ich das Bild einer New Yorker Frau zu Daskalos. Sie hatte chronische körperliche Beschwerden, und auch hier vermochten die Ärzte die Ursache nicht zu ergründen. Daskalos bat mich, ihr mitzuteilen, daß die Ursache in ihren schlechten Zähnen liege. Sie müßte sie alle entfernen lassen, sagte er, weil sie den ganzen Organismus infizierten und vergifteten. Mit großen Vorbehalten schrieb ich, was Daskalos verordnet hatte, und schickte den Brief von Zypern ab. Sechs Monate später erhielt ich einen Telefonanruf. Es war der Mann jener Frau. Er wollte mir einfach berichten, was geschehen war. Seine Frau hatte die Empfehlung von Daskalos nicht ernst genommen und keinen Zahnarzt aufgesucht. Nach einem halben Jahr ›explodierten‹ ihre Zähne regelrecht und fielen aus. Der infektiöse Eiter rann ihr aus dem Mund. Endlich ging sie zum Zahnarzt und ließ sich die Zähne vollends entfernen. Ihre körperlichen Probleme verschwanden.«

»Wenn diese Fälle echt sind«, meinte Sophia verblüfft, »wie erklärst du sie dann, da du einen Zufall ausschließt?«

»Große Philosophen, Mystiker und Wissenschaftler haben zu allen Zeiten gesagt, daß es in Wirklichkeit keine Zufälle gibt. Carl Gustav Jung beispielsweise entwickelte seine berühmte und umstrittene Theorie der Synchronizität zur Erklärung von Koinzidenzen. Daskalos und Kostas wirken ebenfalls in einem hochentwickelten Wissenssystem, das das Wesen des Zufalls erklären kann.«

Da entdeckte ich am Eingang einen alten Freund, den ich seit Jahren nicht mehr gesehen hatte. Ich winkte ihm zu, und wir wechselten einige Worte; dann schloß er sich seinen Freunden an einem anderen Tisch an. Sophia und ich begannen mit unserem herzhaften Abendessen. Alle Tische in der *Elefthere Karpasia* waren inzwischen besetzt, und die Kellner eilten geschäftig zwischen Küche und Tischen hin und her, um den Gästen *Mezedes* (eine Auswahl griechischer und türkischer Horsd'œuvres) zu servieren sowie Bier und heimischen Wein zu bringen.

»Ich bin bereit, mehr über die Weltanschauung deiner Freunde zu hören«, sagte Sophia, nachdem wir gespeist und dabei persönliche Informationen ausgetauscht hatten.

»Unsere Gedanken und Gefühle sind Energien, die wir in die Umgebung hinausprojizieren«, begann ich meinen Versuch, Sophia in die Grundlagen von Daskalos' Lehren einzuführen. »Sie sind die Elementale*, die jedes menschliche Wesen ständig erzeugt.«

»Was verstehst du unter Elementalen?«

»Elementale* sind Gedankenformen, die eine Vielfalt von Formen und Farben annehmen können; ein fortgeschrittener Mystiker und Hellsichtiger kann sie wahrnehmen, wie sie aus dem Unterbewußten einer Person ausgehen. Diese Elementale haben Macht, Energie und ein eigenes Leben. Ihre Energie kann positiv oder negativ sein. Ein gütiger Gedanke und eine positive Empfindung gegenüber einer anderen Person ist zum Beispiel ein Elemental, das mit positiver Energie geladen ist. Negative Gefühle oder Gedanken bilden dagegen negative Elementale.«

»Wohin gehen diese Elementale?« fragte Sophia.

»Es liegt in der Natur der Elementale, innerhalb der – wie Daskalos und Kostas sie nennen – psychonoetischen Dimensionen des Daseins zu leben, von wo aus sie Menschen der gleichen Schwingungsfrequenz beeinflussen. Früher oder später kehren sie zu ihrem Ausgangspunkt zurück. Welches Elemental wir auch in die Umgebung aussenden, ob gut oder böse: es kehrt schließlich zu uns zurück, siebenmal stärker. So wirkt Karma*.«

»Karma?«

»Ja, das Gesetz von Ursache und Wirkung*. Sie sagen, daß nichts im Leben zufällig ist. Alle Existenz wird beherrscht vom Karmagesetz, dem Gesetz von Ursache und Wirkung. ›Wie du säst, so wirst du ernten.‹ Diese Worte basieren auf dem Karmagesetz. Was auch immer wir tun, ob gut oder schlecht, tun wir in Wirklichkeit und letzten Endes uns selbst.«

Ich erklärte weiter, daß das Karmagesetz im Zusammenhang der wiederholten Erdenleben wirkt. »Die Elementale, die wir nach draußen projizieren, kehren zu uns zurück, in diesem oder in einem zukünftigen Leben. Auf diese Weise weben wir unser Schicksal.«

»Heißt dies, daß wir für unser Schicksal völlig selbst verantwortlich sind?« fragte Sophia.

»Genau. Unsere Gedanken, Wünsche und Gefühle sind Elementale, die unser Unterbewußtsein bilden. Diese Elementale strukturieren unser Unterbewußtes. Die Summe unseres Unterbewußten tragen wir von einem Leben ins nächste.«

»Augenblick. Diese Idee der Reinkarnation ist für mich nur schwer zu schlucken«, wendete Sophia mit nervösem Lachen ein.

»Daskalos behauptet, daß diese Ideen keine Glaubensangelegenheiten, Vorlieben oder Abneigungen sind, sondern Fakten des Lebens. Und wenn man sich ernstlich mit der Natur der Existenz befaßt, kann man sie als solche entdecken.«

»Weiter, erzähle mir mehr. Was wird denn aus uns, von einem Leben zum nächsten? Was sagen deine Freunde darüber?«

»Um zu verstehen, was nach dem Tode mit uns geschieht, mußt du erkennen, daß wir nicht nur einen Körper besitzen, sondern in Wirklichkeit drei.«

»Drei?« Sophias ungläubiger Blick ließ mich schmunzeln.

»Ja, drei«, bestätigte ich. »Über den grobstofflichen, materiellen Körper* hinaus haben wir auch einen psychischen* und einen noetischen Körper*. Der psychische Leib ist der Körper unserer Gefühle, Empfindungen und Wünsche und hat seinen Mittelpunkt im Herzen. Der noetische Körper ist der Leib unserer Gedanken und hat als seine Basis das Zentrum unseres Kopfes. Jeder dieser drei Körper existiert in einer anderen Dimension der Realität, gemeinsam bilden sie unsere derzeitige Persönlichkeit*. Der grobstoffliche Körper existiert in der dreidimensionalen Welt, der psychische Körper in der vierdimensionalen Welt und der noetische Körper in der fünfdimensionalen Welt. Sie sind drei Körper in einem und bilden zusammen unsere derzeitige Persönlichkeit.

Diese Körper sind durch ihr jeweiliges ätherisches Doppel* beziehungsweise durch das Energiefeld miteinander verbunden, das sie durchdringt und ihre Vitalität erhält. Daskalos und Kostas sagen, daß zur Zeit des Todes nur der grobstoffliche Körper stirbt. Wir als selbstbewußte Persönlichkeiten existieren weiter in den psychonoetischen Dimensionen mit unseren Gefühlen, Empfindungen, Vorlieben und Abneigungen. Wir können dies, weil wir die beiden anderen Körper haben, den psychischen und den noetischen.«

»Was ist also der Unterschied zwischen dem Leben in dieser Dimension und dem Leben nach dem Tode?« Sophias Stimme verriet immer noch tiefe Skepsis, gemischt mit Faszination über all die Dinge, von denen wir sprachen.

»Daskalos und Kostas lehren: Der einzige Unterschied liegt in den Gesetzen, die diese anderen Dimensionen regieren. Es gibt Welten in Welten, und alle unterscheiden sich durch ihre Schwingungsfrequenz. Die grobstoffliche Welt erscheint uns fest, weil wir, solange wir uns in unserem grobstofflichen Körper aufhalten, auf der gleichen Frequenz schwingen wie die grobstoffliche Materie. Die anderen Welten sind ebenfalls Welten der Materie, existieren aber auf einer höheren Schwingungsebene. In der psychischen Welt* zum Beispiel ist der Raum überwunden. Man kann in einem Augenblick von einer Seite der Erde zur anderen reisen.

Wenn wir lernen, unsere Schwingungen anzuheben, können wir, solange wir noch in einem grobstofflichen Körper leben, diesen hinter uns lassen und mit unserem psychonoetischen Körper in andere Dimensionen reisen. Der grobstoffliche Körper und die grobstoffliche Welt sind kein Hindernis mehr in diesem Zustand, den man außerkörperliches Reisen nennt. Unser Bewußtsein kann in einem Augenblick nicht nur in jene anderen Realitäten reisen, sondern sich auch auf dieser grobstofflichen Ebene umherbewegen und Information und Wissen über andere Teile der Welt erlangen – zum Beispiel über das Innere meines Hauses in Maine«, fügte ich lachend hinzu.

Sophia lauschte mit verwundertem Blick. Ich hatte das Gefühl, meine Darstellung wirkte auf sie wie ein faszinierendes Märchen. Ihre beharrlichen Fragen erinnerten mich daran, wie ich selbst vor bald zehn Jahren, zu Beginn meiner Forschungen, mit Daskalos gesprochen hatte.

»Würdest du sagen, der psychonoetische Körper ist das, was die Menschen gewöhnlich als Seele bezeichnen?« fragte sie.

»Nein, ganz und gar nicht«, erwiderte ich. »Die psychischen und noetischen Körper sind immer noch materielle Körper, allerdings auf höheren Schwingungsebenen. Wenn wir den grobstofflichen Körper aufgeben an dem Punkt, den wir Tod nennen, leben wir weiter mit unseren beiden anderen Körpern, mit unseren Gefühlen und Gedanken. Wir sehen dabei weitgehend so aus, wie wir auf der grobstofflichen Erde aussahen. Wir leben in diesen anderen Dimensionen bis zu unserer nächsten Inkarnation*. Dann werden unser psychischer und noetischer Körper von der sogenannten permanenten Persönlichkeit* absorbiert.«

»Was ist das?« fragte Sophia und stützte die Unterarme auf den Tisch.

»Es ist jener Teil unseres inneren Selbst, in dem die Inkarnationserfahrungen aufgezeichnet werden. Durch die permanente Persönlichkeit wird die Summe unserer Inkarnationserfahrungen von einem Leben ins nächste übertragen.

Wie du siehst, geht nichts verloren. Am Beginn einer neuen Inkarnation werden zuerst ein neuer noetischer und ein neuer psychischer Körper gebaut. Sie umschließen in sich nicht nur die Summe der Erfahrungen aus der vorausgegangenen Inkarnation, sondern aus sämtlichen früheren Inkarnationen. Angenommen, die Umstände erlauben es, dann tritt mit der Zeugung eine neue derzeitige Persönlichkeit die Reise in die dreidimensionale Welt an, um unter der Wirkung des Karmagesetzes neue Erfahrungen und Lektionen zu empfangen.«

Ich erklärte weiter, daß der Prozeß, durch den der psychonoetische Körper sich an die neue Persönlichkeit heftet, laut Aussage von Daskalos und Kostas bei der Zeugung beginnt und bis etwa ins siebte Lebensjahr dauert. In dieser Zeit leben Kinder gewöhnlich zum Teil auch in den psychonoetischen Welten. Danach konzentriert sich das durchschnittliche Individuum ganz auf die dreidimensionale Welt, die anderen Realitäten geraten in Vergessenheit.

»Ist die permanente Persönlichkeit also die Seele?« fragte Sophia erneut.

»Nein, nicht ganz«, entgegnete ich und lachte, als ich ihre Verwirrung bemerkte.

»Vielleicht sollten wir dieses Gespräch an einem anderen Ort fortsetzen«, schlug Sophia mit gedämpfter Stimme vor; mehrere Gäste an einem benachbarten Tisch hatten begonnen, sich für unsere Unterhaltung zu interessieren.

Es war bereits halb elf Uhr, und wir beschlossen, in der alten Innenstadt spazierenzugehen, die zu dem von der zypriotischen Regierung kontrollierten Bereich gehörte. Wir fuhren zum Famagusta-Tor, parkten im Bereich des ehemaligen Stadtgrabens gleich neben der Festungsmauer und gingen durch die engen, fast menschenleeren Gassen.

»Was also ist nun die Seele?« fragte Sophia, als wir an den venezianischen Befestigungsanlagen entlanggingen.

»Um deine Frage zu beantworten, müssen wir etwas weiter ausholen und darüber sprechen, was Daskalos und Kostas unter Gott verstehen, den sie lieber mit dem weniger personalen Begriff als das Absolute* oder als absolute Seinsheit* bezeichnen. Für sie ist das Absolute die unergründliche Realität hinter allen Welten. Wir können nur Spekulationen darüber wagen, da uns Sprache und Verstand als unüberwindliche Hindernisse im Wege stehen. Man wird Gott erst erkennen, sagen Daskalos und Kostas, wenn man Gott wird, wenn man den Zustand der Theose* erreicht.

Die absolute Seinsheit«, fuhr ich fort, »besteht aus Myriaden und Abermyriaden heiliger Monaden*. Jede heilige Monade wiederum besteht aus Myriaden und Abermyriaden von Pneuma*-Wesenheiten*. Es ist *ein* Gott, ein Absolutes in seiner Pluralität, Multiplizität und Selbsterfüllung, die sie als göttliche Autarkie* bezeichnen. Das Absolute hat alles in sich, und nichts fehlt ihm. Das Absolute erschuf Geist*, um sich zu manifestieren: das endlose Meer von Schwingungen, von den feinsten, höchsten, gestaltlosen Ebenen bis hinunter zur grobstofflichen Verdichtung.«

»Sagen Daskalos und Kostas, daß Gott dieser Geist sei?« fragte Sophia. Ich bemerkte ihr wachsendes Interesse an unserem Thema.

»Nein. Geist ist das Mittel, durch das Gott oder das Absolute sich manifestiert. Jede Monade verstrahlt Pneuma-Wesenheiten, die durch die Welt der Urbilder* gehen müssen. Diese Welt der Urbilder erinnert vielleicht an die platonische Vorstellung einer ›Welt der Ideen‹. Das Urbild des Menschen ist eine solche Idee. Sowie eine Strahlung eines Pneuma-Ichs oder -Wesens das Urbild des Menschen passiert, wird eine Seele erzeugt.«

»Ich dachte, die Seele sei unsterblich«, warf Sophia ein.

»Das ist sie, aber zuerst wurde sie erschaffen. Unser wahrer Kern ist das Pneuma-Ich, jenseits der Seele, jenseits des Urbildes des Menschen, den Begriff *Pneuma** kennen wir aus dem Griechischen. Kern und Essenz jedes Menschenwesens ist also *Pneuma* oder *Pneuma-Ich*, der Gott im Innern. Wie du weißt, wird in der griechischen Kirche gesungen: ›Πνεῦμα ὁ Θεός‹. [Gott ist Pneuma.]

Sowie die Seele entsteht«, fuhr ich fort, »muß sie sich ausdehnen bis hinunter auf die grobstoffliche Ebene, um Erfahrungen in den niederen Welten zu sammeln, in den Welten der Polarität, des Gut und Böse, durch Leben und Tod und so weiter.

Die Seele als solche ist farblos. Sie hat kein Erfahrungswissen von den niederen Welten. Sie befindet sich etwa in einem Zustand wie seinerzeit Adam und Eva vor dem Fall. Um Erfahrungen in den niederen Welten zu sammeln, muß die Seele sich gewissermaßen weiter nach unten ausdehnen. Dabei entsteht die permanente Persönlichkeit. Sie ist jener Teil der Seele, in dem die Inkarnationserfahrungen aufgezeichnet werden. Im Augenblick der ersten Inkarnation wird dann eine neue Persönlichkeit gebildet, die, wie wir bereits besprachen, aus einem noetischen, einem psychischen und einem grobstofflich-materiellen Körper besteht.

Jeder Mensch ist ein multidimensionales Wesen. Wie Daskalos sagt, ist er gleich einer Linie mit zwei Endpunkten. Der Pneuma-Punkt strahlt hell, das andere Ende, die derzeitige Persönlichkeit, ist seine dunkle Seite. Das Ziel der Existenz besteht darin, die beiden Punkte zu verbinden und einen strahlenden Kreis zu bilden.«

»Und wie ist das zu erreichen?« fragte Sophia.

»Indem das niedere Selbst für die Realität seines göttlichen Ursprungs erwacht. Unser Abstieg in die niederen Welten und der Beginn des Inkarnationszyklus bedeutete im Grunde, daß unser göttliches Selbst*, das Pneuma-Ich, in einen Zustand der Unwissenheit eingefangen wurde.«

»Damit sagst du«, bemerkte Sophia lächelnd, »daß wir in Wirklichkeit alle Götter sind.«

»Wir sind gewissermaßen Götter im Exil«, ging ich darauf ein, »die unter ihrer selbstauferlegten Erinnerungslosigkeit leiden. Unser höchstes und alles überspannendes Ziel im Leben ist, unsere Erinnerung wiederzuerlangen. Das haben auch Daskalos und Kostas gelehrt.«

»Dann kommt mir die nächste Frage«, fuhrt Sophia fort: »Wie können wir unsere Erinnerung zurückerlangen?«

»Dazu gibt es mehrere Wege. Daskalos und Kostas lehren, daß wir alle – ob wir es erkennen oder nicht, ob wir uns dessen bewußt sind oder nicht – in Wirklichkeit auf dem Wege der Selbstentdeckung und Selbsterkenntnis sind. Durch Erfahrung aus wiederholten Erdenleben im Geben und Nehmen nach dem Karmagesetz reifen wir alle und beginnen unsere Rückkehr zum Ursprung, dem Pneuma-Ich im Innern. Auf diese Weise gelangen schließlich alle Menschenwesen zur Selbstverwirklichung. Das ist der Weg der Schmerzen und des Leides, der unausweichlichen Folgen der Unwissenheit.

Der andere Weg ist ein bewußter und ein disziplinierter Prozeß der Wahrheitssuche; Daskalos und Kostas nennen ihn Erewna* (gespr.: érewna), das heißt Forschung, Suche. Du wirst ein Wahrheitssucher und begibst dich bewußt auf die Reise der Selbstentdeckung. Du beginnst die Rückreise zum ›Hause des liebenden Vaters‹, wie es im Gleichnis vom verlorenen Sohn heißt, das Daskalos gerne erwähnt. Die Erewna ist die praktische Antwort der Aufforderung: ›Erkennt die Wahrheit, und die Wahrheit wird euch frei machen.‹«

»Aber wie beginnt man diesen Weg? Wie wird man zum Wahrheitsforscher?« fragte Sophia.

»Durch Kontemplation, Meditation, Selbstbeobachtung und Dienen.« Ich stellte Sophia einige einfache Meditationsübungen vor, die Daskalos und Kostas ihren Schülern zu zeigen pflegten. »Selbstbeobachtung und Dienen sind das Wichtigste auf dem Weg*. Das Ziel ist die Tötung dessen, was Daskalos gerne den ›Minotauros im Innern‹ nennt: unseren Egoismus. Unser Egoismus ist unser schlimmster Feind, weil er uns daran hindert zu erkennen, wer wir wirklich sind. Und es ist der Egoismus, der uns auf niederen Ebenen des Gewahrseins festhält. Deshalb müssen wir uns wie Theseus anschikken, den Minotauros zu töten.

Wenn wir unser Unterbewußtes systematisch von egoistischen Wünschen reinigen, beschleunigen wir die Evolution unseres Gewahrseins. Wir beschleunigen unsere Rückkehr in den Zustand der Gotteserkenntnis, der Theose.«

»Ich habe Probleme mit dieser Inkarnations-Theorie«, gab Sophia zu, als wir an Ayios Savvas vorüberkamen, einer der vielen alten Kirchen im Herzen des alten Nicosias. »Wenn wir im Grunde Götter sind, und es uns bestimmt ist, in die Realität unseres göttlichen Zustandes wiederzuerwachen, warum haben wir uns dann überhaupt auf diesen Inkarnationszyklus eingelassen?«

»Das ist die große Frage. Sie hat im Laufe der Zeiten bei gewöhnlichen Menschen und Mystikern gleichermaßen zu allen möglichen Spekulationen geführt.

Eine recht verbreitete Vorstellung, die aus einem bestimmten Zweig der buddhistischen Tradition stammt«, fuhr ich fort, »besagt, daß der höchste Bewußtseinszustand eine Form des Nichtseins des Ich-Selbst ist; unsere Selbstheit wird verflochten und geht auf in der Ganzheit Gottes. Dabei hört das Individuum als solches auf zu existieren. Von dieser Idee fühlten sich viele säkulare Intellektuelle im Westen angesprochen, deren Agnostizismus sich leichter damit vereinbaren ließ als mit dem Gedanken, das individuelle Bewußtsein sei unsterblich. Erst kürzlich las ich ein sehr interessantes Buch über luzides Träumen von Stephen LaBerge, einem Wissenschaftler im Schlafforschungszentrum der Universität Stanford. Gegen Ende seines Werkes spekulierte er genau über dieses Thema. Ich war gefesselt von seinen Ausführungen und notierte mir einiges davon, um es mit Daskalos oder Kostas zu besprechen. Ich habe jene Zitate in meiner Brieftasche bei mir«, fügte ich hinzu.

Wir gingen auf eine Straßenlaterne zu. Ich entfaltete das Papier und las: »›Ihre transpersonale Identität übersteigt Ihre personale Identität. Diese, Ihre transpersonale Individualität, könnte sich am Ende als identisch mit dem Wesen der höchsten Realität erweisen. ... Im Besitze allen Besitzes, im Wissen des Allwissens, Schöpfer aller Schöpfungen – der eine Geist, die Realität selbst.‹ – Nun, aus der Sicht der Erewna ist das soweit ganz gut. Ich glaube nicht, daß Daskalos oder Kostas bis hierhin etwas daran auszusetzen hätte. Aber höre jetzt, was dieser Traumforscher weiter sagt.« Sophia rückte näher, als ich vorlas.

»›So könnte es sein, daß Sie, wenn der Tod kommt, zwar als Individuum ausgelöscht werden – der Tautropfen verliert sich im Ozean –, aber gleichzeitig zu der Erkenntnis dessen zurückgelangen, was Sie Ihrem Wesen nach schon immer waren: Der Tropfen erkennt sich nicht nur als der Tropfen, für den er sich hielt, sondern als Meer. – Auf die Frage: ›Was wird nach dem Tode sein?‹ könnte man also antworten: ›Alles und nichts.‹

Läse ich Daskalos dies vor«, vermutete ich, als ich das Blatt zusammenfaltete, »würde er sich vor Lachen wohl biegen und sagen: ›Wenn der Tod uns die Erleuchtung brächte, wäre Selbstmord der sicherste Weg zur Weisheit.‹

Zunächst einmal«, erklärte ich, als wir weitergingen, »ändert der Tod nichts an unserem Bewußtseinsstand. Die einzige Veränderung – so würden Daskalos und Kostas sagen – besteht darin, daß wir den grobstofflichen Körper ablegen. Aber wir leben weiter als selbstbewußte Wesen mit unseren beiden anderen Körpern, den Körpern unsere Gefühle und Gedanken, dem psychischen und dem noetischen. Die andere Schwingungssphäre betreten wir auf der Bewußtseinsebene, die wir im Augenblick unseres Todes erreicht hatten. Durch wiederholte Erdenleben und Karma werden wir schließlich geistig reifen und unser Ziel, die Theose, erreichen. Natürlich können wir unsere Rückkehr durch die Erewna beschleunigen.

Daskalos würde also sagen, daß die meisten Menschen sich der Wirklichkeit des psychischen und des noetischen Körpers nicht bewußt sind. Deshalb gelangen sie zu so irrigen Ansichten über unser letztliches Ziel.«

»Du hast meine Frage immer noch nicht beantwortet«, erinnerte Sophia mich: »Wozu brauchen wir überhaupt Inkarnationen?«

»Darauf komme ich noch. Daskalos und Kostas lehren, daß das Ziel der Inkarnationen genau darin besteht, Individualität zu entfalten, Einzigartigkeit innerhalb des Einsseins des Absoluten – nicht also, die Individualität aufzuheben. Bevor wir hinabstiegen in die Welten der Polarität, waren wir Götter ohne die Erfahrung der niederen Welten, ohne eine spezifische Individualität. Wir waren alle gleich. Wir lebten als Erzengel* jenseits von Zeit und Raum. Die niederen Welten der Polarität, die Welten von Zeit und Raum, wurden erschaffen, um Pneuma-Ichs die Gelegenheit zu bieten, Erfahrung zu erwerben, die schließlich zu ihrer *Ontopeisis** führen wird.«

»Und was ist *das*?« fragte Sophia und blickte scheinbar verzweifelt zum dunklen Himmel empor.

»Leider«, seufzte ich, »konnte ich kein englisches Wort finden, das die genaue Bedeutung von *Ontopeisis* umfaßt. Wie du weißt, ist der Begriff zusammengesetzt aus dem griechischen Substantiv *on* (das heißt: Sein), und aus *peisis*, was von dem Wort ›werden‹ abstammt. *Ontopeisis* ist also der Prozeß, durch den das Pneuma diese Individualität erlangt, nachdem die Zyklen von Inkarnationen zum Ende gekommen sind (d.h., sobald das Karma des niederen Selbst erschöpft ist). *Ontopeisis* ist das Endprodukt der Theose. Die Theose zeigt die letztliche Erleuchtung und Befreiung des niederen Selbst vom Inkarnationszyklus und seine Verschmelzung mit dem Pneuma-Ich an; die *Ontopeisis* ist, was das Pneuma-Selbst gewonnen hat, indem es sich durch das Urbild des Menschen und in die Welten von Polarität, Zeit und Raum projizierte.

Es ist die Erfahrung in Zeit und Raum«, fuhr ich fort, »die uns unsere Individualität und Einzigartigkeit bietet. Keine zwei Menschen sind genau gleich, weil keine zwei Menschen die gleichen Erfahrungen in den Welten der Gegensätze, des Guten und des Bösen, sammeln. Zumindest mir scheint diese Sicht viel sinnvoller als die Vorstellung, unser höchstes Ziel sei die Aufhebung des ›Ich bin ich‹, das heißt unserer Selbstbewußtheit. Was wir auflösen müssen, ist unser Egoismus, nicht unsere selbstbewußte Individualität. Daskalos würde sagen: Das ›Ich bin ich‹ ist unser unsterbliches, zugrundeliegendes Pneuma-Ich, unser wahres Selbst, unsere Seinsheit und die Quelle unserer Existenz. Es wurde nie geboren und wird nie sterben. Es ist das Gottwesen, das bewußt und göttlich die Bereiche der Polarität und des Unwissens betrat zu dem alleinigen Zweck, in den niederen Welten Erfahrungswissen zu sammeln, das zu seiner *Ontopeisis* führen würde.«

Sophia lächelte mir nachdenklich zu. »Wenn wir als Wissenschaftler und Gelehrte uns bemühen, Wissen zu sammeln und die Geheimnisse der Natur zu entschlüsseln, dann soll dies tief im Innern und in Wirklichkeit unserer eigenen Theose und Ontopeisis gelten?«

»Die Erewna sagt, daß im Grunde alle Menschenwesen danach streben, seien sie Wissenschaftler oder Hafenarbeiter, Kommunisten oder Kapitalisten. Sie sind sich dessen lediglich nicht bewußt.«

»Wer ist dann schon bewußt?«

Ich mußte schmunzeln: »Nur einige wenige Mystiker. Der Rest der Menschheit, würden Daskalos und Kostas sagen, befindet sich im Tiefschlaf, eingeschlossen im Kokon seines begrenzten Bewußtseins.«

»Aber nach dem wenigen, das ich weiß, gibt es so viele Unterschiede zwischen den Mystikern, so viele Meinungsverschiedenheiten. Wie kann man sich auf das verlassen, was sie sagen?« zweifelte Sophia, als wir durch eine enge Gasse aus der ottomanischen Zeit gingen und auf den Platz vor dem Palaste des Erzbischofs gelangten.

»Laut Daskalos und Kostas sollten wir uns auf keines Menschen Worte verlassen. Vielmehr sollen wir unsere eigene Wahrheitssuche beginnen. Für sie ist die Erewna nicht eine Reihe von Dogmen, sondern eine Methode der persönlichen Erforschung zur Selbstentdeckung und Selbsterkenntnis. Sie würden jedoch sagen, daß echte, fortgeschrittene Mystiker die gleichen Wahrheiten auf die gleiche Weise entdecken, wie fortgeschrittene Wissenschaftler zu einem Konsens über ihre Entdeckungen in der äußeren Welt gelangen. Abgesehen davon sei alles Wissen spekulativ und relativ, ob wissenschaftlich oder mystisch. Letztlich erkennen wir die Wahrheit nur, wenn wir selbst die Wahrheit werden, in der Theose.

Deshalb wird es immer ein gewisses Maß an Verzerrung geben, wenn Wissen der höheren Welten auf die niederen Ebenen fließt; das ist abhängig vom Entwicklungsstand und Gewahrsein des Mystikers, der das Wissen weitergibt. Du siehst, nicht alle Mystiker sind gleich – wie auch nicht alle Physiker mit dem Nobelpreis ausgezeichnet werden.«

Wir kamen wieder zum Famagusta-Tor zurück, wo wir unseren Spaziergang begonnen hatten. Wir waren so in unser Gespräch vertieft, daß wir dabei völlig das Zeitgefühl verloren hatten. Es war bereits nach Mitternacht, und auf den beinahe leeren Straßen rührte sich fast nichts mehr. Nur einige Soldaten hielten an einer Straßensperre in der Nähe unseres Parkplatzes Wache.

Ich fuhr Sophia nach Kaimakli, einer nahen Vorstadt, wo sie während ihres Aufenthaltes auf der Insel wohnte.

»Sag mir, Kyriaco, wie hat dieses Material dich persönlich beeinflußt?« fragte sie auf der Heimfahrt.

»Das ist eine Frage, die die Menschen mir immer wieder stellen, seit ich mit diesen Dingen in Berührung komme. Es ist eine lange Geschichte«, antwortete ich lächelnd.

»Genau wie du, war auch ich sehr skeptisch gegenüber jeglichen Behauptungen, es gebe Realitäten, die ihrem Wesen nach anders seien als die unseren fünf Sinnen zugänglichen. Ich muß gestehen, daß ich als wissenschaftlicher Materialist nicht glücklich oder begeistert war. Wie du, wuchs auch ich in der griechisch-orthodoxen Religion auf und war sehr angetan von ihrer liturgischen Schönheit. Doch im Laufe der Zeit hatte ich das Gefühl, keine andere Wahl zu haben, als in die Richtung des Agnostizismus zu gehen. Meine Universitätserfahrung ließ mir kaum andere Möglichkeiten, da sie auf dem Glauben gründete, daß diese Welt unseres alltäglichen Bewußtseins die einzig reale sei. Ich gelangte zu dem Glauben, die wissenschaftliche Methode sei der einzige Weg zu echtem Wissen. Alles andere war nichts weiter als eine Frage des Standpunkts und damit unreal. Zögernd konvertierte ich zum rationalen, wissenschaftlichen Fundamentalismus.

Ich nahm also an, daß sich andere Welten – so es sie gab – ohnedies dem menschlichen Begreifen entzögen. Deshalb wäre jedes Forschen in diese Richtung zum Scheitern verurteilt, eine Verschwendung von Zeit und Energie. Ich schloß Frieden mit mir selbst, indem ich mich auf diese dreidimensionale Realität konzentrierte und in meinem Beruf als Soziologe die soziale Welt zu verstehen suchte, in der ich mich befand. Vielleicht interessiert es dich, daß ich nach dem Studium eine kurze Zeit sogar mit dem Marxismus als einer Antwort auf alle Fragen liebäugelte.«

»Und was geschah dann?« fragte Sophia, und eine gewisse Ironie klang in ihren Worten. Ich wußte, daß sie mit dem historischen Materialismus sympathisierte.

»Ich bekam eine Stellung an der Universität von Maine, und alles begann sich zu verändern.« Ich erzählte ihr, wie ich durch einen Kollegen »zur Entspannung von Körper und Geist« in die östlichen Meditationstechniken und in eine Literatur eingeführt wurde, von deren Existenz ich überhaupt nichts gewußt hatte.

»Welche Literatur meinst du damit?«

»Die zeitlose Philosophie«, antwortete ich mit Huxleys bekanntem Begriff. Ich erklärte Sophia die zeitlose Philosophie – oder »Ur-Tradition«, wie der Philosoph Huston Smith sie in seinem Buch *Forgotten Truth* gerne nennt – als jene esoterische Lehre, die die Weisheit aller Zeitalter ausdrücken soll, die den ernsthaften Übenden und Erforschern des Bewußtseins zu allen Zeiten der Geschichte offenbart wird.

»Diese Ur-Tradition gründet in der menschlichen Natur selbst und ist unabhängig von den verschiedenen philosophischen Trends, Strömungen, Moden oder Marotten, die in der jeweiligen Kultur oder Zeitepoche herrschen mögen. Man sagt, daß die großen Mystiker und Lehrer aller Zeiten und Zivilisationen den Inhalten dieser Tradition Ausdruck gaben. Heute hat zum ersten Male in der Geschichte auch die Masse Zugang zu dieser Ur-Tradition.«

»Wie?«

»Durch Taschenbücher.«

»Was meinst du damit?«

»Bis heute war dieses mystische Wissen Privileg weniger Eingeweihter, die ihm unter großen Schwierigkeiten und oft unter persönlichem Risiko für ihr Leben in geheimen Bruderschaften nachgingen und -forschten. Doch die Zeiten haben sich geändert. Wir haben heute das Glück, in einer vergleichsweise offeneren, toleranteren Zeit zu leben. Alles wird in gedruckter Form verbreitet.

Du siehst, Sophia«, bemerkte ich, »meine Beschäftigung mit diesen zypriotischen Mystikern regte mein Interesse zusätzlich an, solchen Dingen weiter auf den Grund zu gehen. Ich bin zu der Erkenntnis gelangt, daß wir vielleicht an der Schwelle einer wichtigen Revolution im menschlichen Bewußtsein stehen, die weitreichender sein wird als die Renaissance und die Aufklärung zusammen.«

Ich hielt den Wagen vor dem Hause ihrer Mutter an. »Vielleicht sind wir doch nicht die hilflosen, zur Unwissenheit verurteilten Kreaturen, für die wir uns halten. Vielleicht gibt es in unserem Inneren Welten zu entdecken, die so weit sind wie der Raum der Astronomen, wenn nicht noch weiter.«

Ich erwähnte den amerikanischen Astronauten Edgar Mitchell, der nach Betreten des Mondes ein so tiefes mystisches Erlebnis hatte, daß er nach seiner Rückkehr auf die Erde in Kalifornien das »Institut für noetische Wissenschaften« gründete, eine Stiftung zur Erkundung dieses neuen »Innenraumes«.

»Der größte Lohn beim Schreiben dieser Bücher«, fuhr ich fort, »sind für mich die Reaktionen, die ich von Menschen von überall auf der Welt erhalte. Sie schildern mir, wie diese Lehren ihnen eine Landkarte und einen Kompaß für jene anderen Welten bieten, die sie nach eigenen Angaben erleben oder erfahren haben.

Vielleicht geht es an diesem Punkt für mich nicht mehr darum, ob es andere Realitäten gibt, die unsere gewöhnliche, dreidimensionale Welt durchdringen. Jetzt gilt es, diese Welten zu erforschen und zu erkunden, und eine Wissenschaft dieser spirituellen Dimensionen zu entwickeln. Genau dies haben die tibetischen Lamas seit Jahrtausenden von ihren Bergspitzen aus getan.«

»Ich nehme an«, sagte Sophia, »du glaubst, daß deine Freunde Daskalos und Kostas Zugang zu diesen anderen Welten haben und diese Ur-Tradition lehren.«

»Ich glaube, Daskalos und Kostas haben es verdient, angehört und ernst genommen zu werden mit dem, was sie uns über Welten erzählen, die jenseits der Reichweite unserer gewöhnlichen Sinne liegen.

Weißt du, Sophia, ich bin mittlerweile davon überzeugt, daß gute, nichtdogmatische Wissenschaft nicht der Feind des Spirituellen ist, sondern einer seiner großen Verbündeten. Das macht die heutige Szene so faszinierend und vielversprechend.«

»Ich werde darüber nachdenken«, antwortete Sophia lächelnd. Ich empfahl ihr Marilyn Fergusons Werk *Die sanfte Verschwörung* (Droemer Knaur, München 1986) als eine fundierte Einführung zu dem Thema, wie »Grenzwissenschaft« vielen spirituellen Behauptungen großer Mystiker indirekt Glaubwürdigkeit verleiht.

»Ich habe eine letzte Frage«, sagte Sophia beim Aussteigen. »Woher haben diese Leute ihr Wissen? Wo haben sie gelernt über die Dinge, die du mir heute abend mitteiltest?«

»Sowohl Daskalos als auch Kostas behaupten, daß ihr Wissen über die von ihnen sogenannten höheren Welten aus zwei Quellen stammt: Da ist einmal ihr eigenes, direktes Erleben in diesen anderen Welten. Sie behaupten, solche Fähigkeiten und dieses Wissen nicht erst in diesem Leben, sondern bereits in früheren Inkarnationen entfaltet zu haben. Wenn du Meister deiner drei Körper wirst, kannst du sie in der Eksomatose gebrauchen und andere Dimensionen besuchen. So kannst du Wissen über diese anderen Welten erlangen und dort dienen, um Menschen zu helfen, die in Not sind. Du wirst ein »unsichtbarer Helfer«, im Besitz von überbewußtem Selbstgewahrsein*, ein Hermes Trismegistos*.«

»Ein *was*, bitte?« unterbrach Sophia erstaunt.

»Ein Hermes Trismegistos«, wiederholte ich schmunzelnd. Ich erklärte ihr, daß man annimmt, die hermetische Philosophie (esoterische, mystische Weisheit) habe ihren Ursprung in einem Griechen namens Hermes Trismegistos, der Jahrhunderte vor Christus im antiken Ägypten gelebt haben soll. Die hermetische Philosophie ist Teil dessen, was Huxley als »zeitlose Philosophie« bezeichnet hat.

»Als ich diese Vermutung über den Ursprung der hermetischen Philosophie gegenüber Daskalos erwähnte«, sagte ich, »schüttelte dieser den Kopf und lachte. Er behauptete, daß Hermes Trismegistos jedes Menschenwesen sei, das den Zustand des überbewußten Selbstgewahrseins erreicht. Jeder,

der seine drei Körper – den grobstofflichen, den psychischen und den noetischen – meistert, ist ein Hermes Trismegistos. Die Flügel des Gottes Hermes sind Symbol für den Flug, das heißt für die Meisterung der Eksomatose; andere nennen sie Astralreise.

Wie du weißt, bedeutet *trismegistos* im Griechischen buchstäblich »der Dreifachgrößte«, das heißt der, der die Meisterung seiner drei Körper erlangt hat und deshalb frei in diesen anderen Dimensionen der Existenz reisen kann, um Wissen und Weisheit zu sammeln und sie zu jenen (uns) weiterzugeben, die ein Leben führen, das sich auf die niederen Bewußtseinsebene beschränkt.

Du siehst also, meine liebe Sophia: Am Ende werden du und ich und jeder andere Mensch ein Hermes Trismegistos. Wenn wir das tun, dann können wir durch eigene Erfahrung wie gute spirituelle Wissenschaftler verifizieren, was man uns über die höheren Welten erzählt.«

»Ist der Zustand eines Hermes Trismegistos ein anderer Begriff für die Theose?«

»Nein, die Theose ist eine viel höhere Bewußtseinsebene. Die Theose ist das höchste Ziel jeder Seele, der Endzustand der Bewußtseinsentwicklung. Das überbewußte Selbstgewahrsein ist eine von mehreren Stufen, die zur Theose führen. Daskalos und Kostas sagen, die Theose sei eine Einbahnstraße. Wenn man sie einmal betritt, kommt man nie wieder auf die gewöhnliche menschliche Straße von Geburt, Tod, Wiedergeburt usw. zurück. Kostas sagte mir, daß große Meister, die die Schwelle der Theose erreichen und sie jederzeit nach Belieben überschreiten könnten, dies sogar vermeiden, weil sie zurückstehen und anderen auf ihrem spirituellen Weg helfen wollen. ›Je höher du aufsteigst‹, erzählte er mir, ›desto größer werden Liebe und Mitgefühl für andere und damit deine Bereitschaft zu dienen.‹ Er sagte mir, daß die ersten vermutlich als letzte gehen werden.«

»Welches ist die zweite Quelle ihres Wissens?« fragte Sophia, als ich mich schon anschickte weiterzufahren.

»Das wird dich noch mehr verwundern. Sie sagen, daß sie in einen Zustand vollkommener Einstimmung mit dem Bewußtsein großer Meister gelangen können, die ein Leben auf den höchsten Ebenen von Bewußtsein und Weisheit führen. Das sind Meister innerhalb der göttlichen Autarkie des Absoluten. Ein solcher Meister ist Yohannan, der Evangelist Johannes, der geliebte Jünger Christi. Daskalos und Kostas behaupten, unter der direkten Führung Yohannans zu lehren. Deshalb ist die Erewna als System der spirituellen Praxis die Suche nach der Wahrheit gemäß den Lehren dieser Erzengel-Wesenheit, die auf dem Planeten Erde einst als Johannes lebte, als Verfasser des Evangeliums.

Daskalos und Kostas sagen weiter, daß jeder, der eine bestimmte Stufe der spirituellen Entwicklung, des überbewußten Selbstgewahrseins, erreicht hat, ein Kanal oder Vermittler Yohannans werden kann, jener ›Superintelligenz‹, die die spirituelle Evolution unseres Planeten überwacht.«

»Lesen diese Leute denn auch Bücher?« fragte Sophia. Ich hatte bereits den Zündschlüssel gedreht, bemerkte aber die zunehmende Ungläubigkeit auf ihrem Gesicht, nachdem ich den Namen Yohannan erwähnt hatte.

»Sie lesen nicht, um spirituelles Wissen zu erlangen«, antwortete ich. »Sie betonen vielmehr das Erfahrungswissen. Doch sowohl Daskalos als auch Kostas sind gebildete Menschen. Kostas ist ein britisch ausgebildeter Ingenieur, und Daskalos studierte an der amerikanischen Akademie in Larnaca und erarbeitete sich später mehrere höhere akademische Titel von britischen Institutionen, ohne die Insel je zu verlassen.«

»Ich würde diese Leute gerne kennenlernen«, sagte Sophia.

In den folgenden Wochen begleiteten Emily und ich Sophia zu mehreren Treffen mit Kostas und Daskalos. Als sie Zypern wieder verließ, um nach Kanada zurückzukehren, konnte ich spüren, daß jene Begegnungen anfingen, ihre Weltanschauung zu beeinflussen. Nach unserem letzten Treffen zwinkerte Daskalos mir zu und murmelte: »Sie ist soweit.« Die Zeit war gekommen, den langen Prozeß ihres eigenen Erwachens zu beginnen. Sophia versprach, für einen längeren Aufenthalt nach Zypern zurückzukehren, um Gelegenheit zu haben, sich mit der Welt von Daskalos und Kostas näher vertraut zu machen. Ich konnte ihren Entschluß sehr gut nachempfinden. In Sophia erkannte ich mich selbst wieder, wie ich mich vor zehn Jahren zum ersten Mal mit der außergewöhnlichen Welt von Daskalos und Kostas konfrontiert sah.

2

Höllen und Paradiese

Um halb zehn Uhr morgens erreichten Stephanos und ich Daskalos' Haus in Strovolos. Die Tür stand weit offen, und die Sonne schien mit ihrer hochsommerlichen Lichtkraft hell in die Eingangsdiele. Daskalos saß allein in einer schattigen Ecke. Er schien erschöpft, als ob alle Energie von ihm gewichen wäre.

»Daskale«, rief ich besorgt, »was ist denn mit dir los?«

Halb öffnete er die Augen, winkte mit der Rechten und bat um ein Glas Wasser. »Ich werde es dir gleich erzählen«, flüsterte er.

»Ich bin gerade aus der Hölle zurückgekehrt«, erklärte er, nachdem er das Glas bis auf den letzten Tropfen geleert hatte, und seufzte erleichtert. »Ich hatte dort etwas zu erledigen. Es ist unangenehm, solche Stätten zu besuchen.« Er grinste, und als er unsere staunenden Blicke bemerkte, begann er, sein Erlebnis ausführlicher zu schildern. Daskalos gewann seine Kraft wieder.

»Während man noch auf der Erde lebt, ist es einfacher, sein Bewußtsein auf die niederen psychonoetischen Bereiche einzustellen, weil deren Schwingungen denen der grobstofflichen Ebenen näher verwandt sind. Ein Bekannter von mir, ein unsichtbarer Helfer auf der anderen Seite, bat um meine Kooperation, um einem seiner Freunde zu helfen, der in den tiefsten Ebenen der psychonoetischen Welten lebte. (Ihr wißt ja, warum ich sie psychonoetisch nenne: weil die psychischen und noetischen Ebenen einander durchdringen. Wo kein Gedanke ist, da ist auch keine Empfindung. Dieselben Welten haben wir auch hier auf der grobstofflichen Ebene.) Ich nahm in einem lichtvollen Raum mit diesem unsichtbaren Helfer Kontakt auf, und wir sprachen miteinander. Es war wunderschön dort oben.

›Komm‹, sagte er, ›laß uns gehen und meinem Freund helfen. Ich habe ihn schon so oft besucht, aber bis heute ist es mir noch nicht gelungen, ihm etwas Gutes zu tun.‹ – ›Aber es ist nicht leicht, ihm zu helfen, wenn er selbst aus seiner Hölle nicht ausziehen will‹, erklärte ich ihm. ›Wir wollen an ihn denken, und wir werden bei ihm sein.‹ (Wie ihr wißt, können wir in den psychonoetischen Bereichen mit unserem Bewußtsein reisen, indem wir uns auf ein Ziel einstellen. Wir können uns blitzschnell bewegen und binnen eines Bruchteils einer Sekunde am gewünschten Ort sein, oder wir gehen allmählich dorthin. Das können wir selbst entscheiden.)

Nun, es war schrecklich dunkel. Abscheulich. Ich konzentrierte meine Aufmerksamkeit und versuchte, soviel wie möglich wahrzunehmen. Formen und Gestalten jener Welt wirkten schön, ich sah Berge, Bäume, Täler. Ich bemerkte auch ein Meer, aber es war bleiern und unbewegt. Ich sagte zu jenem unsichtbaren Helfer, daß ich selten an solche Stätten hinabstiege. Die Umgebung lag in dunkler Nacht, der Halbmond war kaum sichtbar. ›An diesem Ort‹, erklärte mein Freund, ›ist helleres Licht nicht möglich, weil die Wesen, die hier leben, es nicht ertragen könnten. Hier wirkt die göttliche Barmherzigkeit. Die Dunkelheit, die du wahrnimmst, entspricht dem Inneren der hier Wohnenden, sie wirkt auf das Bild der umliegenden Landschaft.‹ – ›Die Atmosphäre hier‹, klagte ich, ›erstickt mich. Sie hat etwas von Verwesung an sich.‹ – ›Die Bewohner dieser Sphäre sind es selbst, die solche Zustände erzeugen‹, erklärte er wieder; ›sie entsprechen ihnen.‹

Wir fanden uns vor einem Hause ein«, fuhr Daskalos fort, »das etwa viermal so groß war wie meines. Wir klopften an die große eiserne Türe. Mein Begleiter schien mir nicht allzuviel Erfahrung zu besitzen; ich mußte ihn erst drängen, durch die Hauswand zu gehen. Ich erinnerte ihn daran, daß wir nicht erst anzuklopfen brauchten. Wir traten in ein halbdunkles Wohnzimmer und fanden dort einen Mann sitzen. Ich nahm an, daß die göttliche Barmherzigkeit ihn in dieses Dämmerlicht gesetzt hatte. Es hatte bestenfalls die Kraft einer 25-Watt-Birne; für einen sehr großen Raum wie diesen waren solche Lichtverhältnisse äußerst spärlich. Der Mann saß in einem dunklen, samtbezogenen Sessel. Er fragte immer wieder, wie wir in sein Haus gelangt seien. ›Wir sind Freunde‹, antwortete ich. ›Ich verstehe‹, murmelte er ärgerlich, ›solche wie die Störenfriede, die mich die ganze Zeit belästigen.‹ – ›Entschuldige die Frage‹, entgegnete ich, ›aber macht es dir Spaß, hier drin zu wohnen?‹ – ›Warum auch nicht?‹ antwortete er. ›Das ist mein Zuhause. Schlagt euch aus dem Kopf, daß es hier etwas zu stehlen gibt. Keiner kann mich bestehlen.‹ Ich versuchte ihn zu beruhigen. ›Wir sind nicht gekommen, um dich zu bestehlen. Wir sind aus einem anderen Grunde hier. Dieser Bursche hier ist ein Freund von dir‹, fügte ich hinzu und wies auf meinen Begleiter.

Der Mann grinste. ›Ja. Ich weiß, was für ein Freund er ist. Laßt mich in Ruhe. Ich brauche keine Freunde.‹ – ›Aber warum nicht?‹ fragte ich. ›Ist es denn besser, ganz allein zu leben, nur für sich?‹ – ›Ja, das ist besser‹, antwortete er verächtlich. Ich gab meinem Begleiter zu verstehen, daß wir nichts tun konnten, um diesem Manne zu helfen; es sei am besten, sich seinem Blick vorübergehend zu entziehen und zu beobachten, was geschehe. Das taten wir denn auch. Wir wechselten unsere Schwingungsfrequenz und wurden für ihn unsichtbar, veränderten unseren Platz jedoch nicht. Ich mußte meinem Freund dabei helfen, weil er in diesen Dingen noch nicht sehr erfahren war. (Wißt ihr, es braucht sehr viel Übung, um die Schwingungsfrequenz nach Belieben zu verändern, um von einem Zustand in den anderen zu wechseln. Man muß lernen, sich über die Bedeutung der Bilder und Formen zu erheben und –

von ihnen unberührt – unsichtbar zu werden.) Wir blieben also an Ort und Stelle und beobachteten den Mann. Wir hörten, wie er sagte: ›Gott sei Dank, sind sie jetzt zur Hölle gefahren. Aber wie sind sie nur hier hereingelangt?‹ Er fing an zu schreien. Dann kam jemand in den Raum. Er war in dunkle Kleidung gehüllt und sah aus wie ein Diener. Der Mann schrie weiter auf ihn ein. ›Wie sind sie hier hereingekommen? Warum hast du die Tür offengelassen?‹ Was geschah, verstand ich dann: Der Diener war in Wirklichkeit ein Engel*, der ihm zu helfen versuchte, zur Vernunft zu kommen. Menschen wie er stellen sogar Engel an, die ihnen dienen. Natürlich konnte der Engel ihm nicht als Lichtgestalt erscheinen. Er sah aus wie ein gewöhnlicher Diener, gekleidet in die Hülle, die jener Mann mit seinen Gedanken und Haßgefühlen erschaffen hatte.

Er fuhr fort zu schreien«, berichtete Daskalos weiter. »›Setze dich hierher!‹ kommandierte er den Diener-Engel. Dann öffnete er quietschende Eisentüren und zog einen rostigen Kasten hervor. Er hob den Deckel und schrie weiterhin auf den Engel ein, um zu erfahren, wer etwas von seinem Schatz gestohlen habe. Dann begann er, Goldmünzen zu zählen. Ich mußte lachen. Das war also seine Strafe, seine Hölle, dachte ich bei mir. Er zählte seine goldenen Pfund-Münzen, die den König von England auf der einen und den heiligen Georg auf der anderen Seite zeigten. Er zählte und häufte, dann verzählte er sich wieder und begann von neuem. Er warf die Münzen durcheinander und fing wieder von vorne an. Sein Gehirn wurde müde, er kam durcheinander und mußte noch einmal von neuem beginnen, und so ging es immer weiter. Er war besessen von dem Gedanken, von Dieben bestohlen zu werden, und starrte nur auf seine Häufchen von Goldmünzen.

Ich fragte den Diener, der dabeistand – er konnte uns wahrnehmen, weshalb es sich, wie bereits erwähnt, um einen Engel handeln mußte –: ›Wie lange geht dies nun schon so? Erzeugst du die Münzen für ihn?‹ – ›Ja, aber er verliert sie immer wieder.

Dann mache ich neue für ihn, und er verliert sie wieder. Er läßt einfach nicht davon los. Er sorgt sich ständig um seinen Schatz und meint, daß ihn Diebe wegnehmen würden. Er ist es selbst, der die Zustände erschafft, die in ihm das Gefühl erzeugen, seine Münzen zu verlieren.‹ – ›Was tust du, um ihm zu helfen?‹ fragte ich. Er antwortete, er unternehme alles mögliche, damit er verstehe, wie illusorisch seine Besessenheit sei, aber vergebens. Ich schlug ihm vor, ihm vielleicht mit Hilfe machtvoller Gedanken klarzumachen, daß er selbst tot sei, daß seine Münzen keinen Wert besäßen und daß er aus seinem dunklen Raum ans Sonnenlicht herauskommen solle, um anderen Menschen zu begegnen. ›Meinst du, das hätte ich nicht bereits versucht?‹ erwiderte der Engel. ›Ich habe es schon tausendmal getan, aber er hört einfach nicht zu. Aber versuche nur dein Glück und sieh zu, was geschieht.‹ Ich versuchte es. Der Mann lehnte sich auf und begann erneut, seine Goldstücke zu zählen. Da entdeckte ich, daß er sein letztes Leben als sehr reicher Geizhals durch Selbstmord beendet hatte. – Nun, er wird sich so lange quälen, bis er selbst den Entschluß faßt, aus seiner Hölle herauszukommen, die er allein geschaffen hat.«

»Wann hast du dies erlebt, Daskale?« unterbrach ich.

»Heute vormittag.«

»Du meinst, heute morgen im Schlafe?«

»Nein, im Wachzustand, während ich wach war. Man muß nicht unbedingt schlafen, um zu arbeiten.« Daskalos schilderte uns noch weitere Einzelheiten über seine Begegnung mit dem Diener-Engel. Jetzt war er wieder ganz bei Kräften, und von der Mattigkeit, die wir beim Hereinkommen bemerkt hatten, war keine Spur mehr festzustellen.

»Nachdem wir jenes Haus verlassen hatten, versuchte ich, mit jenem Engel Verbindung aufzunehmen. Er war tatsächlich eine Lichtgestalt. Ich fragte ihn, warum dort alles so dunkel war. ›Angenommen, du bist an einem schönen Ort‹, antwortete er, ›und ein paar Leute fangen an, Autoreifen zu verbrennen. Dann ist bald die ganze Landschaft voll von stinkendem Qualm. Ist das angenehm?‹ – ›Natürlich nicht. Aber dein Vergleich mit den brennenden Gummireifen zeigt mir, daß du viel über unsere Welt, über die Erde, weißt.‹ – ›Natürlich weiß ich das‹, antwortete er. ›Das Denken der Leute hier ist wie brennende Reifen, es vergiftet die Atmosphäre. Die Landschaft wird allmählich schwarz durch die Gedanken und Gefühle der Menschen, die hier leben.‹ – ›Ist es angenehm für dich, hier zu sein?‹ fragte ich. ›Wer sagt denn, daß ich hier bin?‹ entgegnete er. ›Ich bin auch anderswo.‹ – ›Das erklärt manches‹, sagte ich und sprach weiter: ›Ich möchte dich gerne besser kennenlernen.‹ – ›Ich kenne dich bereits sehr gut‹, war seine Antwort. ›Doch keine Sorge, du wirst mich auch noch kennenlernen, weil du hier herunterkommen wirst, um diesem Menschen in Not zu helfen.‹

›Ich bin enttäuscht‹, sagte ich, ›daß ich bei diesem Burschen nichts erreichen konnte.‹ – ›Die Liebe, die du mitgebracht hast, ist deine Leistung‹, erklärte er. ›Allmählich wird er reifen und zur Vernunft gelangen. Wenn du erst auf diese Seite kommst, zählt er vielleicht immer noch seine Goldmünzen, und wir werden ihn weiterhin besuchen und unsere Hilfe anbieten. Nur Gott weiß, wann er sich aus seiner mißlichen Lage lösen wird.‹

Man gewinnt den Eindruck«, erzählte Daskalos uns, »daß die Hölle, in der dieser Mann sich befand, irgendwo unter der Erde ist. Natürlich hatte er selbst die Umgebung erschaffen, in der er lebt, als Gefangener seiner Gedanken und Gefühle. Wenn du ihn fragst, ob er sich in seiner Lage wohl fühlt, wird er höchstwahrscheinlich mit ja antworten. Er will sein Hölle nicht aufgeben. Um aus ihr herauszugelangen, braucht er dies nur zu wünschen.«

Stephanos fragte nach der Art der Grenzen zwischen den verschiedenen Dimensionen, und Daskalos erklärte: »Die Grenzen zwischen den verschiedenen Ebenen und Bereichen der psychonoetischen Welt sind eine Frage von Schwingungen und der Einstellung deines Bewußtseins auf jene Schwingungen. Ich kann mit einem Radio zum Beispiel eine Symphonie empfangen, die gerade von BBC ausgestrahlt wird. Durch eine leichte Drehung des Wählknopfes kann ich, ohne mich oder mein Radio zu bewegen, griechische Bouzouki-Musik hereinbekommen – eine völlig andere Realität. Nach irdischen Zeitbegriffen beurteilt, kannst du also binnen Bruchteilen einer Sekunde eine Hölle oder ein Paradies betreten oder verlassen. Um aus einer Hölle zu gelangen, hebst du gewissermaßen deine Schwingungen an und betrittst Räume, die mit lebendiger Lichtkraft erfüllt sind. Je weiter du dich nach oben bewegst, desto mehr Licht begegnest du und desto klarer nimmst du die Realität wahr.

Ich habe bei meinen Erfahrungen selbst beobachtet«, fügte Daskalos nach einer Pause hinzu, »daß die Menschen näher beieinander und vereinter leben, je höher sie die psychonoetische Leiter erklommen haben. Bewohner der niederen Ebenen dagegen – auch wenn sie noch so zahlreich sind – nehmen gewöhnlich keine Notiz voneinander, fühlen einander nicht und führen ein Dasein als psychonoetische Einzelgänger.«

Ich erkannte, daß die Aussagen des Daskalos ganz zu dem paßten, was ich aufgrund meiner eigenen Erfahrung und aus der Sicht der konventionellen Soziologie und Psychologie wußte. »Je höher du also dein Bewußtsein anhebst, desto geringer wird deine Entfremdung von den Mitmenschen und von dir selbst«, bestätigte ich, »und je höher du deine Schwingungsfrequenz hebst, desto näher kommst du der Einheit sowohl mit den anderen Menschen als auch in dir selbst.« Meine Gedanken nahmen Gestalt an, und ich fuhr fort: »Je tiefer du auf der Bewußtseinsskala bist, desto schwächer ist die Liebe in deiner derzeitigen Persönlichkeit manifestiert. Je höher du auf der Skala des psychonoetischen Bewußtseins bist, desto stärker und konzentrierter wird der Ausdruck der

Liebe, bis du zur totalen Einheit gelangst, wenn du Liebe *wirst*.«

»Sehr gut«, bestätigte Daskalos zufrieden und sprach dann weiter über die verschiedenen Charakteristika der psychonoetischen Dimensionen.

»Die Menschen erschaffen sich dort ihre Welt, wie sie sie von der Erde kennen. Sie führen ihr Leben weitgehend auf die gleiche Weise wie zu Zeiten ihres Erdenlebens auf der materiellen Ebene. Sie kochen sich ihre Lieblingsgerichte, trinken ihren Lieblingswein und ergötzen sich bei ihren Festivitäten, wie sie es auf Erden zu tun pflegten. Und sie verhalten sich auch so, wie sie es auf der Erde gewohnt waren.«

»Alle diese Dinge, die du eben erwähntest«, beobachtete Stephanos, »sind da, um die materiellen Bedürfnisse des Körpers zu befriedigen. Aber der Körper ist doch nicht mehr vorhanden.«

»Ich habe es schon oft erklärt: Auch nach dem Tode hat der Mensch noch einen Körper. Er lebt in seinem psychonoetischen Körper. Charakter und Wahrnehmungen der Menschen ändern sich nicht einfach dadurch, weil man auf die andere Seite geht. Der Mensch lebt mit seinem psychonoetischen Körper, und da er seine Wünsche noch nicht transzendiert und abgelegt hat, konstruiert er sich auf der anderen Seite eine Welt, die ein Abbild der Welt ist, die er in seinem Erdenleben gewohnt war.« Daskalos erklärte: In den psychonoetischen Dimensionen nehmen Gedanken und Wünsche als Elementale leichter Gestalt an. Sie existieren im Bewußtsein und in der subjektiven Umgebung derer, die sie erschaffen.

»Daskale«, fragte ich, »erleben Menschen auf der anderen Seite die gleichen Freuden und Vergnügen, die sie gewohnt aus ihrer materiellen Existenz kennen?«

»Gewiß.«

»Auch beispielsweise sexuelle Lust?«

»Ja. Aber wenn du innerhalb der psychonoetischen Dimensionen auf höhere Stufen gelangst, wird natürlich auch deine Sexualität allmählich transzendiert. Auf den niederen Ebenen hast du sie jedoch genauso wie auf der Erde.«

»Aber braucht man nicht einen materiellen Körper, um Sinneslust zu erleben?« fragte ich verblüfft.

»Woher willst du das wissen?« erwiderte Daskalos. »Ist der grobstoffliche Körper die Quelle der sexuellen Lust oder der psychonoetische Leib? Ist es nicht der Körper der Gefühle, der den Geschlechtsverkehr möglich macht? Du hast einen materiellen Körper. Er ist hier.« Daskalos deutete nach unten. »Aber wenn eine Person psychonoetisch unpäßlich ist ... rührt er sich nicht einmal.« Er lächelte und streckte seinen Zeigefinger. »Wir begegnen immer wieder Menschen, die unter Impotenz leiden.

In den psychonoetischen Dimensionen findest du also alles, was du auch auf der grobstofflichen Ebene findest – einschließlich Sex, Gewalt, Freundlichkeit und so weiter. Es ist der Charakter ihrer Bewohner, der die Natur einer Aufenthaltsebene bestimmt.«

»Kennt man dort auch die Angst vor dem Tode und den Tod, wie wir ihn verstehen? Und wie steht es mit Mord?« fragte ich.

»O ja, durchaus. Doch es gibt eine Ausnahme. Angenommen, ein Gewalttäter greift eine andere Person an und hat den Eindruck, sie getötet zu haben. Nach einer Weile wird der Mörder entdecken, daß sein Opfer ins Leben zurückgekehrt ist. Er greift es wieder an, und die Szene wiederholt sich. Den psychonoetischen Körper kann man nicht töten. Verstehst du, was das bedeutet? Menschen, die hier im Krieg und auf dem Schlachtfeld kämpfen, setzen ihre Aktivität häufig in der psychonoetischen Dimension fort, nachdem sie hinübergegangen sind.«

»Leidet das Opfer eines Angreifers in der psychonoetischen Dimension körperliche Schmerzen?«

»Nein, körperliche Schmerzen gibt es auf der anderen Seite nicht. Man kann selbst von einer Bombe zerrissen werden, und so ein Erlebnis prägt sich dem Bewußtsein ein. Aber dabei fühlt man keinen körperlichen Schmerz. Und dann erkennt man verwundert, daß man unversehrt blieb. Später erinnert man sich vielleicht daran und erlebt diese Erfahrung von neuem. Doch man empfindet keinerlei physischen Schmerz. Man erkennt, daß man weiterhin existiert, und stellt sich vor, daß jenes Erlebnis ein böser Traum oder ein Alptraum gewesen sei.

Alle diese Erlebnisse werdet ihr auch auf den tieferen Ebenen der psychonoetischen Welten finden. Ich spreche aus persönlicher Erfahrung. Ich habe solche Dinge selbst erlebt. Die Menschen, die auf den Schlachtfeldern des iranisch-irakischen Krieges starben, gingen auf die andere Seite hinüber und setzten ihren Krieg fort. Ich wage sogar zu behaupten, daß die Kriege auf den psychonoetischen Ebenen überhaupt beginnen und sich dann nach unten auf die grobstoffliche Ebene projizieren. Wir führen nicht nur auf der materiellen Oberfläche unseres Planeten Krieg, sondern immer dann, wenn das Verlangen besteht, jemanden anzugreifen und einen Krieg anzuzetteln. Menschen, die auf die andere Seite weitergehen, nehmen ihr Verlangen, zu töten, zu unterjochen und zu erobern, mit sich und handeln danach, genau wie schon auf der materiellen Ebene.«

Daskalos fügte hinzu, daß es zu seiner Aufgabe als unsichtbarer Helfer gehöre, die Schlachtfelder zu besuchen und den Leidenden zu helfen. Mit starker visueller Vorstellungskraft versuche er beispielsweise, eine Blutung unter Kontrolle zu halten, bis die Sanitäter eintreffen. Wenn der Tod aufgrund des Karmas einer Person unvermeidlich ist, hilft Daskalos als unsichtbarer Helfer zusammen mit anderen dem Gefallenen beim Übergang auf die andere Seite.

»Wenn jemand in der Schlacht getötet wird, ist er oft in

einem Zustand von Schock und Verwirrung. ›Was passiert mit mir? Wo bin ich jetzt?‹ ist die übliche Reaktion. Er betrachtet seinen Körper und stellt fest, daß er unverletzt ist. Denn, wißt ihr, die Wunden des psychonoetischen Körpers heilen augenblicklich. Immer sind unsichtbare Helfer anwesend, um solchen Menschen beizustehen.

Mit ihrer Hilfe gelangt der Mensch dann in den geeigneten psychischen Zustand, der ihn zu der Sphäre in der psychonoetischen Welt führt, in der er bis zu seiner nächsten Inkarnation leben muß. Niemand bringt ihn dorthin. Es ist auch nicht der unsichtbare Helfer, der bestimmt, wohin man geht. Er hilft ihm lediglich im Augenblick seines Überganges in die andere Dimension, seine Verwirrung abzulegen. Der Gefallene kann durchaus ein guter Mensch sein, der dazu beiträgt, ein ethnisches, kollektives Karma auszugleichen. Wir können nie den Grund wissen, warum einer zum Beispiel auf dem Schlachtfeld getötet wird. Nur das Absolute weiß es, die Kraft hinter dem Karmagesetz.

Die große Mehrheit der unsichtbaren Helfer sind Erzengel-Wesenheiten. Stellt euch nur die große Toleranz dieser Erzengel vor, die immer der verrückten Menschheit dienen. Sie arbeiten ständig, um den Menschen zu helfen, sich zu beruhigen, und leiten sie in jene Ebene der psychonoetischen Welt, die ihnen entspricht. Selbst wenn dreihundert Leute auf dem Schlachtfeld getötet werden, gehen keine zwei von ihnen in das gleiche psychonoetische Umfeld ein.

Ich habe noch etwas anderes entdeckt«, fügte Daskalos hinzu. »Armenier redeten ihre Sprache und zelebrierten ihren Gottesdienste auf armenisch. Ich habe Griechisch-Orthodoxe gesehen, die ihr Kyrie eleison sangen, und ich habe Katholiken und Mormonen gleichermaßen beobachtet, die ihre jeweiligen Sprachen und religiöse Tradition pflegten. Das heißt, alle, die die gleiche Mentalität und die gleiche psychische Verfassung auf die andere Seite mitbringen, sammeln sich in der entsprechenden Zwischenebene der psychonoetischen Welt. Deshalb werdet ihr dort alle Glaubensbekenntnisse und Religionen der Welt antreffen. Und noch etwas: Unsere religiösen Feste und Zeremonien auf Erden haben einen Einfluß auf jene Bewohner der anderen Seite, die eine ähnliche Schwingung wie wir besitzen.

Auf den niederen psychonoetischen Ebenen werdet ihr sogar Fanatiker finden. Solche Räume bezeichne ich als Höllen.«

»Mit anderen Worten«, warf ich ein, »die Erde, auf der wir leben, ist gleichfalls eine Art Hölle.«

»Genau«, bestätigte Daskalos. »Doch Hölle ist natürlich keine geographische Ortsangabe; vergeßt das nicht. Es sind die von Menschen erschaffenen psychonoetischen Zustände und Bedingungen, die einen Ort oder eine Sphäre in eine Hölle verwandeln.

Doch es gibt Unterschiede. Diese Hölle der drei Dimensionen wird von Naturgesetzen regiert, die anders sind als jene, die die psychonoetischen Ebenen beherrschen. In unserer irdischen Hölle sind Licht und Dunkel die Folge der Umdrehung des Planeten Erde um die Sonne. Die in den psychonoetischen Dimensionen lebenden Wesenheiten brauchen keine Sonne, um Licht zu erhalten – es sei denn, sie erschaffen sie selbst mit ihren Gedanken. Obwohl sie keine Sonne brauchen, bringen sie ihre Erfahrungen von der irdischen Ebene mit und erzeugen ein Tagesgestirn mit ihrer Vorstellung. In den psychonoetischen Welten strahlt alles und jeder Licht aus – selbst die dunkelsten Höllen, falls du es wünschst.

Angenommen, jemand hat das starke Verlangen, ein schönes Haus zu bauen. Solange er im dreidimensionalen Raum lebt, besitzt er jedoch nicht das Geld, um sich diesen Wunsch zu erfüllen. Auf der psychischen Ebene erhält er nun die Gelegenheit, ein Haus zu erschaffen, und fragt sich verwundert: ›Wann habe ich das gebaut?‹ Es ist sein Verlangen, das das Haus hervorgebracht hat. So etwas kann er tun, wenn er grundsätzlich ein guter Mensch gewesen ist. War er ein böser Mensch, wird ihn das Karma – besser: wird er sich selbst – in die niederste Ebene der psychonoetischen Dimensionen bringen. Begehrte er jedoch bei seiner Ankunft auf der anderen Seite ein gemütliches Haus, wird er es erhalten, und es ist aus seinen eigenen Gedanken erschaffen. Er baut und bewohnt es – vorausgesetzt, er hat es verdient.

Wir können das auch auf der grobstofflichen Ebene feststellen«, fuhr Daskalos fort: »Die Befriedigung jedweden Verlangens zieht Sättigung, Ermüdung und Langeweile nach sich. Fehlende Befriedigung intensiviert das Verlangen. Ähnliche psychologische Faktoren wirken auf der anderen Seite. Und noch etwas: Der Mensch ist in der Regel habgierig, er ist unersättlich in seinem Begehren. Ich will euch ein Beispiel aus eigener Erfahrung schildern.

Ich hatte einen Freund namens Andreas. Wir studierten gemeinsam an der Amerikanischen Akademie, jener Hochschule in Larnaca, an der ich graduierte. Andreas war sehr arm, und es fehlte ihm eigentlich alles. Aber er war ein Träumer. In seiner Kindheit erlebte er Geschrei, Wutausbrüche und Mißhandlung. Seine Mutter starb, als er zwölf war. Nachdem wir die Schule abgeschlossen hatten, trennten sich unsere Wege. Einige Jahre später traf ich ihn wieder. Er hatte den sehnlichen Wunsch, ein kleines Haus mit einigen Zimmern zu bauen, um Ruhe zu finden. Es war sein Ehrgeiz, Verkäufer zu werden. Er besuchte einige meiner Vorträge und lernte etwas über die Macht der Vorstellungskraft. Dann kam er nicht mehr zu den Unterweisungen. Jahre später besuchte er mich. Er erzählte mir, daß es ihm unter anderem durch die Macht starker Visualisierung gelungen war, recht wohlhabend zu werden. Er kaufte zwei Autos und baute in Larnaca sogar ein Haus am Meer. Doch damit war er noch nicht am Ziel seiner Wünsche.

Im Alter von fünfunddreißig starb er. Durch sein Karma

war ihm kein längeres Leben bestimmt. Eines Tages begegnete ich ihm auf der anderen Seite. Er betrachtete sich auch dort als recht wohlhabend. Ich dachte, ihm helfen zu können, seine Illusionen zu überwinden. ›He, Andrea‹, sprach ich ihn an, ›hast du die Veränderungen bemerkt? Ist dir klar, daß du gestorben bist?‹ – ›Wer, ich?‹ Er konnte einfach nicht glauben, daß er tot war. ›Ich hatte eine schlimme Krankheit‹, erzählte er mir. ›Ich erinnere mich, daß ich aus Blase und Darm Blut ausschied, und ich litt schrecklich unter Ruhr.‹ (Möglicherweise hatte er Typhus. Man wußte damals noch nicht viel über diese Krankheit.) ›Ich hatte eine sehr schlimme Krankheit, Spyro, aber jetzt bin ich wieder ganz gesund‹, schloß er. ›Ich fühle mich auch viel besser. Früher konnte ich nicht gehen, wenn ich morgens aufwachte. Jetzt fühle ich mich wie ein Vogel. Und noch etwas ist mir aufgefallen: Statt mit der Zeit älter zu werden, fühle ich mich immer jünger.‹ (Das geschieht auf der anderen Seite. Wenn du es wünschst, nimmst du ein jugendliches Aussehen an.)

›Du hast schon immer gut ausgesehen, Andrea‹, sagte ich. ›Na, komm‹, antwortete er, ›schmeichele mir nicht so. Laß uns zu meinem Haus in Larnaca gehen.‹ – ›Du stellst dir also vor, in deinem Hause in Larnaca zu sein‹, bemerkte ich. ›Was denkst denn du, wo wir sind – vielleicht in London?‹ erwiderte er spöttisch.

›Lieber Andrea, du bist tot. Du lebst jetzt in einer Umgebung, die jener entspricht, nach der du dich gesehnt hattest. All dies hier hast du mit deiner Imagination gebaut. Du brachtest alles aus deinem Erdenleben hierher.‹

›Spyro, willst du mich verrückt machen?‹ entgegnete er. ›Das hält mein Gehirn nicht aus.‹

›Nein, mein Lieber, dein Gehirn hält das schon aus. Ich will dir nur zeigen, daß du dich von aller Sorge und allem Eifer trennen solltest, die du in bezug auf Besitz, Wohlstand und deine Häuser hattest. Du warst immer unzufrieden gewesen mit allem, was du hattest, und dabei hast du immer mehr haben wollen, Andrea. Deine Wünsche waren unersättlich.

Nun befindest du dich in einer wunderschönen Welt; mancher würde sie sogar als Paradies bezeichnen. Aber in Wirklichkeit, mein Freund, lebst du in einer Art Hölle, die du selbst dir geschaffen hast.

Ich möchte dich jetzt etwas fragen: nimmst du Nahrung zu dir?‹ – ›Ich habe einfach nicht mehr das Verlangen danach‹, antwortete er. (Ihr seht, er begann zu erkennen, daß er keine Nahrung benötigte, um am Leben zu bleiben.) ›Früher aß ich, was ich wollte‹, fuhr er fort, ›aber, Spyro, weißt du, was passiert? Es ist wie ein Zauber. Welche Speise ich mir auch wünsche: Ich finde sie fertig zubereitet in der Küche. Wer macht das alles?‹ – ›Du selbst, mein Lieber, du machst es, indem du es wünschst. Du hast so viele Dinge gelernt; warum erkennst du nicht, daß deine Wünsche und deine Gedanken hier materialisiert werden? Solange du noch auf der irdischen Ebene lebtest, mußtest du die Dinge erst psychonoetisch gestalten und dann Baumaterial, Stein, Holz etc. herbeischaffen, um sie zu manifestieren. An diesem Ort, an dem du jetzt lebst, wird Materie von deinen Gedanken gestaltet.‹ – ›Du willst mir sagen‹, fragte er, ›daß dies alles hier nicht real sei?‹ – ›Da hast du es schon wieder‹, erwiderte ich. ›Warum hältst du für real, was verrotten und binnen Sekunden von einem Erdbeben vernichtet werden kann, und betrachtest als unreal, was unzerstörbar ist? Alle diese Dinge, die du mit deinen Gedanken erzeugst, halten viel länger; sie werden hier sein, solange du es wünschst. Und wenn du sie nicht mehr willst, verlassen sie dich, und andere werden sie finden und gebrauchen.‹

›Mein Gehirn ist doch nicht groß genug‹, wiederholte er. ›Nein, mein Lieber, du hast Gehirn genug‹, widersprach ich. ›Dein Problem ist nur, daß dein Wunsch zu verstehen nicht stark genug ist. Du hast so viele Häuser. Du hast von ihnen geträumt und sie erschaffen. Du fährst in einem chromblitzenden Wagen vor deinen Anwesen vor und bewunderst sie. Du hast die Erfahrungen erhalten, nach denen du dich sehntest. Du hast all dies selbst hervorgebracht, und weißt du, warum? Weil du zu deinen Lebzeiten auf Erden weder ein Dieb noch ein unehrlicher Mensch warst. Du warst im Grunde einfach ein durchschnittlicher Mensch, der seine Gedanken gebrauchen und alle diese Dinge erzeugen konnte, nach denen du dich so gesehnt hattest. Schön und gut. Aber wie lange noch willst du hier leben, umgeben von deinen Illusionen?‹

›Du machst mich wirklich verrückt, Spyro. Schau: Wie kannst du sagen, daß ich all dies erschaffen hätte? Neulich hat es zum Beispiel geschüttet, soviel Regen habe ich in meinem ganzen Leben noch nicht gesehen.‹ – ›Mein Lieber, du selbst bist es, der den Regen mit deinen Gedanken herbeigebracht hat. Er existiert nicht in der psychischen Umgebung, die du jetzt bewohnst. Du brachtest den Regen innerhalb deiner eigenen subjektiven psychischen Hülle hervor, die du genau so gestaltet hast, wie du es zur Zeit deines Erdenlebens kanntest. In deinem derzeitigen Zustand gibt es nur das, was du mit deinen Gedanken und Wünschen erzeugst.‹

›Diese Dinge, über die du redest, diese andere Seite ... meinst du wirklich, daß wir tot sind?‹ – ›Nein, *du* bist tot‹, widersprach ich. ›Ich bin noch auf der anderen Seite, doch ich kann auf deine Seite kommen, wann immer ich es wünsche. Ich bin noch dort, weil ich noch Arbeit zu erledigen habe. Du dagegen kamst hierher, um zu bleiben. Bist du nicht zufrieden mit deinem jetzigen Leben?‹ fragte ich ihn. ›Doch, ganz und gar‹, antwortete er. ›Aber, Andrea, warum versuchst du dann nicht, deine Aufmerksamkeit zu öffnen, um die Gesetze zu verstehen, die auf dieser Seite wirken?‹

›Spyro‹, sagte er und nahm eine Handvoll Erde auf. ›Willst du jetzt versuchen, mir zu erklären, daß dies nicht Erde sei? Es *ist* Erde, verdammt noch einmal. Schau es dir doch an.‹«

»Nun«, fragte Daskalos, um seine Geschichte abzuschließen, »was sagt ihr einem solchen Burschen? Wißt ihr, er blieb nicht lange genug in den Kreisen der Wahrheitsforscher, um die Gesetze besser zu verstehen, die in den psychonoetischen Dimensionen gelten. Ich versuchte ihm zu erklären, daß alles Geist ist, auf verschiedenen Schwingungsebenen, und daß die vier Elemente in allen Dimensionen zu finden sind. Aber er konnte es einfach nicht begreifen. Seht ihr, es ist ein großer Vorteil für die Wahrheitsforscher, die sich schon eingehender mit den Lehren befaßt haben, daß sie sich bewußt sind, was geschieht, wenn sie auf die andere Seite gehen. Das Wissen, das ihr hier erlangt, geht nicht verloren. Ein Wahrheitsforscher hat gegenüber gewöhnlichen Menschen einen deutlichen Vorteil: Er ist nicht nur zeit seines Erdenlebens bewußter, sondern auch nach seinem Übergang in die psychonoetischen Dimensionen.

›Weißt du was‹, bemerkte Andreas«, fuhr Daskalos fort, »›alle meine Nachbarn sprechen Griechisch. Es sind ein paar Engländer hier, aber mein Englisch ist leider nicht besonders gut. Ich habe die Sprache schon lange Jahre nicht mehr gebraucht und viel von dem vergessen, was ich in der Schule lernte.‹

Was auch immer ihr auf dieser irdischen Ebene lernt, nehmt ihr auf die andere Seite mit. Die Sprachen, die ihr lernt, sind auch in den psychonoetischen Dimensionen zu gebrauchen. Vielleicht konntet ihr zu Lebzeiten auf Erden keine Fremdsprachen lernen, aber es gelang euch, euch psychonoetisch etwas zu entfalten. Dann könnt ihr in den psychonoetischen Dimensionen die Gedanken anderer aufnehmen, ohne dazu auf eine Sprache zurückgreifen zu müssen. Andernfalls müßtet ihr auf die gleiche Weise Fremdsprachen lernen, wie ihr es von der Erde her kennt, wenn ihr mit Personen anderer Nationalität sprechen wollt.

Ich möchte etwas hinzufügen: Alles, was ihr auf dieser Seite lernen könnt, wird euch auch auf der anderen Seite geboten. Angenommen, jemand hatte den innigen Wunsch, Klavier spielen zu lernen, doch es blieb ihm auf der grobstofflichen Ebene versagt. Genau so, wie er das Klavierspiel im irdischen Leben lernen würde, kann er sich auch auf der anderen Seite ausbilden lassen. Und wenn dann seine Zeit kommt, wieder zu inkarnieren, kann er in dieses neue Leben das Wissen und Talent mitbringen, das er während seines Aufenthaltes in den psychonoetischen Dimensionen entfaltet hatte.«

»Zu welchem Zeitpunkt inkarniert man?« fragte Stephanos.

»Niemals werden zwei Menschen unter den gleichen Umständen inkarniert. Die großen Meister des Karmas entscheiden, wann jemand für eine neue Inkarnation bereit ist. Aber, um ganz ehrlich zu sein: diese Angelegenheit Reinkarnation verwundert mich. Obwohl ich aufgrund meiner eigenen Erfahrungen und Forschungen eine Menge Dinge verstehe, kann ich immer noch nicht behaupten, wirklich zu wissen, wie es funktioniert.«

Stephanos meinte: »Ich frage mich, ob in den psychonoetischen Welten ähnliches gilt wie hier: daß man mehr oder weniger eine gewisse Lebenszeit hat, bevor man diese Dimension verläßt, um erneut zu inkarnieren.«

»Nein. Das ist eine streng individuelle Angelegenheit«, erwiderte Daskalos. (Kostas hatte mir bei einer früheren Begegnung erklärt, daß die Aufenthaltsdauer einer Person in der psychischen Dimension davon abhängt, wie stark der psychonoetische Körper vibriert. Je größer das Durcheinander, das ein Mensch aus dem gerade beendeten Leben mitbringt, desto längere Zeit ist nötig, um die Schwingungen zu beruhigen und auf die neue Inkarnation vorzubereiten.)

Daskalos fuhr fort: »Ich gebe mir immer noch Mühe, Andreas zu helfen, seine Situation zu verstehen und höher zu gelangen, damit er mehr Licht erleben und anfangen kann, auch edlere Dinge als sein Haus und seinen Besitz zu schätzen. Je höher man aufsteigt, desto freier wird man von materiellen Obsessionen. Sie sind Ketten, die einen gebunden halten. Man braucht keine Häuser auf der anderen Seite, um sich vor den Elementen zu schützen. Versteht ihr? Ich spreche aus eigener, persönlicher Erfahrung.

Auf der Stufe, auf der ich mich jetzt befinde, ist mein Leben nicht beschränkt auf Grenzen von Formen und Bildern der materiellen Welt. Ich ziehe es vor, meine Selbstbewußtheit die meiste Zeit auf etwas anderes als den Körper und die Persönlichkeit einzustellen. Es ist wirklich schwierig zu erklären, was dabei geschieht. Diese Erlebnisse, über die ich spreche, sind jenseits der niederen noetischen Welt. Mit anderen Worten: Du mußt dazu eine Stufe erreichen, auf der du eins mit der Natur werden kannst – um beispielsweise in die Salzigkeit des Meeres verwandelt zu werden. Ist daran irgend etwas Menschliches? Ist es auf irgendeine Weise der Selbstbewußtheit verwandt?

Ja! Was ich jetzt sage, ist vielleicht zu gewagt, aber du kannst ein kleiner Gott werden. So wie Gott sich in seinen Schöpfungen fühlt, so kannst auch du, als ein kleiner Gott und in einem Mikrokosmos, wie Gott fühlen. Du kannst eine Blume werden, die Schönheit einer Blume. Oder du kannst im Einssein mit einem geliebten Menschen verschmelzen. Wir haben solche Vorstellungen und Bedeutungen in der niederen Welt, aber können wir sie in die Tat umsetzen?«

»Diese Einheit, über die du sprichst, Daskale«, fügte Stephanos hinzu, »habe ich selbst schon erlebt, jedoch nur für Augenblicke, unbeabsichtigt und nicht bewußt. Ich empfinde dies als ein Geschenk der göttlichen Barmherzigkeit, die einen in solche Zustände katapultiert, ohne daß man weiß, wie es geschah.«

»Moment, bitte. Jeder kennt so etwas als blitzartiges, nicht bewußtes Erlebnis. Kannst du zum Beispiel ganz mit dir selbst beschäftigt sein, wenn dein Denken um einen geliebten Menschen kreist? In solchen Fällen wirst du die geliebte Person. Das ist eine, wenn auch unbewußte Form der Einstellung und des Einsseins. – Wer tut das? Gott selbst, Liebe. Dieses Attribut Liebe ist Gott, soweit wir es verstehen können – das heißt innerhalb der Grenzen unserer Welten der Getrenntheit. Ich würde sogar noch weitergehen und sagen, daß selbst unser Leben in der grobstofflichen Materie eine Form der Koordination, der Einstellung auf Objekte ist.«

»Ich glaube, ich verstehe, was du sagen willst«, bemerkte Stephanos, »aber wenn diese Einstellung und dies Einssein in meinem Innern geschehen, ergibt sich dies zufällig. Ich weiß nicht, wie ich es bewußt herbeiführen kann.«

»Nur durch Übung wirst du fähig werden, das zu erreichen. Versuche es weiter.«

»Aber wenn ich es versuche, kommt es mir vor, als erschüfe ich etwas Künstliches, das ich nicht wiederholen kann.«

»Nein. Gerade über das Künstliche wirst du deinen Weg ins Reale bauen. Du mußt üben. Es ist notwendig, daß du Meister der kreativen Bildkonstruktion wirst. Verstehst du? Wenn ich dich auffordere, zu üben und ein Bild aufzubauen, verlangt dies in Wirklichkeit, daß du teilweise in diesem Bild aufgehst. Solche Übungen werden dir helfen, das Verhaftetsein am eigenen Bild allmählich zu überwinden und Liebe zu werden. Das bedeutet, Menschen zu lieben, ohne sie unbedingt persönlich zu kennen. Dann siehst du etwa Alexandra, eine Fremde, nicht mehr als Alexandra, sondern als eine Wesenheit, die in diesem Leben als Alexandra inkarnierte, um gewisse Erfahrungen zu gewinnen, und die wieder und von neuem inkarnieren wird, bis sie die Befreiung erreicht hat.«

Ich brachte das Gespräch wieder auf die psychischen Dimensionen zurück. »Daskale, wenn Menschen bei einem Unfall ums Leben kommen, erinnern sie sich danach an das, was ihnen auf der irdischen Ebene zugestoßen ist?«

»Die meisten Menschen werden sich an nichts erinnern. Ob

sie sich daran erinnern oder nicht, hängt von ihrem Karma ab.«

»Angenommen, ich sterbe jetzt«, sagte ich. »Wenn wir davon ausgehen, daß ich eine so lange Zeit deinen Unterweisungen folgte – werde ich dann bewußt erleben, was mit mir geschieht? Werde ich die Unterschiede zwischen den Welten wahrnehmen können?«

»Zunächst einmal: Du stirbst überhaupt nicht. Wie oft muß ich das denn noch sagen?« Der sanfte Tadel in Daskalos' Stimme verriet seine Belustigung. »Aber wenn du es so willst, wirst du ganz bewußt sein.« Er erklärte weiter, daß der große Lohn des Wahrheitsforschers in der Entwicklung seiner Bewußtheit besteht und daß alles, was wir auf der grobstofflichen Ebene gewinnen, in die psychonoetischen Welten mitgenommen wird, in denen wir bis zu unserer nächsten Inkarnation wohnen. »Was du deinem Bewußtsein eingeprägt hast«, hatte Daskalos schon häufig wiederholt, »wird immer bei dir bleiben.« Dann erzählte er von einer Erfahrung mit einem anderen Bekannten, der ebenfalls in einer selbstgeschaffenen Hölle lebte.

»Dieser Bursche quält sich nun schon viele, viele Jahre mit seinem ›Warum?‹: ›Warum hat sie das zu mir gesagt? Warum?‹ – ›Um Himmels willen, Mann‹, flehte ich ihn an, ›vergiß sie doch.‹

Er war Bibliothekar und mit seinem Leben ständig unzufrieden gewesen. In meiner Jugend pflegte ich die Bibliothek zu besuchen, in der er arbeitete, und so lernten wir uns kennen. Ich erinnere mich noch, daß ich mich sehr anstrengen mußte, um ihm klarzumachen, daß ich zur Bibliothek ging, um zu studieren, und nicht, um meine Zeit damit zu verbringen, mich mit ihm zu unterhalten. Ich interessierte mich seinerzeit vor allem für die moderne griechische Poesie und er auch; deshalb ließ er mich nicht in Frieden.

Nun, schließlich verlobte sich der Bursche. Aber er schwebte weiterhin in den Höhen seiner Poesie und kultivierte einen fast aristokratischen Dünkel. Seine Verlobte war es schließlich leid, Tag und Nacht Poesie rezitiert zu bekommen, denn dafür interessierte sie sich nicht im geringsten. Eines Tages, während er gerade über die Poesie edler Empfindungen dozierte, begann sie sich die Zehen mit den Fingern zu säubern. ›Hör zu‹, unterbrach sie ihn, ›wenn du so weitermachst und dir einbildest, daß ich mein Leben mit dir auf diese Weise verbringen soll, dann möchte ich lieber gleich mit dir Schluß machen. Ich will einen Mann, der mit beiden Füßen auf der Erde steht, und nicht einen närrischen Träumer wie dich.‹ Er war vernichtet, besonders, weil sie ihn einen närrischen Träumer genannt hatte. Er beschloß, seinem Leben ein Ende zu setzen. Er stieg auf das Dach der Bibliothek und sprang hinab.

Ich habe mich viele Jahre bemüht, ihm klarzumachen, daß er jetzt nicht mehr in der grobstofflichen Materie lebe. Ich versuchte, ihm beizubringen, daß das schöne Mädchen, in das er schrecklich verliebt war, mittlerweile eine alte Großmutter war. ›Sie ist nicht mehr die, nach der du phantasierst, nicht mehr deine Puppe, dein Idol.‹ – ›Warum‹, wiederholt er ständig, ›hat sie mich einen närrischen Träumer genannt? Sie schuldet mir eine Erklärung und muß mich um Verzeihung bitten.‹ – ›Um Himmels willen‹, erwiderte ich, ›beruhige dich doch.‹ Ich teilte ihm mit, was er getan hatte. ›Ja‹, gab er zu, ›ich bin hinuntergestürzt. Aber mir ist nichts passiert. Ich spürte nur einen leichten Schmerz in den Knochen. Ich habe mich sehr schnell wieder davon erholt.‹ – ›Du bist also geheilt‹, sagte ich. ›Und wie geht es dir jetzt, mein Freund?‹ – ›Jetzt‹, antwortet er, ›nun, ich ruhe mich aus. Das bin ich mir schuldig.‹ Er war von Hause aus träge, weshalb er auch Bibliothekar geworden war; in diesem Beruf konnte er sich entspannen und ausruhen«, fügte Daskalos sarkastisch hinzu. (Zu jener Zeit waren Bibliotheken noch kaum besucht.)

»Nun, er liest einige Bücher, die er bei sich trägt, und er ist immer noch besessen von seinem ›Warum?‹ – ›Komm‹, sagte ich zu ihm, ›ich will dir etwas zeigen. Wir wollen durch jene Wand gehen, damit du merkst, daß du dich nicht mehr in der Welt der grobstofflichen Materie befindest. Du lebst jetzt in dem, was die Menschen als Unterwelt bezeichnen.‹ – ›Kein Wunder, daß sie dich einen Magus nennen. Du hast mich einfach hypnotisiert und suggerierst mir nun, daß ich all diese Dinge sehe.‹ – ›Um Himmels willen, Mann‹, sagte ich zu ihm, ›du bist hinüber!‹ (Ich sagte nicht: ›Du bist tot.‹) ›Du lebst nicht mehr in der Welt der grobstofflichen Materie.‹ – ›Wie kannst du das behaupten?‹ entgegnete er. ›Ich bin doch hier, und ich lebe.‹ – ›Ja, du lebst, mein Lieber, aber du lebst nicht mehr so wie früher.‹ – ›Wie kannst du das sagen? Bin ich nicht ...?‹ [Er nannte einen früheren Namen] – ›Natürlich bist du der, weil du immer noch in der Welt deiner Illusionen lebst und dir vorstellst, der zu sein, der du zu sein glaubst. Komm, laß uns durch die Wand dort gehen.‹ Ich trat mit ihm durch die Mauer, ohne eine Tür zu öffnen. ›Jetzt versuche doch zu verstehen, daß du nun in einer anderen Form der Materie lebst, in der du durch Wände und Gegenstände gehen kannst und dich nicht wie auf der Erde, Schritt für Schritt, zu bewegen brauchst. Hier hat das Gesetz der Schwerkraft, wie du es kanntest, keine Gültigkeit. Auf dieser Seite herrschen andere Gesetze. Warum setzest du dich nicht hin und studierst sie, wie du dich mit den Gesetzmäßigkeiten beschäftigt hast, die auf der materiellen Ebene wirken? Es ist nicht nötig, daß du in dem Kokon deiner Illusionen weiterlebst.‹ Aber er lamentierte weiter: ›Warum hat sie mich einen närrischen Träumer genannt? Warum? Und ich habe sie doch geliebt, ich habe sie angebetet. Sie ist mir eine Erklärung schuldig, und sie muß mich um Verzeihung bitten.‹

Und daran blieb er hängen. Noch heute ist er besessen von diesem ›Warum?‹ Das ist seine Hölle und seine Strafe. Ich versuchte, von den Meistern die Erlaubnis zu erwirken, ein Elemental von jener Frau zu erzeugen. Ich hätte ihr Bild aus seinem eigenen Unterbewußtsein hernehmen können, das sie zeigte, wie er sie gekannt hatte. Dann hätte ich dieses Elemental vor ihn gestellt; es wäre mir ein leichtes gewesen. Aber Yohannan erlaubte mir nicht, das zu tun. Er erklärte mir, daß es betrügerisch sei, was ich im Schilde führte. ›Aber wie soll er sich aus seinen Illusionen befreien?‹ fragte ich. Das Elemental hätte zu ihm kommen und ihn bitten können: ›Mein Geliebter, mein Liebling, ich habe einen Fehler gemacht. Ich bitte dich um Vergebung, wie du mich darum bittest.‹« Verschmitzt imitierte Daskalos die unterwürfige Stimme einer jungen Frau.

»Yohannan untersagte mir strikt, so etwas zu tun. Du siehst also, wir haben Grenzen. Wir können nicht alles tun, was wir in unserer Phantasie vielleicht für das Richtige halten. Deshalb ignoriere ich für meinen Teil nie die Anweisungen der höheren Meister. Andernfalls hätte ich schon schlimme Fehler gemacht. Wäre ich in diesem Falle nur meinem eigenen Willen gefolgt, hätte ich ohne Probleme mit meinem Gewissen jenes Elemental erzeugt, weil ich meinte, dieser Trick könnte dem Manne helfen, seine Obsession zu überwinden und eine Stufe höher zu gelangen. Ihr müßt wissen, daß die Macht der unsichtbaren Helfer gewisse Grenzen hat, die nicht verletzt werden dürfen. Darauf muß man achten.

Ich selbst war also noch ein junger Bursche, als dieser Mann Selbstmord beging. Inzwischen bin ich in den Siebzigern, und er lebt immer noch in seinem ›Warum?‹ Nach irdischem Zeitmaß könnte er in diesem Zustand noch weitere achtzig oder hundert Jahre bleiben – wer weiß?«

»Kann man bei einem Leben unter solchen Bedingungen von Zeit sprechen?« fragte ich. »Und läßt diese Zeit sich nach Jahren messen?«

»Damit wirfst du eine wichtige Frage auf. Denn Zeit und Raum verlieren unter solchen Umständen ihre Bedeutung. Wenn du jenen Mann fragst: ›Wo bist du jetzt?‹, wird er höchstwahrscheinlich antworten: ›Ich bin in meinem Zimmer‹, oder was auch immer er aus seinem Leben auf der grobstofflichen Ebene hinübergebracht hat.«

»Ich nehme an, mit der Zeit wird es das gleiche sein. Das heißt, ein Geschehen auf der anderen Seite, das dir vorkommt, als dauere es ein Erdenjahr, könnte tatsächlich ein ganzes Jahrhundert umfassen«, vermutete ich.

»Sehr wahr. Ich habe selbst festgestellt, daß ich eine Unterweisung, für die ich auf der grobstofflichen Ebene drei bis vier Stunden brauchen würde, in den psychonoetischen Dimensionen in drei Minuten geben kann. Der Unterschied ist die Geschwindigkeit, mit der die Zeit auf der anderen Seite verstreicht.

Was denkst du, ist Raum? Du kennst die Dimensionen dieses Zimmers, in dem wir uns gerade aufhalten, und du nennst sie Raum. Aber noch bevor du mit den Augen zwinkern kannst, bist du Tausende von Meilen jenseits dieses Ortes im Raum, da die Erde sich in ständiger Bewegung befindet. Unser Planet dreht sich gemeinsam mit der Sonne innerhalb der Milchstraße, und auch diese wiederum bewegt sich mit unvorstellbarer Geschwindigkeit in der Unendlichkeit des Raumes. Welchen Raum also meinen wir, wenn wir über den Raum in diesem Zimmer sprechen?

Du siehst, letzten Endes ist Raum als solcher die Idee des Raumes, die du in deinem Denken besitzt. Und diese spezifische Idee des Raumes wirst du so lange besitzen, wie die Mauern dieses Hauses dich umgeben und deinen Eindruck unterstützen. Genaugenommen ist Raum also nur eine Idee in deinem Kopf, eine phänomenale, also scheinbare Realität.«

Daskalos' Ausführung über Raum und Zeit klang mir vertraut. Der deutsche Philosoph Immanuel Kant postulierte im achtzehnten Jahrhundert (als erster in der westlichen Welt) die Idee, daß Zeit und Raum nur in unserem Denken existierten und nicht ›da draußen‹ in der ›objektiven‹ Welt, und er bewirkte eine Revolution der Philosophie. Ich bezweifle, daß

Daskalos je etwas von Kants Werken gelesen hat. Worüber er sprach, basierte hauptsächlich auf seinen eigenen Erfahrungen und Beobachtungen in dem magischen Kosmos, den sein Bewußtsein bereiste.

»So«, fuhr Daskalos fort, »wird jemand vielleicht jahrelang in solchen Dimensionen gepeinigt, und wenn du ihn fragst: ›Wann ist das passiert, mein Freund?‹, wird er antworten: ›gestern‹ oder ›heute‹. Er wird nicht in der Lage sein zu erkennen, daß so viele Jahre vergangen sind.«

»Wäre es nicht so«, vermutete ich, »hätte er in einer unerträglichen Hölle gelebt.«

»Ich denke schon.«

»Das, nehme ich an, nennst du göttliche Barmherzigkeit.«

»Sehr wahr. Ich treffe so viele Menschen auf der anderen Seite, die von einem ›Gestern‹ reden und sich dabei auf eine Zeit beziehen, die nach irdischem Maß vielleicht sechzig Jahre zurückliegt«, sagte Daskalos und versank für einige Augenblicke in Schweigen. Dann erinnerte er sich an die Begegnung mit einem anderen Manne, der in den psychonoetischen Dimensionen lebte.

»Diese Person war ein Intellektueller, und er bewegte sich in sehr hohen noetischen Sphären. Er hatte unter anderem die Gewohnheit, in die tieferen Ebenen hinabzusteigen. Als ich ihn fragte, warum er das tue, gab er zur Antwort, daß er etwas vollbringe, was er während seines Erdenlebens nicht erreichen konnte. Er betrat eine Umgebung, die im Dämmerlicht lag – ein sehr langsam fließendes Gewässer, bedeckt von wunderschönen Seerosen. Diese Szenerie hatten er und andere mit ihren Gedanken erschaffen; sie vermittelte ihnen die Stimmung einer Nacht auf Hawaii, einer Insel mit Palmen in tropischer Schönheit. Ich begleitete ihn und sah all das. ›Es ist so schön‹, sagte er, ›hier ist Frieden und Ruhe. Wir wollen uns setzen und reden.‹ – ›Reden über was?‹ fragte ich ihn. ›Sprechen wir über all die Schönheit. Hörst du nicht die Musik?‹

(Ihr seht, er erschuf selbst Musik mit seinen Gedanken. Musik existiert natürlich auch. Es kommt darauf an, deine Schwingungen auf die Art von Musik einzustellen, die du hören willst.) ›Ich habe eine Frage, auf die ich eine Antwort brauche. Wir kommen hier in einen tiefen, traumlosen Schlaf.‹ (Ihr seht, es ist das gleiche Phänomen, das wir auch hier kennen.) ›Ich bin durch eine sehr schwierige und schmerzhafte Phase in meinem Leben gegangen‹, begann er. ›Ich erinnere mich noch daran, aber ohne die Schmerzen. Diese Erinnerung ist nicht sehr lebendig. Aber wenn sie mir in den Sinn kommt, fühle ich mich sehr schläfrig.‹ (Hier wirkt wieder die göttliche Barmherzigkeit.) ›Ich gehe in einen Zustand der Erinnerungslosigkeit. Zuerst war ich bange.‹ – ›Warum solltest du dich fürchten?‹ erwiderte ich. ›Erlebtest du das gleiche nicht jede Nacht, solange du noch auf der Erde weiltest? Bist du nicht jeden Abend in diesen tiefen Schlaf gesunken, wenn du zu Bett gingst? War das nicht dieser Erinnerungslosigkeit vergleichbar? Und warst du beim Erwachen am nächsten Morgen nicht dieselbe Person? Als Selbstbewußtheit betrittst du einen scheinbaren Zustand der Nichtexistenz, in Wirklichkeit gehst du aber nicht verloren.‹ – ›Du hast recht‹, gab er zu, ›aber es ist noch etwas anderes, das mich beschäftigt.‹ – ›Was ist es?‹ – ›Angenommen, ich gehe in jenen Zustand der scheinbaren Nichtexistenz für zehn Minuten oder eine Stunde oder zehn Jahrhunderte, und dann wache ich wieder auf. Was ist der Unterschied? Wie soll ich das wissen?‹ – ›Ich bin sehr froh, daß du daran gedacht hast‹, antwortete ich. ›Ja so ist es. Angenommen, du hast das Bedürfnis, für zehn Jahrhunderte in diese Form der Nichtexistenz einzutreten, und wachst dann auf. Tatsächlich aber wirst du dich im *Sinn* der zehn Jahrhunderte aufhalten, weil es in Wirklichkeit das ewige Jetzt ist, in das du eingehst. Und im ewigen Jetzt erwachst du wieder. Innerhalb deines eigenen Bewußtseins wirst du nicht erkennen, daß inzwischen zehn Jahrhunderte vergangen sind.‹«

Ich unterbrach Daskalos. »Vielleicht ist es ein Aspekt von Karma und göttlicher Barmherzigkeit, sich der Zeit nicht bewußt zu sein. So können sich auf der Erde die geeigneten Bedingungen entwickeln, bis zu dem Punkt, da die Seele oder Wesenheit wieder in die grobstoffliche Materie eintritt, um weitere Erfahrungen zu sammeln.«

»Genau. Nun, ich sagte zu jenem Mann: ›Warum hast du das Bedürfnis, diese scheinbare Erinnerungslosigkeit und Trägheit zu spüren?‹ – ›Augenblick einmal‹, warf er ein, ›von welcher Trägheit sprichst du?‹ Es war, als hätte ich ihm eine Idee in den Kopf gepflanzt. ›Du hast soviel Wissen erworben‹, erklärte ich ihm, ›und bist fähig, innerhalb der psychonoetischen Welten so tief hinabzusteigen. Warum schließt du dich nicht anderen unsichtbaren Helfern an, um wie sie zu dienen? Meinst du nicht, dich umzusehen und Menschen zu helfen, die in Not sind, wäre der Betrachtung von Seerosen im bläulichen Mondschein vorzuziehen?‹

Dieser Mensch mußte wohl zuletzt vor zwei oder drei Jahrhunderten gelebt haben; das schloß ich aus seiner Art der Konversation.«

»War er Grieche?«

»Nein. Er war anderer Nationalität«, antwortete Daskalos. »Weißt du, was das Problem bei ihm war? Er war ein Intellektueller, aber unfähig, jemanden außer sich selbst zu lieben. Dies war ein großer Nachteil. Er zeigte kein Verlangen, sich den unsichtbaren Helfern anzuschließen, um seinen Mitmenschen zu dienen. Für meine Begriffe ist es tausendmal besser, in der Liebe Fehler zu machen, als überhaupt nicht lieben zu können. Einen Menschen, der egoistisch und aggressiv liebt, würde ich dem vorziehen, der einfach gleichgültig ist. Denn, wißt ihr, unter den Leiden seiner egoistischen Liebe wird der erste aufwachen. Mir ist ein Vater lieber, der seinen Sohn liebt und sich über ihn ärgert, auch wenn er ihm schwere Vorwürfe macht: ›Dieser undankbare Nichtsnutz; ich habe ihn ausgebildet, und jetzt verläßt er uns!‹ Besser diese Art von Liebe mit Wut und Bitterkeit als überhaupt keine Liebe. Mit einem derart leidenschaftlichen psychologischen Zustand geht immer auch die Selbstbestrafung einher, die der Person helfen wird, zu reifen und sich zu entwickeln. Versteht ihr, was ich meine?«

An diesem Punkt klopften Besucher an Daskalos' Tür und baten um seine Hilfe; wir mußten unser Gespräch unterbrechen.

Zwei Tage später, als ich Kostas in Limassol traf, erwähnte ich unsere Begegnung und unser Gespräch mit Daskalos. Es war Samstag morgen, und Kostas hatte sich diesen Vormittag freigenommen, um einige Stunden mit mir im Nautical Club von Famagusta zu verbringen. Als wir unter den schattenspendenden Eukalyptusbäumen saßen, uns am Bier labten und die Schwimmer und Boote beobachteten, schilderte Kostas ein Erlebnis, das er vor kurzem in den psychonoetischen Dimensionen gehabt hatte.

»Wir waren eine Gruppe unsichtbarer Helfer, die im statischen Zustand der Zeit reisten. Wir ›schwebten‹ über das Meer, als wir eine kleine Küstenstadt bemerkten. Es war eine Ansiedlung in der psychonoetischen Welt, genauer gesagt: ein psychonoetischer Raum niederer Schwingung, den wir gemeinhin als eine Hölle bezeichnen würden.«

»War dieser Ort das psychische Gegenstück einer Stadt, die auf der grobstofflichen Ebene existiert?« fragte ich.

»Laß mich fortfahren, und du wirst es verstehen. Nun, wir landeten und gingen durch die engen Straßen zwischen weißgetünchten Häusern. Plötzlich wurde unsere Aufmerksamkeit auf eine ältere Frau gelenkt, die auf einer Bank vor ihrem Hause saß. Als sie uns bemerkte, blickte sie überrascht auf. Sie wurde neugierig und lud uns in ihr Häuschen ein. Als wir es betraten, begann sie sich über ihren Sohn zu beklagen – der, wie sie sagte, an einem schmerzhaften Zustand psychischer

Verwirrung litt. Sie flehte uns an zu versuchen, ihm zu helfen. Sie rief ihn und stellte ihn uns als Kostas Papadakis vor. Er war nach eigenen Angaben ein Englisch-Lehrer, fünfundvierzig Jahre alt. Er gab auch an, in eine seiner Studentinnen verliebt zu sein, in eine dreiundzwanzigjährige Frau. Er war verzweifelt, weil sie eine Affäre mit einem anderen Studenten hatte, der ihrer Altersgruppe angehörte. ›Und als ich vor kurzem mit dem Fahrrad unterwegs war, hatte ich einen schlimmen Unfall. Man brachte mich ins Krankenhaus, und ich hatte schreckliche Schmerzen. Meine Knochen waren gebrochen. Ich verstehe einfach nicht, wie ich mich so rasch davon erholen und hier einfinden konnte.‹

Dann fragte ihn einer der unsichtbaren Helfer«, fuhr Kostas fort: »›Wie alt, sagtest du, daß du bist?‹ Seine Antwort war: ›Fünfundvierzig.‹ – ›Aber du siehst höchstens wie fünfundzwanzig aus.‹ – ›Ach, komm, mache dich nicht über mich lustig. Ich bin fünfundvierzig Jahre alt. Warum sagst du, ich sei fünfundzwanzig?‹ – ›Aber genau so siehst du aus. Bist du sicher, daß du nach deinem Unfall nicht gestorben bist?‹ – ›Was redest du da?‹ protestierte er. ›Wie könnte ich gestorben sein, wenn ich hier mit dir spreche?‹

Dann erzählte er uns, daß es gewisse Dinge gebe, die ihn verblüfften: ›Seht ihr, jetzt bin ich hier in meinem Haus in Thessaloniki. Vor einigen Jahren informierte man mich, daß meine Mutter gestorben sei, die in Italien, in Neapel, gelebt hatte. Ich frage mich nun, warum man mich so belügt. Und wie ist meine Mutter ganz plötzlich hier bei mir in Thessaloniki aufgetaucht?‹

›Ich möchte dich etwas fragen‹, sagte ich. ›In welchem Jahr, meinst du, lebst du jetzt?‹ – ›Wollt ihr mich auf den Arm nehmen?‹ erwiderte er verärgert. ›Es ist neunzehnhundertdreiundzwanzig.‹ Er sprach weiter und erzählte uns, daß er sich erinnerte, seit seinem Unfall zweimal geschlafen zu haben und wieder aufgewacht zu sein. ›Mein Freund‹, sagte ich, ›wir sind heute im Jahre neunzehnhundertsiebenundachtzig.‹ – ›Jetzt halte mal die Luft an!‹ rief er und setzte ein italienisches Schimpfwort hinzu, an das ich mich nicht mehr erinnere.

›Warum tragt ihr weiße Kleidung?‹ fragte er später. ›Seid ihr von dieser Welt, oder kommt ihr von einem anderen Planeten?‹ – ›Lieber Mann‹, sagte ich zu ihm, ›du bist gestorben und lebst jetzt in der psychischen Welt, und deshalb bist du mit deiner Mutter zusammengekommen. Zur Zeit hältst du dich in der Umgebung von Thessaloniki auf, wie du es im Jahre 1923 gekannt hast. Seitdem sind viele Jahre ins Land gegangen. Heute schreiben wir 1987. Wärst du noch am Leben, hättest du inzwischen ein Alter von 109 Jahren erreicht. Mit anderen Worten: Du wärst vermutlich ohnehin schon eines natürlichen Todes gestorben. Und die Studentin, in die du dich seinerzeit verliebt hast, wäre mittlerweile 89 Jahre alt.‹ –

Siehst du«, sagte Kostas, als ich mein Bierglas austrank, »er hat uns gesagt, daß er sich an dem Studenten rächen wolle, der ihm seine Angebetete weggenommen hat. Dieser Mann aus dem Jahre 1923 hat zweimal geschlafen, und er lebte und lebt noch heute in der Illusion, sich in einer grobstofflichen Existenz zu befinden, und er sinnt auf Rache. Wir versprachen ihm, ihn wieder zu besuchen.«

»Und ihr habt ihn«, vermutete ich, »in seinem Thessaloniki des Jahres 1923 zurückgelassen.«

»Richtig, und dort lebt er immer noch. Wir traten in die Schwingungssphäre seines Bewußtseins und Verständnisses ein. Er lebte in einer Umgebung seiner eigenen Schöpfung.«

»Hast du diese Umgebung aus deiner oder aus seiner Sicht wahrgenommen?«

»Aus seiner natürlich. Wir stellten uns auf das Bewußtsein jenes Menschen ein mit der spezifischen Aufgabe, ihm zu helfen, ihm aus der Hölle herauszuhelfen, in der er sich befand. Wir betraten das Thessaloniki von 1923, wie es sich in seinem Bewußtsein eingeprägt hatte.«

»Hast du jenen Besuch selbst herbeigeführt, entsprang er also allein deinem Willen?« fragte ich.

»Ja. Es ist unsere Aufgabe als unsichtbare Helfer, zu Diensten zu sein.«

Ich blieb hartnäckig. »Ich nehme an, daß ihr für diesen Mann wohl so etwas wie Außerirdische wart.«

»Für ihn waren wir gewiß ein paranormales Phänomen. Bevor wir ihn verließen, sagten wir: ›Um zu erkennen, daß wir nicht aus deiner Welt sind, werden wir jetzt vor deinen Augen verschwinden‹ – und das taten wir auch.«

»Hat es ihn überzeugt?«

»Nicht ganz. Aber wir haben Fragen in seinem Denken angeregt. Wir werden ihn noch etliche Male besuchen müssen, bis wir eine Wirkung bei ihm hinterlassen können.«

»Wie steht es mit seiner Mutter?«

»Wir haben uns nicht mit seiner Mutter beschäftigt. Sie war nicht von derselben Schwingung. Um die Wahrheit zu sagen: Die meiste Zeit hatte der Mann ohnehin nur mit dem Elemental seiner Mutter Kontakt.«

Ich fragte Kostas, ob die unsichtbaren Helfer, die ihn in jenem psychonoetischen Raum begleiteten, verschiedenen Nationalitäten angehörten, oder ob es sich einfach um Mitglieder von Daskalos' innerem Kreis* handele. Er antwortete, daß sie Angehörige vieler Nationalitäten waren. Doch es gibt keine sprachlichen oder ethnischen Hindernisse in den höheren psychonoetischen Sphären, und die Kommunikation dort findet direkt statt, auf der inneren Ebene. In diesen höheren Bereichen, sagte Kostas, können Menschen ihre unterschiedlichen Sprachen sprechen, und man nimmt wahr, daß sie es tun. Aber zugleich versteht man, was gesagt wird, ohne daß man ihre Sprache unbedingt kennen muß. Daskalos sei bei jener Begebenheit übrigens zugegen gewesen. Nach ihrer Rückkehr auf die grobstoffliche Ebene hatte Kostas sein Erlebnis Daskalos berichtet und von ihm bestätigt bekommen. Dies pflegte er regelmäßig zu tun, um die objektive Realität seiner Erlebnisse in den psychonoetischen Dimensionen zu prüfen.

»Wie lange dauerte jener Besuch?« fragte ich.

»Er muß über eine Stunde gedauert haben – nach irdischer Zeit wohlgemerkt. Es war sehr ermüdend, weil ich mich in jene Sphäre versetzte, während ich in der grobstofflichen Materie in einem halbbewußten Zustand blieb.«

»Heißt das, daß du während deines Erlebens in der psychonoetischen Dimension gleichzeitig der Vorgänge auf der grobstofflich-materiellen Ebene bewußt warst?« fragte ich.

»Ja, und das ist die anstrengendste Methode einer außerkörperlichen Erfahrung. Übrigens ist dies der Weg, auf dem wir uns in der Regel immer in die psychonoetischen Dimensionen projizieren.«

Kostas' Bemerkung rief mir die Entdeckungen einiger zeitgenössischer Anthropologen in den Sinn, die das Phänomen des Schamanismus und die Trance der Schamanen studierten. Im Gegensatz zu ihren Vorgängern, die das schamanistische Erleben als Schizophrenie oder andere pathogene Zustände abtaten, haben Anthropologen wie L. G. Peters und D. Price-Williams überzeugend argumentiert, daß der schamanische Bewußtseinszustand eine Realität eigener Art ist, eine eigenständige Realität, die nicht auf andere Formen des Bewußtseins (wie Hypnose, Schizophrenie, gewöhnliche Trance, Schlaf etc.) zurückgeführt werden kann. Die wissenschaftlich-experimentellen Beweise und Indizien für dieses Argument waren einfach stärker als die früheren Annahmen.

Der echte Schamane meistert eine spezielle Art der Trance, durch die er solche Zustände bewußt betritt oder verläßt. In dieser einzigartigen Trance wird der Schamane zum Bindeglied, das die Kluft zwischen der Welt des gewöhnlichen Bewußtseins und der Welt der nichtgewöhnlichen Realität überbrückt. Dabei sind Schamanen, selbst während sie das Reich der Geister besuchen, in ständiger Kommunikation mit ihrem Publikum – das heißt, sie sind sich gleichzeitig beider Welten bewußt.

»Es ist nicht so ermüdend«, fuhr Kostas fort, »wenn du deinen grobstofflichen Körper ganz in einen Trancezustand versetzest und dein Bewußtsein von ihm abziehst. In solchen Zuständen gleicht dein Körper einem Leichnam. Ein Arzt würde feststellen, daß dein Körper bleich und scheinbar leblos ist. Er wird sogar Instrumente benötigen, um überhaupt einen Pulsschlag zu entdecken. Dies gilt besonders dann, wenn die Selbstbewußtheit sich vom grobstofflichen Körper sehr weit entfernt. Je weiter die Selbstbewußtheit sich entfernt, desto mehr muß der materielle Körper seine Funktionen wie Blutstrom, Herzschlag usw. verlangsamen. Der Kreislauf kann sich so weit reduzieren, daß der Körper sich fast so kalt anfühlt wie eine Leiche.« Die Körperfunktionen, erklärte Kostas, kehren zu ihrem Normalzustand zurück, sobald die Selbstbewußtheit in den Körper zurückkehrt.

Unser Gespräch wurde unterbrochen, als eine Bekannte von Kostas, ein Mitglied seines Kreises, kam und sich zu uns an den Tisch setzte. Kostas machte mich mit ihr bekannt und bestellte eine weitere Runde kühles Bier. Wir wechselten zu prosaischeren Themen über, kamen auf das ständige Zypern-Problem und den heiklen politischen Posten ihres Mannes zu sprechen. Als sie aber erkannte, worüber wir vorher gesprochen hatten, bat sie Kostas inständig, eine Frage zu klären, die ihr nach einer seiner Unterweisungen vor einer Woche gekommen war.

»Was geschieht«, fragte sie, »mit der menschlichen Intelligenz nach dem Tode des materiellen Körpers? Bleibt sie bestehen? Mit anderen Worten: Wird jemand, der heute ein großes Genie ist, das auch nach dem Tode seines materiellen Körpers sein?«

»Wie ich euch schon viele Male erklärt habe«, antwortete Kostas, »wird die derzeitige Persönlichkeit als solche fortdauern mit ihrer Intelligenz, ihrem Wissen und Bewußtsein, die sie im gerade beendeten Leben besaß. Johannes bleibt Johannes, Maria bleibt Maria und so weiter. Falls die derzeitige Persönlichkeit sich in die Realität jener anderen Dimensionen einfügt, wird ihr die Gelegenheit geboten, mehr Wissen zu erwerben, um auf dem spirituellen Weg weiterzugelangen. Auch das Unterbewußte des Menschen erhält dort die Gelegenheit zu wachsen.«

»Entsprechen Tempo und Zeitmaß des Fortschreitens dem, was man normalerweise innerhalb der dreidimensionalen Realität der grobstofflichen Materie erlebt?« fragte ich.

»Wenn es dir gelingt, ein solides Fundament auf dieser Daseinsebene zu bauen«, antwortete Kostas und wies auf die Erde, »dann kann dein Fortschreiten in den psychonoetischen Dimensionen geometrisch weitergaloppieren.«

»Warum ist das so?« fragte ich mich laut.

»In dieser Dimension hast du viele Fragen, die du durch eigenes Erfahren nicht beantworten kannst. Die Grenzen der Grobstofflichkeit sind ein Hindernis für das Weiterkommen deiner Wahrnehmung. In den psychonoetischen Welten dagegen gibt es solche Hindernisse nicht. In dem Augenblick, da du in jenen Welten beginnst, Fragen zu stellen, und zum Wahrheitsforscher wirst, bist du in einer weitaus besseren Position, selbst zu erforschen und zu entdecken, was real ist und was nicht. In dieser Welt charakterisieren dich beispielsweise Wissensdurst und der Eifer, Zeuge sogenannter paranormaler Phänomene zu werden. In den psychonoetischen Welten brauchst du nicht darauf zu warten, daß andere Menschen Phänomene für dich herbeiführen. Du kannst sie selbst durchführen. Dort kannst du die Gültigkeit dieser Lehren leichter experimentell verifizieren.«

»Also hat man es als Wahrheitsforscher in den psychonoetischen Dimensionen viel leichter«, warf ich ein.

»Ja«, bestätigte Kostas lächelnd, »aber unter der Voraussetzung, daß die ersten Schritte in der grobstofflichen Welt unternommen wurden.«

»Meinst du, daß die Schritte, die wir bis jetzt gemacht haben, zu diesem Zwecke genügend sind?« fragte ich halb ernst.

»Sie sind es«, versicherte uns Kostas. »Je weiter ihr in dieser Welt auf dem Pfade der Wahrheitsforschung fortschreitet, desto leichter und rascher wird euer Weiterkommen in den psychonoetischen Welten sein.«

3

Illusionen

Emily, unsere Kinder Constantine und Vasia und ich verbrachten den Sonntagmorgen am Strande von Kourion, einer Meile noch unverschandelter Küste westlich von Limassol. Diesem der Zuständigkeit der benachbarten britischen Stützpunkte unterstehenden Landstreifen blieb die Entwicklung der übrigen Küste erspart. In ihrer Angst vor Anschlägen internationaler Terroristen auf ihre Militärbasen verboten die Briten das Anlegen befestigter Straßen und dauerhafter Betonbauten. Dank dieser Besorgnis blieb der Strand den Joggern, Schwimmern und Sonnenanbetern überlassen. Der Strand wird begrenzt von einer steil aufragenden Klippe, auf der das antike Theater von Kourion liegt; von hier aus kann man unvergleichliche Sonnenuntergänge beobachten. In der Antike war Kourion eine der zwölf Poleis [von Königen beherrschte Burgsiedlungen] auf der Insel. Ausgrabungen in jüngerer Zeit haben gezeigt, daß es ein ähnliches Schicksal wie Pompeji erlitt. Um das Jahr 365, als das Christentum in diesem Teil des Mittelmeers bereits fest verwurzelt war, zerstörte ein verheerendes Erdbeben die Stadt Kourion; dabei kamen Tausende von Menschen, buchstäblich sämtliche Einwohner, ums Leben.

Am frühen Nachmittag beschlossen wir, zur Wohnung meiner Schwiegereltern in Limassol zurückzukehren, um dort vor unserer einstündigen Fahrt nach Nicosia Rast zu machen. Unterwegs hielten wir bei Kostas' Werkstatt in der Nähe der KEO-Weinkellereien an. Emily und die Kinder gingen auf einem Obst- und Gemüsemarkt in der Nähe einkaufen, während ich kurz bei Kostas hereinschaute.

Kostas trug Bluejeans (das bequemste Kleidungsstück, wie er einmal im Scherz bemerkte) und war seit frühmorgens damit beschäftigt, einen alten Rover wieder in Form zu bringen. Autoreparaturen waren sein Geschäft, seit er als Flüchtling aus Famagusta in Limassol angekommen war. Obwohl er dabei war, ein neues Geschäft aufzubauen (Touristik und Duty-free-Shop), behielt er seine Werkstatt. Für den Maschinenbauingenieur mit britischer Ausbildung war das Reparieren von Autos mehr ein anspruchsvolles Hobby als eine Arbeit, eine entspannende Ablenkung von dem ernsten Geschäft des Heilens und der Erewna. Die Besitzer des Gebäudes, in dem seine Werkstatt untergebracht war, hatten ihm jedoch mitgeteilt, daß das Anwesen geräumt werden müsse, weil sie es abreißen und Platz für Appartement-Häuser schaffen wollten. Er hatte hier nur noch einige Monate, deshalb arbeitete er sogar an Sonntagen. Der westliche Teil von Limassol, wo die alten Weinkellereien und Kostas' Werkstatt waren, wurde dank des zunehmenden Touristenstroms und des neuen Hafens rapide erschlossen und umgebaut.

»Alte Autos herzurichten, ist wirklich ein Vergnügen«, versicherte mir Kostas, als er mit einem elektronischen Instrument den neu eingebauten Motor in dem antiken Automobil prüfte.

»Aber es ist schon merkwürdig«, scherzte ich, »daß ein Meister wie du seine kostbare Zeit mit dem Reparieren alter Autos vergeudet!«

»Ganz so ist es nicht«, erwiderte er grinsend, während er sich weiter dem Motor widmete. »Auch ich brauche eine Pause, weißt du. Wenn du ständig auf einer gewissen Bewußtseinsebene arbeitest, wirst du müde. Hin und wieder brauchst du Ruhe, um dich mit Aktivitäten auf tieferen Schwingungsebenen als der zu befassen, auf der du normalerweise aktiv bist.« Filme anzusehen, hatte Kostas mir einmal gesagt, sei für ihn eine andere Möglichkeit der Entspannung,

»auch wenn es dumme Streifen oder Zeichentrickfilme sind.« Den ganzen Sonntag allein in seiner Werkstatt zu arbeiten, ohne Patienten und Weisheitssucher um sich zu haben, war für ihn ein Fest: nur er, sein Werkzeug und die Autos.

Als ich Kostas zusah, wie er den Kopf unter die offene Motorhaube steckte, staunte ich über diesen bescheidenen, schlanken, siebenundvierzigjährigen normal aussehenden Weisen, der mir versicherte, daß er seit seiner Hochschulzeit kein einziges Buch durchgelesen habe außer den technischen Texten, die ihm während seines Studiums in England von seinem Professor zugewiesen wurden. Doch seine intellektuelle Brillanz und philosophische Kultur erstaunten mich stets aufs neue. »Was ich weiß«, hatte er schon mehrmals gesagt, »kommt nicht vom Bücherlesen.« Sein Wissen stammte aus einem direkten Zugang zu den Quellen der Weisheit, die jedem Menschen innewohnen. »Wenn man anfängt, in den Zustand des überbewußten Selbstgewahrseins einzugehen«, hatte er einmal gesagt, »braucht man keine Bücher. Man kann einfach als Bewußtseinszentrum in das universale Gedächtnis* eintreten, in dem alles Wissen zu finden ist. Wir haben«, behauptete Kostas, »alles Wissen des Universums in uns. In unser Inneres müssen wir eintreten, um wahres Wissen von Existenz und Realität zu erlangen.«

Kostas hatte – und das glaube ich ihm – noch nicht einmal meine beiden Bücher gelesen, in denen ich meine Begegnungen und Erlebnisse mit ihm wiedergegeben habe. »Ich legte einfach meine Hände auf die Bücher«, sagte er sachlich, »und ich wußte die Essenz dessen, was du geschrieben hast.«

Zuerst war ich schockiert, als ich Kostas und Daskalos so reden hörte. Später aber begann ich zu erkennen, daß ihre Aussagen aus der Sicht ihrer Lehren und im Rahmen ihrer außergewöhnlichen Erkenntnistheorie durchaus stimmten. Wenn wir Menschen, ohne uns dessen bewußt zu sein, Götter sind, die unter der selbstauferlegten Vergeßlichkeit leiden, und wenn es unser Ziel ist, für unsere Göttlichkeit wiederzuerwachen, dann ist Bücherwissen irrelevant, sobald wir darangehen, unsere mißliche Lage zu überwinden. Die großen Meister der Menschheit lehrten schließlich auch nicht aus Büchern, die sie gelesen oder geschrieben hatten. Vielleicht sind Lesen und Schreiben nur auf den niederen Ebenen des Bewußtseins von Bedeutung.

Ich blieb nicht länger als zwanzig Minuten bei Kostas. Als ich erfuhr, daß er in einigen Stunden mit Chrysanthos, einem jungen Juwelier, zu einer Spätnachmittags-Darbietung eines griechischen Magiers gehen wollte, äußerte ich den starken Wunsch, mich ihnen anzuschließen. Kostas wischte seine Hände an einem Lumpen ab und rief seinen Schüler an. Wir erfuhren, daß alle Karten für diese spezielle Vorstellung ausverkauft waren, aber Chrysanthos hatte einen weiteren Platz reservieren lassen in dem »vagen Gefühl«, diese Karte noch für jemanden zu benötigen, ohne daß er eine Ahnung hatte, wer dies sein könnte. Chrysanthos versicherte mir später, daß der Kauf einer zusätzlichen Eintrittskarte nicht »zufällig« geschehen sei.

»Der blonde Magier«, wie man ihn nannte, war ein makedonischer Zauberer, dem übermenschliche Kräfte nachgesagt wurden. Im örtlichen Fernsehen behauptete er, seine speziellen Kräfte während eines sechsjährigen Aufenthaltes in einem tibetischen Kloster erworben zu haben. Bei etlichen internationalen Magier- und Illusionisten-Kongressen waren seine außergewöhnlichen Begabungen mit Auszeichnungen honoriert worden. Die Werbeplakate kündigten ihn als einen der ersten Magier des Planeten an. In einem Zeitungsinterview brüstete er sich: »Ich habe alles gelernt über Meditation und Körperbeherrschung und wie man Dinge tun kann, ohne Schmerzen zu spüren. Ich kann mir vom Zahnarzt einen Zahn aus dem

Munde ziehen lassen, ohne etwas dabei zu spüren; ich kann meinen Herzschlag anhalten oder mit Gedankenkraft eine Blutung zum Stillstand bringen.« Diese Geheimnisse, behauptete er, habe er in Tibet gelernt.

Auf Drängen einiger seiner Anhänger hatte Kostas die Einladung zögernd angenommen, die Galavorstellung zu besuchen, um die Echtheit dieses Magiers zu prüfen. Anscheinend sollten eine Reihe sogenannter paranormaler Phänomene auf der Bühne gezeigt werden. Am aufsehenerregendsten waren einige fakirmäßige Demonstrationen, bei denen der Magier angeblich seinen Körper mit Schwertern, Messern und Bohrmaschinen durchstach. Emily war nicht im geringsten an dieser Darbietung interessiert und nutzte lieber die Gelegenheit, Zeit mit ihren alternden Eltern zu verbringen.

Kostas ging nach Hause, duschte sich und wartete auf mich. Als ich um halb sechs eintraf, war Chrysanthos, der offenkundig viel von Illusionisten und Zauberei verstand, bereits da. Kostas saß im Wohnzimmer und zog nervös an seiner Pfeife.

»Wenn dieser Bursche echt ist«, sagte er ernst, »dann bringt er all diese Kunststückchen höchstwahrscheinlich mit Hilfe von Dämonen zustande. Nur ein Schwarzmagier würde solche Kräfte einsetzen, um ein Publikum zu unterhalten und ein Vermögen damit zu verdienen.«

Nachdem er noch einige Male an seiner Pfeife gezogen hatte, murmelte Kostas, daß der Magier möglicherweise eine gewisse Kategorie von Dämonen anstellte; er nannte ihren Namen mit einem seltenen Begriff, den ich noch nie zuvor vernommen hatte. »Das allerdings wäre sehr, sehr gefährlich«, fügte er hinzu. »Am Ende werden sie ihn auffressen. Diese Dämonen sind ungeheuer mächtig. Sie können mit wenigen Tropfen Blut verheerendes Unheil anrichten.«

Bei einer anderen Gelegenheit hatte Kostas mir von einer Beinahe-Begegnung mit einer solchen dämonischen Macht berichtet. Jemand brachte ihm einen Gegenstand, den eine

Schwarzmagierin des Ortes im Auftrag eines Mannes angefertigt hatte, der bei ihr die Vernichtung einer rivalisierenden Familie bestellt hatte. Kostas zeigte mir den Gegenstand: ein rundes Stück Metall, das mehrere magische Symbole trug. Er zeigte mir auch ein Bild der Schwarzmagierin: eine lächelnde, normal aussehende, schwarz gekleidete Großmutter. »Du kannst dir nicht vorstellen, wieviel Elend diese Frau schon herbeigeführt hat!« fügte Kostas kopfschüttelnd hinzu.

Auf diesem Stück Metall, erfuhr ich, hatte die großmütterliche Hexe einen jener Kategorie von Dämonen eingefangen, die Kostas in Zusammenhang mit dem Blonden Magier erwähnt hatte. Dieses dämonische Elemental war so mächtig, daß Kostas zweifelte, ob er allein damit umgehen könne. Auf meine drängenden Fragen hin offenbarte er mir noch weitere Einzelheiten: Kostas hatte Daskalos um Hilfe gebeten. Sie entzündeten eine weiße Kerze und reduzierten durch starke, intensive Konzentration das dämonische Elemental auf die Größe eines Stecknadelkopfes; dann zwangen sie es in die Kerzenflamme. »Wir mußten sichergehen«, sagte er, »und die Schwingungen jenes dämonischen Elementals zu den Schwingungen des grobstofflichen Feuers bringen.«

Eine Frau aus Kostas' Kreis, die bei diesem Vorgang zugegen war, erzählte mir, daß sie mit ihren materiellen Augen tatsächlich das winzige, dunkle Schattenbild des Dämons in der Kerzenflamme gesehen habe. Sobald Daskalos und Kostas ihn in der Flamme gefangen hatten, bliesen sie diese aus. So befreiten sie den Gegenstand von seiner destruktiven Energie und lösten das dämonische Elemental auf. In dem selben Augenblick fanden die Menschen, die unter dem bösen Einfluß des teuflischen Objektes standen, plötzlich Erleichterung und Ruhe. »Diese dämonischen Elementale«, rief Kostas, »beziehen ihre Energie aus ihren Opfern, auf diese Weise verlängern sie ihr Leben.«

Kostas warnte: Was er und Daskalos seinerzeit vollbrachten, sei äußerst gefährlich; Amateure sollten die Finger von solchen Dingen lassen. Wäre die vereinte Konzentrationskraft von Daskalos und Kostas nicht stark genug gewesen, hätte der Dämon aus der Flamme entweichen können. »Die Explosion, zu der es dabei gekommen wäre, hätte das Haus zerrissen und jeden getötet, der sich gerade in ihm aufhielt.«

Als mir diese Überlegungen in den Sinn kamen, fühlte ich mich nicht ganz wohl bei den Gedanken an die nachmittägliche Darbietung. Bei einer vorangegangenen Aufführung hatte der Magier sich angeblich vor den Augen des entsetzten Publikums den Leib aufgeschlitzt. Nachdem er seine Eingeweide in eine Schüssel gelegt habe, habe er sie dann wieder in seinen Bauch zurückgesteckt und die Wunde mit bloßen Händen geschlossen. Es ging auch das Gerücht, daß eine Person aus dem Publikum von einem Augenblick zum anderen außerhalb des Gebäudes wiedergefunden wurde. Meine konventionelle Skepsis hatte natürlich ihre liebe Not, solche Berichte zu schlucken, obwohl solche Phänomene in der okkulten Literatur des Ostens wie des Westens für möglich gehalten werden. Ein vernünftiger und sympathischer indischer Musik-Professor hatte mir bei einem Besuch in den Vereinigten Staaten einmal erzählt, er sei selbst Zeuge der »Teleportation« eines indischen Mystikers gewesen. Auch Daskalos behauptet, daß solche Phänomene möglich sind. Selbst in der Bibel stoße man darauf wie im Falle von Philippus, der sich augenblicklich neben dem äthiopischen König materialisiert und diesen im Namen Christi getauft haben soll.

Sowohl Daskalos als auch Kostas mahnen jedoch immer wieder, daß psychische Fähigkeiten nur zum Heilen und niemals für Profit, Ansehen oder Macht eingesetzt werden dürfen. Aus diesem Grunde müssen sich psychische Kräfte im Rahmen der Erewna allmählich entfalten und mit der Erhöhung der Bewußtseinsebene und der Entwicklung spiritueller Reife einhergehen. Andernfalls läuft man Gefahr, zu einem

Schwarzmagier zu degenerieren. Dabei gewinnt der Egoismus die Oberhand, und man wird zu einer Gefahr für andere ebenso wie für sich selbst.

»Hör mir zu«, sagte Kostas sehr ernst nach einer kurzen, nachdenklichen Pause. »Wenn wir zu der Halle gehen, dann versäume nicht, dich in einen weiß leuchtenden, fünfzackigen Licht-Stern zu stellen. Dies wird dich vor möglichen Angriffen von Dämonen schützen, die eventuell anwesend sind.«

Angesichts der ernsten Warnung Kostas' fühlte ich mich einen Augenblick beklommen. »Warum sollten Dämonen uns angreifen?« fragte ich verwundert. »Weil wir die weiße Magie praktizieren«, erklärte Kostas, »werden die möglicherweise vorhandenen Dämonen vermutlich versuchen, uns anzugreifen, weil unsere Anwesenheit für sie eine Bedrohung darstellt. Sobald wir uns ins Innere eines fünfzackigen Sternes gestellt haben, ist von solchen bösen psychonoetischen Einflüssen nichts zu befürchten.

Versucht außerdem«, warnte Kostas uns, »euch mit dem, was wir dort vielleicht sehen werden, nicht emotionell zu identifizieren. Bleibt innerlich distanzierte Beobachter. Und stellt mir bitte keine Fragen, solange wir dort sind. Wartet damit bis zum Heimweg.«

Der Saal war gedrängt voll von lärmenden Menschen. Die Plätze waren numeriert. Wir sollten in der dritten Reihe sitzen, von wo aus wir den Magier gut aus der Nähe betrachten konnten. Trotz der »Nicht rauchen«-Zeichen qualmten viele Zuschauer, ohne sich darum zu kümmern, wie sie das übrige Publikum damit belästigten. Der muskulöse, schnurrbärtige Mann hinter mir zündete zu meinem großen Mißbehagen eine Zigarette nach der anderen an; sein halboffenes Hemd gab die Sicht auf eine breite, stark behaarte Brust frei.

Ich war erstaunt, so viele Kinder im Publikum zu sehen, und fragte mich, ob die Chance bestand, daß sie von dem, was sie nun erleben sollten, traumatisch berührt würden. Kostas'

Warnung vor eventuell anwesenden teuflischen Kräften trug nicht unbedingt zu meinem Wohlbehagen bei. Ich hatte zuviel Achtung vor Kostas' magischen Fähigkeiten und Heilkräften, um sein *Cave!* vor in den psychonoetischen Dimensionen lauernden Gefahren abzutun – wie bizarr sie meinem hoffnungslos konventionellen Denken auch auf den ersten Blick erscheinen mochten.

Die Lichter gingen aus, und ohrenbetäubend laute Bouzouki-Musik dröhnte aus den Lautsprechern; sie erzeugte eine höllische Atmosphäre schlimmster Mißtöne. Als die Musik nach fünf qualvollen Minuten schließlich endete, trat ein großer, schlanker, zu einem Varieté passender Komödiant auf die Bühne, um uns psychologisch vorzubereiten, bevor der ehrfurchtgebietende Magier selbst erscheinen würde. Mit einem langen Monolog der schmutzigsten Witze, die ich je von einer öffentlichen Bühne vernommen hatte, versuchte er uns zu unterhalten und zum Lachen zu bringen. Er rotierte mit seinem Becken auf höchst unpassende Weise und schwenkte mit seinen Hula-Hopp-Bewegungen einen etwa fünfzehn Zentimeter langen Gegenstand aus Plastik umher, der von seinem Gürtel herabhing – vermutlich um auf diese zutiefst symbolische Weise seine Geschlechtszugehörigkeit zu unterstreichen. Ich schämte mich wegen der Kinder und war froh, daß meine nicht dabei waren. Länger als eine Viertelstunde waren wir einer Flut gemeinster Vulgaritäten ausgesetzt, die wie Abwasser aus seinem Mundwerk sprudelten. Ich dachte mir schon: Wenn hier Dämonen waren, mußte er gewiß einer von ihnen sein. Er erinnerte mich mehr an einen Satyr mit Schwanz, Hörnern und Bocksbeinen als an einen Athener Conferencier des zwanzigsten Jahrhunderts. Als er nach zwanzig endlosen Minuten seine zotige Verbalorgie beschloß, verkündete er in heiterster Laune und sichtlich stolz, daß wir am Ausgang eine Stereo-Aufnahme der heutigen Darbietung auf Kassette erwerben könnten.

Schließlich erschien der Magier selbst. Er war ein großer, muskulöser Mann mit schulterlangem, blondem Haar. Oberhalb des Gürtels war er fast nackt; er brachte einige Säbel, eine Handvoll großer Schlachtermesser und eine elektrische Bohrmaschine mit. Er sprach fast nichts, blickte düster drein und begann seinen Akt. Er durchbohrte seine Glieder mit den Säbeln, aus den Wunden floß Blut hervor. Dann begann er mit anscheinend masochistischem Genuß mit einem Messer in sein linkes Handgelenk zu schneiden. Die Klinge durchtrennte den Arm bis zur Hälfte, ohne offenbar Schmerzen zu bereiten. Es war, als durchschnitte ein Metzer eine Hammelkeule. Ein paar Kinder in der Reihe vor uns beugten sich vornüber und bargen den Kopf in den Armen in dem verzweifelten Bemühen, sich den makabren Anblick zu ersparen. Nun bearbeitete der Magier mit der Bohrmaschine seinen Bauch, was im Publikum einiges Stöhnen auslöste. Danach stieß er sich das Messer durch den Arm, die Klinge kam auf der anderen Seite wieder zum Vorschein. Er zog den Dolch in seinem Arm auf und ab, während er im Gang des Zuschauerraumes entlangging, damit das werte Publikum näher hinsehen konnte. Der hinter mir sitzende Inbegriff eines Macho-Mannes verdrehte die Augen und wurde ohnmächtig. Vier Leute eilten herbei, um ihn an die frische Luft zu schleppen. Eine Frau in einer der hinteren Reihen folgte seinem Beispiel und mußte vom Sanitäter versorgt werden. Der Magier, unberührt von der Aufregung, die er bewirkte, malträtierte weiterhin ausgelassen seinen Körper mit Messern, Säbeln und Bohrmaschine.

»Hältst du das für echt?« flüsterte Chrysanthos auf der anderen Seite von Kostas erregt.

»Nicht jetzt, nicht jetzt, bitte«, wehrte Kostas ungehalten ab und hielt seinen Blick unverwandt auf den Hauptdarsteller gerichtet. Seine Antwort veranlaßte mich, mir von neuem und mit stärkerer Konzentration den fünfzackigen Stern aus strahlendem Licht vorzustellen. Ich achtete darauf, daß ich in seinem Inneren blieb, und daß sein Licht jede Zelle meiner materiellen und nichtmateriellen Existenz bedeckte.

Die Darbietung dauerte etwa fünfzehn grausige Minuten. Als der blonde Magier die Bühne verließ, lief das Blut in breiten, schwarzen Rinnsalen an seinen muskulösen Armen herunter. Sobald er außer Sicht war, merkte ich, wie Kostas im stillen lachte. Ich blickte ihn erstaunt an und dachte einen Augenblick, sein Verhalten sei auf eine nervöse Reaktion zurückzuführen.

»Was ist denn los?«

»Er ist eben ein mordsmäßiger Magier«, flüsterte er lächelnd und schüttelte den Kopf.

»Du meinst, er ist nicht echt?« fragte Chrysanthos enttäuscht.

»Natürlich nicht«, winkte Kostas ab. »Er ist einfach ein guter Zauberer, ein erstklassiger Illusionist. Er hat wohl einige Fähigkeiten, etwa denen vergleichbar, die Fakire auf Indiens Straßen zur Schau stellen. Solche Demonstrationen brauchen uns nicht zu interessieren.«

»Uff«, entfuhr es mir, »was für eine Erleichterung. Du meinst, daß hier keine Dämonen beteiligt sind?«

»Gewiß nicht«, antwortete Kostas und schmunzelte. Er versicherte uns, daß der blonde Magier im Grunde kein gefährlicher Hexer war, sondern ein hochbegabter Artist und Wundermann.

»Und was ist mit seiner Behauptung, er habe eine sechsjährige Lehrzeit in Tibet verbracht?« fragte ich.

»Ach was, Tibet!« lachte Kostas. »Glaubst du im Ernst, daß er seine Zeit mit solchem Unfug vergeuden würde, wenn er tatsächlich sechs Jahre bei den Lamas verbracht hätte? Oder daß ihm erlaubt sei, psychische Kräfte für Show und Geld zu mißbrauchen?«

Bevor wir mehr sagen konnten, präsentierte uns der Athener Satyr wieder einen triumphalen Auftritt, um einen neuen

Aufguß seiner vulgären Sex-Witze über uns auszuschütten, vermutlich um uns von der Anspannung und Belastung der Darbietung zu erlösen, der wir gerade ausgesetzt waren. Nach weiteren zwanzig Minuten Gossen-Aphorismen kehrte der Blonde Magier zurück. Man konnte ihm keine Verletzungen ansehen, doch zierten seinen Körper einige Narben. Der Rest der Vorstellung bestand aus gewöhnlichen, jedoch erstklassig gebrachten Illusionen, einschließlich einiger Hypnose-Tricks, Levitation und einer »zersägten« Assistentin.

Am Ende seiner Show richtete der Magier einige Worte an das Publikum und behauptete, daß die meisten der Kunststücke, die er an diesem Nachmittag vorgeführt hatte, keine Tricks seien, und daß wir sie nicht rational erklären könnten, zumindest nicht mit Hilfe der gewöhnlichen Logik. Deshalb, riet er uns, sei es unklug, unsere Zeit mit dem Versuch zu vergeuden herauszubekommen, wie er es gemacht hatte.

»Vor meiner Darbietung«, erklärte er, »meditiere ich hinter der Bühne einige Zeit und beziehe das Publikum in meinen Magnetismus ein.« Das, verkündete er, seien geheime Techniken, die er von den Mönchen in Tibet gelernt habe.

Ich war sehr erleichtert, als wir die stickige und geräuschvolle Atmosphäre des Saales verlassen konnten. Wir beschlossen, in Richtung Meer zu gehen. Kostas schien ebenfalls erleichtert. Als wir auf die Straße hinaustraten, streckte er die Arme einige Male, atmete tief durch und seufzte befriedigt.

Die lange Strandpromenade war an beiden Seiten von neu gepflanzten Palmen gesäumt und eignete sich ideal für gemütliche Spaziergänge und Gespräche. Das war genau, was wir brauchten: unsere Glieder bewegen, den salzigen Duft der See einatmen und ausführlich miteinander sprechen.

Wir gingen schweigend einige Minuten lang und bewunderten den Vollmond, der über dem Mittelmeer aufstieg. Seit ich Daskalos und Kostas kennenlernte, gewann der Mond eine andere Bedeutung für mich. Laut Daskalos und Kostas ist der Mond – wie schön und inspirierend er auch für Dichter und Liebende aller Zeiten gewesen sein mag – ein psychisches Gefängnis für den Planeten Erde. Der Mond ist der Ort, an dem extrem destruktive Menschen von Erzengelwesen isoliert werden, die die Aufgabe haben, die Evolution auf unserem Planeten zu überwachen. Die destruktiven Menschenwesen werden für lange Zeiten in dem psychischen Pendant des grobstofflichen Mondes gefangengehalten. Auf diese Sphäre begrenzt, sehnen sie sich danach, auf die Erde zurückzugelangen, und versuchen immer wieder vergeblich zu entkommen. Das tun sie, wenn das psychische Gegenstück des Mondes und die Erde einander zu bestimmten Zeiten im Jahreslauf berühren. Dann versuchen diese Wesen, von Tieren oder von Menschen Besitz zu ergreifen, die für ihre Einflüsse empfänglich sind. Das Phänomen der Epilepsie, behauptete Kostas, ist in Wirklichkeit eine Form vorübergehender Besessenheit durch solche Wesen. Sie hört auf, wenn die psychischen Entsprechungen von Erde und Mond einander nicht mehr berühren. Dann werden diese Wesen vom Mond fortgezogen, und der epileptische Anfall geht zu Ende. Kostas lehrte weiter, daß der Wahrheitsforscher einem Epileptiker in solchen Phasen helfen kann, indem er ihm mit der Hand seitlich an den Bereich der Leber drückt und sich vorstellt, seine Hand sei von weißer Lichtkraft durchdrungen. Der Wahrheitsforscher muß gleichzeitig den starken Wunsch formulieren, daß die teuflische Wesenheit hinausgestoßen werde, die von dem Patienten vorübergehend Besitz ergriffen hat. In demselben Augenblick wird der Patient von seinem Anfall frei. Kostas behauptete, daß die Mondbewohner über die Leber eines empfänglichen Patienten versuchten, von diesem Besitz zu ergreifen und ihrem Gefängnis zu entkommen. Es war beruhigend zu erfahren, daß diese dämonischen Menschenwesen nicht entfliehen können, bevor ihre Zeit der Isolation abgelaufen ist, die von den Meistern des Karmas bestimmt wurde.

Wir setzten uns auf einen Fels und betrachteten das Spiegelbild des Mondes auf der ruhigen Meeresoberfläche. »Daskalos erwähnte einmal«, sagte ich und brach das Schweigen, »daß unsere fünf Sinne die unzuverlässigsten Mittel zur Erklärung der Wirklichkeit seien.«

»Das ist allerdings wahr«, bestätigte Kostas nickend und zog an seiner Pfeife. »Sie können uns so leicht täuschen. Das ist die Lehre, die man aus Darbietungen wie jener ziehen kann, die wir gerade hinter uns haben. Aus diesem Grunde wird im Rahmen der Erewna nur Heilen als psychisches Phänomen erlaubt. Kein Magier kann mit Hilfe von Tricks eine Wunde heilen, eine Krebsgeschwulst entfernen oder eine verkrümmte Wirbelsäule begradigen. Ein geschickter Illusionist kann mit Hilfe von Vortäuschungen so ungefähr alles nachahmen, was ein wirklicher Meister mit echten Kräften vollbringen kann. Aber ein echter Wahrheitsforscher wird sich nicht zu solchen Gewaltakten hinreißen lassen, um das neugierige und sensationslüsterne Publikum zu beeindrucken.«

»Für viele Menschen«, kommentierte ich, »gibt es keinen Unterschied zwischen Hochstaplern, Trickkünstlern und echten Heilern. Sie werden alle in einen Topf geworfen.«

»Deshalb müssen wir besonders vorsichtig sein, um niemanden zu schockieren, der nicht verstehen kann, was wir tun«, fügte Kostas hinzu. »Es ist notwendig, die Erewna zu schützen – was natürlich nicht buchstäblich zu verstehen ist, denn die Erewna braucht niemandes Schutz.«

Wir gingen weiter. Ich erwähnte, daß eine Gruppe bekannter Autoren in Amerika – darunter Bestseller-Autoren wie Isaac Asimov und Carl Sagan –, alarmiert durch das rapide zunehmende Interesse an spirituellen Dingen, sich mit Amazing Randi zusammengetan hat, einem gefeierten Magier, um Schwindler und Heiler zu entlarven, die (nach ihrer Ansicht) eine Bedrohung für die Grundlagen unserer rationalen, westlichen Kultur darstellten. »Das Problem ist nur«, fuhr ich fort, da Kostas und Chrysanthos interessiert zuhörten, »daß sie nicht unterscheiden. Für Randi und Genossen sind alle Heiler und Medien von vornherein Scharlatane und Schwindler.«

Ich fuhr fort und klagte über meine Not mit einem guten Freund und Kollegen, einem indischen Mathematik-Professor und unnachgiebigen Konvertiten zum westlich-wissenschaftlichen Rationalismus, der nicht verstehen kann, warum ein vernünftiges Wesen wie ich sich für indische Spiritualität, für die Sutren des Patanjali und für Daskalos interessierte. Dieser ansonsten freundliche und wohlmeinende Professor hatte einen Vortrag des Amazing Randi an unserer Universität organisiert, um uns vor der tödlichen Gefahr zu warnen, Scharlatanen zu erlauben, unsere Rationalität zu untergraben. Meine beiden Zuhörer brachen in Gelächter aus.

»Auf welche Weise bietet der fünfzackige Stern einen Schutz?« fragte ich, nachdem Kostas und Chrysanthos sich beruhigt hatten.

»Immer, wenn du dich in einer schwierigen Situation befindest«, antwortete Kostas, als wir gemächlich weiterpromenierten, »versuche dir vorzustellen, daß du von einer ganz weißen Lichtkraft eingehüllt bist, und baue in Gedanken den fünfzackigen Stern.«

»Was verstehst du unter einer schwierigen Situation?«

»Ich meine, wenn du dich mit psychonoetischen Gefahren konfrontiert siehst, die aus deiner alltäglichen Umgebung kommen – etwa Personen, die dich mit ihren Gedanken oder Gefühlen belästigen – oder mit ähnlichen Einwirkungen aus anderen psychonoetischen Dimensionen.«

»Kosta, kannst du uns genauer zeigen, wie man den fünfzackigen Stern konstruiert?« bat Chrysanthos. Kostas dachte einen Augenblick nach, zog ein paarmal an seiner Pfeife und antwortete dann:

»Achte darauf, daß die obere Spitze des Sterns über deinem Kopf ist. Die beiden horizontalen Spitzen sollten deine Arme decken, wenn du sie wie den Querbalken eines Kreuzes ausgestreckt hast. Die Enden der beiden Spitzen müssen über deinen beiden Händen liegen. Die anderen beiden Zacken des Sterns sollten deine Beine abdecken, die du dir ausgestreckt denkst; ihre Spitzen sollten im Bereich deiner Füße sein.«

»Ich nehme an«, sagte ich, »daß wir uns vorstellen müssen, mit horizontal ausgebreiteten Armen und geöffneten Beinen in der Position zu stehen, wie sie die bekannte Zeichnung von Leonardo da Vinci wiedergibt?«

»Genau. Der fünfzackige Stern ist das Symbol der psychischen Welt. Er ist auch das Symbol der Übertragung des menschlichen Bewußtseins von den fünf Sinnen zu den fünf Übersinnen.«

»In welcher Hinsicht unterscheidet sich der fünfzackige Stern als Schutz von der ovalen, reinweißen Lichthülle, von der wir uns während unserer Meditation umgeben vorstellen?« fragte Chrysanthos.

»Der fünfzackige Stern ist konkreter. Wenn du einmal im Innern des fünfzackigen Sternes bist, kann dich nichts, aber auch gar nichts berühren. Das einzige, was den fünfzackigen Stern überwinden kann, ist der sechszackige Stern. Aber wer Meister des sechszackigen Sternes ist, kann nur Gutes tun und nur Liebe ausdrücken. Verstehst du?«

»Das heißt, daß auch eine böse Person den fünfzackigen Stern beherrschen kann?« fragte ich.

»Ja«, antwortete Kostas, »aber sie wird den fünfzackigen Stern mit der Spitze nach unten verwenden, dann ist er das Symbol Luzifers. Aber sowie der Wahrheitsforscher sich mit dem Schutz des fünfzackigen Sternes umgibt, kann kein negativer Gedanke oder Einfluß eine Wirkung auf ihn haben.«

»Wenn ich dich richtig verstehe«, meinte ich, »sagst du damit, daß jeder, der den fünfzackigen Stern auf die richtige Weise benutzt, Schutzkräfte anruft.«

»Aber freilich. Der fünfzackige Stern an sich ist eine Invokation.«

»Sollten wir den fünfzackigen Stern mit geschlossenen Augen konstruieren?«

»Baue ihn mental auf, wie es dir am besten gelingt«, antwortete Kostas. Dann zeigte er uns praktisch, wie wir mental die Linien des fünfzackigen Sternes über uns ziehen müssen, wenn wir den noetischen Talisman konstruieren.

Er legte seine Pfeife auf eine Bank und blickte sich um, ob andere Menschen in unserer Nähe waren. Er wollte sichergehen, daß keiner uns bei unseren merkwürdigen Bewegungen beobachtete, während wir versuchten, die mentale Technik des spirituellen und psychischen Schutzes zu erlernen.

Niemand war in Sicht. Kostas stand immer noch dem Meer und dem aufgehenden Mond zugewandt. Dann spreizte er die Beine etwas, während er seinen linken Arm nach links und den rechten nach oben streckte. Er hielt sich in dieser Position einige Augenblicke und wartete darauf, daß wir seine Bewegungen nachmachten.

»Nun beginnt mit dem oberen Punkt über eurem rechten Arm. Zieht die Linie, die diesen Punkt geradewegs mit der Ferse eures rechten Beines verbindet. Okay?«

Unbeholfen folgten wir seinen Anweisungen. »Nun zieht die Linie von dem Punkt hinter eurem Bein und bringt sie in Gedanken gerade zur Spitze eurer linken Hand. Jetzt zieht die Linie von hier zur Spitze eurer rechten Hand und haltet beide Hände ausgestreckt.

Nun müßt ihr die Linie von der Spitze eurer rechten Hand bis zum Ende eures linken Beines ziehen, und dann die Linie ganz hinauf bis zu dem Punkt oberhalb eures Kopfes führen, von wo aus ihr angefangen habt.

Jetzt habt ihr den fünfzackigen Stern vollendet!« Kostas nahm wieder eine normale Haltung ein.

»Macht es noch einmal«, forderte er uns auf. Nach einigen weiteren Versuchen waren Chrysanthos und ich zuversichtlich, daß wir die Technik des fünfzackigen Sternes beherrschten und uns in sein Inneres stellen konnten. Kostas erklärte, daß wir nicht jedesmal, wenn wir den fünfzackigen Stern konstruieren wollten, aufzustehen und unsere Arme und Beine zu bewegen brauchten, wie er es uns gerade demonstriert hatte. Vielmehr sollten wir diese Bewegungen in Gedanken durchführen – andernfalls liefen wir Gefahr, falsch verstanden zu werden, was unangenehme Konsequenzen haben könnte.

»Ist es notwendig, diese Linien mental zu ziehen?« fragte ich. »Reicht es nicht, uns innerhalb eines fünfzackigen Sternes vorzustellen?«

»Nein. Die Schutzkraft des fünfzackigen Sternes wird durch den Prozeß des Linienziehens aktiviert. Es genügt nicht, dich einfach von einem Stern umgeben zu sehen. Indem du wiederholt dieses schützende Elemental zeichnest – denn es ist in Wirklichkeit ein Elemental, was ihr dabei erzeugt –, gibst du ihm Energie und Solidität und Substanz. Wenn das einmal getan ist, kannst du dich einfach darauf einstellen, und es wird dasein, um dir jeden Augenblick Schutz zu bieten.«

Ich bekannte, daß ich den fünfzackigen Stern vor der Darbietung des blonden Magiers falsch aufgebaut hatte, nämlich ohne die einzelnen Linien zu ziehen. Kostas versicherte mir, daß ich in seiner Gesellschaft nichts von dämonischen Mächten zu befürchten hatte. »Außerdem«, sagte er, »schützt dich die Erewna ohnehin. Doch für den Fall, daß du aus irgendeinem Grunde dem *Anapodos** [dem nach unten gerichteten fünfzackigen Stern] begegnest, so stelle dich rasch in deinen schützenden Stern; dann kann der Anapodos dich nicht berühren.«

»Wie funktioniert das?« fragte ich.

»Der eine Stern überdeckt den anderen.« Kostas streckte die Arme aus und verschränkte die Finger beider Hände. »Dein fünfzackiger Stern durchdringt den Anapodos und neutralisiert damit dessen Kraft.«

Ich bat Kostas, weiter zu erläutern, gegen welche Gefahren der fünfzackige Stern sich besonders als Schutz eignet. Er erklärte, daß der fünfzackige Stern unser bester Schutz ist, wann immer wir irgendwelchen psychonoetischen Bedrohungen ausgesetzt sind – seien es schlechte Schwingungen beliebigen Ursprungs oder Gefahren, denen wir in unseren bewußten Träumen begegnen können. »Sobald du den Anapodos in Form einer Vision oder eines Symboles bemerkst«, sagte Kostas, »tritt sofort ins Innere deines fünfzackigen Sternes. Aber, um es zu wiederholen: Als ein Eingeweihter der Erewna bist du sowieso geschützt.«

Diese Ratschläge zum Schutz sind für einen Wahrheitsforscher wichtig, fügte Kostas hinzu. Wenn wir beginnen, unsere psychonoetischen Zentren oder Chakren zu öffnen, sagte er, müssen wir darauf vorbereitet sein, uns vor bösen Einwirkungen aus anderen Dimensionen zu schützen.

Kostas erwähnte wiederholt die schützende Wirkung geschlossener Chakren. »My body is my castle« – mein Körper ist meine Burg –, pflegte er zu sagen. Unsere psychonoetischen Zentren verfrüht zu öffnen, bevor wir Denken und Fühlen beherrschen, kann uns negativen Schwingungen und Elementalen aussetzen, die unser mentales und emotionales Gleichgewicht stören können.

Wir waren so ins Gespräch vertieft, daß ich nicht gemerkt hatte, daß es bereits nach neun Uhr abends geworden war. Wir waren über eine Stunde die Strandpromenade auf und ab gegangen. Ich wünschte Kostas und Chrysanthos eine gute Nacht und ging rasch zur Wohnung meiner Schwiegereltern.

Am nächsten Morgen fuhr ich zu Daskalos und berichtete ihm von unserem Abenteuer mit dem makedonischen Zauberer. Daskalos schüttelte sich vor Lachen, als ich meine Geschichte erzählte.

»Aus dem zu schließen, was du da schilderst, scheint der Bursche einige Fähigkeiten zu besitzen«, bemerkte Daskalos, »aber er setzt sie nicht richtig ein.« Daskalos erinnerte sich an Tahram Bey, einen ihm bekannten Sufi und Wundermann, den er aufgrund seiner Yoga-Fähigkeiten achtete.

»Als Tahram Bey nach Zypern kam, erkannte ich, daß der Mann Kräfte besaß. Er selbst behauptete, daß er sein Publikum zwar sehen machen könne, was er wollte, doch er wünschte etwas Echtes, Authentisches zu demonstrieren. ›Aber geben Sie acht‹, warnte er uns. ›Es muß absolut still im Saal sein, sonst könnte es mich das Leben kosten.‹ Nun, er ging in eine besondere Art von Trance, die bei den Hypnotiseuren unserer Zeit unbekannt ist. In diesem Zustand lud er seine Zuschauer ein: ›Sie können mich jetzt mit Messern stechen, und es wird mir nichts passieren. Sie können auf mich schießen, und die Projektile werden an der anderen Seite hervorkommen, ohne mich zu töten.‹ Mit seinen Vorführungen schockierte er zahlreiche Ärzte in Europa. Sie stachen ihn mit Messern, und sowie sie die Klingen aus seinem Leib herauszogen, schlossen sich die Wunden.«

»Das klingt völlig unglaublich«, bemerkte ich. Aber nachdem ich über so außergewöhnliche Fälle wie den Brasilianer Zé Arigo gelesen hatte [er wird in John Fullers tadellos dokumentierter Arbeit *Arigo: Surgeon of the Rusty Knife* (»Arigo: der Chirurg mit dem rostigen Messer«) vorgestellt], konnte ich Daskalos' Geschichte nicht als puren Unsinn abtun, als den ich sie in früherer Zeit betrachtet hätte.

»Aber wie hat Tahram Bey das vollbracht?« fragte ich.

»Er lernte, sein ätherisches Doppel zu ›lichten‹, das heißt, seinen Körper halb zu dematerialisieren, so daß er nicht mehr ganz fest war. Die Messer konnten dann hindurchgleiten, ohne Fleisch und Knochen Schaden zuzufügen. Es gab keinen grobstofflichen Widerstand, der zu Verletzungen geführt hätte. Sobald die Messer wieder entfernt wurden, kehrte der Zusammenhalt seiner Körperzellen wieder zum Normalzustand zurück.« Daskalos legte beide Handflächen aneinander, um seine Aussage zu illustrieren. »Tahram Bey pflegte solche Dinge zu tun. Er mahnte seine Zuschauer immer, absolut geräuschlos zu sein, weil das, was er tat, äußerst gefährlich war.«

»Kannst du solche Dinge ebenfalls tun?« fragte ich halb im Scherz. »Ich meine, kannst du auch dein Körpergewebe so weit dematerialisieren, daß es von Klingen oder Geschossen nicht verletzt wird?«

»Nein, das kann ich nicht. Ich habe mich noch nie mit solchen Fakir-Phänomenen befaßt. Aber da ich mit dem Körpergewebe arbeite, könnte ich solche Fähigkeiten beherrschen, wenn ich mir die Zeit nähme, sie zu entfalten. Aber zu welchem Zweck? Meine Spezialisierung liegt auf einem anderen Gebiet, meine Aufgabe ist eine andere«, schloß Daskalos mit freundlichem Lachen.

»Was wurde aus Tahram Bey?« fragte ich.

Daskalos' Miene verdüsterte sich. »Bedauerlicherweise wurde er während einer seiner Vorführungen getötet«, sagte er und seufzte. »Während er in Trance war, von Messern durchbohrt, feuerte irgendein Idiot mit einer Pistole ohne Schalldämpfer in die Luft. Tahram Bey wurde aus seiner Trance gerissen, und sofort begannen seine Wunden zu bluten. Sein Körpergewebe nahm die normale Verdichtung an, während die Messer noch in seinem Leib steckten.«

»Hatte Tahram Bey die Hilfe von Dämonen beansprucht, um solche Dinge zu vollbringen?« fragte ich, nicht ganz ernst.

»Nein, nein.« Daskalos winkte ab, um jeden Verdacht auszuräumen. »Tahram Bey war ein guter Mensch. Er vollbrachte solche Dinge aus eigener Kraft. Es gibt viele Methoden, die man einsetzen kann, um ein bestimmtes psychonoetisches Phänomen herbeizuführen. Ich war zweimal Zeuge seiner Darbietungen, und ich mochte und schätzte ihn. Ich war wirklich sehr traurig, als ich von seinem tragischen Tod erfuhr. Er war ein echter Engel. Weißt du, er vollbrachte solche Phänomene, um – vor allem den Ärzten – die Wirkung des Denkens über den Körper vor Augen zu führen. Sein Ziel war die Förderung des menschlichen Wissens und Bewußtseins, nicht Geld oder Ruhm.

Jener Magier dagegen, dessen Demonstration du in Limassol beiwohntest«, fuhr Daskalos schelmisch fort, »offenbarte uns einen Aspekt der Magie, über den wir nichts wußten.«

»*Wie*, bitte?«

»Bis heute dachte ich, es gebe nur weiße Magie und schwarze Magie. Aber dieser Bursche zeigt uns nun, daß es auch blonde Magie gibt.« Daskalos schlug sich auf die Schenkel und lachte herzlich.

Als wir uns wieder beruhigt hatten, teilte ich Daskalos mit, daß der blonde Magier behauptete, hinter der Bühne zu meditieren und das Publikum in seinen Magnetismus einzubeziehen. »Das ist vielleicht seine Methode, das Publikum Dinge sehen zu machen, die in Wirklichkeit gar nicht stattfinden«, sagte Daskalos.

»Wie das?«

»Es ist möglich, seine Aura auszudehnen und durch machtvolle Visualisierungen jedermann innerhalb des Aurafeldes als objektive Fakten sehen zu machen, die man in Wirklichkeit mit Gedankenkraft als Elementale erzeugt. Genaugenommen ist das eine Form von Täuschung.«

»Aber es bedarf dazu unglaublicher psychischer Kräfte!«

»Natürlich. Solche Phänomene bestätigen, was wir über das Wesen und die Kraft des Geistes lehren. Aber warum sollte man diese Fähigkeiten auf solche Weise mißbrauchen? Warum die Übersubstanz Geist mißbrauchen, um ein Publikum zu beeindrucken? Statt die Menschen sehen zu machen, daß er seine Gedärme aus dem Leib in eine Schüssel räumt, wäre es doch klüger, solche Fähigkeiten zum Heilen zu gebrauchen.«

»Wie?«

»Er könnte zum Beispiel einer Frau helfen, einen Tumor in der Brust aufzulösen. Wenn er kraft seines Denkens visualisiert, daß er den Tumor auflöst, könnte er diese Visualisierung in das Bewußtsein der Patientin eingeben. Ich sage dir: Das kann funktionieren. Man kann wirklich Wunder wirken durch diese Methode der Autosuggestion. Die Frau selbst mag sich vorstellen, wie ihr Tumor verschwindet, und er könnte sehr wohl verschwinden. Statt dessen zieht der Mann es vor, die Leute zu unterhalten und Geld zu machen. So eine Vergeudung von Zeit und Energie!

Natürlich«, fuhr Daskalos nachdenklich fort, »ist diese Methode der Autosuggestion nicht sehr orthodox, und wir als Wahrheitsforscher versuchen sie zu vermeiden.«

»In welcher Hinsicht ist sie unorthodox?« fragte ich.

»Mit der Autosuggestion beim Heilen können Gefahren verbunden sein. Diese Methode kann den Willen des anderen unterminieren, das ist nicht erstrebenswert. Du bringst den anderen in einen Zustand halbhypnotischer Starre, wobei sein Willen nur noch eine untergeordnete, wenn überhaupt eine Rolle spielt.«

»Aber warum nicht, wenn es schließlich um Heilung geht?«

»Ich ziehe Überzeugung der Suggestion vor. In gewissen Fällen gebrauchen wir natürlich auch Suggestion, aber man sollte nach Möglichkeit anstreben zu überzeugen.«

»Was ist der Unterschied zwischen Suggestion und Überzeugen beim Heilen?«

»Durch Überzeugen engagierst du den Willen des anderen, nicht jedoch bei der Suggestion. Wenn ein Patient zu mir kommt und ich sage: ›Da liegt das Problem, schau!‹ und berühre die Stelle, und ich teile dem Patienten mit, daß ich jetzt diesen, sagen wir, Tumor auflösen werde, dann beziehe ich den Patienten in die Behandlung mit ein. Denn wenn ich nicht den Willen des Patienten dergestalt einbeziehe, daß dieser an seiner Heilung aktiv teilnehmen kann, besteht die Gefahr, daß das Symptom zurückkehrt, nachdem ich mich zurückziehe von dem Patienten. Ist er aber überzeugt, glaubt der Patient selbst an seine Heilung.«

»Aber ist dies nicht auch eine Form der Suggestion oder Autosuggestion?« fragte ich.

»Nein, hier geht es ums Überzeugen. Du zwingst den anderen nicht, an seine Heilung zu glauben. Verstehst du?

Ich möchte es dir noch deutlicher zeigen«, fuhr Daskalos fort, als er meine Verwirrung bemerkte. »Angenommen, wir haben einen barbarischen Mann, der seine Frau mißhandelt. Wir könnten in diesem Falle ein Elemental erschaffen, dem wir den Befehl eingeben: ›Du sollst deine Frau nicht schlagen, denn das ist gemein und unehrenhaft.‹ Das ist eine Form der Suggestion, auch wenn der Mann sich dessen nicht bewußt ist. Doch es ist nicht die beste Methode, mit dem Problem umzugehen, weil der Wille des Individuums nicht in den Veränderungsprozeß einbezogen wird. Es könnten sogar so starke Schuldgefühle hervorrufen werden, daß die Person im Extremfall zum Beispiel Selbstmord begeht.«

»Nun gut, was wäre unter solchen Umständen eine bessere Methode?«

»Dazu komme ich gerade. Falls gewöhnliches Überzeugen durch die herkömmliche Beratung nicht möglich ist, würde ich folgendermaßen vorgehen: Ich verlasse den Körper, projiziere ein Elemental und trete in den Mann ein. Durch den Prozeß der *Einswerdung* werde ich dann *er.* In Gedanken sage ich – das heißt als *er,* nicht als ich selbst, als separates Ich –, in Gedanken sage ich also: ›Ich werde diesen garstigen Akt aus diesem und jenem Grunde niemals wiederholen.‹ Und dann ziehe ich mich aus ihm zurück. Dabei wird er nicht erkennen, daß sein Gedanke, der jetzt tatsächlich sein Gedanke *ist*, nicht aus seinem eigenen Kopf stammte. Aber jetzt reagiert er nicht dagegen, weil es praktisch sein eigener Gedanke ist. Wie du siehst, geht es bei dieser Methode darum, ihn daran zu hindern, feindselig oder ablehnend zu reagieren. Wenn du dagegen deine Suggestion aufdrängst, ohne daß dein Bewußtsein eins wird mit dem Ich des anderen, empfindet er, was du suggerierst, als eine Form von Zwang, der ihm keine Alternative läßt. Verstehst du jetzt, was ich meine?«

»Aber ist das, was du sagst, nicht eine subtilere Form des Zwanges?«

»Nein, mein Lieber, nein. Das ist, was fortgeschrittene unsichtbare Helfer Tag und Nacht praktizieren. Durch diese Methode beziehst du den Willen des anderen mit ein. Da gibt es keinen Befehl, der von außen kommt. Er selbst entscheidet nun und nicht infolge eines äußeren Zwanges.

Nun kannst du mich fragen«, fuhr Daskalos fort, »ob es angenehm ist, in einen anderen Menschen hineinzuschlüpfen, in einen kranken Menschen, und diese Person zu werden? Und dabei wie jene Person zu fühlen? Die Antwort lautet: nein.« Daskalos sprach mit Nachdruck und schlug mir aufs Knie. »Na und? Wenn jemand dabei ist, in einer Senkgrube zu ertrinken, sollte ich dann nicht hineinspringen, mich besudeln und ihm helfen? Natürlich sollte ich das. Dann kann ich wieder heraussteigen und ein Bad nehmen. Schmutz kann man abwaschen.«

»Sind mit dieser Methode Gefahren verbunden?« fragte ich.

»Ja, ernste Gefahren. Du mußt sehr stark sein und wissen, was du tust. Andernfalls«, sagte Daskalos und hob die Augenbrauen, »kannst du am Ende so werden wie der andere. Wenn du selbst auch nur die leichteste Tendenz zu dem Problem des anderen hast, kannst du es übernehmen. Du siehst, es besteht immer die Gefahr der psychischen Ansteckung; sie ist schlimmer als die Infektion durch Viren. Wenn du nicht weit genug fortgeschritten bist und genau weißt, was du tust, riskierst du, dich auf die Schwingungen des anderen einzustellen und darin hängenzubleiben.«

Daskalos lehnte sich in seinen Sessel und faltete die Hände über dem Bauch. »Übrigens«, bemerkte er nach einer kurzen Pause, »geschieht so etwas in der Gesellschaft nicht Tag und Nacht? Wir müssen also sehr, sehr vorsichtig sein, wenn wir mit solchen Dingen zu tun haben.«

»Du deutest also an, man könne psychische Fähigkeiten dieser Art oder jene entfalten, wie sie der Blonde Magier zu besitzen behauptet, ohne daß man unbedingt ein spirituell besonders hochstehender Mensch ist.«

»Ja, natürlich«, bestätigte Daskalos. »Das sind die Gefahren des Wissens, denn Wissen ist gefährlich für jemanden, der sich noch nicht vom Egoismus befreit hat. Deshalb bestehe ich auf unnachgiebiger Selbstanalyse und Kontrolle von Denken und Fühlen. Töte den Egoismus vollständig«, sagte Daskalos emphatisch, und seine Augen leuchteten, »laß dein Pneuma-Ich, das weder Geld noch Ruhm braucht, dem göttlichen Willen Ausdruck geben, und diene deinen Mitmenschen.«

Daskalos hielt einen Augenblick inne. Dann beugte er sich vor und flüsterte ernst: »Meinst du nicht, es ist Zeit für einen Kaffee?«

Schmunzelnd ging ich in die Küche und bereitete zwei Tassen türkischen Kaffee, für den Daskalos eine große Schwäche hatte. Er bat mich, seinen Kaffee sehr leicht zu brauen. Der Arzt hatte ihm strikte Weisung gegeben, seinen Koffein-Konsum zu reduzieren.

Daskalos war jetzt bester Laune, trank seinen heißen Kaffee genußvoll in kleinen Schlücken und erinnerte sich an Erlebnisse mit Magiern, die in seiner Jugend die Insel besuchten.

»Da war einmal ein Hypnotiseur, den mein Vater zum Essen

einlud. Ich war damals etwas über zehn Jahre. An jenem Tage waren mehrere Gäste in unserem Hause, und der Magier wollte seine Fähigkeiten unter Beweis stellen. Er fragte mich, ob ich mich freiwillig hypnotisieren lassen wolle; ich war einverstanden. Er gebrauchte ein Pendel. Ich gab vor, hypnotisiert zu sein, aber in Wirklichkeit schickte ich insgeheim Elementale zu ihm. Bald darauf war der Magier eingeschlafen. Ich ging in die Küche und holte eine große Zwiebel. Ich präsentierte sie ihm als einen Apfel, einen Golden Delicious. Er verzehrte sie mit Vergnügen. Als er wieder zu Bewußtsein kam, wußte er nicht, was geschehen war, und schwenkte weiter sein Pendel in dem Versuch, mich zu hypnotisieren. Alle Anwesenden lachten.« Daskalos selbst konnte sich das Lachen nicht verkneifen.

Mein Gespräch mit Daskalos wurde abrupt beendet, als wir Schritte von der vorderen Veranda hörten; gleich darauf klopfte es. Ich ging an die Tür und öffnete. Es war eine attraktive blonde Frau Ende Dreißig, die Englisch mit leichtem Akzent sprach. Sie fragte, ob Daskalos zu Hause sei. Nachdem ich ihr einen Platz in der Diele angeboten hatte, teilte sie mir in knappen Worten ihr Problem mit. Sie war eine norwegische Künstlerin, verheiratet mit einem griechischen Zyprioten aus Paphos. Mit leichtem Zögern und offensichtlicher Verlegenheit erzählte sie mir, daß einige Freunde sie gedrängt hatten, Daskalos aufzusuchen, der ihr angeblich helfen könne, den Aufenthaltsort ihres verlorenen Hundes ausfindig zu machen. Ich versuchte, ernst zu bleiben, als ich ins Zimmer ging, um Daskalos ihr Anliegen vorzutragen.

»Meine Liebe«, sagte Daskalos, als er herauskam, und rieb sich die Hände, »solche Dinge tun wir nicht. Das ist nicht unser Spezialgebiet. Aber wenn Sie es wünschen, könnten wir versuchen, Ihnen bei dem Problem mit Ihrer Schulter zu helfen.«

Die Augen der Norwegerin weiteten sich, und sie erstarrte einen Augenblick, als sie begriff, daß dieser völlig Fremde das chronische Leiden bemerkt hatte, das ihre rechte Schulter behinderte. Verwirrt murmelte sie, nicht viel über Daskalos zu wissen, und man hätte ihr gesagt, daß er verlorene Gegenstände, auch Hunde, aufspüren könne. Nachdem ich ihr mit zuversichtlicher Miene Mut gemacht hatte, folgte sie Daskalos zögernd ins Wohnzimmer.

»Ziehen Sie bitte die Bluse aus«, verlangte Daskalos beiläufig. Die Frau blickte mich entgeistert an und wußte nicht, wie sie sich verhalten sollte. Sie flüsterte rasch, daß sie nichts darunter trage. Nachdem ich ihr versichert hatte, dies sei kein Problem, verließ ich das Zimmer, schloß die Tür hinter mir und versuchte nach Kräften, ein Kichern zu unterdrücken.

Zwanzig Minuten waren vergangen, als Daskalos aus dem Wohnzimmer trat; er strahlte triumphierend. »Es war ein gesegneter Augenblick«, verkündete er lächelnd. Die norwegische Besucherin folgte ihm und blickte verwirrt um sich angesichts dessen, was mit ihr geschah. Sie konnte ihre Heilung kaum glauben, als sie ihren Arm in alle Richtungen drehte und bewegte – was ihr, nach eigenen Worten, seit Jahren nicht mehr möglich gewesen war. Sie dankte Daskalos und lief eilig fort. Daskalos schüttelte noch den Kopf und lachte im stillen, als er über diesen Fall nachdachte. »Der Heilige Geist«, sagte er, »wirkt auf geheimnisvolle Weise. Manchmal kommt ein Patient voll Glauben und Eifer, geheilt zu werden, und nichts geschieht. Diese Frau kam auf der Suche nach ihrem Hund und wurde statt dessen selbst geheilt.«

»Wie erklärst du dir das?« fragte ich.

»Frage Gott«, erwiderte Daskalos und zuckte mit Unschuldsmiene die Achseln. »Vielleicht war es für sie an der Zeit aufzuwachen. Vielleicht wird dieses Erlebnis bei ihr Fragen aufwerfen, die sie auf den Weg des Wissens und der Wahrheitsforschung führen.«

»Ich wünschte, Daskalos«, sagte ich seufzend, halb im Spaß,

»daß ich auch so einfach Menschen heilen könnte. Gerade so, wie du es tust.«

»Kyriaco«, antwortete Daskalos mit ernstem Blick und faßte mich am Arm, »wirklich wichtig im Leben ist nicht so sehr, die Hände auszubreiten und Menschen zu heilen, sondern ihnen zu helfen, ihr Bewußtsein zu entfalten. Das ist unsere eigentliche Mission. Wenn es erlaubt ist, daß eine Heilung auf dieser materiellen Ebene stattfindet, wird sie früher oder später eintreten. Es dauert ohne unsere Intervention vielleicht ein wenig länger, aber letzten Endes ist es der Heilige Geist, der die Heilung bewirkt, nicht wir. Was wir aber tun *können,* ist, anderen zu helfen, sich aus ihrer Unwissenheit zu erheben und bewußt den Weg der Selbsterkenntnis anzutreten. Dazu sind wir alle als Menschen ursprünglich in diese Welten der Polarität hinabgestiegen. Und das ist unsere eigentliche Mission als Wahrheitsforscher: Uns selbst und anderen zu helfen, aus der Erstarrung der Unbewußtheit und Unwissenheit zu erwachen.«

Einen Augenblick lang fühlte ich einen fast unwiderstehlichen Drang zu weinen. Daskalos' Worte hatten mich sehr tief berührt. Mit meinem Beruf als Akademiker und meiner Tätigkeit als Schriftsteller, der diese Dinge einer breiteren Öffentlichkeit zugänglich macht, spürte ich mich bewegt von dem Gefühl, einen bestimmten Auftrag zu erfüllen.

Wir kehrten ins Wohnzimmer zurück und setzten uns; Daskalos erzählte weiter von seinen Erinnerungen an Magier und Wundermänner.

»In meiner Jugend gab es ein berühmtes deutsches Medium namens Hanussen, der im Magischen Palast [einem Theater im alten Nicosia] auftrat. Wenn ich mich nicht irre, ließ Hitler ihn später töten, weil er nicht mit den Nationalsozialisten zusammenarbeiten wollte. Nun, ich ging mit meinem Vater in den Magischen Palast, um seinen Auftritt mitzuerleben. Wir saßen in der zweiten Reihe. Hanussen erkannte mich an meiner Aura, wie er sagte, und fragte mich, ob ich bereit sei, mich an einem Experiment zu beteiligen. Obwohl mein Vater nicht sehr glücklich darüber war, stimmte ich zu.

Hanussen gab mir ein Schmuckstück, das eine Frau im Publikum getragen hatte. Er bat mich, es in die Hände zu nehmen und zu fühlen. Dann versteckte er es an einem Ölbaum etwa acht Kilometer außerhalb von Nicosia. Jener Ölbaum war gleich neben Chrysospiliotissa [die goldene Madonna von der Höhle: eine in ein Marienheiligtum umgewandelte Höhle]. Ich wußte nicht, an welchem Ort er das Schmuckstück versteckt hatte. Dann verband er mir die Augen und setzte mich in ein Taxi. Jemand aus dem Publikum, der mit Hanussen nichts zu tun hatte, setzte sich auf die Rückbank, um darauf zu achten, daß alles mit rechten Dingen zuging.«

»Was geschah?«

»Mit verbundenen Augen dirigierte ich den Fahrer genau an den Ort, wo das Schmuckstück versteckt war.«

»Kein Wunder«, scherzte ich, »daß die Leute zu dir kommen, damit du ihnen ihre vermißten Hunde aufspürst!«

Daskalos sagte, daß jene Erlebnisse, die er schon von früher Kindheit an hatte, ihn zu der Erkenntnis geführt hatten, daß er anders war als die übrigen Knaben seines Alters.

Ich wies darauf hin, daß das gerade geschilderte Experiment mich an wissenschaftliche Versuche von zwei amerikanischen Physikern, Russel Targ und Harold Puthoff *[Mind-Reach: Scientists Look at Psychic Ability]* erinnerte, die unter kontrollierten Versuchsbedingungen die wahrhaft außergewöhnlichen Fähigkeiten demonstrierten, die einige Medien besitzen.

Daskalos wiederholte, was er mir schon viele Male gesagt hatte: daß er mit psychischen Phänomenen, den Experimenten seiner Jugend oder der Entdeckung von verlorenen Gegenständen, nichts mehr zu tun hatte. Yohannan habe ihm klare Anweisungen gegeben, seine psychischen Fähigkeiten allein zur Heilung seiner Mitmenschen einzusetzen.

4

Das Verständliche und das Reale

Mein Gespräch mit Daskalos wurde von einem Klopfen an der Haustür unterbrochen. Es gehörte zur Arbeitsweise des Daskalos, daß sein Haus das ganze Jahr für jedermann offenstand, der Hilfe suchte. Doch dieser Brauch wurde zunehmend problematisch, da sein Ruf sich immer weiter ausbreitete.

Daskalos begrüßte seine Besucher, eine indische Familie, besonders erfreut. Nach seiner Haltung und ihrem Verhalten zu urteilen, war dies nicht ihr erster Besuch bei Daskalos. Mit breitem Lächeln und traditioneller Hindu-Gestik geleitete er sie in sein Wohnzimmer. Kostas hatte mir schon früher einmal gesagt, daß eine indische Familie zu Daskalos komme, um seinen spirituellen Rat zu suchen. Daskalos habe ihnen helfen können zu verstehen, daß die Evolution nicht von der Stufe der Tiere zur Stufe der Menschen verlief und gewiß auch nicht in der anderen Richtung, wie es manche Sekten der östlichen Welt irrtümlich glauben. Er erklärte ihnen mit Hilfe rationaler Argumente: Sobald eine Ausstrahlung einer heiligen Monade das Urbild des Menschen passiert hat, beginnt die Wesenheit ihren Evolutionsweg, der speziell auf sie zugeschnitten und einzigartig ist. Deshalb hat sich noch kein menschliches Wesen aus einem Tier entwickelt, und kein Menschenwesen wird je auf die Stufe eines Tieres, in den heilig-geistigen* Zustand, zurückfallen.

Im Gespräch mit Kostas erwähnte ich, daß Sokrates etwas anderes gelehrt hatte. In einem seiner Dialoge erörtert er das Argument, daß man vernünftigerweise annehmen könne, der Gute und Gerechte entwickele sich weiter und werde in einem anderen menschlichen Körper wiedergeboren, während der Ungerechte sich zurückentwickeln und in dem Körper eines Tieres wiedergeboren werden könnte als eine Art göttlicher Strafe für seine Übertretungen. Kostas spottete über diese Vorstellung und behauptete selbstbewußt, daß Sokrates, so groß er als Lehrer auch war, einfach unfähig gewesen sei, tief genug in die Mysterien einzudringen, um die Fehlerhaftigkeit seines Standpunktes zu erkennen.

Daskalos stellte mich seinen Gästen vor. Der Vater, ein überschwenglicher und gesprächiger Mann Anfang Fünfzig, war Angestellter an der indischen Botschaft. Seine Frau trug ihren traditionellen Sari und war nicht weniger kontaktfreudig. Beide waren etwas untersetzt und übergewichtig. Begleitet wurden sie von zwei ihrer Kinder. Die attraktive, helläugige Tochter war zwanzig Jahre alt und aus London gekommen, wo sie studierte. Der jüngere Sohn bereitete sich darauf vor, in die Vereinigten Staaten zu fliegen, um sein Studium an der Universität zu beginnen. Nach der freudigen Begrüßung hob der Vater an, den Anlaß ihres Besuches zu erklären.

»Der Grund, warum wir zu Ihnen gekommen sind, Daskale«, begann der Mann ernst, »ist, um Ihren Rat in einer ernsten Familienangelegenheit zu erbitten.«

»Ich höre zu«, antwortete Daskalos, als wir uns setzten. [Ich war eingeladen worden, im Zimmer zu bleiben.]

Die Besucher erzählten, daß ihre älteste Tochter – sie schloß gerade ihre Studium der Betriebswirtschaft in Amerika ab – einen Heiratsantrag von einem erfolgreichen und wohlhabenden indischen Ingenieur erhalten hatte, der in den Vereinigten Staaten einen festen Wohnsitz besaß. Bisher hatte sich die Tochter dem Druck ihrer Eltern widersetzt; sie war nicht im geringsten daran interessiert, diesen Freier zu heiraten. Daskalos sagte spontan, daß die Wünsche ihrer Tochter respektiert werden müßten.

»Sie meinen, wir dürfen sie nicht zwingen, ihn zu heiraten?«

fragte der Vater, offensichtlich erstaunt über die schnelle Antwort von Daskalos.

»Gewiß nicht«, antwortete Daskalos entschieden. Die Miene der Eltern verdüsterte sich, im Antlitz der jüngeren Tochter bemerkte ich ein Lächeln.

»Aber, Daskale«, protestierte die Frau, »wir sind mit dem jungen Mann bereits essen gegangen, und wir haben ihm unsere Tochter versprochen. Wir haben unser Ehrenwort gegeben und sein Angebot angenommen. Er mag sie so. Ich fürchte, wenn wir ihm nun mitteilten, daß wir unsere Meinung geändert haben, könnte er Selbstmord begehen. Was sollen wir tun?«

Nach einigen Augenblicken des Schweigens fragte Daskalos: »Haben Sie ein Bild von ihm?«

»Ja, ja! Hier ist es«, beeilte sich die Mutter und zog ein Foto aus ihrer Geldtasche.

»O mein Gott! O mein Gott!« reagierte Daskalos, als er das Porträt des erhofften Schwiegersohns erblickte. Er verzog sein Gesicht so bühnenreif, daß ich mein Lachen nur mit großer Mühe unterdrücken konnte.

»Gnädigste«, sagte Daskalos ernst, »ich möchte Sie etwas fragen. Wie würde es Ihnen gefallen, mit diesem Mann im Bett zu sein und ihn allmorgendlich beim Erwachen schnarchend neben sich liegen zu sehen?«

Die Inderin, peinlich berührt durch die unverblümte Frage von Daskalos, rutschte mit sichtbarem Unbehagen einige Male in ihrem Sari hin und her, sagte aber nichts. Daskalos gab mir das Bild herüber. Ich konnte sehen, was er meinte.

»Daskale, ich fürchte, Sie verstehen nicht«, protestierte der Mann. »Wir Inder haben andere Sitten und sehen nicht so gut aus wie ihr Europäer.«

»Unsinn! Betrachten Sie doch Ihre Tochter und Ihre Frau. Und dann sehen Sie sich Ihren hübschen Sohn an und sich selbst.« Ein Lächeln machte sich im Antlitz des Vaters breit.

»Daskale«, flehte die Frau, »dieser junge Mann ist vielleicht nicht hübsch, aber er hat so ein gutes Herz.«

»Jetzt passen Sie einmal auf«, sagte Daskalos mit ernster Miene. »Hätte Ihre Tochter sein Aussehen nicht beanstandet und sich wirklich um diesen Mann bemüht, gäbe ich meinen Segen zu dieser Heirat. Aber Ihre Tochter ist vehement dagegen, den Mann zu ehelichen. Im Interesse von Glück und Wohlbefinden Ihres Kindes würde ich Ihnen raten, keinen Druck auf sie auszuüben, daß sie ihn heiratet. Und offen gesagt«, fuhr Daskalos verschmitzt fort, »wäre ich Ihre Tochter, würde ich lieber einen Mann heiraten, der mich körperlich anzieht, auch wenn er sonst nicht ganz vollkommen ist.«

»Das genügt«, erklärte der Mann, »das Thema ist abgeschlossen. Wir werden sie nicht zwingen, ihn zu heiraten.«

Seine Frau schien nicht allzu glücklich zu sein, fügte sich aber der Entscheidung ihres Mannes. Tochter und Sohn jedoch strahlten. Daskalos erzählte mir später, daß er froh war, eine Frau vor einer miserablen Ehe bewahren zu können.

Ich verließ Daskalos' Haus am frühen Nachmittag und versuchte, mich zu Hause mehrere Stunden zurückzuziehen, um meine Notizen und Protokolle aufzuarbeiten. In einer Gesellschaft, in der Zurückgezogenheit etwas völlig Fremdes ist, war dies keine leichte Aufgabe. Bekannte, Verwandte und enge Freunde pflegten bei uns ein- und auszugehen und sprachen über Politik, über Daskalos und alles andere, was einen Vorwand für Geselligkeit bot. Ich war in dieser Kultur geboren – somit durch solche Gewohnheiten leicht zu verführen – und mußte mich besonders anstrengen, um mich mit meiner Schreibmaschine abzusetzen. Ich beabsichtigte, am nächsten Tag Kostas zu besuchen, um an einem Treffen eines seiner Kreise in Limassol teilzunehmen, und mußte mit meiner schriftstellerischen Arbeit nachkommen, bevor sich wieder neues Material zu türmen begann.

Ich arbeitete bis spätabends, Emily und die Kinder waren

bereits schlafen gegangen. Bevor ich ihnen folgte, wollte ich noch einen kurzen Spaziergang machen, um Kopf und Körper in der kühlen Abendluft zu erquicken. Bei meiner Rückkehr spürte ich in dem Augenblick, als ich das Haus betrat, einen unerträglichen Schmerz im rechten Bein. Ich verstand nicht, was passiert sein könnte. Mit meinen Beinen hatte ich noch nie Probleme gehabt. Der Schmerz wurde so schlimm, daß ich nicht mehr gehen konnte, und er nahm noch zu. Es war, als ob jemand mein Bein folterte. Ich versuchte, es mit Alkohol einzureiben, aber das half nichts. Die Schmerzen waren so stark, daß mir Tränen in die Augen traten. Ich fürchtete einen Augenblick, vielleicht für immer behindert zu bleiben, und dachte daran, Emily zu wecken, damit sie mich ins Krankenhaus bringen könnte. Aber dann änderte ich meine Meinung. Mit großer Mühe schleppte ich mich ins Bett und legte mich nieder.

Ich schloß die Augen und begann tief zu atmen. Ich dachte bei mir, dies sei vielleicht eine gute Gelegenheit, etwas von Daskalos' Lehren in die Tat umzusetzen. Bei diesem Gedanken begann meine Verzweiflung nachzulassen. Ich fing an, den Schmerz als Herausforderung zu betrachten. Ich wußte, daß Visualisierung beim Heilen manches bewirken kann, ich war aber nicht sicher, ob ich die notwendige Konzentrationskraft besaß. Das war nun eine Gelegenheit, es herauszufinden. Ich wußte auch, daß viele Patienten sich selbst im Endstadium ihrer schweren Krankheit durch entsprechende Visualisierungen geheilt hatten. Ich habe zum Beispiel von Krebspatienten gehört, die sich von ihrer Krankheit befreiten, indem sie systematisch bestimmte Farbvisualisierungen in die betroffenen Körperbereiche lenkten. Ein Junge heilte sich selbst, indem er sich PacMan [eine Figur aus Computerspielen für Kinder] vorstellte, der die Krebszellen auffraß.

Überrascht entdeckte ich, daß der Schmerz mir half, mich zu sammeln und meine Aufmerksamkeit zu konzentrieren. Mein starkes Verlangen, daß mein Bein geheilt werde, war mächtig genug, um keinen anderen Gedanken zuzulassen. Ich stellte mir vor, daß mein Bein in eine pulsierende, rein weiße Lichtkraft eingehüllt wäre. Dabei formulierte ich mir eine starke Suggestion, daß mein Bein bis zum Morgen geheilt sein müsse und keine Spur von Schmerzen übrigbleiben werde. Was dann tatsächlich geschah, weiß ich nicht genau. Ich muß eingeschlafen sein bei der Vorstellung, mein Bein schwimme in jener rein weißen Lichtstrahlung. Sobald ich mit der Tiefatmung und der Gedankenübung begann, so erinnere ich mich noch, spürte ich eine Linderung wie von einem Zaubermittel. Als ich am anderen Morgen erwachte, war von meiner Tortur keine Spur mehr geblieben.

Am Nachmittag traf ich Kostas in Limassol und schilderte ihm mein nächtliches Erlebnis. »Das war eben eine Lektion für dein spirituelles Wachstum«, bemerkte er lächelnd. Er zuckte die Schultern und beließ es dabei. Ich erfuhr nie, was das Problem mit meinem Bein war, kümmerte mich auch nicht darum, mehr herauszufinden. Ich lernte jedoch, daß der Schlüssel zur Selbstheilung und zur nichtmedizinischen Heilung allgemein gesammelte und zielgerichtete Konzentration in Verbindung mit einem starken Verlangen nach Heilung war.

Nach einem kleinen Imbiß mit Kostas fuhr ich in das Industriegebiet von Limassol, wo er seine wöchentliche Unterweisung geben sollte. Einer seiner Schüler, ein Fabrikant, hatte hier einen Raum in seinem Betrieb als vorübergehendes Quartier für den Limassol-Zweig der Erewna zur Verfügung gestellt. Die Kreise wurden immer größer, und die etwa siebzig Teilnehmer bei jeder Zusammenkunft konnten nicht mehr in privaten Wohnzimmern unterkommen.

Die Fabrik-Atmosphäre scheint eine unerwartete Umgebung für eine spirituelle Versammlung zu sein. Was Kostas betraf, so erfüllte dieser Raum auch dann den Bedarf der Erewna, wenn sich die Umgebung eher für eine Gewerkschaftsversammlung geeignet hätte. Kostas sagte sogar, es sei ein Vorteil, die Kreise auf Industriegelände zusammenkommen zu lassen. Die Treffen fanden nach der Arbeitszeit statt, wenn die Fabriken geschlossen waren, und so gab es keine neugierigen Nachbarn, die möglicherweise störend wirkten.

Kostas verbrachte etwa eine Dreiviertelstunde in einem anderen Raum, in dem er Heilbehandlungen durchführte und jenen Rat gab, die ihn suchten – dies war gewöhnlich seine Arbeit, bevor die Zusammenkunft begann. Seine Anhänger brachten entweder Bilder von Freunden und Verwandten zur Ferndiagnose oder -behandlung mit oder suchten Rat und Heilung für sich selbst. Als Kostas für jeden Zeit gehabt hatte, der eine private Unterredung wünschte, hatten sich alle eingefunden, und das Treffen begann.

»Heute«, kündigte Kostas an, »werden wir uns besonders mit der Unterscheidung zwischen dem Realen und dem verständlichen oder begreifbaren Teil des Realen befassen. Was ist Realität? Die Menschen gebrauchen diesen Begriff ständig, doch tauchen sie selten in die Tiefe seiner Bedeutung ein.«

Kostas hielt einen Augenblick inne. »Wir haben wiederholt gesagt, daß Realität ein anderes Wort für das Absolute ist. Sie ist das Leben selbst, ihr Ausdruck sind die Gesetze, die Ursachen, die Ideen. Realität ist unser inneres Selbst als heilige Monade; das heißt wir selbst, jenseits von Zeit und Raum. Doch um dem menschlichen Bewußtsein verständlich zu werden, gilt es, zuerst seine Projektionen und Manifestationen zu untersuchen.

Wir haben es also mit zwei Dingen zu tun: dem Realen und dem Verständlichen. Um es zu wiederholen: Das Reale ist das Unveränderliche, Ewige, Absolute; sein Ausdruck ist das Phänomen* des Lebens.

Wir haben das Absolute also mit dem Leben selbst identifiziert. Und *es ist* Leben. Doch Leben hinter dem Phänomen Leben ist jenseits des Begriffsvermögens unseres gewöhnlichen menschlichen Bewußtseins. Leben an sich – nicht das Leben als Phänomen – kann man nicht durch konstruierte Sinninhalte begreifen und in noetischen Bildern fixieren. Nur über die heilige Monade selbst und durch ihre Projektion, die Seelen-Selbstbewußtheit, wird es verständlich. Das geschieht genau dann, wenn eine Selbstbewußtheit frei wird von den Grenzen und Einschränkungen der verständlichen Realität und in das wirklich Reale durchdringt, in ihr inneres Selbst, das Pneuma. Ich muß euch daran erinnern, daß unser Selbst als Realität nicht nur jener Teil ist, den wir heilige Monade nennen, sondern auch unsere selbstverwirklichte Seele. Ich verstehe darunter jenen Teil von uns, der in die Welten der Getrenntheit und Polarität abgestiegen ist, unter den Gesetzen des Karmas Erfahrungen sammelte, die aus wiederholten Inkarnationen erwuchsen, und schließlich zu seinem Ausgangspunkt zurückkehrte. Hier, das heißt, in der Theose, besitzt jede Selbstbewußtheit Wissen von Gott und ihrer eigenen Göttlichkeit. Sie hat Kenntnis des Realen.«

Kostas schwieg einen Moment und blickte in die Runde seiner Zuhörer, um zu sehen, ob seine Schüler seinen Gedanken zu folgen vermochten. Nach Beantwortung einiger Fragen fuhr er fort.

»Nun, um schließlich Wissen von dem Realen zu erwerben, müssen wir unsere Erforschung der phänomenalen Realität oder des verständlichen Ausdrucks des Realen ausschöpfen. Wir müssen sorgfältig die Projektionen und Auswirkungen des Realen studieren. Und falls wir das Reale identifizieren können als Gesetz, Ursache und Idee, sind die verständlichen Aspekte des Realen seine Projektionen im Geist. Wir haben schon oft gesagt, daß Geist jene Übersubstanz ist, durch die das Reale sich manifestiert. Haltet euch vor Augen: Alle Universen, auch das grobstoffliche, sind Manifestationen von der Übersubstanz Geist.«

Jemand unterbrach: »Falls ich dich recht verstehe, Kosta,

sagst du damit im Grunde, daß die phänomenale Realität die verständliche Realität ist. Die Ursache hinter allen Phänomenen jedoch ist Realität an sich, und sie ist jenseits des Verstehens und Begreifens unseres gewöhnlichen Bewußtseins.«

»Gut formuliert. Aber vergiß nicht, daß das Absolute als Realität sogar noch über den Ursachen, den Gesetzen, den Ideen steht, die seine Manifestationen sind. Ständig meditierend im ewigen Jetzt offenbart sich das Absolute als Ursachen, Gesetze, Ideen. – Es gibt wirklich keine Worte, um diesen göttlichen Zustand zu beschreiben.«

»Können wir vielleicht annehmen«, warf Andros (ein Architekt Ende Dreißig) ein, »daß es einem Zustand vergleichbar ist, in dem Gott sich in einer Art von Traum befindet?«

»Nein! Aus der Sicht des wirklich Realen ist dies gleichbedeutend mit Blasphemie«, stieß Kostas hervor und mußte selbst über seinen altertümlichen Begriff lachen. »Manche Richtungen im Osten lehren, daß Gott, in sich selbst träumend, in seiner Meditation dynamisch und logisch die Universen projiziert. – Ein träumender Gott?« fragte Kostas mit scharfer Ironie und hob die Brauen.

»Wir haben in der Erewna gelernt: Träumen ist das Hervorziehen bereits bestehender Begebenheiten aus dem Unterbewußten oder der Erinnerung, sogar auch aus dem universalen Gedächtnis, die wir auf eine bestimmte Weise erleben. Das verstehen wir unter Träumen. Es ist jedoch etwas anderes, wenn wir unsere Aufmerksamkeit selbst ausrichten und bewußt meditieren, indem wir mit Hilfe des Geistes gezielt noetische Bilder erzeugen. Das ist kein Träumen mehr, sondern bewußte, positive und zielgerichtete Arbeit. Wenn wir diese beiden radikal unterschiedlichen Zustände betrachten, gelangen wir zu der Erkenntnis, daß das Absolute in seiner Selbsterfüllung nicht träumt. Vielmehr manifestiert und erschafft es die Universen durch zielgerichtete und überbewußte Meditation, die ihr auch göttliches Denken nennen könnt.

Es gibt noch einen anderen Fehler«, fuhr Kostas fort, und jedermann lauschte aufmerksam; »viele Menschen begehen ihn in ihrer Vorstellung über das Wesen Gottes. Sie nehmen an, daß ein statischer Gott die Ursache von allem sei. Aber Gott steht über allen Ursachen. Das heißt, es ist sein göttlicher Wille, der erst Ursache wird. Gott selbst ist keine Ursache. Ich möchte euch einen Rat geben: Versucht bis auf weiteres nicht, mit eurem materiellen Gehirn, durch Argumentieren und Formulieren zu ergründen, wie das Absolute wirklich ist. Und ebenso vergeblich ist die Anstrengung, durch die Vorstellung noetischer Bilder oder auch durch Meditation zu erfassen, was unser inneres Selbst als heilige Monade wirklich ist.«

»Was sollen wir dann unter den Begriffen Absolutes und heilige Monade verstehen?« fragte jemand, verblüfft und leicht erregt.

»Betrachte sowohl das Absolute als auch dich selbst als eine heilige Monade, *die Realität,* ohne zu versuchen, mit solchen Worten die Bildung von Bedeutungen und Deutungen anzuregen.

Wie wir schon viele Male erklärt haben, hat das Absolute durch sein göttliches Denken, durch seine Meditation die Macht, in sich selbst Geist zu erschaffen, die Übersubstanz, mit der und durch die die Universen gebaut sind. Das Absolute erschafft. Achtet auf dieses Wort: Ist Erschaffen, ist Schöpfung möglich durch Träumen? Oder ist Schöpfung das Produkt göttlichen Denkens und Meditierens durch Willen, Macht und Weisheit?

Wir stellen fest, daß jenes Wesen auf dem Planeten Erde, das wir Mensch nennen, innerhalb der Grenzen seines Denkens herrliche Dinge konstruiert hat. Natürlich kann menschliche Intelligenz keinesfalls der schöpferischen Intelligenz des Absoluten gleichkommen. Doch die Menschen haben von ihrem Denken Gebrauch gemacht und erstaunliche Dinge hervorgebracht. Jetzt frage ich euch: Ist es möglich, daß die Wirkung größer ist als die Ursache? Kann dieses Geschöpf, wie wir das menschliche Wesen nennen, selbstbewußtes Denken ausdrücken, Zustände und wunderbare Dinge erzeugen und das Produkt einer Ursache sein, die geringer ist als es selbst?

Betrachtet es als unumstößlich«, sagte Kostas, nachdem er seinen Zuhörern einige Zeit gelassen hatte, die von ihm vorgestellten Gedanken aufzunehmen, »daß die Ursache niemals schwächer oder kleiner sein kann als ihre Wirkungen.«

»Wir wollen realistisch sein. Nur ein kosmischer Tag trennt die Menschen von dem Zustand, in dem sie noch in Höhlen hausten und mit Keulen und Stöcken einhergingen. Der Mensch ist heute immer noch im Kleinkindesalter seiner Entwicklung begriffen. Doch als Seele – und nicht als berauschte derzeitige Persönlichkeit – wird er zwangsläufig erwachsen werden und schließlich seine göttliche Selbstbewußtheit in allen Bereichen der Schöpfung zum Ausdruck bringen – im grobstofflichen, im psychischen und im noetischen.«

»Wie werden die Menschen in einigen Jahrhunderten sein?« fragte jemand. Kostas antwortete, daß die Menschen sich einen zunehmend weiteren Kreis des Bewußtseins erschließen werden, bis sie Gotterkenntnis erlangen und damit totales Bewußtsein erreichen. Dann setzte er seine Ausführungen über die Beziehung zwischen dem Realen und dem Verständlichen fort.

»Die Menschen heute – und dies gilt auch für die meisten Wissenschaftler – studieren Phänomene, die sie für die Resultate von Zufällen halten. Das ist unglaublich. Sie beschäftigen sich mit diesen Phänomenen, die in Wirklichkeit Ausdruck einer tieferen Realität sind, ohne das geringste Verlangen oder eine Neigung zu spüren, zu dieser Realität vorzustoßen. Eines Tages jedoch – ihr werdet es sehen – werden die Menschen sich des Realen bewußt werden. Vorläufig sind wir alle in den Welten des Verständlichen. Wir leben in einer grobstofflichen Welt, auf der Oberfläche dieses Planeten.

Ernstzunehmende Mystiker aller Zeiten kamen nach eingehender Beschäftigung mit dieser Situation zu folgendem Schluß: Das Verständliche ist das Produkt von Zeit und Raum, einem innerhalb des Realen nichtexistenten Zustand. Zeit und Raum jedoch sind Ausdruck einer Realität, die wir das ewige Jetzt genannt haben. Deshalb gehören Vergangenheit, Gegenwart und Zukunft, die die Abfolge von Ereignissen und Phänomenen innerhalb von Zeit und Raum ausdrücken, zu der verständlichen Projektion des Realen. Erst jetzt beginnen einige Wissenschaftler, wenn auch nur sehr wenige, sich diesen Wahrheiten zu nähern.«

Kostas erklärte dann weiter die Bedeutung von Zeit und Raum, die er als subjektive Zustände bezeichnete. Jedes Menschenwesen nimmt Zeit und Raum unterschiedlich wahr.

Ich wies von meinem Platz in der ersten Reihe aus darauf hin, daß dieser Gedanke in der Tat nicht neu ist. Mit der Entwicklung der anthropologischen Literatur zeige sich, daß die Menschen konditioniert sind, Zeit und Raum auf kulturell einzigartige, das heißt unterschiedliche Weise wahrzunehmen.

»Schön«, antwortete Kostas. »Doch hinter dem Verständlichen steht das Reale als die Quelle, die uns die unterschiedlichen Eindrücke von Zeit und Raum bietet, die wir untersuchen und zu verstehen bemüht sind.

Nun, worauf will ich hinaus? Wenn ihr euch auf dem Pfad* entwickelt und beginnt, bewußter innerhalb der psychischen Dimensionen zu leben, werdet ihr entdecken, daß das Problem der Unterscheidung zwischen dem Realen und dem Verständlichen mehr oder weniger identisch ist mit dem, vor dem wir in der grobstofflichen Welt stehen.

Die psychischen Welten sind ebenfalls Welten des Verständlichen. Die psychische Welt ist wie die noetische Welt* ein Produkt der gleichen tiefen Realität, die jenseits des begrifflichen Verstehens ist. Es ist die gleiche tiefe Realität, die sich als verständliche Realität im grobstofflichen Universum manifestiert. Denn in Wirklichkeit gibt es nicht zwei, drei oder vier Welten. In Wirklichkeit gibt es nur eine Welt, mit dem gleichen tiefen Zentrum, das sich aber auf unterschiedliche Weisen ausdrückt. Es ist, wie Christus sagte: das Haus unseres Vaters, in dem es viele Wohnungen gibt. Achtet auf diesen Punkt.«

Jemand fragte: »Wenn die Sphären der psychonoetischen Dimensionen auch Welten des Verständlichen sind und nicht des Realen, was ist dann der Unterschied zwischen dem Verständlichen innerhalb der grobstofflichen Materie einerseits und dem Verständlichen in den psychonoetischen Dimensionen andererseits?«

»Eine gute Frage«, bestätigte Kostas. »Es gibt natürlich Unterschiede. Hier in der Grobstofflichkeit ist das Verständliche – das heißt, die noetischen Bilder und Bedeutungen – erschaffen aus Eindrücken, die wir über die fünf Sinne von außerhalb unseres grobstofflichen Körpers empfangen. Dann interpretieren wir diese Eindrücke, die mit psychischem und noetischem Licht von außen kommen. Mit anderen Worten: Die äußeren Eindrücke, die durch grobstoffliches Licht unseren Körper betreten, verursachen eine Schwingung in unserem psychischen und noetischen Körper.

Nun, sowohl das psychische als auch das noetische Licht sind viel intensiver und in ihrem Ausdruck viel umfassender als das Licht in der grobstofflichen Dimension. Wenn du als selbstbewußte Persönlichkeit durch das grobstoffliche Licht Wissen erwirbst – z. B. über einen Gegenstand oder eine Landschaft –, sind Zeit und Raum von höchster Bedeutung. Zeit und Raum sind, wie wir sagten, von zentraler Wichtigkeit als Eindrücke im grobstofflichen Universum. Innerhalb der groben Materie gehen Eindrücke von außen nach innen, sie erzeugen in unserem Innern Bedeutungen und psychonoetische Bilder. Doch wenn wir die psychischen Welten betreten, empfangen wir keine Impressionen auf diese Weise, das heißt von außen nach innen. Vielmehr erlangen wir diese Eindrücke aus unserem *Innern.*«

»Die meisten Menschen«, warf ich ein, »sind sich dieses Sachverhaltes aber nicht bewußt.«

»Das ist wahr. Die meisten Menschen leben in den psychischen Dimensionen und schleppen die Illusionen der grobstofflichen Ebene mit sich«, bestätigte Kostas. »Doch es ist ganz anders. In der grobstofflichen Welt müssen wir uns den Dingen nähern, um sie kennenzulernen. In den psychischen Welten kommt alles auf uns zu. Und wir haben in der Vergangenheit oft festgestellt, daß wir mit dem psychischen und dem noetischen Licht alles sehen können, was jenseits der Phänomene von Zeit und Raum existiert. Sagten wir nicht, daß in der vierten Dimension* die Bedeutung des Raumes transzendiert wird? In diesen Dimensionen brauchen wir uns nur innerlich auf etwas zu konzentrieren, und wir sind da. Alles ist in uns. In der vierten Dimension brauchen wir unseren psychischen Körper nicht zu bewegen, um hierhin oder dorthin zu gelangen, wie wir es im grobstofflichen Universum tun würden. In den psychonoetischen Dimensionen kommt, wie gesagt, alles auf uns zu, indem wir uns einfach darauf einstellen.«

Ich fragte: »Können wir also davon ausgehen, daß die Erlebnisse in den psychonoetischen Dimensionen dem Realen näher sind als Erfahrungen in der grobstofflichen Materie?«

»Genau. Je höher wir gehen in den psychonoetischen Dimensionen, desto näher kommen wir dem, was wirklich real ist. Aber denke daran, daß alle diese Bereiche Welten des Verständlichen und nicht des Realen sind. Doch im psychischen und im noetischen Licht *sind* wir, was auch immer in unser Gewahrsein kommt. Deshalb können wir in diesen Dimensionen das Reale studieren und uns dessen bewußter werden, was hinter allem Verständlichen oder Begreifbaren liegt. Wir haben nicht die Hindernisse und die Begrenzungen des grobstofflichen Universums, das es uns viel schwieriger macht, einen Blick auf das Reale zu werfen.

In der Grobstofflichkeit werden die Menschen viel leichter vom Zauber der vier Elemente verführt. Sie werden verzaubert und geblendet von den Interpretationen – oder Fehlinterpretationen, um genauer zu sein –, die ihre fünf Sinne ihnen liefern. Sie nehmen diese Welt der groben Materie als die höchste Realität wahr. Sie sehen sie, berühren sie, fühlen sie und nehmen an, dies sei Realität. In Wahrheit ist es aber nicht so. Was sie als real mißdeuten, ist nur das Verständliche, das heißt, die vergängliche und sich allzeit wandelnde Manifestation des Realen.«

Kostas hielt einen Augenblick inne und blickte in den Kreis seiner Zuhörer. Er beantwortete einige weitere Fragen und setzte dann seine Unterweisung fort.

»Wenn man vom Verständlichen in das Reale vordringt, erwirbt man Macht über die Welten des Verständlichen. Die Phänomene – oder sogenannte Wunder – wie Materialisation, Dematerialisation und so weiter, die viele hochentwickelte Mystiker zu allen Zeiten demonstrierten, sind möglich, wenn es diesen Mystikern gelingt, in das Reich des Realen vorzudringen. Sie sind nur dann möglich, wenn wir die Welten des Verständlichen hinter uns lassen, die die Macht unseres Willens begrenzen und einschränken, der aus unserem innersten Selbst entspringt. Wenn wir weitergehen und in die Welt des Realen gelangen, ist uns alles möglich. Wir können uns dann umfassender und vollständiger Ausdruck verleihen durch die Kraft, die uns als göttlichen Wesen innewohnt, deren wahrer und innerer Kern, das Pneuma, immer im Realen wurzelt.

Der fortgeschrittene Mystiker«, fuhr Kostas fort, »der fortgeschrittene Wahrheitsforscher erwirbt gewisse psychonoetische Fähigkeiten, die für gewöhnliche Menschen unbegreiflich sind, indem er in den Bereich des Realen vorstößt. Der Mystiker zum Beispiel kann durch überbewußtes Selbstgewahrsein jederzeit nach Belieben in die psychischen Welten eintreten, ohne die Pforten der Wahrnehmung für Erlebnisse zu verschließen, die in der grobstofflichen Welt stattfinden. Darüber hinaus läßt der Mystiker, indem er in das Reale eintritt, Zeit und Raum hinter sich und ist deshalb imstande, Eindrücke und Erfahrungen von allen Dimensionen des Lebens gleichzeitig zu erwerben – von der grobstofflichen, der psychischen, der noetischen und höheren.«

Auf eine Frage hin sprach Kostas eingehender über Zeit und Raum: »Sie sind verständliche Realitäten innerhalb des grobstofflichen Universums wie auch im Bereich der psychischen und noetischen Dimensionen. Aus dieser Sicht müssen wir sie untersuchen. Die Bedeutungen von Zeit und Raum sind nicht statisch; sie sind variabel und relativ.«

Er illustrierte diesen Punkt mit konkreteren Beispielen. »Angenommen, ein Ereignis findet statt, das wir auf eine bestimmte Weise wahrnehmen. Zeit und Raum werden mit Bedeutung belegt, die wir aus der grobstofflichen Ebene beziehen. Wenn wir das gleiche Ereignis aus unserer Erinnerung hervorholen, haben wir die Bedeutungen von Raum und Zeit, die sich auf jenes Ereignis beziehen. Dessenungeachtet unterscheiden sich diese Bedeutungen von jenen, die wir früher, während jenes Ereignisses, formulierten.

Laßt mich das weiter ausführen. Angenommen, wir haben am Vortag einen Ausflug gemacht in die Berge und dann ans Meer hinunter. Während unserer Tour waren wir aufmerksam und nahmen gewisse Erlebnisse auf. Gewöhnliche Menschen nehmen nur einen sehr kleinen Bruchteil der möglichen Ereignisse auf, weil sie sich ihrer Umgebung nicht ganz bewußt öffnen. Sie wissen ihre Aufmerksamkeit nicht bewußt zu konzentrieren, und infolgedessen führen sie ihr tägliches Leben auf monotone, routinemäßige und mechanische Weise. Doch bei einem Ausflug wie unserem sollte wohl jeder Mensch gewisse Erlebnisse haben.

Heute kann nun jemand, der gestern diese Erlebnisse hatte, sie aus seiner Erinnerung hervorholen. Er kann sich sehen, wie er in den Bus stieg, soundso viele Schritte machte und so weiter. Und in seinem Bewußtsein belebt er die Bedeutung von Raum im Zusammenhang mit dem Erlebten von neuem. Das Zeitelement ist nun ein anderes. Denn nun kann er seine Konzentration von dem Erlebnis von gestern abziehen, zu etwas völlig anderem weitergehen und dann, wenn er wünscht, zu der Erinnerung an die gestrige Tour zurückkehren. Deshalb erlebt man Bewegung in der Zeit in den psychischen und noetischen Dimensionen anders als in der grobstofflichen Realität. In der groben Materie hat man nicht die Fähigkeit, zu Ereignissen zurückzukehren, die in der Vergangenheit stattgefunden haben. Doch in der Erinnerung kann man die früheren Empfindungen wiederbeleben und von neuem erfahren Gefühle und Gedanken, die in diesem Falle mit dem Ausflug zusammenhängen.

Das Ereignis hat in der grobstofflichen Welt nur einmal stattgefunden. Doch in der Zeit können wir das gleiche Ereignis als eine Serie von Bedeutungen in der Erinnerung wiederholen. Wenn wir es wünschen, können wir das Ereignis sogar verändern oder entstellen, das wir einmal in der grobstofflichen Welt gehabt hatten.

Später werden wir einige psychonoetische Übungen durchführen. Sie sollen unsere Fähigkeit steigern, die Wirkung der Bedeutung von Raum und Zeit auf unsere Selbstbewußtheit zu verstehen. (Ich meine unsere Selbstbewußtheit als derzeitige Persönlichkeit.) Wir wollen unser begrenztes Bewußtsein der derzeitigen Persönlichkeit erweitern, so daß es sich dem inneren Selbst angleicht und dessen Seelen-Selbstbewußtheit ausstrahlt. Wenn wir schließlich als vollständige Selbstbewußtheit die Bedeutungen des Verständlichen in Beziehung zu Zeit und Raum begreifen und in das Reale eintreten, gehören wir zu denen, die den Tod ›nicht schmecken‹ werden, wie der am meisten Geliebte es einst zu seinen Jüngern sagte. Tod ist eine Bedeutung. Der Tod ist eine totale Transformation aus einem unsterblichen und unveränderlichen Zentrum, das Eindrücke und Erfahrungen absorbiert. Der Tod ist nicht das Ende des inneren Selbst, das diese Eindrücke letztlich aufnimmt und deutet. Wenn wir diesen Zustand erreichen, werden wir die Worte des Paulus' verstehen. ›Das Vergängliche legt das Unvergängliche an und das Sterbliche die Unsterblichkeit.‹«

Mit diesen Bemerkungen beendete Kostas leuchtenden Blikkes die Unterweisung über das Verständliche und das Reale. Er schloß mit seinen üblichen Worten: »Στῶμεν καλῶς ἐν Κυρίῳ Πάντοτε« [Reinen Herzens stehen wir vor dem Herrn immerdar], die an einen ähnliches Satz erinnern, der in der Liturgie der griechisch-orthodoxen Kirche gesungen wird.

»Nun wollen wir fortfahren und zu den Meditationsübungen weitergehen«, sagte Kostas nach einigen Augenblicken. »Beginnen wir mit einer Übung zur Erneuerung unserer Körperenergie.«

Wir schlossen die Augen und saßen so bequem wie möglich. Jemand schaltete die meisten Lampen aus, um uns die Meditation zu erleichtern.

»Werdet ruhig und still. Nehmt alles aus eurem Denken, was eure derzeitige Persönlichkeit gerade beschäftigt«, sprach Kostas mit langsamer, fester Stimme. »Wiederholt zu Beginn mehrmals das Wort *Liebe*. Wiederholt es immer wieder und in einem Rhythmus, der für euch passend ist. Liebe ... Liebe ... Liebe ...« Kostas' Stimme wurde tiefer, als er dieses Wort wiederholte.

»Fühlt und lockert jeden Muskel in eurem Körper. Laßt keinen anderen Gedanken in euren Sinn kommen. Indem ihr das Wort *Liebe* wiederholt, stellt ihr euch vollkommen auf die Liebe des Absoluten ein. Nun erreicht ihr einen Zustand vollkommenen Friedens und tiefer Gelassenheit. Nichts beschäftigt eure Gedanken mehr. Ihr seid jetzt ganz ruhig und in tiefem, echtem Frieden.

Beginnt nun, euch vorzustellen, wie ihr in einer rein weißen Strahlkraft glüht, und spürt, daß ihr in jedem Teilchen und in jeder Zelle eurer materiellen Existenz seid. Ihr könnt die Begrenzung eurer Form und Gestalt vollständig spüren.

Beginnt jetzt, tief und entspannt zu atmen. Tief und entspannt atmen. Ihr kommt jetzt dahin, euch selbst zu fühlen, wie ihr aus jeder Zelle und aus jedem Teilchen eurer materiellen Existenz atmet. Ihr atmet aus jedem Teilchen und aus jeder Zelle. Erfüllt diese besondere Form der Atmung mit Energie. Füllt euch selbst mit lebendiger, ätherischer Energie* aus jeder Zelle und jedem Teilchen eures Körpers.

Ihr werdet weiß, immer weißer mit jedem Atemzug. Stellt es euch vor. Ihr werdet weißer und weißer. Spürt es. Jedesmal, wenn ihr ausatmet, gebt ihr alles ab, was an Unreinem euer Weiß beflecken könnte.«

Wir hielten die Augen geschlossen und setzten unsere Meditation fort. »Bringt dem Heiligen Geist eure Dankbarkeit dar, der euren materiellen Körper aufbaut und erhält«, forderte Kostas uns auf. »Wünscht, daß vollkommene Gesundheit in eurem Körper herrscht. Wünscht euch Ruhe und Stille in eurer derzeitigen Persönlichkeit. Wünscht gutes Urteilsvermögen und Weisheit; wünscht rechten Gebrauch der göttlichen Gabe des Denkens. –

Das wäre alles. Mit Hilfe dieser Übung könnt ihr euch jederzeit mit Energie füllen, wenn ihr euch geschwächt fühlt«, fügte Kostas hinzu. Unsere Meditation hatte etwa zehn Minuten gedauert.

Nachdem wir unsere Glieder gestreckt hatten, führte Kostas uns durch eine andere Meditationsübung, die, wie er sagte, wichtig ist für die Meisterung der verschiedenen Eigenschaften der ätherischen Vitalität*, die uns helfen, Heiler zu werden und die harmonische Entfaltung der drei Körper zu fördern.

Daskalos und Kostas lehrten, daß man vier Hauptfunktionen der ätherischen Vitalität unterscheiden kann, die man beherrschen muß, wenn man ein bewußter Heiler und ein Eingeweihter in die überbewußten Ebenen des Selbstgewahrseins werden will. Die Funktionen der ätherischen Vitalität sind: die *kinetische** Eigenschaft, die Bewegung und Schwingungen ermöglicht; die *sinnliche** Eigenschaft, die Gefühle, Empfindungen und Sinneserfahrungen ermöglicht; die *prägende** Eigenschaft, die die Konstruktion von Gedankenformen und noetischen Bildern ermöglicht, und schließlich die *schöpferische** Eigenschaft, die das Leben selbst und die Phänomene von Materialisation und Dematerialisation ermöglicht. Das Ziel des Wahrheitsforscher ist, die ersten drei Eigenschaften durch Meditationsübungen zu beherrschen. Auf dieser Grundlage wird die vierte Eigenschaft sich dann ganz natürlich entfalten. Die schöpferische Eigenschaft der ätherischen Vitalität gehört zum Reich des Heiligen Geistes, der Heilung selbst möglich macht.

Wir schlossen die Augen, und Kostas wies uns an, in einen Zustand vollkommener Entspannung zu gelangen: »Ihr seid jetzt in einem Zustand tiefer Ruhe und Stille. Mit Hilfe der sinnlichen Eigenschaft der ätherischen Vitalität spürt ihr die Sohlen beider Füße. Nun setzt die kinetische Eigenschaft des Äthers ein und fühlt die Bewegung nach oben, durch eure Füße bis zu den Knöcheln. Die Verbindung von kinetischer und sinnlicher Eigenschaft des Äthers sollte euch das Gefühl geben, als ob ihr eure Socken anzieht. Setzt die Bewegung fort nach oben durch eure Knie, über die Oberschenkel, und kommt bis zu dem Punkt, wo eure Beine in Becken und Hüften zusammenkommen. Mit Hilfe der sinnlichen Eigenschaft des Äthers spürt ihr nun eure Beine bis zu den Hüften hinauf. Es fühlt sich an, als ob ihr nun Strumpfhosen angezogen hättet. Mit Hilfe der prägenden Eigenschaft der ätherischen Energie stellt ihr euch beide Beine von einer rein weißen Strahlung umhüllt vor. Es ist eine Strahlung weißen Lichtes. Die Beine sind ganz weiß. Aber achtet darauf: die rein weiße Strahlung, die ihr euch vorstellt, hat die Farbe weißen Schnees oder reiner, weißer Wolle. Sie ist nicht glatt oder etwa marmoriert. Es ist eine Lichtstrahlung. Formuliert einen starken Wunsch nach vollkommener Gesundheit für eure Beine.

Mit Hilfe der kinetischen Eigenschaft des Äthers«, fuhr Kostas fort, »geht nun hinauf durch das Becken. Ihr steigt jetzt im Innern eurer Bauchhöhle nach oben. Geht langsam voran, bis ihr den Brustkorb erreicht. Mit Hilfe der sinnlichen Eigenschaft der ätherischen Vitalität spürt nun den Bereich bis zu den Rippen. Stellt euch jetzt mit Hilfe der prägenden Eigenschaft der ätherischen Vitalität innerhalb und um die Bauchregion ein weißblaues Licht wie einen Nebel vor. Seht das Strahlen weißblauen Lichtes in und um den Bauch. Wünscht eurem grobstofflichen Körper gute Gesundheit. Genau hier ist das Zentrum des Lebens für euren grobstofflichen Körper. Es ist euer Solarplexus.

Mit Hilfe der kinetischen Eigenschaft der ätherischen Energie geht ihr nun weiter hinauf und beginnt, in euren Brustkorb vorzudringen. Bewegt euch innerhalb des Brustkorbes nach oben. Geht langsam voran, langsam, und fühlt jetzt mit Hilfe der sinnlichen Eigenschaft der ätherischen Vitalität euren ganzen Brustkorb von innen und außen. Mit Hilfe der prägenden Eigenschaft der ätherischen Vitalität stellt ihr euch nun im Inneren und um die Brust ein weißrosa Licht wie einen Nebel vor, eine Strahlung aus weißrosa Licht, und wünscht eurem psychischen Körper vollkommene Gesundheit. Wünscht Gesundheit für die Welt eurer Emotionen. Wünscht Ruhe und Stille für eure derzeitige Persönlichkeit in ihrer Ganzheit.

Mit Hilfe der kinetischen Eigenschaft der ätherischen Vitalität geht nun weiter nach oben über und durch die Schultern und dann im Innern eurer beiden Armen und Hände nach unten. Geht im Innern eurer Arme nach unten. Die Bewegung verläuft nach unten. Geht langsam voran, im Innern eurer Arme nach unten über die Ellenbogen und gelangt zu den Handgelenken, in die Hände und Finger. Ihr habt jetzt die Spitzen eurer Finger erreicht. Fühlt mit Hilfe der sinnlichen Eigenschaft des Äthers innerhalb eure beiden Arme bis zu den Fingerspitzen von innen und stellt euch mit Hilfe der prägenden Eigenschaft eure beiden Arme vor, wie sie von einer weißen Strahlung umhüllt sind. Wünscht Gesundheit in euren beiden Armen. Wünscht, daß eure beiden Hände zu Vermittlern werden zur Heilung der Schmerzen und Not eurer Mitmenschen. Wünscht, daß sie mit ihrer Berührung den Segen des Absoluten auf eure Mitmenschen überbringen mögen.

Mit Hilfe der kinetischen Eigenschaft der ätherischen Energie geht nun weiter empor zu eurer Schilddrüse. Mit Hilfe der prägenden Eigenschaft der ätherischen Vitalität stellt euch vor, daß die Schilddrüsenregion von einem orangefarbenen Licht wie von einem Nebel umgeben ist. Eine Strahlung von oranger Farbe umgibt die Schilddrüse. Dies ist ein Zentrum für die Zirkulation der Energien in euren drei Körpern. Wünscht euren drei Körpern gute Gesundheit.

Mit Hilfe der kinetischen Eigenschaft der ätherischen Energie geht ihr nun weiter. Ihr beginnt nun, in euren Kopf einzutreten. Langsam nach oben, im Innern eures Kopfes. Mit Hilfe der sinnlichen Eigenschaft der ätherischen Vitalität fühlt nun euren Kopf. Stellt euch jetzt mit Hilfe der prägenden Eigenschaft ein weißgoldenes Licht vor, das wie ein Nebel euren Kopf ganz erfüllt und umgibt. Wünscht eurem noetischen Körper gute Gesundheit. Achtet auf das, was jetzt gesagt wird. Wünscht rechten Gebrauch der göttlichen Gabe des Denkens, wünscht rechtes Denken und rechtes Urteilen.

Mit Hilfe der sinnlichen Eigenschaft der ätherischen Energie«, fuhr Kostas fort, »findet ihr euch jetzt in jedem Teilchen und in jeder Zelle eurer materiellen Existenz. Mit Hilfe der prägenden Eigenschaft der ätherischen Vitalität stellt ihr euch nun vor: Weißgoldenes Licht durchdringt und umgibt euren Kopf, weißrosa Licht durchstrahlt und umgibt euren Brustkorb, weißblaues Licht beherrscht euren Bauchraum, und eure Arme und Beine sind vom weißen Licht umgeben. Darüber hinaus stellt euch jetzt vor, von einer weißleuchtenden Lichtstrahlung umgeben zu sein. Wünscht, daß dieses rein weiße Licht euch vor allem schützt, was euch schaden könnte. Umschirmt eure derzeitige Persönlichkeit mit diesem Oval rein weißer Lichtkraft. Wünscht, daß sie euch schützt und daß sie schädliche Gedanken und Elementale auflöst, die von jenen erschaffen wurden, die euch schaden wollen. Aber ihr dürft diesen Elementalen nicht erlauben, zu ihrem Ausgangspunkt zurückzukehren. Kehrten sie zurück, würden sie auf das Siebenfache ihrer ursprünglichen Kraft anwachsen, wenn sie ihren Urheber treffen. Das dürft ihr nicht wünschen. Besinnt euch darauf, daß das Licht euch Schutz gibt, indem es diese Elementale auflöst, sobald sie eure Aura erreichen. Tragt so dazu bei, daß unser Planet vom Bösen gereinigt wird, von der Verseuchung durch Unwissenheit. Wünscht eurer ganzen Persönlichkeit gute Gesundheit. Das ist alles.«

Allmählich kehrten wir aus unserem meditativen Zustand zurück, der rund zwanzig Minuten gedauert hatte. Kostas teilte uns mit, daß es wesentlich sei, diese Meditation täglich zu üben. Sie werde uns helfen, sagte er, die verschiedenen Eigenschaften der ätherischen Vitalität zu meistern, aber auch zur Gesundheit und zum allgemeinen Wohlbefinden unserer drei Körper beitragen, zur Welt unserer Gedanken, Gefühle und des grobstofflichen Körpers.

Nach der Zusammenkunft gingen einige von uns, darunter auch Kostas, zu einem Fischrestaurant am Meer fernab vom Touristenverkehr, um den Abend mit Essen und Gespräch zu beschließen. Wir endeten mit einer Diskussion über Politik, einem unvermeidlichen Gesprächsthema bei jeder Zusammenkunft auf Zypern.

5

Künstler des Herzens

Ich holte mir einen Stuhl aus dem Wohnzimmer und setzte mich neben Daskalos. Ich sah ihm zu, wie er ein Gemälde vollendete, an dem er schon seit etwa einer Woche immer wieder gearbeitet hatte. Seit sechs Uhr morgens war er schon in seinem Behelfsstudio, einem kleinen Zimmer, das er zum Atelier umfunktioniert hatte. Als ich zu ihm kam, war es neun Uhr.

»Ich habe eine Aufführung des Balletts *Schwanensee* gesehen; sie inspirierte mich, dieses Bild zu malen«, sagte Daskalos, nachdem ich die Lautstärke des Kassettenrekorders reduziert hatte, aus dem klassische Musik schallte. »Die sich verbeugende Ballerina«, erklärte er, während er weiter an der Leinwand arbeitete, »symbolisiert die Ich-Seele, die ihren Tanz, ihren Lebenszyklus vollendet. Sie ist jetzt bereit, diese Welt zu verlassen. Der Schwan über der Ballerina ist der materielle Körper, der sterben muß, die Berge und Zypressen im Hintergrund sind die psychischen Welten, in die die Ballerina eingeht, nachdem sie dieses Leben in der grobstofflichen Existenz abgelegt hat.«

»Das Bild gefällt mir«, rief ich spontan, und wir sprachen weiter über Kunst, während Daskalos mit seinen Pinseln arbeitete. Er schien sich über meine Reaktion zu freuen, nachdem ich an seinen künstlerischen Schöpfungen schon bei vielen Gelegenheiten Kritik geübt hatte. Ich hatte ihn früher darauf hingewiesen, daß seine Malerei keinesfalls mit seinen tiefen und ehrfurchtgebietenden Einsichten in die Realität und das Wesen des Menschen vergleichbar sei. Ich kannte seine stabile Selbstsicherheit und befürchtete nicht, ihn mit meinen respektlosen Bemerkungen über seine Kunst zu verletzen. In früheren Jahren hatte er meines Erachtens bemerkenswerte Bilder geschaffen, zumeist Landschaften aus den psychonoetischen Ebenen, wie er behauptete. Manche dieser Darstellungen waren wirklich eindrucksvoll. Aber in jüngerer Zeit fand ich Daskalos' Gemälde eher grob und hastig hingepinselt – keine Anwärter auf einen Platz im Museum.

Daskalos hatte mir einmal verraten, daß er in einer früheren Inkarnation zur Zeit Leonardo da Vincis Kunstmaler gewesen sei. »Für dieses Leben«, erklärte er, »wählte ich ein anderes Ziel für meine Aufmerksamkeit und meine Energien.

Weißt du, Kyriaco« – und er stupste mich lächelnd mit dem linken Ellenbogen –, »in diesem Leben ziehe ich es vor, auf die Seelen der Menschen zu malen ... Feuer in ihre Herzen zu gießen, damit sie für ihre wahre Natur erwachen und ihre Fähigkeit zu Liebe und Mitgefühl entfalten. Unter hundert Künstlern sind nur zwei oder drei echte Künstler. Der Rest sind nur Maler. Ich bin einer von ihnen«, schloß er und trug einen Klecks grüner Farbe auf eine Zypresse auf.

Tatsächlich malte Daskalos, um seine sehr bescheidene Pension zu ergänzen und bedürftige Verwandte zu unterstützen, sowie um Geld für mildtätige Zwecke zu sammeln. Dies lag ihm offensichtlich mehr am Herzen als die künstlerische Leistung. Viele seiner Gemälde wurden von seinen Schülern zu Tombolas gegeben; der Erlös wurde für verschiedene karitative Aktivitäten verwendet.

»Es ist so viel Schmerz in unserer Welt«, klagte Daskalos, »daß wir als Wahrheitsforscher bereit sein müssen, zu helfen und zu dienen.«

Vor einigen Wochen traf ich ihn an, als er wild entschlossen per Hand Armeedecken wusch, die er für eine Flüchtlingsfamilie aus dem Libanon gekauft hatte. Sie waren von Deutschland ausgewiesen worden, dann von Frankreich, und schließlich hatte man sie vom Schiff auf Zypern buchstäblich abgeladen. Diese Familie lebte im Freien unter ein paar Ölbäumen. Daskalos wurde auf sie aufmerksam, nachdem die Mutter von vier Kindern in eine Kirche in Strovolos gegangen war und in ihrer Verzweiflung um Hilfe zu rufen begonnen hatte. Sie schluchzte, daß auch sie Christen seien, und bat um Hilfe, weil ihre Familie weder zu essen noch ein Dach über dem Kopf habe. Im Libanon waren sie eine wohlhabende protestantische Familie gewesen, aber der Krieg hatte ihnen alles genommen, und sie wurden Flüchtlinge, zogen von einem Land zum anderen. Die Frau ging so weit anzubieten, daß sie bereit seien, sich orthodox taufen zu lassen. Die örtlichen Einwanderungsbeamten waren im Begriff, dem Beispiel ihrer deutschen und französischen Kollegen zu folgen, aber aufgrund des energischen Eintretens von Daskalos erhielt die Familie die Erlaubnis zu bleiben. Für den Mann fand er eine Arbeit als Autolackierer, den drei jugendlichen Söhnen bot er regelmäßigen Griechisch-Unterricht an.

»Manchmal«, sagte Daskalos seufzend und malte weiter, »verstehe ich einfach nicht, warum Gott so viel Schmerz und Leid zuläßt. Sieh nur, was im Mittleren Osten geschieht. So viel Blutvergießen, so viel Zerstörung. Es ist selbst für Meister schwer, mit so viel Grausamkeit fertig zu werden.«

In der vergangenen Woche hatte Daskalos zu Beginn der Zusammenkunft des inneren Kreises sein weißes Gewand* abgenommen und ungewöhnlich erregt gegen die unerträglichen Zustände protestiert, die am Schauplatz des Krieges zwischen Iran und Irak herrschten. In der Eksomatose, gab er an, sei er Zeuge einer Schlacht gewesen, die mehr als tausend jungen Soldaten das Leben gekostet habe; das Blut sei »in Bächen geflossen«. Dann sagte er: »Ich stand da mit meinem Ätherleib, völlig bestürzt über das, was dort vor meinen Augen geschah. Ich hob die Arme gen Himmel und schrie: ›Warum nur, mein Gott, warum?‹ In demselben Augenblick fühlte ich Yohannan hinter mir. Er schloß mir den Mund mit seiner

Hand und flüsterte, ich solle still sein. Ich habe mich gefragt, was für Menschen es sind, die diese Kinder hinausschicken, damit sie verstümmelt und zerfetzt werden, den Schlüssel zum Paradies um den Hals? – Könnt *ihr* mir das bitte sagen?«

Wir schwiegen. Daskalos' unvermittelter Ausbruch hatte uns überrascht.

Interessanterweise hörte ich am nächsten Morgen in den Nachrichten von einer Schlacht an der iranisch-irakischen Grenze; der Sprecher verwendete fast die gleichen Worte, die wir von Daskalos gehört hatten: das Blut sei »in Bächen geflossen«.

»Manchmal frage ich mich«, fuhr Daskalos fort und malte weiter an seinem Bild: »Warum hat Gott dem Menschen soviel Freiheit gegeben, seinem Nächsten so unglaubliches Leid zuzufügen?«

»Und du findest keine Erklärung?«

»Nein. Ich kann es zwar theoretisch erklären, aber ich bin ein Mensch, und es fällt mir schwer, es emotionell zu akzeptieren. Schließlich ist der Mensch Gott, und keiner kann ihn seines göttlichen Gutes, der Freiheit, berauben.«

»Aber woran du zweifelst, ist, warum Menschen solche Macht haben sollten, anderen soviel Leid und Böses zuzufügen?«

»Ja. Warum sollten Menschen das Recht dazu besitzen? Und dann dieses endlose Traben durch die Zeitalter: Ich bringe dich um, du bringst mich um, ich töte dich, du tötest mich, und so weiter. Natürlich akzeptiere ich das Karmagesetz. Kein Menschenwesen leidet, ohne sein Leiden zu verdienen. Aber den Grund hinter dem Leid kannst du nicht wissen. Und wenn du auf einer gewissen Stufe deiner spirituellen Entwicklung in der Lage bist, in die Realität durchzudringen, dann kannst du die Gründe verstehen. Das Gesetz ist absolut gerecht, aber es hört nicht auf, schmerzlich zu sein.«

Daskalos unterbrach seine Malerei einen Augenblick und

wandte sich zu mir um. »Und jetzt fragst du: ›Warum schreitet Gott nicht an einem bestimmten Punkt ein, um den Schmerz zu stillen?‹ Er hat etwas weitaus Besseres getan. Er erschuf die Menschen dergestalt, daß sie unfähig sind, sich des Schmerzes zu erinnern. Das ist sehr, sehr wichtig. Hier wirkt wieder göttliche Barmherzigkeit. Ich verstehe die göttliche Barmherzigkeit als Gottes Eingreifen, um dem Individuum die *anamnesis** [Erinnerung] an den Schmerz zu entziehen. Gott bietet den Menschen die Erinnerung an Ereignisse und Begebenheiten, aber nicht an den Schmerz, den sie dabei erlebt haben. Und dies gilt für Schmerzen des grobstofflichen Körpers ebenso wie für den psychischen und den noetischen Leib. Das ist ein großartiger Zug der göttlichen Barmherzigkeit«, schloß Daskalos mit ehrfürchtigem Blick.

»Aber der Schmerz bietet die Lektionen für das spirituelle Wachstum.«

»Ja, natürlich.« Sorgfältig vollendete Daskalos mit einigen letzten Pinselstrichen den Hals des Schwans auf der Leinwand. »Ich will dich etwas fragen: Bist du jemals operiert worden?«

»Nein.«

»Hattest du jemals eine Krankheit oder etwas anderes, was dir sehr viel Schmerz zufügte?«

»Na ja«, antwortete ich. »Als Kind brach ich mir meinen rechten Arm, als ich mit aufgespanntem Regenschirm vom Baum sprang. Das hat sehr weh getan.«

»Heute«, fuhr Daskalos fort, »erinnerst du dich daran, den Arm gebrochen zu haben, aber wie sehr du dich auch anstrengst, kannst du dich nie an den Schmerz erinnern, den du damals gespürt hast.«

»Wenn ich den Schmerz in meiner Erinnerung wiedererleben könnte, würde ich ihn jetzt spüren.«

»Genau. Das ist göttliche Barmherzigkeit. Sie läßt nicht zu, daß du dich an den Schmerz erinnerst. Und je intensiver der

Schmerz ist, desto leichter fällt es dir, ihn zu vergessen. An so viele Dinge können die Menschen sich erinnern, so viele Dinge können sie mit ihrem Denken gestalten und sich vorstellen, aber nicht den Schmerz. Und jetzt frage ich dich: Fühlt Gott Schmerz, wann immer wir Schmerzen haben? Was meinst du?« Daskalos unterbrach seine Malerei einen Augenblick und sah mich an.

»Ich nehme an, Gott muß Schmerz spüren, da alles in ihm ist.«

»Natürlich. Doch sein Schmerz ist nicht der gleiche wie unserer. Das ist, wie wenn man ein Kind mit einer Nadel pikst; das Kind schreit und weint vor Schmerzen. Ein Erwachsener würde die gleiche Nadel kaum spüren. Das ist ein großes Prinzip in der Schöpfung.«

»Ich denke, das ist, was du uns schon früher gesagt hast – daß der Christus-Logos* die schmerzhafte Bürde der Menschheit aufnehmen und auslöschen kann. Das erlaubt den Menschen, aus Liebe fähig zu sein, des anderen Last zu tragen. So kann die größte Portion Karma ausgelöscht werden, und man spürt nur einen kleinen Bruchteil der tatsächlichen Schmerzen.«

»Genau.«

»Da wir gerade über Schmerz sprechen, Daskale«, fragte ich, als er seine Beschäftigung wieder aufnahm: »welche Beziehung besteht zwischen Schmerz und Freude, Lachen, Glücklichsein?«

»Nun, wenn der Schmerz vorüber ist, erinnerst du dich an ihn einfach als ein Ereignis. Natürlich meidest du nun solche Umstände, die dir Schmerzen bereitet haben, und du spürst eine gewisse Erleichterung. Es wird ein Teil deiner Erfahrung.«

»Warum wird Christus auf vielen Ikonen als jemand dargestellt, der keine Freude, kein Lachen zu kennen schien – und auch keine Traurigkeit?«

Daskalos nahm abrupt den Pinsel von der Leinwand. »Wer sagt, daß Christus sich nicht gefreut oder gelacht habe?«

»So wird er auf vielen Ikonen dargestellt.«

»– und zwar genau aus dem Grunde, weil jene, die ihn malten, Christus nie begegnet waren oder etwas über seine Persönlichkeit wußten. Würdest du jemand fragen, der Jesus Christus zu seinen Lebzeiten begegnete, würde er dir berichten, daß er in Wirklichkeit lachte, Humor hatte und das mildeste Lächeln zeigte, das ein menschliches Wesen überhaupt besitzen kann.«

Bei einer früheren Begegnung hatte Daskalos mir detailliert ein Leben geschildert, das er während der Zeit Jesu geführt hatte. In jener Inkarnation pflegte er zusammen mit anderen Kindern von Yohannan, dem geliebten Jünger Johannes, zu Jesus mitgenommen zu werden. Daher, behauptete er, kannte er die Persönlichkeit Jesu (siehe Markides, *Der Magus von Strovolos*, Kp. 8).

»Wäre Jesus unfähig gewesen, zu lachen und sich zu freuen, warum sollte er sich dann an den verschiedenen Anlässen wie Hochzeiten und Gastmählern beteiligt haben, die mit Freude und Fröhlichkeit einhergingen? Natürlich brauchte er all diese Dinge nicht. Doch er ging hin und teilte das Glück und die Freude seiner Mitmenschen. Erinnere dich: Sein erstes Wunder bestand darin, daß er Wasser in Wein verwandelte, damit die Hochzeitsgäste feiern und sich amüsieren konnten. Jesus Christus war kein strenger Puritaner, wie er so oft von unwissenden Mönchen auf Ikonen dargestellt wurde.«

»Im Christentum«, sagte ich, als Daskalos weitermalte, »spielt das Leiden eine sehr große Rolle. In den östlichen Religionen dagegen finden wir den Begriff *Maya*;* Leiden (und alles andere) sei in Wirklichkeit eine Illusion.«

»Wir finden diese Vorstellung auch in unserer eigenen, christlichen Tradition«, antwortete Daskalos. »Wir sagen zum Beispiel, daß die grobstoffliche Welt mit ihren Kategorien

Vergangenheit, Gegenwart und Zukunft eine Form von Maya ist.

Und dies zu beweisen, denke nur an ein Erlebnis, bei dem du dich gestern oder vorgestern wohl fühltest oder geärgert hast. Ist nicht das, was du gestern erlebt hast und das als Erinnerung in deinem Gedächtnis haftet, eine Form von Maya? Was ist von dem Gestern anderes da als die Erinnerung heute? Auf diese Beobachtung stützen sich die Inder, wenn sie die Welt des Erlebens Maya nennen; die alten Hebräer sprachen von Schimären (Hirngespinsten), von Phantasien und Illusionen.

Und dennoch«, fuhr Daskalos fort und konzentrierte sich auf ein Detail seines Gemäldes, »ist es nicht ganz so. Die Welt der groben Materie ist weder Phantasie noch Illusion. Sie ist es nicht, weil sie uns Lektionen und Erfahrungen bietet. Sie bietet uns beispielsweise die Summe unserer Erfahrungen, um die passenden Lektionen für unser spirituelles Wachstum zu wählen.

Und nun frage ich dich: Falls Maya Illusion und Nichtwirklichkeit bedeutet – wo waren dann meine früheren Erlebnisse gespeichert, Erlebnisse, die ich mir als Erinnerungen, als *anamnesis* wieder ins Bewußtsein rufen kann? Wenn wir uns die Mühe machen, dieses Thema sorgfältig zu besprechen, erkennen wir: Was wir Maya nennen, ist in Wirklichkeit nicht so illusorisch, wie man gemeinhin annimmt, denn auch die sogenannte Maya und die Illusion bleiben als Erinnerung im Unterbewußten. Und wenn die Welt der Erfahrung nur Maya und Illusion ist, wie könnte sie dann im universalen Gedächtnis eingeprägt sein, zu dem Meister höheren Grades jeden Augenblick Zugang haben?

Schließlich ist die Welt der Maya die Welt der Elementale, die jedes Menschenwesen ununterbrochen erschafft. Elementale besitzen die Kraft der Realität, da sie uns in unserer Verantwortung halten. Du hast sie vielleicht irgendwo in deinem Unterbewußten vergessen, aber früher oder später mußt du dich ihnen stellen, weil du es bist, der sie erschaffen hat. Du siehst, Maya ist eine Art, Dinge wahrzunehmen. Wenn jedoch alle diese Dinge« – Daskalos holte aus und zeigte auf verschiedene Gegenstände im Zimmer – »nur Maya sind, dann phantasiert und träumt auch Gott. Aber das Absolute meditiert, Gott träumt nicht. Und wir befinden uns in seiner ewigen Meditation. Alles entfaltet sich und findet statt in ihm.«

Daskalos wandte sich wieder seinem Gemälde zu. »Wir müssen also bedenken, wie wir dieses Wort *Maya* gebrauchen. Was geschehen ist, ist geschehen und damit vorüber, aber es bleibt als Elemental bestehen. Und die Welt der Elementale – wir haben es schon viele, viele Male gesagt – ist nicht Illusion, denn sie hält uns in unserer Verantwortlichkeit. Christus sprach nicht von Maya, von Illusionen. Im Gegenteil: Er legte sehr großen Wert darauf, die Menschen aufzufordern achtzugeben, was sie tun. Er sagte: Was ihr sät, das werdet ihr ernten. Er bezog sich nicht auf Hirngespinste und Illusionen.«

Daskalos legte den Pinsel nieder und blickte sein Gemälde an. »Es ist fertig«, stellte er mit Befriedigung fest.

»Daskale«, bemerkte ich, »Kostas erzählte mir neulich, daß du in früheren Jahren einige sehr schöne Kunstwerke geschaffen hast, die du aber verbranntest.«

»Das hat er dir erzählt?« Daskalos wandte sich um und blickte mich etwas erschrocken an.

»Warum hast du das getan?«

Daskalos lächelte, schüttelte den Kopf und lieferte mir dann von sich aus eine rationale Erklärung seiner auf den ersten Blick recht bizarren Tat.

»Vor fünfzig Jahren, als ich etwa Mitte Zwanzig war, bat mich jemand, für ihn das Opfer Abrahams zu malen. Ja, ich erinnere mich, er war von einem Priester geschickt worden, einem Archimandriten. Ich brauchte damals dringend Geld, und er bot mir etwa zweihundert Pfund. In jenen Tagen war das ein kleines Vermögen. Es wurde wirklich ein glänzendes Werk, eines der besten Bilder, die ich je gemalt habe. Jemand nannte es sogar ›ein Meisterwerk‹. Ich malte Abraham, wie er sich anschickte, seinen Sohn Isaak zu opfern.«

Daskalos begann seine Pinsel zu reinigen und die Farben beiseite zu räumen. »Als die Zeit gekommen war, das Gemälde abzuliefern, fühlte ich mich nicht wohl dabei. Ich lehnte mich auf. Ich konnte die Tatsache einfach nicht ertragen, daß ein Gott einen Vater aufforderte, seinen Sohn zu opfern. Einen so irrationalen Befehl konnte Gott nicht gegeben haben, dachte ich mir. Abrahams Geschichte war eine Beleidigung des allliebenden Gottes. In meiner Verzweiflung riß ich das Gemälde in Fetzen und verbrannte es.«

»Wie, Daskale, erklärst du dann Abrahams Absichten? Was muß in ihm vorgegangen sein, das ihn dazu brachte, die Opferung zu beginnen?«

»Offensichtlich hatte Abraham aus seiner eigenen Phantasie und Vorstellungskraft ein Elemental Gottes erschaffen. Sein Gott war ein tyrannischer Gott, der den Menschen Streiche spielte. Der alte Abraham hatte einfach den Kopf verloren. Psychologen würden heute sagen, er sei vorübergehend verrückt gewesen. Zum Glück intervenierte am Ende sein innerstes Selbst. Abraham kam wieder zu Sinnen, die Weisheit obsiegte, und der arme Isaak war gerettet. Einen Engel mit Federkleid, der die Hand des alten Vaters zurückhielt, hat es nicht gegeben«, stellte Daskalos leicht spöttisch fest.

»Nun, da hast du mit einem einzigen Federstrich Kierkegaards hochgelobte Arbeit über Abrahams Opfer zunichte gemacht«, witzelte ich. »Die Bereitschaft des Vaters, Isaak zu opfern, betrachtet dieser Denker als höchsten Akt des Glaubens und als lobenswerten Gehorsam gegenüber dem Göttlichen.«

Daskalos schüttelte den Kopf und zuckte zusammen. Ich

erklärte, daß Sören Kierkegaard, ein dänischer Philosoph des neunzehnten Jahrhunderts, als einer der einflußreichsten christlich-existentialistischen Denker des Westens gilt, der von theistischen wie atheistischen Philosophen gleichermaßen respektiert wird.

»In der Lehre Christi«, sagte Daskalos, »wirst du einen solchen Unsinn nirgends finden können. Gott ist kein launenhafter Tyrann dort oben, der den Menschen Streiche spielt. Es gibt nichts Irrationales in dem, was Christus lehrte.«

»Soziologen würden argumentieren«, sagte ich, »daß Abrahams Opfer die Werte einer autoritären patriarchalischen Kultur symbolisiert und unterstützt. Es feiert Gehorsam gegenüber der Autorität und dem höchsten Gut, ohne Rücksicht darauf, wie irrational diese Autorität auch sein mag. Eine autoritäre Kultur hat einen Mythos erschaffen, der ihrem strukturellen Bedürfnis nach Selbsterhaltung entspricht. In diesem Falle treffen sich Soziologie und Wahrheitsforschung und sind in ihren Aussagen vergleichbar.«

»Um die Wahrheit zu sagen«, gab Daskalos zu: »seit der Sache mit jenem Gemälde habe ich kein gutes Gefühl mehr dabei, über Abraham und Isaak und darüber zu sprechen, wie jener Wahnsinnsakt von der Religion behandelt wurde.«

»Hat noch ein anderes deiner Gemälde das Schicksal deines Abraham-Bildes erlitten?«

»Ja, ebenfalls in jener Zeit. Jemand brachte mir ein Exemplar von Miltons *Verlorenem Paradies* mit einem Bild, das den Erzengel Michael mit einem großen Schwert zeigt, wie er Adam und Eva aus dem Paradies vertreibt. Nun, ich wurde gebeten, zu diesem Thema ein Gemälde anzufertigen. Es kam ein sehr eindrucksvolles Bild zustande. Es zeigte Adam und Eva, die barfuß und Hand in Hand entsetzt Eden verlassen. Über ihnen hielt Erzengel Michael majestätisch sein Flammenschwert und verjagt sie. Hoch oben vom Himmel malte ich Gott, der sie wie ein zorniger Oberherrscher des Universums aus seinem Reich vertreiben ließ. Doch ich fühlte mich wieder nicht wohl dabei, sobald das Gemälde vollendet war.«

»Und du hast es in Stücke gerissen«, schloß ich seufzend.

»Genau. Und die Fetzen habe ich dann verbrannt. Das Ganze kam mir vor wie eine Gotteslästerung. Erzengel Michael vertreibt keinen aus dem Paradies. Er ist der Herrscher des Elements Feuer. Er ist in unserem Innern und wirkt unaufhörlich, um unserem Körper Wärme zu geben. Und Gott ist kein rachsüchtiger, eifernder Herr. Verstehst du jetzt, warum ich rebellierte? Ich verbrannte dieses und auch noch ein Gemälde von Kain und Abel, weil sie nicht mit meinem Gewissen vereinbar waren und mit meinem inneren Selbst.«

»Kostas sagte uns neulich,« sprach ich weiter, während Daskalos begann, sich die Hände zu säubern, »daß der Zustand von Adam und Eva ein Archetypus* sei und die menschliche Seele vor ihrem Abstieg in die Welten der Trennung und der grobstofflichen Materie darstelle. Genaugenommen sollten wir von Adams und Evas im Plural sprechen, da jener Zustand jenseits von Zeit und Raum und unendlich wiederholbar für die ganze Schöpfung ist. Er sagte, das Paradies, in dem sie sich befanden und in dem sie immer noch sind, seien die psychonoetischen Dimensionen vor dem ersten Abstieg einer Seele in das grobstoffliche Universum.«

»Genau.«

»Kostas sagte auch, daß der Apfel, den Eva Adam anbot, den grobstofflichen Planeten symbolisiere, und daß ihr Abstieg in das materielle Universum nicht eine Verstoßung aus dem Garten Eden war, sondern das Ergebnis des Drängens der menschlichen Seele, Erfahrungen in einer grobstofflichen Existenz zu sammeln.«

»Genau so interpretiert die Wahrheitsforschung den Mythos von Adam und Eva. Gott bestraft sie nicht und vertreibt sie aus seinem Reich. Gott unterstützt den Wunsch der Seele, eine grobstoffliche Existenz anzunehmen. Und Gott gab – so das Alte Testament – Adam und Eva ›Röcke von Fellen‹, das heißt grobstoffliche Körper.«

»Kostas«, fuhr ich fort, »erklärte nicht die Rolle der Schlange. Er erwähnte sie beiläufig und sagte, dieses Thema bleibe einer anderen Gelegenheit vorbehalten. Kannst du mir sagen, was die Schlange symbolisiert?«

»Was meinst *du*?« Daskalos' Miene ließ mich darauf schließen, daß es mich vielleicht etwas schockieren könnte, was er offenbaren würde.

»Eine Schlange hat einen Kopf und einen Schwanz, nicht wahr? Und sie bewegt sich so.« Mit seiner Rechten ahmte er schlängelnde Bewegungen auf dem Fußboden nach. »Auf diese Weise bewegt sich auch eine Samenzelle mit Kopf und Schwanz in der Scheide einer Frau empor, um die Eizelle zu befruchten. Verstehst du jetzt? Die Schlange ist nicht der Teufel, sie symbolisiert auch keine luziferische Macht. Im Gegenteil, Christus forderte uns sogar auf, unschuldig zu werden wie die Tauben und klug wie die Schlangen. Die Schlange steht als Symbol für die Essenz des Lebens, nicht für einen verführerischen Dämon. Und noch etwas: Der Apfel Evas symbolisiert nicht nur die materielle Erde, sondern auf mikrokosmischer Ebene auch die weibliche Eizelle. Der Mythos in der Genesis entspricht Christi Gleichnis vom verlorenen Sohn: Die Seele verläßt die Ebene des Paradieses willentlich und betritt das materielle Universum willentlich, um irdische Erfahrungen zu sammeln. Schließlich kehrt sie zum Haus des liebenden Vaters zurück. Verstehst du jetzt, warum ich rebellierte und jene Gemälde verbrannte? Sie waren Bekräftigungen von falschen Vorstellungen über das Wesen des Lebens, die Existenz und die Beziehung zwischen Mensch und Gott.«

»Damit sagst du, Kunst sollte dazu dienen, dem Menschen zu helfen, sein Bewußtsein auf höhere Ebenen zu heben, und nicht nur die Ästhetik befriedigen.«

»Absolut!«

Ich sprach über Daskalos' Gemälde auch mit meinem Freund Michael Lewis, einem Kunst-Professor an der University of Maine, der die Gelegenheit hatte, Daskalos und seine Bilder kennenzulernen. Michael erklärte mir, daß man die künstlerischen Produktionen Daskalos' nicht aufgrund ihrer ästhetischen Gefälligkeit oder ihrer technischen Genauigkeit beurteilen dürfe. Man sollte sie vielmehr schätzen und achten als die Kunstwerke eines Menschen, der privilegierten Zugang zu spirituellen Realitäten besitzt und versucht, diese auf Leinwand darzustellen.

»Angenommen«, sagte Michael, »ich beherrschte nur so viel Griechisch, daß ich nur sehr einfache Sätze artikulieren könnte, aber ich vermöchte mich mit der gleichen Überbewußtheit, die Daskalos besitzt, auf diesen Punkt einzustimmen. Ich könnte dir dann darüber erzählen, allerdings nur mit einem recht begrenzten Vokabular. Irgendwo hinter den Grenzen wäre jedoch das profunde Erlebnis und sein Inhalt. Käme dagegen jemand, der fließend Griechisch spricht, dem es aber am besonderen spirituellen Bewußtsein mangelt, und beschriebe uns diesen Punkt, wie er, oberflächlich betrachtet, erscheint, so erhielten wir eine sehr eindrucksvolle Schilderung, besonders im Vergleich zu der ersten Darstellung in mangelhaftem Griechisch. Aber die Eloquenz würde nicht unbedingt den Mangel an tieferem Gehalt ausgleichen, den man in der ersten Beschreibung fand. Wenn Daskalos' Gemälde keine wortgewandten Aussagen sind, so scheinen sie mir doch die emotionale und spirituelle Intensität seiner Vision zu bergen.«

Ich werde nie die Reaktion von Petrovna vergessen, einer britischen medizinischen Wissenschaftlerin und Hellsichtigen, die in meinem Büro stand und das große Gemälde an der Wand verwundert anblickte, obwohl sie Daskalos nie getroffen hatte und nicht wußte, daß das Bild von ihm war. Sie rief begeistert, daß das Gemälde weißes Licht ausstrahle und sie anrege, in ›die andere Welt‹ zu gehen. Ich versuchte auf vielleicht unwissenschaftliche Weise, diese Aussagen mit den Eindrücken einiger anderer Medien zu vergleichen; diese reagierten auf ähnliche Weise. Als ich dies bei einem Zypern-Besuch Kostas gegenüber erwähnte, erklärte er, daß Daskalos' Schwingungen und Elementale in seine Gemälde eingingen, die deshalb oft als Talismane dienten.

Mit den Worten: »Jetzt ist es Zeit für eine Pause und etwas Kaffee«, unterbrach Daskalos meine Gedanken. Er beendete die Reinigung von Pinseln und Händen und nahm seinen reichlich mit Farbe bekleckssten Malerkittel ab. »Aber zuerst müssen wir noch eine wichtige Arbeit tun.«

Ich war nicht sicher, was er meinte. Daskalos nahm sein Gemälde auf die vordere Veranda hinaus, wo es trocknen sollte. Dann bat er mich unbekümmert, ihm zu helfen, ein paar Bücher zu verbrennen.

»Bücher verbrennen?« Wie von einer Tarantel gestochen, sprang ich auf. Hatte unser Gespräch über das Geschick seiner Bilder vielleicht ein tiefsitzendes pyromanisches Verlangen an die Oberfläche des Bewußtseins des alternden Meisters gebracht? Mich schauderte, als mir Szenen nationalsozialistischer Bücherverbrennungen durch den Kopf gingen.

»Ja, Bücher, Herr Professor!« Daskalos hatte meinen erstaunten Blick bemerkt und betonte die letzten Worte mit genußvoller Ironie.

»Siehst du diese Bücher hier?« fragte er und wies auf einige alte, dunkle, gebundene Folianten, die auf dem Klavier lagen. »Du kannst dir nicht vorstellen, wieviel Böses sie verursacht haben. Aus diesem Grunde müssen wir sie verbrennen.«

Ich nahm die Bücher auf. Es handelte sich um sorgfältig handgeschriebene arabische Texte. Die Blätter waren durch Alter und Gebrauch bereits vergilbt. Es waren schwere, siebenhundert Seiten umfassende Werke.

»Das sind Texte Schwarzer Magie«, erklärte Daskalos ernst. »Sie müssen verbrannt werden, damit sie nicht in falsche Hände geraten. Sie wurden mir vor einigen Tagen von einem ägyptischen Hodscha (Muezzin) gebracht, der sie zur Hexerei verwendet hatte, und vielen Menschen sehr viel Schmerz dadurch zufügte.«

Daskalos sagte, er habe, während er sich außerhalb seines Körpers aufhielt, entdeckt, was dieser ägyptische Mullah tat. Daraufhin zwang er ihn durch intensive Visualisierung und Konzentration, zu ihm ins Haus zu kommen und die magischen Bücher mitzubringen. »Der Mann war nach Zypern gekommen und verdiente sich seinen Unterhalt durch Ausübung der Hexerei und der schwarzen Magie. Ich befahl ihm, alles zusammenzuraffen, was er an Gold und Silber bisher eingenommen hatte, und auf der Stelle nach Ägypten zurückzukehren. Diese Bücher ließ er mir da. Komm, laß uns in den Hof hinausgehen und sie verbrennen.«

»Bist du sicher, daß dies eine gute Idee ist, Daskale?« fragte ich nervös, als ich in den akribisch kalligraphierten Texten blätterte. Mir war klar, daß sie voll geheimer, unveröffentlichter Informationen über die Praxis der Magie in islamischen Kulturen waren. Vielleicht bargen sie unschätzbares Material für die Anthropologie. Ich war sicher, daß ihre Autoren Jahre, wenn nicht Jahrzehnte mit der Ausübung der Magie und dem Niederschreiben ihres Wissens verbracht hatten. Ich flehte Daskalos an, seinen Entschluß, die Manuskripte zu verbrennen, zu überdenken.

»Ich sage dir, Kyriaco«, sagte Daskalos ungeduldig, »dieses Material sind keine sokratischen Dialoge, sondern böses Zeug, das verbrannt werden muß. Sehr viele Menschen haben wegen dem gelitten, was in diesen Büchern steht.« Daskalos erklärte, daß es magische Formeln seien, mit deren Hilfe man Dämonen und böse Geister anrufe; deshalb sei er so fest entschlossen, ihre Vernichtung zu betreiben.

Er bat mich, drei der vier Bücher in den Hof mitzunehmen, während er Benzin und Streichhölzer holte. Das vierte Buch, das zuunterst lag, sollte nicht verbrennen. Das war der Koran.

»Kannst du dir vorstellen, daß manche Leute Tausende von Pfund bieten würden, um solche Bücher zu bekommen?« Daskalos riß ein Streichholz an und setzte die benzingetränkten Manuskripte in Brand. Dann stand er auf und betrachtete die verbrennenden Bücher, während er einige Gebete murmelte und mit seinen Händen symbolische Gesten machte, die ich nicht verstehen konnte. Später erklärte er mir, daß er eine Art Exorzismus durchgeführt habe. Das Feuer und Beten waren Methoden, die bösen Elementale zu verbrennen, die mit den magischen Texten verbunden waren. Aus Daskalos' Sicht war, was ich hier miterlebte, keine Bücherverbrennung, sondern eine Läuterungszeremonie zum Zwecke der Heilung.

Daskalos war kein Gelehrter in dem Sinne, daß sein Hauptinteresse darin bestand, Information über »Wissen« zu sammeln und ohne Rücksicht auf die Konsequenzen zu verbreiten. Er war in erster Linie ein Heiler, dem es um das körperliche, psychische und spirituelle Wohlbefinden seiner Mitmenschen ging. Für Daskalos waren die Bücher böse, weil sie magische Formeln enthielten, die zeigten, wie man Hexerei zu egoistischen, selbstsüchtigen Zwecken betrieb. Aus diesem Grunde sollte solches Wissen nicht verbreitet werden. Ich dagegen, geschult in einer Tradition, die Wissen zum Selbstzweck schätzte, ohne Rücksicht zu nehmen auf die Konsequenzen und den menschlichen Preis, fühlte mich zutiefst unwohl, als ich zusah, wie die eng und sorgfältigst beschriebenen Monographien in Flammen aufgingen. Mit seinem provokativen Akt zwang Daskalos mir eine Neueinschätzung meiner langgehegten Überzeugungen über den Zweck von Wissen, seiner Anhäufung und Verbreitung auf. Aus der Sicht von Daskalos muß die Ansammlung von Wissen und die Enthüllung der Geheimnisse der Natur mit dem spirituellen Wachstum jener einhergehen, die das Wissen besitzen, so daß es nicht zu destruktiven Zwecken mißbraucht werden kann.

Unser modernes Streben nach Wissen hat diesen Punkt größtenteils außer acht gelassen. In unseren Universitäten haben wir schonungslos die Geheimnisse der Natur erschlossen, ohne irgendwelche Vorkehrungen zu treffen, um sicherzustellen, daß mit solchem Wissen die Entwicklung der Spiritualität Schritt hält. Die Wissenschaftler vom Raumschiff Erde haben in ihrem gedankenlosen Drang nach Karriere, Geld und Ruhm das Atom gespalten, sie haben eine unvorstellbare Vielzahl tödlich-giftiger Substanzen ins Dasein gebracht und mehr als fünfzigtausend Atomsprengköpfe fabriziert, die bereit stehen für die Einäscherung von Mutter Erde. Sollten Universitäten nicht einige der Qualitäten und Praktiken aufnehmen, die man historisch mit Ashrams, Lamaklöstern und spirituellen Retreats assoziiert? Sollte man nicht von den wissenden Männern und Frauen der Zukunft erwarten, daß sie bei ihrer Einweihung in die Geheimnisse der Natur mit Hilfe geeigneter Meditationsübungen und spiritueller Praktiken ihr Potential an Mitgefühl, Nichtverhaftetsein und Liebe entfalten? Und – könnte das Menschengeschlecht schließlich seine Technik und die gesammelten Erkenntnisse der Naturwissenschaften überleben, wenn die Dinge sich weiter so entwickeln wie jetzt? Solche Gedanken und Fragen kamen mir in den Sinn, als ich sah, wie Daskalos über der Asche der Zaubertexte des ägyptischen Muezzins Gebete und Beschwörungen murmelte.

Am Ende goß Daskalos einen Eimer Wasser über die heiße Asche. »Jetzt ist es Zeit für einen Kaffee«, sagte er und rieb sich die Hände. Wir gingen hinein ins Wohnzimmer, und Daskalos frönte genüßlich seiner großen Schwäche für Kaffee. In der Diele warteten schon etliche Menschen darauf, ihn konsultieren zu können.

6

Universales Gedächtnis

»Können böse Taten so etwas wie ein Potential böser Energie freisetzen, das unschuldige Menschen beeinflussen kann?« las ich von einer Liste mit Fragen, die Daskalos vorzulegen mich eine Kollegin in Amerika gebeten hatte. Nach dem, was Daskalos am Tage zuvor mit den schwarzmagischen Texten des ägyptischen Hodschas getan hatte, hielt ich diese Frage für angebracht.

»Niemals«, erklärte Daskalos kategorisch. »Sie vermögen wohl Menschen mit bösen Neigungen zu beeinflussen, aber niemals Unschuldige.

Nun fragst du vielleicht, was eine böse Tat ist. Um eine böse Tat zu vollbringen, brauchst du zunächst einen bösen Gedanken und eine entsprechende emotionale Disposition. Das heißt, du mußt das Böse schon erschaffen haben, bevor du deine böse Tat überhaupt ausführen kannst. Du hast die Schwingungen bereits erzeugt, die zur bösen Tat führen. Wenn du einen bösen Gedanken und eine böse Disposition hast, erzeugst du ebensolche Schwingungen und eine entsprechende Form des Bösen. Du hast es also mit zwei Faktoren zu tun: der ausstrahlenden Energie des Bösen einerseits und seiner Ausdrucksform andererseits. Die Form ist das Elemental, das mit der Intensität der ausgestrahlten, der projizierten Energie geladen ist. Das tun die Schwarzmagier: sie erzeugen Elementale einer bestimmten Gestalt und laden sie mit Energie.

Natürlich erzeugen auch die anderen Menschenwesen mit ihrem Haß und Groll ständig solche negativen Elementale – bewußt oder unterbewußt. Die meisten Menschen erschaffen solche Gedankenformen, ohne zu wissen, was sie tun. Wenn du hellsichtig bist, kannst du diese Elementale sehen. Sie kommen in Gestalt von Tieren aus den Menschen hervor: als Schlangen verschiedener Größen und Farben, als Affen, Bären und so weiter, die zwar nicht im Grobstofflichen, aber innerhalb der psychonoetischen Dimensionen existieren.

Diese Elementale sind für jene Menschen schädlich, die auf den gleichen Frequenzen schwingen. Böses zieht Böses an – genau so, wie das Gute Gutes anzieht. Unschuldige Menschen haben nichts zu befürchten, weil sie andere Schwingungsfrequenzen haben als die freien Potentiale böser Energie, wie deine Kollegin sie nannte. Und denke daran, daß die Menschen solche Elementale sogar im Schlaf erschaffen, während sie träumen.«

»Wie ist das möglich?« fragte ich.

»Während du träumst, sind deine Sehnsüchte, Wünsche und Verlangen viel mächtiger. Sie haben größere Macht über dich als während deiner wachen Stunden, in denen du vorwiegend mit den täglichen Angelegenheiten beschäftigt bist. Nachts, wenn du schlafen gehst, kommen deine starken Wünsche an die Oberfläche, und du als derzeitige Persönlichkeit träumst dann vielleicht böse Dinge und erzeugst dabei böse Elementale. Diese können beispielsweise Alpträume bei Kindern verursachen.«

»Michael, der Freund und Kollege, dessen Gemälde die Vorlage für die Umschlagbilder meiner Bücher waren, fragt sich, ob Bücher, Filme und Kunstgegenstände allgemein ebenfalls solche Elementale erschaffen können.«

»Alles, was in unser Denken eingehen kann, jedes Gedankenbild oder jedes Verlangen erzeugt ein Elemental – und Elementale werden lange erschaffen, bevor du sie in Büchern fixierst oder Filme oder Kunstgegenstände produzierst. Es sind bereits deine Gedanken und Empfindungen, die diese Elementale erzeugen.

Materielle Dinge wie Kunstgegenstände, Schmuck, Fotografien, Gemälde und so weiter können von solchen Elementalen bewußt oder unbewußt magnetisiert werden. Dank dieses Umstandes können wir Talismane herstellen, die Menschen Schutz bieten. Dabei wird ein Gegenstand mit guter Gedankenenergie durchtränkt oder aufgeladen. So kannst du einen Talisman herstellen, der die Essenz des Guten ausstrahlt. Analog können auch negative Gefühle wie Eifersucht und Haß, die etwa mit dem Besitz eines Gegenstandes wie zum Beispiel eines kostbaren Steines verbunden sind, den Stein mit Elementalen so übermächtiger destruktiver Energie erfüllen, daß sie dem Besitzer Schwierigkeiten verursachen oder Unglück bringen, wie die Leute sagen. Materielle Gegenstände können also Elementale bergen.«

»Ist das die Grundlage für das Phänomen der Psychometrie?«

»Genau. Ein erfahrener Meister kann sein Bewußtsein auf jeden Gegenstand einstellen und mit allen Elementalen Kontakt aufnehmen, die an diesem Gegenstand hängen. So ist es einem fortgeschrittenen Mystiker möglich, sich beispielsweise auf eine antike Statue zu konzentrieren und Geheimnisse zu enthüllen, die mit dieser Statue in Verbindung stehen – Dinge, die Wissenschaftler und Forscher in Bibliotheken und Laboratorien nicht einmal in jahrelanger mühevoller Arbeit entdecken können.«

»Dann ist es wohl auch möglich«, fügte ich hinzu, »daß positive oder negative Elementale mit gewissen Orten oder Plätzen verbunden sind.«

»Richtig. Ich habe zum Beispiel festgestellt, daß an bestimmten Orten, an denen es häufig zu Unfällen kommt, Elementale am Werke sind. Es gehört zu unseren Pflichten als Wahrheitsforscher, solche Plätze aufzusuchen und diese negativen Elementale aufzulösen.

Nun wirst du fragen, wie man das macht: indem man die

Energie erzeugt, die das Gegenteil jenes Elementals ist. Neutralisiert von seiner eigenen Energie, wird sich die Gestalt des Elementals zurückziehen in das, was wir als kosmisches Bewußtsein oder universales Gedächtnis bezeichnen; die Menschen nennen es manchmal auch Akasha-Chronik*. Wie ich bereits sagte, kann ein Elemental, wenn es einmal erschaffen ist, nie wieder zerstört werden. Wenn wir also ein Elemental auflösen, lösen wir in Wirklichkeit seine Energie auf. Die Form des Elementals wird, wenn auch inaktiv, im universalen Gedächtnis weiterbestehen.«

»Wenn du solche Orte besuchst, um die Energien von Elementalen aufzulösen – läufst du dann nicht Gefahr, angegriffen zu werden?« fragte ich.

»Freilich riskiere ich das. Aber können sie mir etwas antun? Nein, nicht im geringsten. Natürlich ist diese Arbeit kein reines Vergnügen. Aber die Elementale werden mir nur dann Schaden zufügen können, wenn ich Haßgedanken, Beschwerden und schlechte Gefühle gegen jemanden hege. Deshalb muß der Wahrheitsforscher sehr sorgfältig darauf achten, daß sein Unterbewußtes von jeglichen negativen Empfindungen und Gedanken frei ist. Andernfalls wird die negative Energie der Elementale in seinem Innern jene bösen Elementale im Äußeren anziehen, die er aufzulösen versucht. Bevor ich solche Arbeit in Angriff nehme, stelle ich immer sicher, daß ich und meine Mitarbeiter nicht Spuren negativer Gefühle in uns haben. Du siehst also wieder: Menschen, die reinen Herzens sind, brauchen sich nicht vor schwarzer Magie, Flüchen, bösen Einflüssen und ähnlichem zu fürchten.«

»Aber wie viele Menschen sind wirklich so rein, daß sie vor bösen Elementalen ganz sicher sind, die durch Verbrechen und historische Ereignisse ins Dasein kamen? Können solche Elementale einen normalen Menschen angreifen, der vielleicht nicht direkt böse ist, aber auch nicht ganz rein? Man lebt vielleicht in einem Haus, das von Spukerscheinungen heimgesucht wird, und leidet unter den negativen Energien, die sich dort gesammelt oder eingenistet haben.«

»Das ist richtig. Aber was auch immer du erleiden wirst, ist abhängig von der Menge und Stärke der negativen Energie, die du selbst in deinem Innern aufgebaut hast. Ich will dir dies durch ein Beispiel verdeutlichen. Ich habe festgestellt, daß einige Hirten, die schon seit langer Zeit miteinander im Streit lagen und einander verwünschten, mit ihren Gedanken und Taten eine freies Potential böser Energie erzeugten, wie deine Kollegin es nannte. Zu bestimmten Tageszeiten war der Magnetismus der Gegend, in der sie ihren Streit austrugen, so beschaffen, daß er die Aktivierung und Äußerung jener Elementale erleichterte. Angenommen, es geht jemand durch jenes Gebiet, der negative Emotionen gegen einen anderen hegt. Dann können ihn die Elementale, die von den Schäfern erzeugt wurden, angreifen und leiden lassen. In welchem Umfang aber ist ihnen das möglich? Sie können körperlichen Schmerz, Schwäche, Nervosität, Kopfschmerzen und ähnliches hervorrufen.

Nun, diese Elementale gibt es überall, und es ist die Pflicht der Wahrheitsforscher und der unsichtbaren Helfer, an solche Orte zu gehen und sie aufzulösen – das heißt, die Energie dieser Elementale zu zerstreuen und sie auszuweisen. Dies tun wir immer in der Eksomatose, das heißt, wir reisen in unserem psychonoetischen Körper an solche Orte. Es ist einfacher und billiger auf diese Weise.« Daskalos schmunzelte. »Es ist auch effektiver, von der anderen Seite aus zu arbeiten.«

»Warum ist es einfacher?« wunderte ich mich.

»Wenn du außerhalb deines materiellen Körpers arbeitest, kannst du große Kraft und Energie aufbieten, um die Energie dieser Elementale aufzulösen. Doch laß uns nun zur nächsten Frage weitergehen«, forderte Daskalos mich auf, als ich auf meine Liste blickte.

»Sie handelt von Prophetie«, antwortete ich. »Meine Kollegin fragt, ob man die Zukunft voraussagen könne, und wenn ja, ob es menschliche Freiheit gebe.«

Daskalos lächelte und sprach: »Aufgrund unserer persönlichen Erfahrungen als Wahrheitsforscher sind wir zu dem Schluß gekommen, daß nichts vorbestimmt ist. Wir haben dies schon viele Male gesagt. Die Zukunft vorauszusehen, ist nichts weiter, als Wahrscheinlichkeiten vorherzusehen. Solche Dinge geschehen, oder sie geschehen nicht. Das funktioniert im Grunde auf die gleiche Weise wie die rationalen Voraussagen von Wissenschaftlern, die von gegenwärtigen Fakten und Trends auf Zukünftiges schließen.«

Was Daskalos dann sagte, hatte ich von ihm und von Kostas schon häufig gehört: In jedem einzelnen Augenblick schreiben die Menschen die Geschichte ihrer Zukunft neu. Die Zukunft ist eine offene Frage, weil die Menschen die Freiheit besitzen, Elementale ihrer Wahl zu erzeugen, die wiederum die Beschaffenheit der Zukunft gestalten werden. Wann immer also jemand prophezeit, was in der Zukunft geschehen werde, »sieht« er in Wirklichkeit die Entfaltung von Ereignissen, die gemäß der augenblicklichen Konstellation von Elementalen wahrscheinlich ist. Aber die Menschen sind frei, neue Elementale zu erzeugen – und damit die Prophezeiungen zunichte zu machen.

»Ich persönlich glaube nicht, daß Karma sich über mehr als höchstens zwei oder drei Tage hinaus präzise voraussagen läßt.«

»Warum ist das so?« fragte ich.

»Weil die karmischen Kräfte binnen so kurzer Zeiträume derart ausgeformt und energetisiert sind, daß man praktisch nichts unternehmen kann, um am Lauf der Dinge noch etwas zu ändern.«

»Kannst du das etwas konkreter ausdrücken?« bat ich. »Oder könntest du es mir vielleicht mit einem Beispiel aus eigener Erfahrung verdeutlichen?«

Daskalos überlegte einige Augenblicke und erzählte dann: »Eines Morgens – es ist schon viele Jahre her – wachte ich auf und schickte mich an, zur Arbeit zu gehen. Es war sechs Uhr dreißig morgens. Ich zog mir die Socken an und saß noch einige Augenblicke auf dem Bett. Ich war hellwach.

Plötzlich hatte ich folgende Vision: Ich befand mich in der Nähe der staatlichen Druckerei, in der ich als Schriftsetzer arbeitete. Ich stieg bei der Stadtuhr vom Fahrrad, um den Rest des Weges zur Druckerei zu Fuß durch das Eukalyptus-Wäldchen zu gehen. Da sah ich einen Mann, der einen Karren schob. Ich konnte ihn ganz deutlich sehen und bemerkte sogar eine Narbe in seinem Gesicht. Sein Handwagen war mit einer Glasscheibe abgedeckt; der Mann verkaufte *koulouria* [brezelähnliches Gebäck] und Käse. Als er unter der Uhr ankam, begann er mit sehr lauter Stimme, seine Ware feilzubieten: ›Ich habe frische, warme *koulouria* …‹ Da bemerkte ich einen anderen Mann, der sich auf seinem Fahrrad aus der entgegengesetzten Richtung näherte. Er fuhr auf den Straßenverkäufer zu, stieg ab und schrie ihn an: ›Endlich habe ich dich gefunden, du Hundesohn!‹ – ›*Du* bist der Hundesohn!‹ rief der erste zurück, und sie begannen zu raufen. Der Fahrradfahrer trat gegen den Wagen des anderen und stieß ihn um. Das Glas zerbrach in Hunderte von Scherben, und die *koulouria* und der Käse breiteten sich über den Asphalt aus. In seinem Zorn packte der Verkäufer nach einem großen Küchenmesser und wollte den anderen angreifen. Ein Regierungsbeamter, der gerade in der Nähe war, eilte hinzu, hielt den Arm des Straßenhändlers fest und schrie ihn an: ›Um Gottes willen, bist du wahnsinnig? Willst du ihn umbringen?‹ – ›Laß mich diesen Hundesohn abschlachten‹, schrie der Verkäufer. ›Schau doch, was er angerichtet hat.‹ Da stieg der Kontrahent schnell auf sein Rad und fuhr eilig davon. In diesem Augenblick brach meine Vision ab. Ich schüttelte den Kopf und lachte. Ich konnte mir einfach nicht vorstellen, wie mir eine solche Szene in den

Sinn kommen konnte, während ich mir morgens um halb sieben die Socken anzog.

Etwa zwanzig Minuten später nahm ich mein Fahrrad und fuhr zur Arbeit. Als ich die Stelle erreichte, die ich in meiner Vision gesehen hatte, stieg ich ab und sah, wie sich genau die gleiche Szene vor meinen Augen entfaltete, die ich etwa eine halbe Stunde früher in meiner Vision zu Hause bereits erlebt hatte. Ich sah den Mann mit seinem Verkaufswagen, die Narbe in seinem Gesicht, hörte ihn seine warmen *koulouria* anpreisen und so weiter. Dann sah ich den Mann mit dem Fahrrad; er trug genau die gleiche Kleidung und bewegte sich exakt so, wie ich es bereits beobachtet hatte. Als ich diese Dinge sah, wußte ich, was als nächstes geschehen würde. Das war möglich, weil die karmischen Kräfte bereits so weit gereift waren, daß es buchstäblich ausgeschlossen war, am Ablauf der Dinge noch etwas zu ändern. Als ich die Szene beobachtete, fragte ich mich, wer wohl eingreifen und den Arm des Verkäufers festhalten würde. In meiner Vision nämlich hatte ich auf diese Einzelheit nicht geachtet. Als ich nun zusah, stellte ich fest, daß es ein Kollege war, den ich kannte. ›Aha‹, sagte ich mir, ›es war also Constantinides, der den Mann aufhielt.‹ Hätte ich mich in meiner Vision auf den Beamten konzentriert, wäre mir natürlich nicht entgangen, wer er war. Dann kam die Polizei, und ich ging zu Fuß weiter zu meiner Arbeit.«

»Warst du bei vollem Bewußtsein, als du jene Vision sahst?« fragte ich.

»Freilich«, antwortete Daskalos. »Ich sagte ja, ich war gerade dabei, meine Socken anzuziehen.«

»Wenn Menschen die Fähigkeit besitzen, Ereignisse vorauszusehen, die innerhalb der nächsten ein bis zwei Stunden eintreten könnten – ist es dann nicht auch möglich zu prophezeien, was, sagen wir, in einem Jahrhundert geschieht?« fragte ich weiter.

»Das ist nicht möglich«, beharrte Daskalos.

»Dann darf man all jene Prophezeiungen wie die des Nostradamus, über den so viele Bücher geschrieben wurden, nicht als buchstäbliche Voraussagen der Zukunft verstehen?«

»Ich sagte es bereits: Aufgrund meiner persönlichen Erfahrung bin ich zu dem Schluß gekommen, daß die Zukunft über jenseits eines Zeitraums von drei Tagen nichts weiter als eine bloße Wahrscheinlichkeit ist.«

»Und wie steht es mit der Offenbarung des Johannes?«

»Auch das sind lediglich Wahrscheinlichkeiten«, erwiderte Daskalos. »Diese Dinge werden eintreten, *falls* ... Immer wieder stoßen wir auf dieses *falls.* Menschen haben einen freien Willen, und es ist der freie Wille, der Karma erschafft. Deshalb kann eine Intervention aus freiem Willen die Richtung des Karmas in jedem Augenblick verändern. Sogenannte Prophezeiungen können eintreffen oder auch nicht.«

»Ist es möglich«, wollte ich wissen, »daß dieses Prinzip zwar für Individuen gilt, aber nicht für ganze Gesellschaften und historische Ereignisse? Die Menschen haben wohl ihren freien Willen, aber die Struktur historischer Zusammenhänge folgt vielleicht nicht den gleichen Prinzipien und Gesetzen.«

»Wenn eine große Zahl von Individuen ihr Bewußtsein ändert, dann kann sich auch ihr nationales oder kollektives Karma wandeln«, erklärte Daskalos.

»Natürlich, es sind Wahrscheinlichkeiten und Unwahrscheinlichkeiten. Wenn ein Prophet aufgrund der derzeitigen karmischen Umstände ein zukünftiges Ereignis sieht, das mit neunzigprozentiger Wahrscheinlichkeit eintreffen könnte, dann ist das etwas ganz anderes, als wenn die Wahrscheinlichkeit nur zehn Prozent beträgt.«

»Das ist richtig«, bestätigte Daskalos.

»Was bestimmt, mit welchem Grad an Wahrscheinlichkeit ein vorausgesagtes Ereignis eintreten wird?«

»Die Stärke, Energie und Kraft der Elementale, die sich auf dieses Ereignis beziehen. Je größer die Energie der Elementale, desto größer die Wahrscheinlichkeit, daß ein Ereignis stattfinden wird.

Ich persönlich bin dagegen, die Zukunft vorauszusagen, besonders wenn es sich um schreckliche Dinge handelt, die da angeblich eintreten sollen«, fügte Daskalos hinzu und unterstrich dies mit einer entschiedenen Bewegung der rechten Hand.

»Warum?« fragte ich.

»Weil«, fuhr er fort, »du beim Voraussagen der Zukunft Energie in die Elementale gibst, die die Wahrscheinlichkeit der prophezeiten Ereignisse erhöhen. Selbst eine ursprünglich falsche Prophezeiung kann neue Elementale mit solcher Macht und Energie erschaffen, daß diese herbeiziehen und bewirken, was zunächst nichts weiter als eine falsche Vorhersage war.«

»Mit anderen Worten: die Prophezeiung erfüllt sich selbst.«

»Genau. Und dies geschieht, wenn Menschen anfangen, an die Prophezeiungen zu glauben und die Elementale dieser Prophezeiung in ihr Unterbewußtes einbauen.«

»Dieses Phänomen wurde auch von der Soziologie erkannt«, ergänzte ich. »Aber die Soziologen sprechen nicht über Elementale. W. I. Thomas zum Beispiel, ein amerikanischer Soziologe, wies darauf hin, daß eine im Grunde falsche Definition der Realität in ihren Konsequenzen selbst zur Realität wird.«

Daskalos nickte. »Richtig. Sie ist ein Elemental, dem Energie zugeführt wird, sobald Menschen an sie glauben. Je mehr Energie ein solches Elemental erhält, desto wahrscheinlicher wird es zur Realität.

Du darfst nicht vergessen«, fuhr er fort, »daß wir über Wahrscheinlichkeiten sprechen, nicht über Gewißheiten, und daß sich das Karma sowohl individuell wie auch kollektiv in jedem Augenblick ändern kann. Das ist der Kern der menschlichen Freiheit.«

Daskalos erinnerte mich an einen Fall im Alten Testament,

auf den er schon früher einmal hingewiesen hatte. Jona prophezeite, daß die Stadt Ninive von Gott vernichtet würde, weil die Sündhaftigkeit ihrer Bewohner zum Himmel schreie. Aber die Leute von Ninive bereuten, und die Stadt wurde verschont. Die Menschen änderten ihr Bewußtsein im letzten Augenblick, und ihre Stadt wurde nicht zerstört. »Es war nicht Gott«, erklärte Daskalos, »der seine Absichten geändert hat. Es waren die Menschen selbst, die ihr kollektives Karma änderten, indem sie ihr kollektives Bewußtsein wandelten. Aus diesem Grunde wurde Ninive nicht zerstört.«

»Aber die Vision Jonas war dennoch real«, vermutete ich.

»Natürlich war sie das.«

»Ich meine, wenn sie nicht ihr kollektives Bewußtsein geändert hätten, wäre Ninive vernichtet worden.«

»Natürlich», antwortete Daskalos. »Aber die Menschen hatten die Freiheit, sich zu wandeln, und sie nutzten sie. Mit neuen Ursachen bekommst du neue Wirkungen.«

»Daskale, was deine eigene Vision betrifft, in der du voraussahst, was in einer halben Stunde geschehen würde – könnten wir nicht auch annehmen, daß sich das Karma zumindest theoretisch hätte wandeln können, und sei es auch im letzen Augenblick?«

»Aber als ich diese Vision sah«, erwiderte Daskalos lachend, »war der erste Mann mit seinem Karren bereits unterwegs, und der andere saß schon auf dem Fahrrad. Die karmischen Kräfte waren so weit ausgereift, daß ich nicht glaube, daß daran noch irgend etwas zu ändern war.«

»Wodurch, meinst du, bist du in jenen Zustand gelangt, in dem du die Vision erleben konntest?« fragte ich.

»Wer soll das wissen? Habe ich die Dinge vielleicht vorausgesehen, weil ich sie in dieser Dimension kurze Zeit später erleben würde? Oder war es vielleicht eine Lektion, die mir von den höheren Mächten zukam?«

»War dein Erlebnis eine Form der Eksomatose?« fragte ich.

»Nein, ich war nicht außerhalb meines Körpers. Ich war bei vollem Bewußtsein und saß auf dem Bett. Ich zog die Socken an und machte mich fertig, zur Arbeit zu fahren. Es war eher eine Form der Projektion. Während der Vision war mein Bewußtsein sowohl auf dem Bett als auch in der Nähe der Stadtuhr. – Du siehst also: Wenn du deine Hellsicht einmal entwickelt hast, kannst du solche Erlebnisse ständig haben.«

Nach einer kurzen Pause erzählte Daskalos ein weiteres Beispiel für das Vorhersehen künftiger Ereignisse.

»Eines Tages – es war zu Beginn des Zweiten Weltkrieges – lud mein Onkel meine Familie ein, den Abend bei ihnen zu verbringen und eine Übertragung von Verdis *Aida* im Radio anzuhören. Mein Onkel benachrichtigte mich eigens: ›Spyro, ich weiß, daß du dich für diese Sendung sehr interessierst. Sieh zu, daß du kommen kannst.‹ Ich freute mich in der Tat sehr darauf, der Übertragung der Oper zu lauschen. Ich hatte *Aida* schon einmal gehört und war buchstäblich verzaubert von dieser Oper.

Ich erinnere mich gut: Es war der zweite Tag nach Weihnachten, und es regnete. Mein Onkel wohnte in der Nähe von Bayractares, außerhalb der Altstadt. In dem Augenblick, als wir Platz nahmen und im Begriff waren, die Rundfunkübertragung zu genießen, hörte ich eine Stimme in meinem Innern: ›Steh auf und geh!‹ – ›Aber wohin?‹ fragte ich zurück. ›Geh!‹ sagte die Stimme wieder. Ich stand auf, schlüpfte in meinen Regenmantel und schickte mich an, das Haus zu verlassen. ›Wo gehst du hin in diesem Regen?‹ fragte meine Tante verwundert. ›Geh!‹ hörte ich die Stimme abermals. ›Aber willst du nicht *Aida* mit uns hören? Warum gehst du fort?‹ fragte mein Onkel erstaunt. ›Ich weiß nicht, Onkel‹, antwortete ich, ›ich fühle mich nicht wohl.‹ Und ich fühlte mich tatsächlich nicht wohl. Es regnete sehr stark, und ich machte mich auf den Heimweg. Wir wohnten damals in der Pantheon Street. Doch die Stimme drängte mich, in eine Richtung zu gehen, die einen

Umweg von fast zwei Kilometern bedeutete. Ich ging die Stufen in den Stadtgraben hinab. Gegenüber stieg ich wieder hinauf, um auf der anderen Seite der Mauer innerhalb der Altstadt zu gehen. Logisch betrachtet, war es unvernünftig, diesen Weg nach Hause zu gehen, noch dazu im Regen. ›Kyrie eleison‹, sagte ich bei mir; ›das verstehe ich selbst nicht.‹ Ich war jung und noch verhältnismäßig unerfahren. Aber ich folgte den Anweisungen der Stimme, ungeachtet der Tatsache, daß sie für mich keinen vernünftigen Sinn zu ergeben schienen.

Als ich so meines Weges ging«, fuhr Daskalos fort, »sah ich unweit des Bürgermeisteramtes einen Angehörigen des englischen Militärs, der betrunken in einer Pfütze auf der Straße lag.« Daskalos ahmte die Laute nach, die der betrunkene Soldat von sich gegeben hatte.

»›Ziehe ihn auf den Bürgersteig‹, befahl mir die Stimme. Ich beugte mich über den Mann und versuchte mit aller Kraft, ihn wegzuziehen. ›Verpiß dich!‹ grunzte der Betrunkene und versuchte, mich zu stoßen, als er mit Faust und Gesicht auf den regennassen Asphalt fiel. Es war unmöglich, ihn auf die Füße zu stellen. Da hörte ich wieder die Stimme; sie drängte mich, ihn so rasch wie möglich auf den Gehweg zu schleifen. Mit größter Anstrengung gelang es mir, den Mann von der Straße auf den Bürgersteig zu zerren. Es regnete immer noch. Der Engländer war völlig durchnäßt, und auch ich spürte, wie das Wasser durch meinen Regenmantel eindrang. Als ich den Betrunkenen über den Bordstein hievte, brauste ein Militärlastwagen an uns vorüber. ›Jetzt verstehe ich‹, wurde mir klar. Das schwere Fahrzeug hätte den Soldaten gewiß totgefahren, wäre er auf der Straße liegengeblieben. Es war eine scharfe Kurve, und der Fahrer des Lastwagens hätte in jener dunklen Regennacht im Dezember unmöglich rechtzeitig sehen können, daß ein Mann auf dem Pflaster lag.

Im Vorbeifahren jedoch«, fuhr Daskalos fort, »bemerkte uns

der Lenker des Fahrzeugs. Er bremste sofort, rangierte zurück und hielt neben uns an. Der Fahrer stieg aus und kam auf uns zu. Er erkannte den Betrunkenen offenbar und schrie auf ihn ein, während er vergeblich versuchte, ihn aufzustellen. Er fragte mich nach meinem Namen und wollte wissen, was geschehen war. Der Soldat schien sehr traurig zu sein. ›Geben Sie mir Ihre Adresse, Sir‹, bat er mich auf englisch. Ich sagte ihm, wo ich wohnte. Zwei andere Soldaten stiegen aus dem Lastwagen und halfen ihm, den Betrunkenen aufzuladen. ›Er kann einem leid tun, der arme Bursche‹, dachte ich und war sicher, daß er vors Kriegsgericht gestellt würde.

Vier Tage später«, fuhr Daskalos fort, »hörte ich nachts ein Klopfen an der Tür. Ich öffnete und sah den Fahrer in Begleitung des Mannes, den ich von der Straße gezogen hatte. Der Gerettete sah abgehärmt aus und ließ traurig den Kopf hängen. ›Sir‹, sprach mich der Fahrer an, ›ich wollte Ihnen danken, daß Sie ihm das Leben gerettet haben. Er ist mein Freund. In London waren Bomben niedergegangen, und seine Mutter, sein Vater und seine Frau kamen ums Leben. Deshalb war er neulich in dem Zustand, in dem Sie ihn gefunden haben. Nur sein Kind wurde verschont; es war in einer anderen Stadt bei seiner Schwester.‹

Hätte ich nicht auf die Stimme in meinem Innern, sondern auf *Aida* im Radio gehört, wäre der Engländer von seinen Freund totgefahren worden. Die Vorsehung arbeitet auf geheimnisvollen Wegen.«

Daskalos hielt einen Augenblick inne. »Ich hatte im Laufe meines Lebens viele solche Erlebnisse«, fuhr er dann fort. »Eine Stimme führte mich an einen Ort, an dem ich jemandem zu Diensten sein konnte.« Er erzählte mir noch eine andere Begebenheit: Während er sich zu Hause in der Pantheon Street aufhielt, vernahm er eine Stimme, die ihm befahl, in die Gegend des Pancyprian-Gymnasiums und des erzbischöflichen Palastes zu gehen.

»Auch das schien irrational. Ich saß so behaglich in meinem Arbeitszimmer – warum hätte ich ohne ersichtlichen Grund zum Gymnasium gehen sollen?«

Es war in den fünfziger Jahren, am Höhepunkt der antikolonialistischen Aufstände. Die Schüler des Gymnasiums lehnten sich gegen die britischen Soldaten auf und provozierten die Repräsentanten der Kolonialmacht. Die Stimme führte Daskalos in eine Nebenstraße, wo er einen Teenager bewußtlos und blutend auf dem Boden liegen fand. Mit Hilfe eines Passanten zog Daskalos ihn in das nächste Haus in Sicherheit, leistete Erste Hilfe und brachte ihn wieder zu Bewußtsein. Der Teenager studierte später an britischen Institutionen und wurde schließlich einer der hervorragendsten Rechtsanwälte auf Zypern.

»Was meinst du, wer dir solche Anweisungen gegeben hat, irgendwo hinzugehen und zu Diensten zu sein?«

»Ich weiß nicht. Es gibt Geistwesen, die aus einer anderen Dimension Ereignisse vorhersehen können. Wenn es das Karma zuläßt, versuchen sie dann, jemanden zu finden, dessen Ausstrahlung und Schwingungen so beschaffen sind, daß sie mit ihm Kontakt aufnehmen und ihm die entsprechenden Anweisungen durchgeben können. Das jedenfalls scheint solche Fälle zu erklären, wie ich sie dir gerade geschildert habe.«

Nach meinem Besuch bei Daskalos unternahm ich noch einen langen Spaziergang zur Altstadt innerhalb der venezianischen Stadtbefestigung. Ich liebe es, durch die engen Straßen des alten Nicosia zu schlendern, zwischen den kleinen Läden, mittelalterlichen Kirchen und historischen Stätten. Im Gegensatz zur übrigen Stadt, die sich planlos und unkontrolliert ausdehnte, war die Altstadt noch in ihrem »vorkapitalistischen« Zustand erhalten. Dies ermöglichten strikte Bestimmungen, die wegen des ethnischen Konflikts zwischen Griechen und Türken eingeführt worden waren und die Stadtplaner von der Umgebung der »Grünen Linie« fernhielten. Es scheint wie eine Ironie der Geschichte, daß Charakter und Ursprünglichkeit des alten Nicosia nun wegen des tragischen Zustandes der Beziehungen zwischen den durch die Grüne Linie getrennten Teilen der Stadt bewahrt werden.

Ich ging durch die engen Straßen, genoß die relative Ruhe aufgrund des fehlenden Verkehrs und lauschte auf die Geräusche, die aus den kleinen Läden und den Werkstätten von Schmieden und Schreinern drangen. Dabei dachte ich nach über meine Gespräche mit Daskalos über das Wesen der Zeit, über Prophezeiungen und Karma. Daskalos hatte mir auf der Basis seiner eigenen Forschungsergebnisse und Erlebnisse eine Erklärung der sogenannten Präkognition geboten. In wissenschaftlichen Versuchsreihen hatte sich herausgestellt, daß manche Medien tatsächlich die Gabe besaßen, zukünftige Ereignisse »vorauszusagen«. Die Physiker Russel Targ und Harold Puthoff beispielsweise haben gezeigt, daß die von ihnen untersuchten Medien voraussehen konnten, an welchen Platz einer der Experimentatoren gelangen würde, wenn er nach einer ziellosen Fahrt durch die Stadt haltmachte. Eine wichtige Frage, die diese und andere Forscher herausforderte und beschäftigte, war die Problematik des freien Willens. Wenn die Zukunft vorhersagbar ist, wie kann man dann sagen, die Menschen seien für ihre Entscheidungen verantwortlich? Wie können wir andererseits von freiem Willen sprechen, wenn die Zukunft bereits vorherbestimmt ist?

Daskalos hatte eine rationale Antwort, die in seiner Weltanschauung gründete und auf seiner eigenen Erfahrung basierte: Die Zukunft kann man nur innerhalb sehr kurzer Frist voraussagen – wenn das Karma »reif« ist. Sie läßt sich aber nicht langfristig prognostizieren. Der Mensch vermag im Laufe der Zeit Elementale zu erschaffen, die die prophezeite Entfaltung von Ereignissen verändern können. Der Mensch hat also letztlich die Freiheit, sein Schicksal selbst zu gestalten. Alle Experimente bei der Erforschung der Präkognition befaßten sich auf das Vorhersagen von Ereignissen, die innerhalb weniger Minuten oder Stunden stattfinden sollten. Es ging nie um Prophezeiungen über Monate oder Jahre hinweg, von Jahrhunderten ganz zu schweigen.

Das letzte Mosaiksteinchen zu Yohannans Erklärungen der Prophetie und Weissagung fand ich in der Diskussion zwischen Kostas und seinen Schülern und Anhängern bei einer Zusammenkunft in Limassol.

Es war Montag nachmittag, und ich fuhr nach Limassol, um an der wöchentlichen Zusammenkunft von Kostas und seinen Schülern und Anhängern teilzunehmen. In der Regel fuhr ich zuerst zu seiner Wohnung, um mich mit Kostas zu unterhalten, aber an jenem Tage war er mit einem Mann beschäftigt, der offenbar schwere psychische Probleme hatte. Er war nicht Mitglied der Erewna, sondern hatte sich erst vor kurzem einer Gruppe angeschlossen, in der ohne kompetente Führung Übungen durchgeführt wurden, die Kostas als gefährliche Meditationspraktiken bezeichnete. Sie führten laut Kostas dazu, daß das Chakra* beim Solarplexus dieses Mannes sich unkontrolliert »geöffnet« hatte. Die Kundalini*-Energie begann in der Wirbelsäule des Mannes ungezügelt auf- und abzufließen. Der bis zu diesem Geschehen unauffällige, durchschnittliche Regierungsangestellte begann zu halluzinieren, konnte sich nicht mehr konzentrieren und mußte nun gewärtigen, seine Arbeit zu verlieren und in eine psychiatrische Klinik eingeliefert zu werden.

Laut Kostas bestand bei einer Öffnung des Solarplexus-Chakras die Gefahr, daß dämonische Elementale niederer Stufe hier einen Einlaß finden würden, um das Bewußtseinszentrum zu stören und von ihm Besitz zu ergreifen.

Fälle dieser Art veranlaßten Kostas, seine Schüler wiederholt vor dem Experimentieren mit ihrem Unterbewußten zur Erlangung psychisch-medialer Kräfte zu warnen. Er betonte, wie wichtig es ist, das Unterbewußte von negativen Elementalen zu reinigen und das spirituelle Bewußtsein zu entfalten. Mediale Fähigkeiten, sagte er wiederholt, müssen sich parallel zur Bewußtseinsentfaltung entwickeln, und zwar dann, wenn der Wahrheitsforscher in der Lage ist, solche Kräfte zu beherrschen, und sie ausschließlich zum Heilen gebraucht.

Das Thema von Kostas' Vortrag an diesem Montag war das universale Gedächtnis. Alles, was wir je denken oder tun können, sagte er, sei in diesem universalen Gedächtnis oder universellen Unterbewußten gespeichert. Was wir für unser eigenes Unterbewußtsein halten, ist in Wirklichkeit Teil dieses riesigen Geflechts, das wir universales Gedächtnis nennen. Jegliche Entdeckung bedeute deshalb im Grunde, daß ein Wissen aufgedeckt werde, das bereits »entdeckt« und vorhanden ist.

Nach dem formellen Vortrag, der etwa zwanzig Minuten dauerte, und der Durchführung einiger Konzentrationsübungen stellte sich Kostas der Diskussion.

Auf eine Frage hin erklärte er: »Hätte das Bewußtsein des Individuums nicht gestört, was als Imagination dessen Unterbewußtsein entspringt, wäre diese Imagination in jedem Detail Ausdruck einer Wirklichkeit gewesen.

Doch da stoßen wir auf Schwierigkeiten«, stellte er fest und lächelte, als er die neugierigen Augen der etwa fünfzig Schüler sah, die ihm aufmerksam lauschten.

»Ich sage euch: Hätte der derzeitige Bewußtseinszustand des Individuums nicht gestört und damit verzerrt, was dem Unterbewußten als Phantasie oder Imagination entsprang, so wäre das, was das Individuum hätte zum Ausdruck bringen können, eine authentische Wirklichkeit gewesen. Und wenn ich ›Wirklichkeit‹ sage, dann meine ich das bis in die kleinsten Details.«

»Kannst du uns dies anhand eines Beispiels erläutern?« bat eine etwa fünfunddreißigjährige Frau.

»Denken wir einmal an die Arbeit von Science-fiction-Autoren. Wir können ganz allgemein sagen, daß der Gegenstand ihrer Phantasien das Produkt einer verborgenen Realität ist. Er entspringt dem Unterbewußten dessen, der es erschaffen hat, fließt aber durch sein Bewußtsein und die Sphäre seiner Wahrnehmung.«

»Der Bewußtseinszustand des Autors«, ergänzte ich, »ist der Spiegel, der verzerrt, was als authentische Realität seinem Unterbewußten entspringt.«

»Genau«, bestätigte Kostas. »Und genau hier kann jemand, der Bescheid weiß, die Störungen entdecken. Aber denkt daran: Die Ursache hinter diesen Störungen gründet im Realen. Glaubt mir: Nichts kann aus nichts erschaffen werden.«

Kostas erklärte dann, daß wir dank unserer Fähigkeit, in unser Unterbewußtes vorzudringen – das wiederum mit dem universellen Unterbewußten verwoben ist –, der Realität näher kommen. »In Wirklichkeit gibt es so etwas wie ›mein‹ oder ›dein Unterbewußtsein‹ gar nicht, denn das universelle Unterbewußte wohnt in jedem Partikel, in jeder Zelle und in jedem Atom der Materie aller Universen, aller Welten und aller Dimensionen der Schöpfung. Deshalb ist es nicht notwendig, daß eine Bewegung oder Handlung innerhalb von Zeit und Raum eines bestimmten Planeten stattfindet, damit diese Bewegung oder ihre Folge aus dem Unterbewußten einer Person aufsteigen kann, die auf eben diesem Planeten lebt.

Ich möchte es noch konkreter fassen«, fuhr Kostas fort, als er spürte, daß einige seiner Zuhörer Mühe hatten, seinen abstrakten Worten zu folgen. »Im letzten Jahrhundert schrieb der Science-fiction-Autor Jules Verne Romane über Menschen, die auf dem Mond landen oder mit Unterseebooten die Tiefen der Ozeane erkunden. Man las diese Schilderungen seinerzeit als phantastische Romane, als Märchen. Tatsächlich aber brachte Jules Verne darin eine Wirklichkeit aus dem universalen Gedächtnis an die Oberfläche.«

»Aber Jules Verne«, warf jemand ein, »setzte sich hin und schrieb seine Romane. Sein Werk kam nicht von allein hervor. Er dachte über diese Dinge nach, bevor er sie niederschreiben konnte.«

»Natürlich. Es war sein Gewahrsein, sein Bewußtseinszustand, der filterte, was aus seinem Unterbewußten emporkam. Hinter allem, was sich als Phantasie oder Imagination eines Menschen – auch bei Kindern – zeigt, steht eine Realität. Inwieweit diese Realität in ihrer Ausdrucksform verzerrt ist, hängt von der Bewußtseins- und Gewahrseinsebene dessen ab, der aus dem Schatz des universalen Gedächtnisses geschöpft hatte, in dem alles liegt.«

»Kosta, kannst du uns bitte definieren, was du unter dem universalem Gedächtnis wirklich verstehst?« bat eine Frau.

»Im universalen Gedächtnis ist alles aufgezeichnet. Es ist der Speicher, in dem alles, jede einzelne Bewegung in den Universen eingeprägt ist.«

»Aus welchem universalen Gedächtnis brachte beispielsweise Jules Verne seine wissenschaftlichen Phantasien hervor?« fragte sie weiter.

»Nicht ›aus welchem‹«, korrigierte Kostas. »Es gibt nur ein universales Gedächtnis.«

»Brachte er jenes Wissen aus einem früheren Leben mit?« fragte sie erneut.

»Nein, das war nicht notwendig. Wir sagten bereits, daß jede Bewegung in Zeit und Raum genau in dem Augenblick, in dem sie stattfindet, aufgezeichnet wird in jedem Partikel, in jeder Zelle und in jedem Atom der Geistsubstanz in der ganzen Schöpfung. Das ist das universale Gedächtnis.« Kostas fuhr fort: »Was in den Universen eine Million Mal, eine Milliarde Mal oder unendliche Male stattgefunden hat, wird im universalen Gedächtnis aufgezeichnet. Da ist es immer.«

»So erhält der Begriff des ›ewigen Jetzt‹ seine Bedeutung«, bemerkte ich.

»Man könnte also sagen«, fügte jemand hinzu, »daß jede Erfindung, zum Beispiel der Laser, schon existierte und bereits gemacht wurde im universalen Gedächtnis. Was wir dann eine Entdeckung oder Erfindung nennen, bedeutet in Wirklichkeit, daß jemand aus dem universalen Gedächtnis schöpft und etwas findet, was in der Ewigkeit bereits vorhanden ist.«

»Genau! Es gibt nichts, das nicht irgendwo in den Universen bereits entdeckt ist. Vollkommenheit hat es im statischen Zustand immer gegeben, ewiglich. Anders ausgedrückt: Einen unvollkommenen Anfang gab es nie, denn es hat nie eine Zeit gegeben, in der das Absolute, in der Gott nicht in sich selbst meditierte.

In diesem Zusammenhang«, fuhr Kostas fort, »müssen wir die Ankunft des Christus-Logos auf unserem Planeten verstehen. – Wann, meint ihr, zeigte sich der Christus-Logos auf unserem Planeten? Der Selbstausdruck des Logos* in den Universen ist innerhalb des statischen Zustandes des Absoluten. Der Logos offenbart sich in einer Zivilisation und auf einem Planeten genau dann, wenn das menschliche Bewußtsein eine Ebene erreicht hat, die die Manifestation des Logos möglich und sinnvoll macht.

Jesus Christus erschien auf unserem Planeten, als etwa die Hälfte des menschlichen Entwicklungsweges zwischen unserer tierhaften, unbewußten Vergangenheit und dem überbewußten Zustand der Theose oder Gotteserkenntnis erreicht war. Die Theose ist höchstes Ziel und Bestimmung jedes Pneuma-Ichs, das durch das Urbild des Menschen ging, als es sich auf die zyklische Entwicklungsspirale des Inkarnationsweges begab.

Wenn jemand bereits Jahrhunderte vor der Geburt Jesu imstande gewesen wäre, in den statischen Aspekt des universalen Gedächtnisses vorzudringen, hätte er das Erscheinen Christi für den historisch richtigen Augenblick vorhersehen können«, fügte Kostas hinzu.

»Gab es je solche Menschen?« dachte ich laut.

»Natürlich«, antwortete Kostas, »den Buddha. Obwohl er selbst noch nicht die höchsten Stufen der Theose erreicht hatte – und somit dieser Wirklichkeit nicht in ganzer Fülle Ausdruck zu geben vermochte –, gelangte er doch auf hohe Stufen der Vollkommenheit und konnte deshalb diese Wahrheit ausdrücken.«

Ich fragte Kostas, woher er wisse, daß der Buddha tatsächlich eine solche Prophezeiung geäußert habe. Obwohl ich selbst kein Experte auf dem Gebiet des Buddhismus bin, hatte ich davon noch nie gehört. Kostas antwortete, diese Information stamme nicht aus einer schriftlichen Aufzeichnung, sondern von höheren Meistern, die Daskalos und ihm dieses Wissen weitergegeben hätten.

»Der Buddha prophezeite«, sagte Kostas mit Bestimmtheit, »daß binnen fünfhundert Jahren der Logos selbst herabsteigen und in einem menschlichen Körper inkarnieren werde. Mit anderen Worten: Buddha erkannte, daß der durchschnittliche Bewußtseinsstand auf unserem Planeten dann eine Stufe erreicht haben würde, die die Manifestation des Logos möglich und unausweichlich machte. Der Buddha hatte die Höhen des ›Dritten Himmels‹ erreicht. Auf dieser Stufe begann er, seine menschliche Gestalt zu transzendieren; seine Buddhaschaft war nicht zufällig. Nachdem er diesen Status erlangt hatte, vermochte er vorauszusehen, was geschehen würde, und teilte es seinen Schülern mit. Diese Prophezeiung veranlaßte die drei Magi aus dem Morgenlande, nach Bethlehem zu reisen, um dem neugeborenen Gottmenschen zu huldigen.

Der Christus-Logos«, fuhr Kostas fort, »ist im statischen Zustand des Absoluten auf ewig geboren und gekreuzigt. Und dieser statische Zustand manifestiert sich in Zeit und Raum, je nachdem, welche Bewußtseinsebene die Wesenheiten erreicht haben, die durch das Urbild des Menschen gegangen sind.

Versteht ihr, was ich sage?« fragte Kostas lächelnd und musterte seine aufmerksamen Zuhörer mit durchdringendem Blick. »Alle diese Realitäten« – seine Geste umfaßte den ganzen Raum – »sind im universellen Unterbewußten aufgezeichnet. Sie befinden sich im statischen Zustand und kommen an die Oberfläche, wenn Menschen eines bestimmten Planeten als Kollektiv jene Bewußtseinsstufe erreicht haben, die die Manifestation – oder, wenn ihr so wollt: den erneuten Ausdruck – dieser bestimmten Gegebenheit im statischen Zustand erlaubt.

Was auch immer wir jetzt in diesem Augenblick tun, zum Beispiel diese Bewegung« – er schob einen Bleistift von der einen Ecke des Tisches in die andere –, »ist in dem statischen Zustand des universalen Gedächtnisses eingeprägt.«

»Kosta, ich denke, die folgende Frage dürfte viele von uns interessieren«, sagte ich: »Kann es sein, daß alles vorbestimmt ist? Wenn du einmal in den statischen Zustand vorstößt, kannst du – wie zum Beispiel der Buddha – voraussehen, was in Jahrhunderten geschehen wird. Ist das nicht Prophetie? Und worin unterscheidet sich die Voraussage des Buddha von jeder anderen Prophezeiung, die, wie wir hörten, nur als Darstellung einer Wahrscheinlichkeit zu betrachten sei, die eintreten mag oder nicht?«

»Was der Buddha sagte, war keine Prophezeiung im Sinne einer Vorhersage von Ereignissen, die in Zeit und Raum geschehen würden. Er sah einen strukturellen Wendepunkt in der Entwicklung der Menschheit voraus. Einem fortgeschrittenen Meister ist es möglich, mit mathematischer Präzision zu erklären, welche Stufen die Menschheit in ihrer Evolution zur Vollkommenheit hin gehen muß. Diese Stufen sind bereits festgelegt. Sie sind Teil des Plans, nach dem sich die Ereignisse in Zeit und Raum entfalten werden.«

»Gilt dies auch für andere Planeten?« fragte jemand aus den hinteren Reihen.

»Aber natürlich. Es gibt andere Planeten, auf denen die Menschenwesen sich nicht auf die gleiche Weise fortbewegen wie wir hier. Sie reiten zum Beispiel auf Eseln. Ihre Technik ist noch primitiv, und ihr kollektives Bewußtsein ist noch nicht so weit entwickelt wie unseres. Es gibt Populationen, die das Rad erst noch entdecken müssen, und es gibt Menschen auf Planeten, die uns auf ihrem Entwicklungsweg voraus sind.

Manchmal ist es nicht sehr klug, Offenbarungen über die zukünftigen Stufen etwa der technischen Entwicklung auf unserem Planeten zu machen, weil die Menschen selbst auf ihrer heutigen Bewußtseinsstufe solches Wissen übereilt gebrauchen und damit den Weg zur Selbstzerstörung beschreiten könnten. Doch wir dürfen natürlich den göttlichen Schutz nicht vergessen, eine Ausdrucksform der göttlichen Barmherzigkeit.«

»Diese Stufen in der Entwicklung des menschlichen Bewußtseins bilden das archetypische Gerüst der Evolution, das in dem statischen Zustand zu finden ist. Sie sind überall die gleichen«, ergänzte jemand.

»Genau. Das ist der göttliche Plan«, erwiderte Kostas.

»Ein fortgeschrittener Meister«, fuhr ich fort, um Kostas zu einer weiteren Klärung dieses Punktes zu veranlassen, »kann mit mathematischer Genauigkeit die Stufen der menschlichen Entwicklung bis hin zur Theose voraussagen – nicht jedoch die historischen Einzelheiten, die sich von einer Stufe zur nächsten entfalten können. Das ist der Raum, in dem die menschliche Freiheit sich entfalten kann.«

»Sehr gut.«

»Und du sagst weiter«, fuhr ich fort, »daß die Inkarnation des Christus-Logos im Körper des Jesus von Nazareth nicht nur ein historisches Ereignis innerhalb von Zeit und Raum auf diesem Planeten war, sondern einen strukturellen Wendepunkt in der Evolution des menschlichen Bewußtsein hier auf dieser Erde kennzeichnet. Du sagst, daß der Christus auf jeden

Fall in menschlicher Gestalt geboren werden *mußte*, sobald das kollektive Bewußtsein der Menschheit auf diesem Planeten eine gewisse Reife erreicht hätte.«

»Genau. Das Herabsteigen des Christus in eine menschliche Gestalt war nicht nur ein historisches Ereignis innerhalb der Entfaltung der Phänomene. Es ist eine Stufe, die auf jedem Planeten erreicht wird, auf dem die menschliche Evolution sich entfaltet. Wie ich bereits sagte, ist es Teil des statischen Zustandes im Absoluten. Die Inkarnation des Gottes-Logos kommt der Menschheit auf der Stufe der kollektiven spirituellen Entwicklung entgegen, um den Menschen erkennen zu helfen, daß ihre Bestimmung heißt, selbst Götter zu werden.«

Aus dem Kreis der Zuhörer kamen noch weitere Fragen zu diesem Thema, und der lebhafte Gedankenaustausch dauerte bis 23 Uhr.

Ich stieg in meinen Wagen, stellte das Radio auf einen Sender ein, der gerade klassische Musik brachte, und machte mich auf den einstündigen Rückweg nach Nicosia. Zu so später Stunde war kaum Verkehr auf der Straße. Ich ließ meine Gedanken wandern und sann nach über die Unterweisung, die ich gerade erlebt hatte, und über den Gedankenaustausch mit Daskalos am Tage zuvor.

Kostas' Aussagen über die Bedeutung der Inkarnation Christi erinnerten mich an das, was der deutsche Wissenschaftler und Hellsichtige Rudolf Steiner* in seinem Werk *Das Christentum als mystische Tatsache* geschrieben hatte. Ich war ganz sicher, daß weder Kostas noch Daskalos je etwas über Steiner gelesen oder gehört hatten. Ihre Worte über die *strukturelle* Bedeutung des Christus für die Evolution des menschlichen Bewußtsein konnten also kein übernommenes Bücherwissen sein. Am wichtigsten war jedoch, daß sich diese Aussagen logisch in die kosmische Gesamtschau der Lehren Yohannans einfügten, wie sie von Kostas und Daskalos dargestellt wurden. Insbesondere erklärte das für mich den scheinbaren Widerspruch, daß die Zukunft einerseits eine Wahrscheinlichkeit ist, das Kommen des Logos andererseits aber eine Gewißheit – was sowohl Buddha als auch Johannes der Täufer mit Bestimmtheit und Genauigkeit prophezeit hatten.

Die Lösung dieses Paradoxons liegt in der Unterscheidung zwischen Prophetie als Bild der Wahrscheinlichkeit sich entfaltender Ereignisse, die stattfinden mögen oder nicht, und der Weissagung als Frucht des Eintretens eines Meisters in den statischen Zustand des universalen Gedächtnisses, in dem man vollkommenes Wissen über die archetypischen Stufen erlangen kann, die auf dem Evolutionswege noch vor uns liegen. Eine solche Stufe war die Inkarnation des Christus-Logos in menschlicher Gestalt.

7

Erwachen eines Meisters

Ende August 1987 kehrte ich nach Maine zurück, um meine Lehrtätigkeit wieder aufzunehmen und mit der Arbeit an den Aufzeichnungen zu beginnen, die ich im Laufe der Sommermonate zusammengetragen hatte. Nachdem ich mir von meiner Universität für die Dauer des Frühlingssemesters 1988 einen Urlaub gesichert hatte, kehrte ich an Weihnachten nach Zypern zurück. Dieses Arrangement bot Emily, den Kindern und mir den Luxus, acht Monate lang auf der Insel bleiben zu können. Es war eine großartige Gelegenheit, tiefer in die Welt von Daskalos und Kostas einzutauchen.

Es war eine aufregende Zeit, in der wir auf die Insel zurückkehrten. Im Januar 1988 hatte das politische Fieber seinen Höhepunkt erreicht; die Präsidentschaftswahlen waren nur noch wenige Wochen entfernt. Der weihnachtliche Schmuck war durch Wahlkampfplakate ersetzt worden, und politische Parolen warben für die wichtigsten Kandidaten. Auch die spirituellen Meister blieben von der politischen Aufregung um sie herum nicht unberührt. Viele unserer Gespräche in jener Zeit handelten nicht von den Attributen des Absoluten, sondern drehten sich um die Qualitäten der Kandidaten und die Leidenschaften, die durch die zündenden Wahlkampagnen entfacht wurden.

An einem Februar-Morgen erwachte ich, als es gerade fünf Uhr war. Ich öffnete die Haustür, um frische Luft zu schnappen. Als ich gerade dabei war, die Morgenluft tief einzuatmen, bemerkte ich ein Flugblatt, das auf der Veranda lag. Ich nahm es auf. »Wie viele Jahre noch sollen wir unter dem Damoklesschwert leben?« hieß die Überschrift. Ich las weiter.

> Es ist bitter und tragisch, heutzutage Zypriot zu sein. Über unseren Köpfen hängt an einem seidenen Faden ein Damoklesschwert. Jeden Morgen fragen wir uns beim Erwachen: »Und wenn der Faden heute durchgetrennt wird?« Landsleute, unsere Tage sind gezählt. In dieser Zeit, da andere zivilisierte Völker breite Straßen in eine strahlende und sichere Zukunft bauen, leben wir Zyprioten in ständiger Unsicherheit und Ungewißheit. In unserem eigenen Land lauern und warten die türkischen Invasoren. Die Zeit arbeitet für sie, und wir wissen nicht, was sie noch mit uns vorhaben ...
>
> Landsleute, wie lange noch sollen wir unter dieser schrecklichen Bedrohung leben? Wie lange noch werden wir in dieser erstickenden, ausweglosen Situation festgehalten? Wie lange noch sollen wir in dieser scheinbaren Ruhe, in der Ruhe vor dem Sturm »leben«? Wie lange noch leben wir unter Bedingungen, die unsere Ziele vergiften, die unsere Pläne und Visionen zunichte machen und mit ihrer unerträglichem Sinnlosigkeit jede Anstrengung und Hoffnung für die Zukunft im Keim ersticken?

Die Proklamation war von einer der führenden Oppositionsparteien veröffentlicht worden, die darum wetteiferten, die amtierende Regierung abzulösen. Sie führten einen wirkungsvollen Wahlkampf und warfen dem Regime von Präsident Kyprianou grobe Inkompetenz im Umgang mit dem »nationalen Problem« in den vergangenen zehn Jahren vor sowie mangelndes Engagement bei der Suche nach einer friedlichen und raschen Lösung des Zypern-Problems. Die griechischen Zyprioten hatten allgemein das Empfinden, daß ihnen die Zeit weglaufe und daß die Bedrohung durch die Türken mit ihrer immer massiveren militärischen Präsenz im besetzten Teil der Insel von Tag zu Tag zunehme. Man fürchtete, daß die Türken letztlich die ganze Insel erobern wollten.

Die Zukunftsängste begannen bereits im Jahre 1960. Damals wurde Zypern nach fünf Jahren blutiger Untergrundrebellion von der britischen Kolonialregierung in die Unabhängigkeit entlassen und zur Republik ausgerufen, nachdem die Insel seit 1878 von den Briten besetzt und seit 1925 als Kronkolonie beherrscht war. Die Unabhängigkeit war ein Kompromiß; das Ziel der Revolte war, die Insel mit Griechenland zu vereinigen. Aber aufgrund des heftigen Widerstandes der Türken, die etwa 18 Prozent der etwas über eine halbe Million umfassenden Bevölkerung ausmachten, konnten sich die nationalistischen Bestrebungen der griechisch-zypriotischen Mehrheit nicht erfüllen.

Tiefes Mißtrauen und Haß zwischen den beiden Volksgruppen ließen den komplizierten Verfassungsentwurf als unpraktikabel scheitern, und um Weihnachten 1963 flammte der alte Streit wieder auf. Im Jahre 1974 setzten türkische Truppen vom an der engsten Stelle nur etwa sechzig Kilometer entfernten Festland auf die Insel über und überschwemmten Zypern unter dem Vorwand, die Minderheit der türkischen Bewohner beschützen zu müssen. Dieses für die griechischen Zyprioten vernichtende Erlebnis trat nur wenige Tage nach einem mörderischen Putsch ein, der von der in Griechenland seinerzeit herrschenden Militärdiktatur herbeigeführt wurde und die Regierung von Erzbischof Makarios III. stürzte. Nach jenem schicksalhaften und umwälzenden Geschehen – die Türkei eroberte etwa vierzig Prozent der Insel, und fast zweihunderttausend Menschen wurden zu Flüchtlingen – traf ich Daskalos und Kostas zum ersten Male, und meine Forschungs- und Lehrzeit bei ihnen begann.

Die Politik stand im Mittelpunkt jeder Unterhaltung auch bei Zusammenkünften von Mystikern, Esoterikern und Metaphysikern. Die Türken ließen keine Gelegenheit aus, ihre übermächtige Präsenz spürbar zu machen und damit die Drangsal der Griechen zu intensivieren. An den der griechischen Seite zugewandten Hang des Berges Pendadaktylos meißelten die Türken eine riesige Flagge ihres einseitig erklärten Staates (eines aus Sicht der Griechen Pseudostaates) und schrieben darüber in gigantischen Buchstaben, die man noch über eine Entfernung von 15 Kilometern deutlich lesen konnte, die provozierenden türkischen Worte NE MUTLU TÜRKÜM DIYENE [Ich bin stolz, ein Türke zu sein].

Daskalos liebte die türkischen Zyprioten und ließ keine Gelegenheit aus, dieser Zuneigung Ausdruck zu geben. Die Invasion durch die Türkei, sagte er, sei weder Zufall noch Panne. Aus seiner Sicht war es der Ausgleich alten Karmas. »In Wirklichkeit«, sagte er wiederholt, »sind nicht die Türken oder die türkischen Zyprioten der Feind, sondern wir selbst. Daran müssen wir arbeiten.«

Die türkischen Zyprioten erwiderten die Zuneigung von Daskalos. Zu meinem großem Erstaunen wurde mir dies bei mehreren Gelegenheiten bestätigt. Die letzte Geschichte, die ich hörte, erfuhr ich von einem guten Freund, einem Diplomaten der Vereinten Nationen, der auf Zypern mehrere Jahre Dienst tat. Bei einer Gesellschaft auf der türkischen Seite fragte er einen der türkischen Politiker, ob sie »von dem Mann Daskalos« gehört hätten. Der UN-Diplomat berichtete: »Er [der türkisch-zypriotische Politiker] schwieg. Da fragte ich ihn: ›Bist du vielleicht gegen das, was dieser Mann tut?‹ – ›Nein, nein‹, erwiderte er, ›im Gegenteil. Er hat einem Verwandten von mir das Leben gerettet. Vor dreißig Jahren war mein Vetter todkrank, die Ärzte gaben ihm nur noch wenige Wochen zu leben. Er wurde zu Daskalos gebracht, und dieser heilte ihn. Mein Vetter lebt heute noch. Was für ein erstaunlicher Mensch!‹« In der Tat erzählte dieser selbe türkisch-zypriotische Politiker, der als einer der Erzfeinde der Griechen gilt, meinem Freund am Ende ihres Gesprächs: »Daskalos ist einer der wenigen wirklich mitfühlenden Menschen auf dieser Insel.«

Daskalos hatte eine einfache Erklärung für die Zuneigung der Türken. »Wenn du Menschen wirklich liebst, ist es ganz natürlich, daß sie auch dich lieben.« Die griechischen Zyprioten, bemerkte er häufig, würden ihre Probleme nur lösen, wenn sie ihre türkischen Landsleute wirklich zu lieben lernten. Und dies, pflegte er hinzuzufügen, gelte in gleicher Weise für die Türken. Andernfalls wird das Karma sie wieder und wieder in ähnlichen Situationen zusammenführen, damit sie lernen, jene zu lieben, die sie in ihrer Ignoranz für ihre Todfeinde halten.

So wirkt das Karma. Die Leidenschaft des Hasses führt jene, die sie hervorgebracht haben, immer wieder in entsprechenden historischen Situationen zusammen, auf daß die früheren Feinde sich in liebevolle Freunde verwandeln können. Solche historischen Situationen sind nur zu überwinden, wenn im Bewußtsein der Menschen eine psychologische Wandlung stattfindet. Deshalb, sagte Daskalos, bieten die Tragödien und das Elend, die durch die türkische Invasion entstanden sind, große Chancen zu spirituellem Wachstum und Transformation für die Menschen, die sich zur Zeit als griechische und türkische Zyprioten inkarnieren.

Um sechs Uhr morgens war ich auf meinem Weg nach Limassol zu Kostas, dem ich mich bei seiner ganztägigen Fahrt in das Gebiet der Kokkinochoria anschließen wollte. Er hatte in diesem Kartoffelanbaugebiet Zyperns regelmäßig einige Dörfer zu besuchen, um geschäftliche Angelegenheiten zu erledigen. Ich hielt die Fahrt für eine glänzende Gelegenheit, einen ganzen Tag mit ihm zusammenzusein, ihm unterwegs Gesellschaft zu leisten und über Themen zu plaudern, die mit der Erewna zusammenhingen. Antonis, ein Freund und seit kurzem Mitglied von Kostas' Kreisen in Limassol, schloß sich uns aus dem gleichen Grunde an. Er war fünfundvierzig Jahre alt, ein erfolgreicher Architekt mit scharfem, sachlichem Intellekt. Antonis war ein eifriger Leser von philosophischen und wissenschaftlichen Büchern. Wie Kostas hatte er in England studiert und war ebenfalls Flüchtling aus Famagusta. Antonis begann sich für die Lehren von Daskalos und Kostas zu interessieren, nachdem seine Schwester, eine alte Schülerin von Kostas, ihn mit der Philosophie der Erewna bekanntgemacht hatte.

Antonis nahm sich einen Arbeitstag frei, um mit uns zu sein und zu genießen, was er und ich uns als eine ausführliche und dankbare Konversation vorstellten. Wir verließen Limassol etwa um halb acht Uhr morgens. Kostas saß neben Antonis, der sich als Fahrer angeboten hatte. Ich saß auf der Rückbank und genoß die Strahlen der Morgensonne und das tiefe Blau des Mittelmeers. Am Vortag hatte es geregnet, und die Erde leuchtete in frischen Farben.

Wir plauderten eine Weile über lokalpolitische Entwicklungen und tauschten unsere Vermutungen über den Ausgang der bevorstehenden Präsidentschaftswahlen aus. Als ich das Gefühl hatte, daß die entspannte und zwanglose Art unserer Konversation den Weg zu einer tiefergehenden Diskussion ebnete, stellte ich Kostas einige persönliche Fragen.

»Wie wurdest du zum Mitglied in den Kreisen des Daskalos, und wie entwickeltest du deine Heil- und psychonoetischen Fähigkeiten?« Ich sprach meine Frage aus, sobald wir das Stadtgebiet von Limassol hinter uns gelassen hatten und auf der neuen Schnellstraße fuhren, die den Ort mit den anderen Städten auf der Insel verband. Irgendwie hatte ich das Empfinden, Kostas habe meine Frage erwartet, denn er begann ohne Überraschung oder Vorbehalte, uns mehr über sich zu erzählen, als ich es je im Laufe der etwa zehn Jahre erlebt hatte, die ich ihn nun kannte.

»Schau, Kyriaco«, begann er, »ich habe mich seit meiner Kindheit für diese Dinge interessiert. Ich erinnere mich: Ich war noch in der Grundschule, als mir einige Bücher in die Hand fielen, die unter anderem auch von Hypnose handelten.

Ich konnte sie kaum verstehen, und doch fühlte ich mich von ihnen angezogen, und ich strengte mich an, einige der Übungen und Experimente durchzuführen, die die Autoren vorschlugen. Sie wiesen den Leser zum Beispiel an, sich auf einen bestimmten Gegenstand zu konzentrieren. Das übte ich regelmäßig, stundenlang.«

»Das hast du schon als Kind geübt?« fragte Antonis überrascht.

»Ja, Antoni, ich ging damals in die Grundschule. Eines Tages kam meine Mutter herein und sah mich, wie ich auf dem Bett saß und in die Ecke des Zimmers starrte. Sie blickte mich immer wieder an, kam näher, und als sie entdeckte, daß ich ein gewisses Buch vor mir hatte, gab sie mir etliche Klapse auf mein Hinterteil und verbot mir, diese Bücher je wieder in die Hand zu nehmen«, berichtete Kostas schmunzelnd. Daskalos hatte mir schon früher einmal erzählt, daß Vater und Mutter von Kostas Mitglieder seiner Kreise in Famagusta gewesen waren, und daß er Kostas als Kind auf dem Schoß zu halten pflegte.

»Meine Träume«, fuhr Kostas fort, als Antonis und ich ihm mit großem Interesse lauschten, »waren mir etwas Selbstverständliches, wie ein zweites Leben. In Wirklichkeit hatte ich keine Ahnung, was mit mir geschah. Ich dachte, alle Menschen hätten die gleichen Erlebnisse wie ich.

In der Grundschule entdeckte ich, daß ich verschiedene Dinge mit bloßer Gedankenkraft bewegen konnte. Ich pflegte Gegenstände an einen Faden zu hängen und brachte sie dazu, wie ein Pendel nach links und rechts zu schwingen. Ich hielt es für ganz natürlich, so etwas zu tun. Ich verschob auch leere Streichholzschachteln, indem ich mich auf meine Fingerspitzen konzentrierte. Meine Hand wurde dabei wie ein Magnet, der die Streichholzschachtel anzog. Natürlich sind solche Phänomene jetzt nicht mehr erlaubt.«

»Warum nicht?« fragte Antonis.

»Weil sie die Menschen schockieren und provozieren.«

»Und wenn du so etwas im Privaten tust, ganz für dich?« fragte Antonis weiter.

»Warum sollte ich das? Ich weiß doch, daß ich es kann. Warum sollte ich kostbare Energie vergeuden, die zum Heilen verwendet werden muß? Außerdem erfordert das Heilen viel größere Fähigkeiten als Gegenstände schwingen zu lassen, die an einem Faden herabhängen. Solche Dinge pflegte ich in meiner Jugend, als mir noch nicht bewußt war, was ich tat.«

Kostas erzählte uns kurz über sein Leben. Er wuchs in Famagusta auf, der seinerzeit wichtigsten Hafenstadt Zyperns. Ohne die türkische Invasion, meinte Kostas, wäre er heute Multimillionär, da seine Familie umfangreichen Landbesitz in dem damals von Touristen gefragtesten Teil der Insel hatte. Kostas wuchs wohlhabend auf, und sein Ingenieurs-Studium in England war eine Vorbereitung für die Übernahme des väterlichen Unternehmens, das zur Transport-Branche gehörte. Aber sein Karma machte ihn zum mittellosen Flüchtling, der um sein wirtschaftliches Überleben kämpfen und sich in der sehr konkurrenzreichen levantinischen Geschäftswelt Zyperns behaupten mußte. Kostas hoffte wie Tausende anderer Flüchtlinge irgendwann in seine Heimatstadt zurückkehren zu können.

»Ich hörte schon als Kind von Daskalos«, sagte er, »weil meine Eltern zu den Kreisen der Wahrheitsforscher gehörten. Welche Probleme auch meine Familie hatte – ich meine damit die verschiedensten Krankheiten –, sie pflegten zuerst Daskalos zu konsultieren. Als ich jedoch die Oberschule abschloß und die Universität in England besuchte, war ich an solchen Dingen nicht mehr interessiert. Erst später – im Jahre 1972, also mehrere Jahre nach meiner Rückkehr aus England – begann ich mich wieder für spirituelle Themen zu interessieren und besuchte eine der Zusammenkünfte von Daskalos. Damals eröffnete Daskalos seine Kreise wieder, nachdem diese Arbeit sieben Jahre lang geruht hatte. Yohannan hatte Daskalos Weisung erteilt, die Kreise wegen einiger Probleme für die Dauer von sieben Jahren zu schließen.

Als ich seinerzeit zum ersten Mal eine seiner Zusammenkünfte besucht hatte, kam ich nach Hause und setzte mich ins Wohnzimmer. Meine Frau und unser Sohn schliefen bereits. Ich sah eine Weile fern, aber es wurde nichts Interessantes ausgestrahlt, und so drehte ich das Gerät aus. Ich saß da und dachte über Daskalos' Unterweisung nach. Plötzlich gelangte ich bei vollem Bewußtsein in eine andere Daseinsebene. Das Fernsehgerät verschwand vor meinen Augen. Die Wände um mich herum wichen zurück, und ich fand in ein strahlendes, sterngleiches, brillierendes Licht. Was für ein Licht! Es war nicht von dieser Welt. Ein solches Licht kann man hier, in dieser Dimension, nicht erleben. Die Euphorie, die mich dabei erfüllte, übertraf alles, was man sich vorstellen kann. Es gibt keine Worte, um zu beschreiben, was ich empfand.«

»Wie lange befandest du dich in diesem Zustand der Ekstase?« fragte ich.

»Ich weiß es nicht ganz genau, aber ich muß einige Zeit in diesem Zustand verbracht haben. Dann begann ich allmählich – *allmählich,* wohlgemerkt, nicht plötzlich oder abrupt –, wieder in diese Dimension herabzusteigen. Ich sah, wie sich Materie langsam im Schwingungsbereich der drei Dimensionen verfestigte. Ich beobachtete, wie die Wände des Zimmers Gestalt und Festigkeit annahmen. Das gleiche geschah mit den Möbeln, dem Fernseher und allen anderen Gegenständen im Zimmer. Langsam, ganz langsam landete ich in meinem Körper. Aber ich muß sagen, daß ich als Selbstbewußtheit nicht an einen anderen Ort gegangen war. Alles fand innerhalb desselben Raumes statt. Dies geschah nach meiner ersten Teilnahme an einer Zusammenkunft unter Daskalos' Leitung, während ich über die Unterweisung, die er uns gerade gegeben hatte, nachdachte und meditierte.«

»Wann hast du den Punkt erreicht, von dem an du nach Belieben in solche ekstatischen Zustände eintreten konntest?« fragte ich.

»Diese Fähigkeiten haben sich langsam im Laufe mehrerer Monate entfaltet«, antwortete Kostas. »Ich konnte dann jederzeit in solche Schwingungen eintreten, wann immer ich es wünschte. Doch ich muß sagen, daß ich schon gleich am nächsten Tage zu experimentieren begann. Ich wartete, bis meine Familie eingeschlafen war, ging dann ins Wohnzimmer und setzte mich in den gleichen Sessel. Dann versuchte ich, erneut in jenen ekstatischen Zustand zu gelangen. Es funktionierte!« sagte Kostas triumphierend.

»Wie ist es dir gelungen?« fragte ich.

»Das kann ich dir unmöglich sagen«, antwortet Kostas und lächelte.

»Hat Daskalos dir vielleicht eine geheime Meditationsübung gezeigt, die dich in jenen Zustand versetzte?«

»Nein, nichts dergleichen, nicht schon so früh. Sagen wir, es ergab sich eben einfach von selbst.«

»Was geschah noch mit dir in jener Anfangszeit?« fragte Antonis sehr interessiert.

»Das Traumleben wurde für mich eine größere, wesentlichere Realität. Natürlich – ich sagte es euch bereits – hatte ich schon immer lebhafte Erlebnisse mit Träumen und anderen seltsamen Phänomenen gehabt. Aber in der Vergangenheit hatte ich keine Erklärung dafür. Es war für mich alltäglich, und so nahm ich davon nicht viel Notiz. Meine Träume waren so lebendig, daß sie mir vorkamen wie ein zweites Leben. Ich konnte die Ereignisse in meinen Träumen oft nicht von meinem täglichen Leben trennen. Ich dachte damals, solche Erlebnisse seien gewöhnlich und jedermann bekannt. Später, durch meine Beschäftigung mit der Erewna, lernte ich dann, mir einen Reim auf die meisten Dinge zu machen, die ich im Traum erlebte.«

»Wenn du sagst, daß du in deinen Träumen gelebt hast, was hast du eigentlich getan?« fragte ich.

»Ich war voll bewußt in meinen Träumen und konnte alles tun, was ich wünschte. Mit anderen Worten: Ich war ein völlig rationales Wesen innerhalb meines Traumlebens. Wenn ich irgendwohin gehen wollte, konnte ich das tun. Darüber hinaus waren meine Träume durch Kontinuität und Zusammenhang charakterisiert. Ich sprang nicht von einem völlig unzusammenhängenden Traumerlebnis zu einem anderen weiter, wie es die meisten Menschen tun. Bei meiner Beschäftigung mit Menschen und der menschlichen Natur habe ich festgestellt, daß die meisten in ihrem Traumleben ohne Zusammenhang von einer Episode zu einer anderen springen. Sie werden mitgerissen in ihren Träumen von dem, was wir psychonoetische Winde nennen.«

»Warum ist das so?« fragte Antonis, als er den Wagen anhielt, um eine Schafherde über die Straße ziehen zu lassen.

»Weil die Bewegung in jenen Schwingungsbereichen das Produkt des Denkens ist. Wenn du deine Gedanken nicht zu beherrschen verstehst, bist du auf Gedeih und Verderb ihrer Launenhaftigkeit ausgesetzt.«

»War die Entfaltung deines Traumlebens und die zunehmende Bewußtheit in deinen Träumen eine Folge der Übungen, die Daskalos dir zeigte?«

»Nein«, antwortete Kostas bestimmt. »Das sind Dinge, die ich schon immer erlebt hatte.«

»Dann hast du diese Fähigkeiten also aus früheren Leben mitgebracht«, bemerkte Antonis.

»Natürlich. Diese Erlebnisse entsprangen meinem Inneren. Sie waren nicht die Frucht eines äußeren Trainings in der jetzigen Inkarnation. Ja, als das Wissen aus meinem Inneren hervorkam, versuchte Daskalos sogar, mich zurückzuhalten. Du kannst ihn danach fragen«, sagte Kostas lachend und wandte sich zu mir um.

»Warum wollte er dich zurückhalten?« fragte ich verwundert.

»Weil er sich zuerst sorgte, daß ich nicht fähig sei, mit dem Wissen und den Erinnerungen fertig zu werden, die da hervorkamen. Wenn ich ihm gegenüber beispielsweise erwähnte: ›Weißt du, ich bin Soundso begegnet‹ – das heißt, jemandem, der nicht in dieser Dimension lebte –, reagierte er erstaunt. ›Wo bist du ihm begegnet?‹ fragte er.«

»Woher kannte Daskalos jene Person?« fragte ich.

»Nun, er kannte ihn eben zufällig ebenfalls«, antwortete Kostas und schmunzelte. »Eines Tages sagte ich zu ihm: ›Ich fange jetzt an, das Leben von der und der Person zu führen.‹ – ›Heilige Jungfrau!‹ sagte er. Ich begann in meine früheren Leben einzutauchen. Auf diesem Gebiet hat mir Daskalos wirklich überhaupt nicht geholfen. Aber die Dinge ergaben sich von selbst.«

»Willst du damit sagen, Daskalos habe dich bei deiner Entwicklung nicht unterstützt?« fragte ich.

»Natürlich half er mir. Was er mich lehrte«, erklärte Kostas, »erlaubte dem Wissen, das bereits in mir war, an die Oberfläche zu kommen.«

»Dann dienten dir die Lehren des Daskalos gewissermaßen als Katalysator«, vermutete ich.

»Genau. Das Wissen kam viel leichter zum Vorschein. Aber es war als Erfahrungswissen bereits in meinem Unterbewußten. Auf der Stufe, auf der ich jetzt bin, bräuchte ich nur den Schalter umzudrehen, und das Wissen würde wie ein Sturzbach hervorsprudeln.«

»Wie das?« fragte ich.

»Weil, Kyriaco«, fuhr Kostas fort und wandte sich wieder zu mir um, »ich das Wissen, das ich in früheren Leben aufgenommen und gelebt habe, auch noch in diesem derzeitigen Leben zum Ausdruck bringen soll. Doch es ist hier, in meinem Unterbewußten.« Kostas deutete auf seine Brust.

»Warum drehst du dann nicht den Schalter um?«

»Weil ich es nicht will«, antwortete Kostas und lächelte.

»Aber warum denn nicht?« drängte ich.

»Weil es meine gesellschaftlichen Verantwortlichkeiten in diesem Leben beeinträchtigen würde: meine Frau, meine Kinder, meine Familie. Ich muß an sie denken. Kannst du das nachvollziehen?«

(Daskalos hatte eine zusätzliche Erklärung. Er erwähnte einmal, daß Kostas sich oft »zurückgehalten« habe, weil er nicht wünschte, daß Daskalos diese Welt verlasse. »Er ist es, der mich als Gefangener in diesem Sack festhält«, sagte Daskalos und deutete auf seinen alternden Körper. »Er will mich einfach hier haben.«)

»In mehreren Inkarnationen, die wir beispielsweise in Peru hatten«, fuhr Kostas fort, »hatten wir gewaltige Macht inne. Ich sage euch, daß im Innern jener Berge [der Anden] riesige, noch nicht entdeckte Monumente sind, darunter auch Pyramiden.« Er sprach mit Bestimmtheit. »Sie wurden in Granit gehauen, wie es mit den heutigen technischen Mitteln und Möglichkeiten unmöglich nachzumachen ist. Glaube mir: Sie wurden nicht mit materiellen Werkzeugen und Techniken geschaffen«, sagte Kostas mit ironischem Unterton. »Das Wissen von Peru«, sagte er halb im Scherz mit breitem Lächeln, »befindet sich jetzt auf Zypern. Der einzige Unterschied zwischen meinem derzeitigen Leben und jenen peruanischen Inkarnationen ist, daß wir das Wissen heute aus der Perspektive des Christentums darstellen. Das ist es, was in meinem derzeitigen Leben hinzukam. Aber an allgemeinem Wissen und Macht besaßen wir damals mehr – oder, um genauer zu sein: wir manifestierten mehr, als wir es heute tun.«

»Deine Mission in diesem Leben ist also, dieses Wissen ins Christentum zu bringen«, bemerkte Antonis.

»Genau. Das hat Daskalos getan, und es ist auch meine Aufgabe.«

»Ich nehme an, Kosta, du würdest sagen«, fügte ich hinzu, »daß ihr, du und Daskalos, heute größeres Weisheitswissen ausdrückt als in jenen peruanischen Inkarnationen.«

»O ja, absolut«, antwortete Kostas und drehte sich zu mir um. »Wir manifestieren heute vielleicht nicht das technische Wissen des menschlichen Geistes, das wir damals repräsentierten, aber jetzt wirken wir von einer höheren spirituellen Ebene und Bewußtseinsstufe aus. Jede Inkarnation ist besser als alle vorausgegangenen. Welches Wissen auch immer wir jetzt verkörpern: wir zeigen es aus der Perspektive – man könnte sagen: durch die Linsen und Filter – des Christentums. Das ist ein großer Unterschied.«

»Ich nehme an, dieser Filter bestimmt, daß die Macht ausschließlich zum Dienen und Heilen eingesetzt wird«, bemerkte ich.

»Genau. Das ist der große Unterschied.«

Kostas wiederholte, daß er das Wissen, das er lehrte, nicht in seiner derzeitigen Inkarnation erworben habe. »Es fließt vielmehr von selbst aus der Quelle des Wissens.« Er sagte ferner, daß er und Daskalos völlig aufeinander eingestimmt seien; und was der eine lehre und kenne, wisse auch der andere.

»Wenn du einen Vortrag hältst, Kosta, bist du dir dann dessen, was du sprichst, völlig bewußt, oder verläßt das Wissen einfach deinen Mund, ohne daß du weißt, was du sprichst?« fragte Antonis.

»Ich muß sagen, daß ich recht häufig vieles von dem, was in meiner derzeitigen Inkarnation aus meinem Mund gekommen ist, zum ersten Mal erfahren und gehört habe. Das ist mir schon öfters geschehen. So etwas passiert gewöhnlich, wenn ich mich mit irgendeinem Thema noch nicht beschäftigt habe, bis jemand eine Frage dazu stellt. Dann kommt die Antwort einfach.«

Wir blickten auf die Straße vor uns und betrachteten die

vorüberziehenden Berge und Olivenhaine. Nach einigen Augenblicken des Schweigens fragte ich: »Über welche anderen Stufen bist du gegangen, um deinen derzeitigen Bewußtseinsstand zu erreichen?«

»Die Stufe«, antwortete Kostas, »auf der ich meinen Körper nach Belieben verlassen kann.«

»Gab es da ein spezifisches Erlebnis, das dich sozusagen aufgerüttelt oder aufgeweckt hat?« wollte ich wissen.

»Eines meiner frühesten Erlebnisse war, in die Zeit zu reisen, in der unser Planet noch eine Feuerkugel war, und diesen Zustand zu erfahren.«

»Warst du dabei bei vollem Bewußtsein?« fragte Antonis.

»Es gibt keine Worte, um jenen Zustand zu beschreiben. Das ist nicht nur eine Frage des vollen Bewußtseins, sondern etwas bei weitem Höheres. Ich war in einem überbewußten Zustand.«

»Bist du tatsächlich in der Zeit zurückgegangen? War es eine Erinnerung oder eine Illusion?« fragte Antonis leicht überrascht mit seiner typischen Skepsis. »Die Erde als Feuerkugel – das war vor mehr als einer Milliarde von Jahren«, fügte er hinzu.

»Du dringst einfach in dein Unterbewußtes ein«, sprach Kostas langsam und betont; »dort ist es.«

»Willst du damit sagen, daß du während oder sogar vor jenem geologischen Zustand des Planeten lebtest?« fragte Antonis wieder.

»Es spielt keine Rolle, ob ich damals lebte oder nicht. Aber ich kann dir verraten, daß ich später für mich selbst verifizierte, daß ich zu jener Zeit tatsächlich gelebt habe. Aber, wie gesagt, es ist nicht notwendig, zu jener Zeit selbst hier existiert zu haben, um in der Zeit zurückzugehen.«

»Wie macht man das?« fragte Antonis und wußte nicht recht, wie er Kostas' Behauptungen aufnehmen sollte.

»Du mußt ins Unterbewußte des Planeten eindringen«, antwortete Kostas und lächelte. »Alles ist in dir, und du bist in allem.«

»Aber wie konntest du existieren, während unser Planet in jenem feurigen Zustand war?« fragte Antonis, schüttelte den Kopf und lächelte ungläubig.

»Schau, Antoni«, führte Kostas seine scheinbar unannehmbare Behauptung aus: »Wie wir schon in früheren Unterweisungen gesagt haben, war der Planet Erde einmal viel größer, als er heute ist. Der ursprüngliche Planet hieß Maartouk.«

»In welcher Sprache?« fragte Antonis leicht sarkastisch.

»Maartouk ist die buchstäbliche Übertragung der Klangschwingungen des Namens jenes Ur-Planeten. Das ist keine Frage der Sprache, sondern der Klangschwingungen.«

»Ich verstehe.«

»Die Menschenwesen, die auf Maartouk lebten, erwarben große Macht, indem sie die Geheimnisse der Natur erschlossen. Sie hatten ehrfurchtgebietende psychische Fähigkeiten entwickelt, aber nicht ihre spirituelle Seite, ihr Bewußtsein. Infolgedessen brachten sie es fertig, den Planeten zu zerstören, und die Erde wurde ein kleinerer und feuriger Himmelskörper.«

»Was geschah mit dem Rest von Maartouk?« fragte Antonis.

»Er wurde zu den Asteroiden, die in unserem Sonnensystem kreisen.«

Kostas sagte, daß viele der Menschen, die heute auf der Erde lebten, reinkarnierte Bewohner des Urplaneten Maartouk seien. Im Gegensatz zu allem, was die Wissenschaft uns über die Vergangenheit sagt, behauptete Kostas, daß nach der Explosion von Maartouk organisiertes menschliches Leben auf dem Planeten Erde existiert habe: das menschliche Leben entwikkelte sich etwas später, während die feurigen Lavaströme überall auf dem Planeten flossen. Menschliches Leben existierte dann auf festen Oasen. Er behauptete, sich daran zu erinnern oder, genauer gesagt: diesen Zustand des Planeten lebhaft wiederzuerleben, sobald ihm seine früheren Inkarnationen ins Bewußtsein aufstiegen. »In Wirklichkeit«, sagte er und lachte ein wenig, »sind wir alle Maartoukianer.«

»Kannst du uns etwas über einige deiner früheren Leben erzählen?« bat Antonis.

Kostas lächelte. »Gestattet mir, mich vor dieser Frage zu drücken.« Kostas hatte mir schon bei früheren Begegnungen von einigen der lebhaft erinnerten früheren Existenzen erzählt, ohne dabei Einzelheiten über seine jeweilige Identität zu offenbaren. Er erwähnte zum Beispiel einmal, daß er – wie Daskalos – ein Maler im Italien der Renaissance gewesen sei. In seinem derzeitigen Leben, sagte er, könne er »noch nicht einmal einen Strich« zeichnen. Er wagte nicht, einen Pinsel in die Hand zu nehmen, weil seine Mission anders war und er nicht wünschte, »den Maler in sich« zu wecken.

»Kosta, warum bist du so entschieden dagegen, jemandem zu helfen, Erinnerungen an frühere Inkarnationen wiederzuentdecken?« fragte Antonis und schnitt damit einen heiklen Punkt an.

Das war ein Thema, zu dem Kostas sich sehr entschieden äußerte. Schon mehr als einmal hatte er Daskalos selbst scharf kritisiert, wenn dieser Hinweise auf frühere Leben eines Menschen gab. »Das ist nicht erlaubt«, erklärte Kostas seinem Meister ernst. Daskalos stritt über diesen Punkt nicht und gab zu, daß es vielleicht ein Fehler sei. Aber leider war Daskalos diesem Fehler ebenso verfallen wie dem Koffein. Er konnte seinen Enthusiasmus kaum beherrschen, wenn er jemanden kennenlernte, der, wie er behauptete, ihm in einem früheren Leben nahe gewesen war, in einem anderen Land und einer anderen Zeit. Kostas erzählte mir einmal, daß das Sprechen über frühere Leben nur den Egoismus stärke.

Antonis beschrieb ein »eigenartiges« Empfinden, das er erlebt hatte, als er eine indische Ausstellung in Europa besuchte, und fragte sich, ob es vielleicht mit einer früheren Inkarnation zu tun habe. Er fragte, ob Kostas ihm dazu etwas sagen könne.

»Nein, das kann ich nicht tun«, entgegnete Kostas, wie zu erwarten war. »Wenn ich dir Auskunft über solche Dinge gäbe, könnten Erinnerungen an die Oberfläche deines Unterbewußten kommen, und du nimmst vielleicht alle Empfindungen an, die mit jenem Bewußtseinszustand aus der früheren Inkarnation in Verbindung stehen.

Du siehst, mein lieber Antoni« – Kostas legte dem Freund liebevoll die Hand auf die Schulter –, »man soll in der Zeit erst dann zurückgehen, wenn man dazu bereit ist. Das wird dann ganz natürlich geschehen. Übereile nichts.«

»Komm schon, Kosta, sage es mir doch«, drängte Antonis scheinbar ernst. »Ich will herausfinden, warum ich jene Empfindungen hatte.«

»Siehst du, mein Freund«, antwortete Kostas, »jede neue Inkarnation ist besser als jede vorausgegangene. Wenn wir in der Zeit zurückgehen, gehen wir auch zurück auf eine tiefere Ebene des Bewußt- und Gewahrseins. Bevor wir solche psychischen Fähigkeiten entwickeln, müssen wir zuerst an den Chakren, den Bewußtseinszentren, arbeiten. Die Zentren psychischer Fähigkeiten verfrüht zu stimulieren, kann zu einem Chaos in der derzeitigen Persönlichkeit führen.«

»Warum?«

»Weil die Gesetze, die vom Absoluten erschaffen wurden, unsere Erinnerung sperren. Und das ist zu unserem Wohle.«

Kostas erklärte, daß die göttliche Barmherzigkeit die Pforten der Wahrnehmung und Erinnerung an frühere Leben verschlossen habe, um zu ermöglichen, daß sich unser spirituelles Wachstum unbeeinträchtigt durch störende Erinnerungen aus der Vergangenheit entfalte. Diese Erinnerungen künstlich hervorzuholen, hieße am Gesetz des Vergessens herumzupfuschen. Elementale früherer Leben, die inaktiv geworden sind, könnten mit größerer Energie wiederbelebt werden und hervorkommen, um in der derzeitigen Inkarnation herumzuspuken. Wenn eine gewisse Stufe der spirituellen Entwicklung erreicht sei, habe das Wiedererlangen der Erinnerungen an die Vergangenheit keine negativen Auswirkungen mehr auf das derzeitige Leben. Die Elementale der Vergangenheit bilden dann keine potentielle Bedrohung für die Gegenwart mehr. Das Individuum hat ihnen die Energie entzogen, indem es das Karma ausgeglichen hat.

»Die Rückführung in frühere Leben ist in Europa und Amerika Mode geworden«, warf ich ein.

»Das kann eine gefährliche Mode sein«, sagte Kostas nachdenklich. »Gott sei Dank gibt es die unsichtbaren Helfer, die eingreifen und eine Menge schlimmer Dinge verhindern, die den Menschen zustoßen könnten. Du wirst nie erleben, daß ich dir genau sage, wer du in einem früheren Leben gewesen bist. Solche Auskünfte wären ein Verstoß gegen das Gesetz. Und wie käme ich dazu, das Gesetz zu brechen?

Wenn es dir gelingt, die Erinnerung durch dein eigenes spirituelles Bemühen und Wachsen wiederzuerlangen, dann ist es in Ordnung. Aber angenommen, ich teilte dir mit, daß du in einem früheren Leben eine bestimmte Person gewesen bist – weißt du, was dann geschehen könnte? Glaube mir, du würdest höchstwahrscheinlich die Eigenheiten und Verhaltensweisen jener Person annehmen. Stell dir vor, wenn es der Name einer berühmten Person wäre, den ich dir nenne. Dann besorgst du dir vielleicht Bücher über jenen Menschen und liest sie aufmerksam. Und bevor du es merkst, beginnst du, dich wie jene Persönlichkeit zu verhalten. Denke nur daran«, fuhr Kostas nach einer nachdenklichen Pause fort, »keine Persönlichkeit einer früheren Inkarnation stand auf einer höheren Bewußtseinsebene als der, auf der du dich jetzt befindest.«

»Jede unserer Inkarnationen hat also ihren eigenen Sinn, richtig?« fragte Antonis und blickte zu Kostas hinüber.

»Korrekt.«

»Aber wenn es dir aus irgendeinem Grunde nicht gelungen ist, die Lektion zu lernen, die du lernen solltest, dann könnte das Zurückkehren in ein früheres Leben vielleicht ein Weg sein herauszufinden, wo du einen Fehler gemacht hast«, meinte Antonis.

Kostas lachte. »Glaube mir, es gibt keine Möglichkeit, dem Schmerz und der karmischen Schuld zu entkommen, wenn du die Lektionen nicht gelernt hast, die du lernen solltest. Du mußt dazu nicht in frühere Leben zurückgehen! Du wirst in der Zukunft bezahlen. Es sei denn, du änderst dein Bewußtsein.

Wenn du die Schwingungen deines Bewußtseins änderst, können Elementale der Vergangenheit, die dich banden, kann das Karma dich nicht mehr beeinflussen. So funktioniert es. Das versuchen wir als Wahrheitsforscher zu tun. Sobald du die Schwingung deines Bewußtseins anhebst, üben die Erinnerungen an frühere Leben keinen Einfluß auf deine gegenwärtige Inkarnation mehr aus. Dann bist du befreit von dem Gesetz, das dich in den verschiedenen Inkarnationserfahrungen festhält.«

Wir waren so in unser Gespräch vertieft, daß wir, ehe wir uns versahen, schon die Ruinen der römischen Aquädukte passierten, die vor dem Stadtrand von Larnaca standen. Kostas hatte in der Stadt einige Geschäfte zu erledigen, Antonis und ich warteten in einem Café am Meer auf ihn.

(Früher war Kostas der Handelsvertreter der Shell-Mineralölgesellschaft im Bezirk Famagusta gewesen. Durch die türkische Invasion der Insel im Jahre 1974 verlor Kostas all seine Einkünfte und seinen Besitz, einschließlich seiner Berechtigung, Treibstoff an die Shell-Tankstellen des Bezirkes zu liefern. Nur wenige Dörfer im Bezirk Famagusta blieben von der Invasion verschont. Kostas vertrat weiterhin die Gesellschaft für die wenigen Tankstellen, die außerhalb des besetzten Gebietes übrig waren. Er hatte mir jedoch mitgeteilt, daß es eine wirtschaftliche Belastung für ihn sei, diese Tankstellen weiter zu beliefern. Er machte dabei nicht nur keinen Gewinn, sondern oft sogar Verluste. Trotzdem behielt er das Exklusivrecht, Treibstoff an diese Tankstellen zu liefern, in der Hoffnung, daß Famagusta eines Tages wieder seinen rechtmäßigen Einwohnern überlassen würde. Als ich meine Vermutung äußerte, daß die Invasion vielleicht seine spirituelle Entwicklung beschleunigt habe, widersprach er mir. Er sagte, daß sein allmähliches Erwachen schon vor der Invasion durch die Türken begonnen habe, und daß er, wenn er in sicheren wirtschaftlichen Verhältnissen gelebt hätte, seine ganze Zeit und den größten Teil seines Besitzes der Erewna gewidmet hätte. »Aber«, meinte er seufzend und mit schmerzlichem Lächeln, »es sollte nicht sein. Ich mußte diese karmische Erfahrung machen.«)

Nach einem angenehmen philosophischen Plauderstündchen mit Antonis kam Kostas zurück, und wir setzten unsere Fahrt fort, um einige der nahen Küstenorte im nicht besetzen Teil der Region um Famagusta zu besuchen, die nach ihrer fruchtbaren roten Erde als die Kokkinochoria (»rote Dörfer«) bezeichnet wurden.

Wir ließen Larnaca hinter uns und fuhren nordwärts, das Meer zur Rechten. Wir passierten den britischen Militärstützpunkt bei Dhekélia und folgten der Straße, die die Grenze zwischen dem von den Türken besetzten Gebiet und der übrigen Insel bildete. Wir fuhren direkt auf der Grünen Linie. Links von uns waren die türkischen Fahnen und Soldaten der Beobachtungsposten; zur Rechten wehten die griechischen und zypriotischen Flaggen, die Außenposten waren von griechischen Soldaten besetzt. Es war für mich ein unheimliches Gefühl, auf dieser Straße zu fahren, die ich seit der Invasion nicht mehr befahren hatte. Wir schwiegen den größten Teil der Strecke, jeder von uns sann nach über die tragischen Ereignisse des Jahres 1974, die zu diesem bedrückenden Zustand geführt hatten. Schließlich bogen wir nach rechts in Richtung Liopetri und entfernten uns damit von den Barrikaden.

In dem Versuch, an unser Gespräch über das Erwachen des Meisters Kostas wieder anzuknüpfen, fragte ich, ob es irgendwelche anderen Erlebnisse während seiner frühen Verbindung mit der Erewna und Daskalos gegeben habe, die man als Wendepunkte in seiner spirituellen Entwicklung bezeichnen könne. Nach einer kurzen Pause schilderte Kostas, was er eines Tages erlebt hatte, als er bei vollem Bewußtsein und hellwach im Bett lag.

»Plötzlich war ein Teil von mir oberhalb meines Körpers und ein anderer war knapp unterhalb der Zimmerdecke. Es waren vollständig ausgebildete Körper von der gleichen Gestalt wie mein grobstofflicher Leib. Ein weiterer Körper von mir befand sich halb unter dem Dach, die andere Hälfte oberhalb des Daches. Und ich konnte mich wirklich oberhalb des Hauses umsehen. Ein anderer Teil von mir war innerhalb der Mauer. Ich sah und beobachtete gleichzeitig mit allen diesen Körpern, einschließlich des grobstofflichen.«

»Konventionelle Psychologen«, sagte ich leichthin, »würden dir alle möglichen Psychopathien nachsagen, wenn du ihnen einen solchen Zustand schildertest.«

»Unsinnig«, charakterisierte Kostas spöttisch das herkömmliche psychologische Denken. »Das sind Erfahrungen des überbewußten Selbstgewahrseins. Es gibt viele Formen der Überbewußtheit. Dieser Typ ist eine davon.«

»Alle diese Erfahrungen, von denen du gesprochen hast, Kosta«, bemerkte ich, »wie die Ekstasen, Erinnerungen an frühere Leben, das Eintreten in das Unterbewußte des Planeten und das Erleben seines feurigen Zustandes, die Reisen außerhalb des Körpers sowie die bewußte Präsenz an mehr als einem Ort zur gleichen Zeit und so weiter hast du als psychische Fähigkeiten behalten. Ist das korrekt?«

»Ja, aber zuerst geschahen diese Erlebnisse einfach, ohne daß ich bewußte Kontrolle darüber hatte. Allmählich und mit viel Übung entwickelte ich die Beherrschung dieser und vieler anderer psychonoetischer Bewußtseinszustände. Ich hatte zum Beispiel anfänglich keine Gewalt über meine Eksomatosen. Ich fand mich einfach außerhalb meines Körpers wieder und sah von der Decke auf diesen herab. Wenn du ein Anfänger bist und deinem Körper noch sehr nahestehst, ist es sehr schwierig, sich außerhalb desselben aufzuhalten.«

»Ich habe gehört«, sagte ich, »wie Daskalos einem neuen Mitglied des inneren Kreises Anweisungen gab, um sicherzustellen, daß sie sich zu Anfang nicht zu weit von ihrem Körper entfernte. Warum?«

»Weil es Gefahren gibt, darum«, antwortete Kostas und drehte sich lächelnd zu mir um. »Als Novize hast du nicht die Vertrautheit, die notwendig ist für dein Wohlbefinden und das der anderen. Du bist die radikal andersartigen Gesetze nicht gewöhnt, die in diesen anderen Schwingungsbereichen herrschen.«

»Du meinst damit wohl die Gesetze der verschiedenen psychonoetischen Dimensionen?« fragte ich nach.

»Ja, aber in erster Linie jene Schwingungen, die der grobstofflichen Ebene sehr nahe sind. Ich möchte dies mit einem Beispiel aus eigener Erfahrung verdeutlichen.

Als ich meine ersten Versuche mit der bewußten Eksomatose unternahm, stieß ich auf einige Schwierigkeiten. Ich dachte irrigerweise, daß mein psychonoetischer Körper durch die Gesetze der grobstofflichen Materie gebunden sei. Das ist natürlich nicht der Fall. Der psychonoetische Körper ist weniger verdichtet und kann sich durch die grobmaterielle Welt bewegen. Eines Nachts verließ ich meinen materiellen Körper und sah, wie er neben meiner Frau lag und schlief. Dann beschloß ich, das Zimmer zu verlassen. Die Tür war geschlossen. Ich dachte jedoch nicht daran, daß ich durch die Wände gehen konnte, und versuchte, die Tür zu öffnen. Mit reiner Willenskraft senkte ich die Schwingungen meines psychonoetischen Körpers so weit, daß ich damit tatsächlich die Tür öffnen konnte. Wenn in diesem Augenblick jemand im Raume wach und Zeuge dieser Dinge gewesen wäre, hätte er eine Tür von allein aufgehen gesehen. Das wäre bestimmt ein sehr erschreckendes Erlebnis gewesen. Als ich schließlich erkannte, was ich tat, schloß ich die Tür. Sie fiel so laut zu, daß ich fürchtete, meine Frau aufgeweckt zu haben.«

»Was wäre passiert, Kosta, wenn Lenia in diesem Augenblick versucht hätte, dich aufzuwecken?« fragte Antonis.

»Ich wäre einfach in meinen Körper zurückgeschnellt, das ist alles.«

»Und ich nehme an, sie hätte nichts über deine Eksomatose gemerkt.«

»Genau. Überhaupt nichts.«

»Welche Gefahren hast du dann zu gewärtigen, wenn du dich von deinem Körper entfernst?« fragte Antonis weiter.

Kostas schwieg einige Augenblicke und lächelte. »Wenn du außerhalb deines Körpers auf einer Dienstreise bist, gehst du das Risiko ein, von anderen Menschen angegriffen zu werden, die, im Unterschied zu dir, am entgegengesetzten Ende des Guten gebunden sind. Wenn sie erkennen, daß die Selbstbewußtheit, die normalerweise in jenem Körper wohnt, diesen verlassen hat, versuchen sie möglicherweise, diesen anzugreifen.«

»Du bringst einen wirklich auf beängstigende Gedanken«, klagte Antonis.

»Aber nein. Du brauchst keine Angst zu haben. Ich selbst habe mich noch nie gefürchtet. Du mußt nur wissen, was du tust.« Kostas erklärte, wie man sich während der Eksomatose schützen kann. »Bevor du deinen Körper verläßt«, sprach er, »mußt du daran denken, ein Elemental des Schutzes für deinen grobstofflichen Körper zu erschaffen. Das tust du durch starke Autosuggestion, indem du beispielsweise zu dir sagst: ›Nichts wird meinem Körper während meiner Abwesenheit passieren.‹

Auf langen Reisen, wenn du einen sehr wichtigen Dienst leistest, ist es ratsam, in Begleitung von mindestens einer weiteren Person zu gehen. Ich reise gewöhnlich gemeinsam mit Daskalos. Natürlich ist es nicht nötig, daß die andere Person dieser Dimension angehört. Für den Fall, daß du nach Verlassen deines Körpers auf bedrohliche Elementale triffst, mit denen du allein nicht fertig zu werden glaubst, ist dein Körper deine letzte Zuflucht. Schnelle einfach in ihn zurück, dann bist du in Sicherheit.«

»Weißt du, was ich entdeckt habe, Antoni?« unterbrach ich und beugte mich zum Fahrer nach vorn. »Je mehr ich mit diesen Lehren vertraut werde, desto weniger beängstigen mich Umstände, unter denen ich früher in Panik geraten wäre.« Ich schilderte dann einen luziden Traum, den ich einige Nächte zuvor gehabt hatte: »Ich merkte, daß ich träumte und daß ich Situationen innerhalb meines Traumes beeinflussen konnte. Wie bei anderen, ähnlichen Erlebnissen war ich mir der Tatsache voll bewußt, daß ich mich außerhalb meines Körpers befand. Aber es war nicht vorsätzlich geschehen, und ich empfand es als zutiefst angenehm.«

Diese Arten von Erfahrungen, erklärte ich weiter, erscheinen in meinem Bewußtsein in einer intensiveren Realität als meine dreidimensionale Existenz. »Plötzlich tauchte ein sehr häßliches und bedrohliches Elemental vor mir auf. Es hatte alle Züge, die wir normalerweise mit Dämonen assoziieren. Nun, in früheren Jahren hätte mich eine solche Begegnung – und ich hatte dergleichen schon etliche Male gehabt – in Panik versetzt. Mein Puls hätte sich beschleunigt, ich wäre in Schweiß gebadet, und mein Körper hätte alles zur Verfügung stehende Adrenalin in den Kreislauf ausgeschüttet. Statt dessen begann ich zu lachen. Ich sagte zu dem Dämon: ›Du kannst mich nicht erschrecken, nicht mehr. Daskalos hat mir gezeigt, wie man mit deinesgleichen umgeht.‹ Dann deutete ich mit dem Finger auf den Dämon und sprach mit außerordentlicher Gelassenheit, die sogar mich selbst überraschte: ›Im Namen Jesu Christi befehle ich dir, dich von einer negativen in eine positive Energie zu verwandeln.‹«

»Und was geschah dann?« fragte Antonis, der – wie Kostas – in sich hineinlachte.

»Der Dämon«, fuhr ich fort, »begann wegzuschmelzen wie Schnee in der Sonne, und an seiner Stelle erblühte eine wunderschöne Blume.«

Nachdem wir einige Zeit über unser Traumleben gesprochen hatten, fragte Antonis Kostas, welche Methoden dieser benutze, um seine psychonoetischen Fähigkeiten zu entfalten.

»Die Methode ist das Wissen selbst, das aus deinem Innern entspringt«, antwortete Kostas geheimnisvoll und lächelte. »Natürlich hatte ich Hilfe, nicht nur von Daskalos, sondern auch von Meistern, die nicht innerhalb des grobstofflichen Universums leben.«

»Wer sind diese Leute? Kannst du uns das verraten?« fragte Antonis, der seine Neugierde nicht zügeln konnte.

»Einer von ihnen ist Yohannan, wie du weißt. Er ist es, der über die Erewna und die Kreise der Wahrheitsforscher wacht. Er ist es, der uns leitet und immer zur Seite steht.«

(Kostas erklärte wiederholt, daß das Wissen, das aus ihm wie auch aus Daskalos fließe, von dem Lieblingsjünger Johannes oder Yohannan bereitgestellt werde. Wie Daskalos hatte auch er die Stufe seiner spirituellen Entwicklung erreicht, auf der er ein Werkzeug geworden war, durch das Yohannans mystische Weisheit auf der Welt verbreitet wurde.

»Yohannan«, fuhr Kostas fort, »war natürlich kein menschliches Wesen.«

»Was war er dann?« fragte Antonis ungläubig.

»Er war in Wirklichkeit ein Erzengel-Wesen und nahm

menschliche Gestalt an, um die Manifestation des Logos auf unserem Planeten zu erleichtern.« Kostas erklärte, daß Yohannan insofern kein gewöhnliches Menschenwesen war, als er nicht, wie alle Menschen, eine Reihe von Inkarnationen zur Erlangung der spirituellen Vollkommenheit zu absolvieren hatte. Er war bereits bei seinem ersten Herabstieg in die Materie vollkommen.

Als Antonis ihn bat, diesen Punkt näher zu erläutern, antwortete Kostas, daß wir diese Frage zu einem späteren Zeitpunkt eingehender behandeln würden. Statt dessen sprach er weiter über andere menschliche Meister und unsichtbare Helfer, denen er begegnete, als seine Chakren sich zu öffnen begannen und er infolgedessen imstande war, voll bewußt in den anderen Daseinsdimensionen zu leben.

»Einer der ersten Meister, den ich auf der anderen Seite kennenlernte«, sprach Kostas, »war Bruder Immanuel. Als ich ihm das erste Mal begegnete, stellte er sich vor mit den Worten: ›Ich bin Meister Immanuel.‹ Später fand ich heraus, daß ich eine frühere Beziehung mit Immanuel gehabt hatte. Dieser Mann lebte als katholischer Priester zur venezianischen Zeit (im 16. Jahrhundert) in Famagusta. Die Griechen nannten ihn damals Manos. Seit jener Zeit hatte er nie wieder inkarniert, sondern den Menschen von der anderen Seite aus gedient.«

»Wie sieht er heute aus?« fragte Antonis.

»Genau so, wie er in seiner letzten Inkarnation als katholischer Priester aussah. Ja, er trägt immer noch seine braune Kutte. So sah ich ihn beim ersten Mal, und so erscheint er mir, wann immer wir uns begegnen. Wenn du ihn heute nach seiner Beschäftigung fragst, wird er antworten: ›Ich bin ein katholischer Priester.‹«

»Wem dient er, einer Person oder vielen?« fragte Antonis.

»Nein, mein Lieber, er dient dem ganzen Planeten. Er dient den Menschen im Interesse ihrer spirituellen Entwicklung.«

»Wo ist er jetzt?«

»Er ist überall. Wann immer du von ihm sprichst und an ihn denkst, ist er da.«

Dann sprach Kostas über andere Meister, die der Menschheit dienten und ihn auf seinem Pfade führten. Er erwähnte den Namen eines weiteren katholischen Priesters, Pater Dominico, den er regelmäßig getroffen hatte, und der auch einer der geistigen Führer des Daskalos war.

Unser Gespräch wurde unterbrochen, als wir den Ort Liopetri erreichten, wo Kostas wieder geschäftlich zu tun hatte. Nach Liopetri hielten wir noch in mehreren weiteren Kokkinochoria-Dörfern an, auch in den Touristenorten Ayia Napa und Paralimni. Ich war schon seit etlichen Jahren nicht mehr in diesem Teil der Insel gewesen und war entsetzt angesichts der planlosen Bebauung, die malerische Fischerdörfer zu uniformen Konglomeraten aus Beton, Lärm und Diskotheken verwandelte. Trotz der politischen Spannungen auf der Insel wie auch im Nahen Osten kamen die Touristen aus dem Norden weiterhin her, um faul an den sonnigen Sandstränden des nicht besetzten südlichen Teils der Insel zu liegen. Die Notwendigkeit rascher ökonomischer Erschließung und die verständliche lokale Fixierung auf die Anwesenheit der türkischen Armee hatten offenbar zur Gedankenlosigkeit in bezug auf Fragen des langfristigen ökologischen Überlebens und der Lebensfähigkeit der Insel geführt. Jede Handbreit des Küstenstreifens wurde rapide zum Hauptziel der Baulöwen.

Es gelang uns, einen ruhigen Platz in der Nähe von Paralimni zu finden, wo wir zu Mittag aßen. Es war Februar, und die Touristen-Saison hatte noch kaum begonnen. Die Strände waren relativ frei von Sonnenschirmen und Plastikliegen. Nach dem Essen vertraten wir uns am Strand der Feigenbaum-Bucht kurz die Füße.

Nachdem Kostas noch ein weiteres Geschäft in Ayia Napa erledigt hatte, lenkte Antonis auf unserem Rückweg nach Larnaca das Gespräch auf Kostas' Eksomatose-Erlebnisse.

»Du kannst deinen Körper verlassen«, erklärte Kostas, »um beispielsweise einen anderen Teil des grobstofflichen Planeten aufzusuchen und zu sehen, was dort geschieht. Oder du verläßt deinen Körper, um andere Dimensionen der Existenz zu besuchen, die auf höheren Schwingungsfrequenzen liegen als die materielle Ebene.«

Antonis fragte: »Wie kannst du feststellen, daß das, was du erlebst, eine real existierende Welt ist und nicht ein Gebilde deiner Phantasie – oder eine Halluzination?«

Wenn man sich wirklich in solchen Schwingungsdimensionen befinde, antwortete Kostas, wisse man das einfach. »Es ist, als fragtest du mich, ob du und Kyriacos und ich reale Menschen seien, die in diesem Augenblick und an diesem Ort miteinander sprechen. Wenn du es weißt, dann weißt du es einfach. Abgesehen davon habe ich meine Erlebnisse ständig mit dem Erleben des Daskalos verglichen, so daß für mich nicht die Spur eines Zweifels an der Echtheit meiner Erfahrungen besteht.«

»Kannst du uns von einem solchen Erlebnis aus jüngerer Zeit erzählen?« fragte ich, als Larnaca in Sicht kam.

»Du weißt schon«, sprach Kostas und drehte sich zu mir um, »daß dies das erste Mal ist, daß ich so viel über mich selbst gesprochen habe.«

»Und das ist herrlich!« rief ich begeistert und schlug ihm auf die Schulter. Antonis teilte meinen Enthusiasmus und drängte Kostas ebenfalls, weitere Aspekte der exotischen Welt zu schildern, in der er lebte. Kostas lächelte und begann nach einer kurzen Pause eine Episode zu erzählen, die er gemeinsam mit Daskalos erlebt hatte, als beide ihren Körper hinter sich ließen, um eine Stadt in der Türkei zu besuchen.

»Wir waren auf der Suche nach dem Aufenthaltsort eines griechischen Zyprioten. Er wurde seit der türkischen Invasion vermißt, und man hatte den Verdacht, daß er irgendwo in der Türkei noch lebte. Als sein Vater mit dem Bild des Sohnes kam, spürten wir aus dessen Aura, daß er tatsächlich noch am Leben war. Wir beschlossen eines Abends, unsere Körper zu verlassen und mehr Informationen über ihn einzuholen. Es war verblüffend. Wir fanden ihn in der Türkei, verheiratet mit der Schwester eines türkischen Offiziers, der an der Invasion beteiligt war.«

»Bist du dir dessen ganz sicher, Kosta?« fragte ich ungläubig.

(Die Frage der nahezu zweitausend Vermißten spielt für die griechischen Zyprioten eine überaus wichtige Rolle. Auch einer meiner nahen Verwandten war vermißt. Unsere letzte Information über ihn war, daß er von türkischen Soldaten in der Stadt Kyrenia festgenommen worden sei. Alle Anzeichen deuteten darauf hin, daß die Vermißten wahrscheinlich tot waren. Sie wurden entweder in den ersten Tagen der Invasion getötet oder nach ihrer Verhaftung hingerichtet. Die türkische Regierung hatte wiederholt behauptet, daß sich keine griechischen Zyprioten in türkischen Gefängnissen aufhielten, und daß die Vermißten einfach in der Hitze des Gefechts der Invasion ums Leben gekommen seien, die die türkische Regierung als »Friedensoperation« bezeichnete. Die Regierung der Republik Zypern beharrte aufgrund der ihr vorliegenden Beweise darauf, daß zumindest einige dieser Menschen noch irgendwo in der Türkei lebten, nachdem sie als Kriegsgefangene dorthin geschafft worden waren. Kostas behauptete, daß dies einer solcher seltenen Fälle war.)

»Ja«, erklärte Kostas, »ich habe es mit eigenen Augen gesehen. Dieser Mann wurde regelrecht Türke. Er ist zufrieden und hat nicht den Wunsch, zu seinem Vater zurückzukehren, mit dem er sich nicht gut verstand.

Als wir sie besuchten, war es Sommer, und sie aßen gerade im Freien auf ihrer großen Veranda. Es war ein großes Haus, eine richtige Villa. Seine Frau stammte aus einer sehr wohlhabenden Familie.«

»Und du hast keinerlei Zweifel, daß dieses Erlebnis nicht vielleicht aus deinem Unterbewußtsein aufgetaucht ist?« fragte ich.

»Nein, mein Lieber, nein. Sie saßen dort auf ihrer Veranda und speisten«, wiederholte Kostas bestimmt. Etwas weniger ernst schilderte er dann, was Daskalos während ihrer nächtlichen Reise in die Türkei geschah.

»Vor dem Hause sah er einige herrliche Rosenbüsche in voller Blüte. Du kennst ja Daskalos' Schwäche für Blumen. Trotz meiner Proteste ging er hin und verfing sich in den Büschen.« Kostas lachte. »Er kann einfach nicht anders, nicht einmal in der Eksomatose. Um die Freude am Duft der Rosen zu erleben, setzte er törichterweise seine Schwingungsfrequenz herab, um der Schwingung der Rosen entgegenzukommen. Aber dann kam die Zeit, zu unseren Körpern zurückzukehren. Statt nun seine Schwingungsfrequenz wieder anzuheben und dann zwischen den Rosen hervorzukommen, stürzte er heraus, während er noch fast halb materialisiert war.«

»Und was passierte?« fragte Antonis und drehte sich mit ungläubiger Miene zu Kostas hinüber.

»Nun, als er in seinen Körper zurückkehrte, war er ganz zerkratzt«, sagte Kostas und lachte.

»Warst du damals bei Kostas, oder warst du in Limassol und er in Nicosia?« fragte ich.

»Nein, ich war damals bei ihm in Nicosia.«

»Hast du dein Erlebnis mit dem seinen verglichen, und waren sie identisch?« fragte ich weiter.

»Aber natürlich.«

»Und du hast mit deinen physischen Augen die Kratzer auf dem Körper des Daskalos gesehen?« fügte Antonis hinzu.

»Das habe ich doch gerade erzählt.« Diese Art des gegenseitigen Vergleichens und Überprüfens habe er mit Daskalos ständig durchgeführt, so daß sie keinerlei Zweifel an der

Echtheit ihrer außergewöhnlichen Erlebnisse hatten. Kostas fügte hinzu, daß ein solches Erlebnis für ihn inzwischen Routine sei und daß er nach Belieben seinen Körper verlassen und andere Schwingungsebenen oder Orte aufsuchen konnte.

»Selbst jetzt, während ich mit euch spreche – genau in diesem Augenblick –, könnte ich noch an einem anderen Ort und auch dort voll bewußt sein«, behauptete er.

»Willst du damit sagen, daß du genau in diesem Augenblick ins Apostolos Andreas gehen und beobachten könntest, was dort geschieht?« fragte Antonis.

(Das Kloster Apostolos Andreas – es befindet sich an der östlichsten Spitze der Halbinsel Karpasia, ist für die Zyprioten von größter symbolischer Bedeutung. Das Volksgut ist reich an Geschichten und außergewöhnlichen Wundern und Heilungsphänomenen, die der Ikone des Heiligen zugesprochen werden. Sowohl griechische als auch türkische Zyprioten sollen durch die außergewöhnlichen Kräfte dieses Schutzheiligen der Insel geheilt worden sein. Noch wichtiger aber ist, daß Apostolos Andreas für die griechischen Zyprioten die Ganzheit und Unversehrtheit der Insel als eines vereinten Ganzen symbolisiert und damit eine Verheißung des allergrößten Wunders darstellt: des Abzugs der türkischen Truppen und der Freiheit für die Flüchtlinge, in ihre Heimatorte zurückzukehren.

Das Kloster und die ganze herrliche Halbinsel Karpasia wurde von der türkischen Armee bei der Invasion überrollt, und der größte Teil der griechischen Bevölkerung floh in den südlichen Teil der Insel. Für mich war Karpasia ein großer Verlust, da sich einige meiner liebsten und schönsten Erinnerungen mit dieser Region verbinden. Unverdorben und unerschlossen, von unübertrefflicher natürlicher Schönheit, war die lange Halbinsel Karpasia mein Lieblingsgebiet zum Schnorcheln, Harpunenfischen und Wandern. Vor allem aber war es eine Region, deren Bewohner – darunter einige enge, persönliche Freunde – ein Leben des Lachens und der Freude führten, so daß ich sie oft mit Colin Turnbulls Waldmenschen verglich.)

»Mein lieber Antoni«, antwortete Kostas schmunzelnd, »ich kann auf diesem Planeten gehen, wohin ich will.«

»Das heißt, daß du in ein paar Minuten im Apostolos Andreas sein kannst?« fragte Antonis erneut. Als hartgesottener Rationalist und Novize in der Erewna hatte er seine liebe Not zu schlucken, was Kostas sagte.

»Was redest du von ein paar Minuten?« erwiderte Kostas spöttisch. »Gewußt, wie – und du bist im Bruchteil einer Sekunde dort. Da gibt es keinen zeitlichen Abstand.«

»Wärest du nicht neugierig, Famagusta zu besuchen und dein Zuhause zu sehen?« fragte ich ihn.

»Das habe ich leider schon getan.«

»Warum leider?« wollte ich wissen.

»Es ist nicht erlaubt. Es ist eine Sache, dorthin zu gehen, um zu dienen und zu helfen, aber etwas ganz anderes, dies aus persönlichen Gründen oder Neugier zu tun.«

»In welcher Hinsicht wäre es anders, wenn du einfach einen Weg gefunden hättest, Famagusta in deiner grobstofflichen Daseinsform zu besuchen und zu erfahren, was dort geschieht?« fragte ich wieder.

»Mein lieber Kyriaco«, erwiderte Kostas und lächelte, »wenn du dich in erster Linie in der dreidimensionalen Welt aufhältst, mußt du als Wahrheitsforscher den Gesetzen der Dimension gehorchen und dienen, in der du dich befindest. Der einzige legitime Weg, die Macht zu gebrauchen, die du aus einer Beherrschung der höheren Dimensionen beziehst, ist zum Zwecke des Heilens und Dienens. Andernfalls handelte es sich um einen Mißbrauch der Kraft.«

»Aber bei dir«, hielt ich dagegen, »ist das Reisen außerhalb des Körpers doch zur zweiten Natur geworden. Es geschieht mühelos und automatisch. Wer könnte in einem solchen Falle

Schaden erleiden, wenn du Famagusta besuchst, um deine Sehnsucht zu stillen und zu sehen, was in deinem eigenen Zuhause geschehen ist, an einem Ort, den du auf gewöhnliche Weise unmöglich erreichen kannst? Vielleicht dient es nur der Befriedigung deiner persönlichen Neugier, aber ich sehe nicht ein, wem diese Art von Neugier schaden könnte.«

»Schön. Du belästigst damit wohl keinen, aber du gebrauchst ätherische Energie, die dir eigentlich nicht gehört«, antwortete Kostas. »Die ätherische Vitalität gehört dem Logos, und der Logos ist ›der Träger der Sünden der Welt‹. Soll ich Anleihen beim Logos machen, um meine Neugier befriedigen zu können? Ich gebe zu – und ich bedaure –, daß ich solches getan habe. Es war meine menschliche Schwäche, aber ich würde es jetzt nicht wiedertun, da ich es nun besser weiß. Famagusta zog mich an wie ein Magnet. Und in der Tat streifte ich über dem ganzen besetzten Gebiet herum. Ich will dir noch einen anderen Fehler bekennen, den ich in jenen frühen Jahren beging: Ich arbeitete sehr hart über Famagusta.«

»Was verstehst du darunter?«

»Viele Male ging ich in einem Zustand der Eksomatose über die Stadt und erschuf mit der Kraft meiner konzentrierten Gedanken einen mächtigen Schutzschild. Ich gab diesem Elemental Energie ein, so daß sich keiner in der Stadt niederlassen würde.«

»Wohlan, da hast du gewiß eine gewaltige Leistung vollbracht«, spöttelte ich. (Von dem ganzen türkisch besetzen Gebiet blieb Famagusta verhältnismäßig unberührt. Während die türkische Verwaltung in jeder anderen Stadt und jedem Dorf türkische Zyprioten oder Türken aus Anatolien in die von ihren griechischen Besitzern verlassenen Häuser und Wohnungen umgesiedelt hatte, war Famagusta eine Geisterstadt. Die Stadt blieb – abgesehen von den türkischen Militär-Patrouillen und kleinen Kontingenten von UN-Einheiten – ohne Einwohner. In diplomatischen Kreisen ging man davon aus, daß Famagusta seinen griechisch-zypriotischen Einwohnern zurückgegeben werden müsse, wenn es eine Lösung des Zypern-Problems geben sollte. Aus diesem Grunde beugte sich die türkische Regierung dem internationalen Druck und hörte entgegen ihren wiederholten Drohungen plötzlich auf, die leere Stadt zu besiedeln. Aus diesem Grunde hegten Kostas und andere Flüchtlinge aus Famagusta die Hoffnung, eines Tages in ihre Heimat zurückkehren zu können.)

Kostas war kein Mystiker, der das politische Chaos um ihn herum nicht wahrnahm oder gar ignorierte. Weder er noch Daskalos entsprechen dem Bild des abgehoben Meditierenden, der sich von den Leidenschaften und Belangen der gewöhnlichen Sterblichen distanziert hat. Im Gegenteil: Beide stürzten sich in die wilde Raserei der nationalistischen Aufstände und arbeiteten von ihrer eigenen Warte, von ihrer eigenen Ebene und ihrem Bewußtseinszustand aus. Nachdem die Insel 1960 ihre Unabhängigkeit erhalten hatte, spielte Kostas – soeben von seinem Ingenieurstudium in England zurückgekehrt – eine führende Rolle in der Organisation der Zivilverteidigung der Dörfer auf der Halbinsel Karpasia zu einer Zeit, da es dort noch keine Nationalgarde gab und die Türken immer wieder mit einer Invasion drohten. Als es dann zur Invasion kam, war Kostas unter den letzten, die vor den in die Stadt einrollenden türkischen Panzern flohen. In jenen tragischen Stunden hatte Kostas ein Erlebnis, das ihm ein Rätsel blieb. Es ereignete sich, als die Explosionen der von türkischen Flugzeugen auf die Stadt abgeworfenen Bomben etliche Hotels am Strande zum Einsturz brachten.

»Ich war neben einer Mauer am Strand«, erzählte er uns, »als ein Flugzeug übers Meer auf mich zukam und Geschosse versprühte. Wäre ich dort geblieben, wäre ich gewiß ums Leben gekommen. Es gab nichts, wohin ich rennen und mich in Sicherheit bringen konnte, nur die andere Seite der Mauer. Aber diese war zu hoch, ich konnte unmöglich darüberspringen. In meiner Verzweiflung versuchte ich es trotzdem, und es war wie ein Wunder!« Kostas staunte noch, als er uns dieses Erlebnis schilderte. »Irgendeine Kraft schob mich über die Mauer, und ich war auf der anderen Seite in Sicherheit, als in dem Augenblick die Geschosse überall um mich herum niedergingen.« Zu jener Zeit konnte er sich diese wundersame Rettung nicht erklären, da dieses Erlebnis einige Jahre vor seinem vollen Erwachen als Meister geschah. »Rückblickend betrachtet, muß ich damals von höheren Mächten gerettet worden sein.« Kostas nannte die Namen der verschiedenen Meister und spirituellen Führer, die zeit seines Lebens mit ihm gewesen waren.

Im weiteren Verlauf unserer Rückfahrt erzählte uns Kostas, daß er während seiner Jahre des Erwachens verschiedene psychonoetische Experimente durchgeführt hatte, um sich selbst von der Gültigkeit der Welten zu überzeugen, die sich seiner Wahrnehmung weiter und weiter erschlossen. »Ein ganzes Jahr lang«, sagte er, »aß ich kaum etwas. Ich nährte meinen Körper direkt von Licht.«

Kostas behauptete, daß er dieses Experiment gleich nach seiner Flucht aus Famagusta durchgeführt habe. »Während jener Zeit wohnte mein Schwiegervater bei uns, ein Arzt. Er wollte einfach nicht glauben, daß ich weiter ohne Nahrung leben konnte. Gelegentlich aß ich ein Stück Wassermelone. Nach seinem medizinischen Verständnis sollte ich schon längst tot sein.«

»Hast du ihm gesagt, was du tatest?« fragte ich.

»Nein. Meine Verbindung mit Daskalos und der Erewna hielt ich geheim. Nur meine Frau wußte, was ich vorhatte. Mein Schwiegervater tat es einfach ab und nahm an, daß ich ihm irgendeinen dummen Streich spielen wollte und insgeheim aß, sei es zu Hause oder in Restaurants.«

Kostas erklärte wohl gelaunt, daß es dem Menschen möglich sei, fast ohne Nahrung zu leben, wenn er sein ätherisches

Doppel mit Hilfe spezieller Meditationstechniken mit Energie zu versorgen verstehe. »Ich möchte hinzufügen«, betonte er, »daß ich während jener langen Zeit fast ohne Nahrungsaufnahme kein Gramm Gewicht verlor. Damals war ich sogar noch schwerer als heute.« Solche Dinge, sagte er, wurden zu allen Zeiten von Yogis, christlichen Asketen und Mystikern praktiziert. Es sei eine Frage der psychonoetischen Übung und Disziplin, des Willens über die Materie.

Kostas' Geschichte ließ mich an eine Frage denken, die ich Daskalos einmal gestellt hatte: ob der Evolutionsweg der Menschheit schließlich zu einer universellen vegetarischen Ernährungsweise führen werde. »Nein«, hatte er geantwortet. »Wir sollen vielmehr ›Lichtesser‹ werden. Anstatt Lichtenergie durch Vermittler wie Gemüse oder, in noch schwächerer Form, durch den Konsum von Tierfleisch aufzunehmen, werden die Menschen ihren Körper dereinst durch die direkte Aufnahme von lebenspendender ätherischer Energie ernähren.«

»Was veranlaßte dich, dein Fasten zu beenden?« fragte Antonis.

»Ich merkte, daß es nicht das richtige war«, antwortete Kostas. »Die Menschen, mit denen ich wohnte – zum Beispiel mein Schwiegervater –, nahmen daran Anstoß. Es gab Anlaß zu unnötigen Problemen und Verdächtigungen. Und natürlich war ich mir in der Zwischenzeit durch die Erewna darüber bewußt geworden, daß psychische Fähigkeiten nur zur Heilung gebraucht werden durften, ausnahmslos. Niemals zur Befriedigung von Neugier oder um andere zu beeindrucken. Zweitens begann ich, in meinem täglichen Leben auf ernste Probleme zu stoßen. Ich konnte nicht mehr fest in meinem Körper bleiben.«

»Was meinst du damit?« fragte Antonis.

»Ich fand mich zu oft außerhalb meines Körpers wieder und ging dadurch ernste Risiken ein. Eines Tages zum Beispiel fuhr ich auf der Straße von Nicosia nach Limassol. Plötzlich stellte ich fest, daß ich oberhalb des Autos schwebte, während mein Körper wie ein Roboter im Fahrzeuginneren saß und fuhr. Ich hätte einen Unfall haben können. Da erkannte ich, daß ich das Experiment abbrechen mußte.

Weißt du, diese Art von Lebensweise und diese Experimente werden von Asketen und Yogis durchgeführt, die sich in die Einsamkeit zurückgezogen haben. Sie leben nicht mitten in der modernen Welt, arbeiten nicht mit elektrischen Maschinen und so weiter. Von jenem Tage an begann ich wieder, regelmäßig zu essen. Ich sagte mir: ›Genug ist genug.‹«

Dann stellte Kostas mit leicht ironischer Stimme fest, daß er nicht nur regelmäßig esse, sondern auch regelmäßig seine Pfeife rauche, um einiges von der überschüssigen Energie in seinem Körper zu verbrennen, die ihm Probleme bereitete. Nachdem er eine gewisse Ebene erreicht habe, halte ihn überschüssige ätherische Energie länger außerhalb seines Körpers, als ihm recht sei. »Das Rauchen«, versicherte er, »ist eine schlechte Angewohnheit, weil es deine vitale Energie verbrennt. In meinem Falle ist es eine Methode, mich zu ›erden‹. Ich rauchte hin und wieder einige Zeit regelmäßig meine Pfeife, bis ich das Gefühl hatte, daß ich meine Eksomatosen vollkommen unter Kontrolle hatte.«

Daskalos hatte eine andere Erklärung. Er hatte mir im Vertrauen mitgeteilt, daß Kostas' Phasen des Pfeiferauchens eine Gewohnheit seien, die aus seinen Inkarnationen als amerikanischer Indianer übriggeblieben sei. »Sieh dir nur seine Gesichtszüge an«, sagte er einmal wohl gelaunt und vor Kostas, »sieht er nicht aus wie ein Apache?«

Ich bemerkte, daß Kostas seine Pfeife etwa einen Monat lang reichlich zu rauchen pflegte. Dann hörte er wieder auf und rauchte ein bis zwei Jahre lang überhaupt nicht. Danach rauchte er wieder kurze Zeit und gab es anschließend ebenso leicht wieder auf. Er sagte, es sei keine Sucht, sondern ein beabsichtigtes Verhalten, das sicherstelle, daß er in der dreidimensionalen Welt gut geerdet sei. Gewiß aber empfehle er es keinem und legte seinen Schülern ans Herz, den Tabak zu meiden, wenn sie Meister der ätherischen Vitalität werden wollten.

Ich erinnere mich an einen Tag, als Kostas frühmorgens vor einer der regelmäßigen Zusammenkünfte des inneren Kreises in mein Haus in Nicosia kam. Er vertraute mir an, daß er am Tag zuvor ein Erlebnis gehabt habe, das ihn aufgerüttelt hätte, wie er es ausdrückte. »Ich war in der Küche, als ich mich plötzlich auf der anderen Seite wiederfand. Es war kein willentlicher Eintritt in jene Welten, und genau darin lag das Problem. Ich hatte Schwierigkeiten, in meinen Körper zurückzukehren. Ich ging rein mechanisch in das nächste Zimmer, wo meine Frau und Tochter fernsahen. Ich setzte mich hin und tat so, als betrachtete ich ebenfalls die Sendung. In Wirklichkeit unternahm ich verzweifelte Anstrengungen, in meinen Körper zurückzuschlüpfen. Schließlich gelang es mir.«

Was Kostas beunruhigte, war die unfreiwillige Art seiner Eksomatose. Auf meine Frage, was er für die Ursache jenes Erlebnisses halte, antwortete er, daß vermutlich seine drei Körper müde und überarbeitet wären und nicht mehr übereinstimmten, und daß er im Physischen, Mentalen und Emotionalen Ruhe bräuchte. Kostas erwähnte damals, wenn dies einem Ungeübten widerfahren wäre, der nicht in der esoterischen Praxis, Philosophie und Forschung geschult ist, hätte es zu einem schizophrenen Zusammenbruch führen können. Aus diesem Grunde warnte er immer wieder vor laienhaftem Experimentieren mit psychischen Angelegenheiten.

»Mein armer Schwiegervater«, meinte Kostas und schmunzelte bei dem Gedanken an eines seiner ersten Yoga-Experimente. »Er kaufte einmal eine sehr teure Maschine zum Messen der Herzleistung seiner Patienten. Er fragte mich, ob ich bereit sei, mich ihm als erste Versuchsperson für die neue Technik zur Verfügung zu stellen. Ich war einverstanden. Er kabelte mich an und schaltete die Maschine ein. Ich war entschlossen, ihm einen Streich zu spielen, und ließ mein Herz unregelmäßig schlagen. Einmal brachte ich es ganz zum Stillstand, dann bewirkte ich einen sehr raschen Puls, den ich danach wieder verlangsamte usw. Der arme Mann vermutete, daß man ihm ein defektes Gerät geschickt hätte«, erzählte Kostas lachend. »Er schlug darauf, er stellte es auf den Kopf, um zu prüfen, ob alle Kabel an Ort und Stelle waren, und schüttelte enttäuscht und seufzend das Haupt. An diesem Punkt erkannte ich, daß ich zu weit gegangen war, und hörte mit dem Scherz auf. Ich ließ mein Herz normal schlagen, und das brachte auch den Blutdruck meines Schwiegervaters wieder in den Bereich des Normalen zurück. Seine Maschine funktionierte bestens, und er seufzte erleichtert. Natürlich verriet ich ihm niemals, was ich angestellt hatte.«

Kostas versicherte uns erneut, daß diese Art von Späßen und psychonoetischem Experimentieren für ihn der Vergangenheit angehörten und daß er, seit sein Bewußtsein sich entwickelt hatte, die psychische Kraft nur noch zum Heilen einsetzte.

Es war fast halb fünf Uhr nachmittags, als wir in Larnaca kurz haltmachten, um zwei andere Mitglieder von Daskalos' innerem Kreis zu besuchen: Schwester Maro, eine langjährige gute Freundin von Daskalos, und Schwester Chariklia, eine vierzigjährige Novizin des inneren Kreises. Wir wurden bei Chariklia – sie wohnte in der Nähe von Ayios Lazaros (der Kirche des hl. Lazarus) – großzügig zu Erfrischungen eingeladen. Bevor wir nach Limassol weiterfuhren, besuchten wir die Kirche und zündeten Kerzen an. Die Vesper hatte gerade begonnen. Wir trafen etliche betagte betende Gläubige und zahlreiche Touristen an, die die architektonische und künstlerische Pracht dieses außergewöhnlichen Heiligtums bewunderten, das von einem russischen Fürsten etwa im 9. Jahrhundert zu Ehren des Lazarus erbaut worden war. Man sagt, daß

Lazarus nach seiner Erweckung durch Jesus von den Pharisäern verfolgt worden sei, die alle Beweise von Jesu Wunderkräften vernichten wollten. Lazarus sei es gelungen, nach Zypern zu entkommen, wo er den Rest seines Lebens verbrachte. Die Legende sagt, Lazarus sei auf Zypern immer sehr ernst gewesen, weil er sich – einmal gestorben und wieder ins Leben gerufen – seiner Sterblichkeit sehr bewußt gewesen sei. Er soll nur ein einziges Mal gelacht haben: als er sah, wie ein Mann einen Topf stahl. Auf die Frage, warum er lachte, antwortete Lazarus, daß er nicht anders könne, wenn er sehe, wie Erde Erde stehle. Der Heilige wurde zum zweiten und letzten Male in Larnaca begraben an der Stelle, über der der russische Herr seine Kirche erbauen ließ.

Als wir zum Auto zurückgingen, um den letzten Abschnitt unserer Fahrt anzutreten, war die Sonne bereits untergegangen. Antonis, ein Liebhaber klassischer Musik, spielte uns eine Kassette mit Stücken von Vivaldi und Mozart vor, während wir eine Zeitlang plauschten. Dem Zauber der Musik und den Farben der Dämmerung erlegen, verstummten wir bald. Ich machte es mir auf der Rückbank des Wagens bequem und lauschte den Klängen. Doch mein Denken fand keine Ruhe. Kostas' Erlebnisse in seinen Jahren des Erwachens gingen mir nicht aus dem Sinn.

Ich hatte keinerlei Zweifel, daß seine Schilderungen persönlicher Erlebnisse echt waren. Ich kannte ihn schon zu viele Jahre, um seine Aufrichtigkeit anzuzweifeln. Ich hatte auch im Laufe der Zeit die Macht seiner Energie und seine Fähigkeit kennengelernt, sie bei einer Heilbehandlung auf andere zu übertragen. Viele Menschen, darunter auch ich selbst, hatten den unglaublichen Strom von Energie gespürt, der durch den ganzen Körper floß, wenn Kostas den Kopf nur leicht berührte. Und ich wußte, daß seine Erlebnisse nicht durch stark vereinfachende und konventionelle psychologische und psychoanalytische Argumente vom Tisch gewischt werden konnten.

Kostas, überlegte ich mir, begann seine Reise des Erwachens durch unfreiwillige und kurze Einblicke in überbewußte Gewahrseinszustände. Als ich da saß, dachte ich, daß seine frühen Erlebnisse ähnlich dem waren, was Abraham Maslow als Gipfelerlebnisse bezeichnet hatte. Aber Kostas war – mit Hilfe von Daskalos und, wie er sagte, unsichtbaren Führern – imstande, diese höheren Zustände zu beherrschen und nach Belieben in sie überzuwechseln. So wurde er selbst zum Meister.

Die Vorstellung von superrationalen Bereichen des Wissens ist sehr alt. Zu allen Zeiten haben Weise, besonders in Indien und Tibet, verschiedene Gewahrseinszustände aufs genaueste identifiziert, die sie in ihren Meditationsübungen entdeckt hatten. Praktiker der Esoterik charakterisieren diese Bewußtseinsstufen hinsichtlich des Wissens über die Realität als weit höher und umfassender als das rein rationale Verständnis. Der kanadische Arzt Richard Maurice Bucke veröffentlichte im Jahre 1901 – der Blütezeit des wissenschaftlichen Materialismus – sein umfangreiches Werk *Cosmic Consciousness* und stellte damit diese revolutionäre und doch sehr alte Vorstellung gegen die materialistische Hauptströmung der westlich-intellektuellen Tradition. Die orthodoxe Psychologie und die Gesellschaftswissenschaften insbesondere – meine eigene Disziplin, die Soziologie – ignorierten oder verspotteten die Einsichten von Denkern wie Bucke. Unter den großen Soziologen war nur der Russe Pitirim A. Sorokin, Begründer der soziologischen Fakultät in Harvard, für die Realität dessen offen, was er als die »überbewußten Ebenen« des Bewußtseins bezeichnete. In seinen Gedanken zum Thema Kreativität schrieb Sorokin einmal:

> Seite an Seite mit den unterbewußten (oder unbewußten) und bewußten Ebenen der menschlichen Persönlichkeit gewinnt eine dritte Schicht – das Überbewußte – zuneh-

> mende Anerkennung. Nicht das Unterbewußte oder Unbewußte, sondern die überbewußten Energien werden mehr und mehr als die wirkliche Quelle aller großen menschlichen Schöpfungen, Entdeckungen und Erfindungen in allen Bereichen der Kultur betrachtet: Wissenschaft, Philosophie, Gesetz, Ethik, schöne Künste, Technik, Politik und Wirtschaft. … Phänomene wie außersinnliche Wahrnehmung und Psychokinese, die überbewußte religiöse Erfahrung der großen Mystiker, Präkognition, die sogenannten »Rechenwunder« oder kindlichen Zahlenakrobaten, das Samadhi des Yogis oder Satori des Zen-Buddhisten, die kognitive oder kreative Intuition sind weder unterbewußt noch unbewußt, sondern überbewußt und als solche nicht auf die niederen Formen der vitalen und mentalen Energie zu reduzieren. (In Harman/Rheingold, *Higher Creativity*)

Denker wie Bucke, Sorokin, Teilhard de Chardin und Zeitgenossen wie Ken Wilber haben angedeutet, daß schließlich die ganze Menschheit die Ebene der Erleuchtung und des höheren Bewußtseins erreichen wird, von denen Mystiker und Avatare zu allen Zeiten gesprochen haben. Ken Wilber postuliert in *A Sociable God*, daß die Menschen zuerst augenblickliche Eindrücke jener höheren, überbewußten Zustände erlangen auf die Weise, wie Kostas sie Antonis und mir geschildert hat. Sie sind ein »Vorgeschmack aufs Paradies«, um die Menschheit anzuspornen, ihre Fähigkeiten für eine permanente Erleuchtung auf den höheren Ebenen der bewußten Existenz einzusetzen. Ich dachte, wenn solche Argumente Gültigkeit besitzen, dann hatten Kostas und Daskalos gewiß den Zustand bereits erreicht, in dem solche einstigen Gipfelerlebnisse zum festen Bestandteil ihres alltäglichen Bewußtseins geworden sind – und dies behaupteten sie in der Tat von sich selbst.

Ich war so in meine Gedanken vertieft, daß ich überrascht

war zu sehen, daß wir bereits die Küstenstraße und die Vororte von Limassol erreicht hatten. Ich richtete mich auf, öffnete das Fenster halb und füllte meine Lungen mit der frischen Luft vom Meer. Dann teilte ich Kostas mit, worüber ich nachgedacht hatte. Er lächelte und nickte zustimmend. Ich erwähnte, daß viele Menschen, die von solchen überbewußten Zuständen nichts wußten, Erlebnisse wie die von ihm geschilderten mit Verrücktheit und Wahnvorstellungen verwechselten.

»Wenn du diese Bewußtseinsebenen erreichst«, sagte Kostas, »gibst du deinen Verstand aber nicht auf. Im Gegenteil: du erfährst eine Erweiterung deiner rationalen Fähigkeiten. Aber du mußt deinen Verstand zuerst entwickeln, bevor du seine Grenzen überschreiten kannst. Andernfalls gibt es ernste Gefahren.«

Zum Teil aus diesem Grunde war Kostas extrem vorsichtig, wenn es galt, Menschen in die Geheimnisse des esoterischen Wissens einzuweihen. Als ich ihn einmal fragte, ob er seinen achtzehnjährigen Sohn in die Weisheit der Erewna einführe, antwortete er, daß es dafür noch zu früh sei. »Zuerst«, sagte er, »soll er einen festen Platz in der dreidimensionalen Welt finden, in der er leben und funktionieren muß. Erst dann wird er imstande sein, sich höherem Wissen zu öffnen, ohne eine Störung seiner derzeitigen Persönlichkeit zu riskieren.«

Nach der gleichen Logik riet Kostas einmal einem Mitglied seiner Kreise, ihr zwölfjähriges Kind nicht zu animieren, mit mystischen Gedanken und Praktiken zu liebäugeln, weil der Knabe, der Anzeichen von Hellsichtigkeit und anderen paranormalen Fähigkeiten zeigte, zuerst eine solide Basis in dieser Welt brauche. Andernfalls könnte eine vorzeitige Beschäftigung mit psychischen Angelegenheiten Störungen in seiner Entwicklung bewirken. Ein Mitglied des inneren Kreises hatte zu mir einmal gesagt: »Mystik und das Trachten und Leben nach esoterischem Wissen dürfen niemals zum Freibrief für Unvernunft werden.«

8

Entdeckungen

Die nachmittägliche Unterweisung in der Stoa war vorüber, und Daskalos war, wie gewohnt, noch mit einigen seiner engeren Mitarbeiter zum Plauschen und Erzählen zusammen. Während Aspasia und Chariklia, Mitglieder des inneren Kreises, Kaffee und Kuchen vorbereiteten, legte Kostas dem Daskalos die Hände aufs Haupt. Er schloß die Augen, konzentrierte sich und atmete tief, wobei er Daskalos mit ätherischer Vitalität »durchflutete«, um dessen erschöpftes Reservoir aufzufüllen. »Die Unterweisung war zu intensiv«, erklärte Kostas nach der zehnminütigen Behandlung.

Ich hatte sowohl Kostas als auch Aspasia schon gelegentlich bei diesem Dienst beobachtet. Es entspannte Daskalos, und er hatte nach einigen tiefen Atemzügen seine Energie wieder zurückgewonnen. Kein Anzeichen deutete mehr auf Müdigkeit oder Erschöpfung hin.

Während der nächsten Dreiviertelstunde erzählte Daskalos Anekdoten, »las« für Liza (anderes Mitglied der Kreise) aus dem getrockneten Satz in ihrer Kaffeetasse und analysierte mit Eifer die lokale und internationale Situation. Dann kam er plötzlich bewegt auf ein Erlebnis vom Vortag zu sprechen. Seine Stimme wurde ernst, und er berichtete uns:

»Wir haben gelehrt«, begann er, »daß die psychischen Welten aus sieben Hauptebenen bestehen, und daß jede Ebene wiederum sieben Unterebenen umfaßt. Wir wissen, daß die drei niedersten Ebenen dem entsprechen, was wir gewöhnlich als Hölle bezeichnen. Dann folgt die Sphäre gleich oberhalb dieser drei niedersten Regionen. Die Katholiken würden sie Purgatorium nennen: ein psychischer Raum zur Konvaleszenz gepeinigter Seelen gewissermaßen. Jenseits dieser Ebene und ihren entsprechenden Unterebenen befindet sich, was wir als relative Paradiese bezeichnen. So jedenfalls haben wir es bis dato gelehrt.

Neulich arbeitete ich mit unsichtbaren Helfern zusammen, die nicht zu unseren Kreisen gehören. Eine Weile vermochte ich nicht zu sagen, wo ich mich befand. Es war für mich nicht klar, auf welcher Unterebene wir arbeiteten. Ich erkannte die Charakteristika benachbarter Unterebenen, aber wo ich selbst mich gerade aufhielt, konnte ich mir nicht vorstellen.

Ich wandte mich an einen unsichtbaren Helfer – es konnte sich nicht um einen Menschen handeln, sondern er mußte aus der Schar der Erzengel stammen, den Dienern der Barmherzigkeit –, und ich fragte ihn: ›Bitte sage mir, auf welcher Unterebene wir uns jetzt befinden.‹ – ›Nun, was meinst du selbst?‹ fragte er zurück. (Dieses Gespräch wurde natürlich mental geführt.) ›Wir müssen wohl‹, antwortete ich, ›auf einer der Unterebenen sein, die dem Purgatorium benachbart sind.‹ – ›Ja‹, bestätigte er, ›aber auf welcher genau?‹ – ›Du sollst heute etwas lernen, was dir bisher noch nicht aufgefallen ist. Du hast innerhalb dieser Ebenen gearbeitet, aber du hast nicht ihre feineren Unterschiede bemerkt.‹ – ›Welche Unterschiede?‹ fragte ich überrascht. ›Alle diese Unterebenen‹, fuhr er fort, ›auf denen du jetzt arbeitest, sind sehr ähnlich und unterscheiden sich nur geringfügig voneinander. Deshalb hast du der Tatsache noch keine Aufmerksamkeit gewidmet, daß jede Unterebene wiederum aus sieben Unterebenen besteht.‹ – ›Was?‹ – ›Mein Lieber, du mußt erkennen‹, erklärte er weiter, ›daß die Gesamtzahl von Ebenen und Unterebenen in der psychischen Welt nicht neunundvierzig ist. Es sind viel mehr, als du dir vorstellen kannst. Du hast sie nur in ihren feinen Unterteilungen noch nicht erkannt, obwohl du hier ein und aus gehst und mit größter Leichtigkeit arbeitest. Jede Unterebene besteht aus sieben weiteren Unterebenen.‹ – ›Warum‹, fragte ich, ›sind die sieben Unterebenen jeder Ebene gerade in sieben Teile gegliedert, und nicht in eine andere Zahl?‹ – ›Das ist ein Gesetz‹, antwortete er. ›Es sind immer sieben. Du wirst diese Zahl sogar in der niederen Welt finden, in der du beispielsweise sieben Farben, sieben Noten und so weiter hast.‹«

»Daskale«, fragte ich, »hat dieses Erlebnis dich veranlaßt, deine Lehre über die Ebenen und Unterebenen der psychischen Dimensionen zu revidieren?«

»Nein. Die neunundvierzig Ebenen und Unterebenen, die wir lehren, sind real. ›In der psychischen Welt‹, teilte mir diese Erzengel-Wesenheit klar mit, ›*gibt es* sieben Hauptebenen, die du sehr wohl kennst.‹ Er sagte mir auch deutlich, daß jede dieser Hauptebenen eine Unterteilung in sieben Unterebenen besitzt, ›die du‹, wie er bestätigte, ›ebenfalls kennst, da du hier wirkst. Aber‹, fuhr er fort, ›die sieben Unterebenen haben ihre eigene Unterteilung, die du unterbewußt kennst, da du hier wirkst.‹

Dieser unsichtbare Helfer lehrte mich, größere Aufmerksamkeit auf die feinen Unterschiede zu richten. Es ist, als ob du weißt, daß es in einem Gebäude soundso viele Stockwerke gibt, soundso viele Wohnungen. – Aber du weißt nicht genau, wie viele Zimmer jede Wohnung umfaßt.«

»Dann hast du jetzt also eine psychische Entdeckung gemacht, und du bist sicher«, fügte ich hinzu, »daß jede Unterebene wiederum ihre eigenen sieben Unterebenen umfaßt?«

»Ja – aber wer weiß? Vielleicht gibt es noch weitere Unterteilungen, als ich bisher ausmachen konnte.

Ich fragte diesen unsichtbaren Helfer«, fuhr Daskalos fort, »ob wir die Person, der wir zu helfen versuchten, auf eine höhere Ebene begleiten könnten, so daß sie sich dort jemandem anschließen könne, den sie liebte, um schließlich Frieden zu finden. ›Nein‹, widersprach sie, ›das ist unmöglich.‹ – ›Doch‹, fuhr er fort, ›der geliebte Mensch, der spirituell höher entwickelt ist als diese Person und auf der höheren Ebene wohnt, kann den anderen auf der niederen Ebene jederzeit besuchen, wenn er es wünscht.‹

›Bis zu und in welchen Ebenen kann man sich bewegen, und welche Grenzen sind der durchschnittlichen Person in ihrer Bewegungsfreiheit durch die verschiedenen Ebenen gesetzt?‹ – ›Grenzen?‹ fragte er zurück. ›So etwas gibt es nicht. Es gibt keinen Gott, der Wachposten aufgestellt hat, die die Leute daran hindern, von der einen Ebene auf die andere zu gehen. Die Qualität ihres psychonoetischen Körpers bestimmt, wohin sie gehen können und werden. Wacht denn jemand über die Oberfläche des Meeres, um die Fische daran zu hindern, aus dem Wasser zu fliegen?‹ fragte er. ›Und warum nicht? Weil es ihrer Natur entspricht, im Wasser zu sein. Wenn du Menschen von einer niederen psychischen Ebene nimmst und sie auf eine höhere Stufe setzest, fühlen sie sich dort nicht wohl. Sie fühlen sich nicht behaglich. Ihre Schwingungen passen nicht zu den Schwingungen der höheren Ebene. Deshalb gibt es in Wirklichkeit keine äußeren Grenzen und Hindernisse. Es ist eine Frage der Fähigkeit und der Reife des Bewußtseins. Alle Ebenen und Unterebenen aller Welten‹, fuhr er fort, ›stehen allen Menschenwesen offen. Die Grenzen bestehen allein hinsichtlich ihrer Reife. Es ist nicht möglich, Menschen von einer Ebene zu nehmen und sie auf eine höhere zu versetzen. Sie passen dort nicht hin. Sie sinken automatisch wieder nach unten zurück. Es ist so etwas wie Schwerkraft und Entsprechung, was sie auf die Ebenen oder Unterebenen bringt, auf die sie gehören und auf denen sie sich am wohlsten fühlen. Diese Schwerkraft führt sie dorthin, wo sie in vollkommener Einstimmung mit den Schwingungen ihrer Umgebung sein können. Wenn sie das Verlangen entwickeln, höher zu steigen, werden ihnen alle Türen offenstehen. Da ist niemand, der den menschlichen Seelen den Zugang zu höheren Ebenen verwehrt. Aber sie selbst müssen es wünschen und sich auf die höheren Schwingungen einstellen, um dahin zu gelangen.

Ich wiederhole‹, sagte der Engel: ›Auch jene, die derzeit in den schrecklichsten Höllen sind, haben die Möglichkeit und Freiheit, auf die höchsten paradiesischen Sphären aufzusteigen. Und eines Tages werden sie das auch tun können. Keiner geht verloren, niemand bleibt auf der Strecke, und keiner wird je als Ich-Seele verlorengehen.‹

Nun, das war eine großartige Neuigkeit für mich, daß keine Ich-Seele je verloren sein kann«, sagte Daskalos erregt und befriedigt.

»Aber wie kann das für dich eine Neuigkeit sein, da du uns dies schon immer gelehrt hast?« Ich blickte mich um und sah, daß die anderen meine Verwirrung zu teilen schienen.

»Ja, du hast recht. Aber ich fürchtete, daß das Ich von Menschen wie Hitler, Napoleon oder Stalin innerhalb des heilig-geistigen* Zustandes aufgelöst werden könnte. Zum Glück räumte jener unsichtbare Helfer meine Befürchtungen und Zweifel aus. Er versicherte mir, daß kein menschliches Wesen je verloren sein kann, ganz gleich, wie böse es als derzeitige Persönlichkeit auch gewesen ist. Ja, ich fragte ihn sogar speziell nach Hitler und den anderen. ›Deren Ich‹, antwortete er, ›wird nicht aufgelöst. Sie werden einfach in einen sehr langen Schlaf versetzt, und wenn ihre Zeit kommt zu erwachen, werden sie einen Schritt aufwärts tun, aber nur einen. Ihr Aufstieg – oder wenn du es so nennen willst: ihre Reifung – wird allmählich, schrittweise und sehr ermüdend sein. Du, zum Beispiel‹, sagte er, ›ermüdest nicht. Du weißt zu fliegen. Aber für jemanden, der nicht fliegen kann, der Schritt für Schritt gehen und die Schwere seines Körpers fühlen muß, ist der Aufstieg sehr mühsam. Es wird ihn sehr erschöpfen, den zweiten Schritt zu erreichen und dann den dritten, den vierten und so weiter.‹«

»Könnten wir also davon ausgehen, Daskale«, fragte ich, »daß Menschen wie Hitler, die eine so dominante und destruktive Rolle in der Geschichte spielten, tatsächlich sehr alte

Seelen sind, die in ihrer spirituellen Evolution irgendwie auf die falsche Seite geraten sind?«

»Diese Frage kann ich nicht beantworten, weil ich mich damit nicht beschäftigt habe. Ich möchte nicht spekulieren. Solange ich etwas nicht durch persönliche Erfahrung bestätigt weiß und sicher bin, ziehe ich es vor, darüber zu schweigen. Und sogar nach eingehender Beschäftigung und Beobachtung besteht die Chance, daß ich mich irre – wie in dem Falle, den wir gerade besprochen haben –, weil ich vielleicht einige feinere Details nicht bemerkt habe. Es war wirklich eine Überraschung für mich zu erfahren, daß es noch mehr Unterteilungen innerhalb der physischen Dimension gibt.«

Loizos, ein junger Arzt und Mitglied im inneren Kreis des Daskalos, mutmaßte: »Vielleicht gibt es so viele Unterebenen, wie es Menschen gibt, so daß ein jeder genau dahin gehen kann, wohin er gehört.«

»Mein lieber Loizo«, gab Daskalos zurück, »wir dürfen keine voreiligen Schlüsse ziehen. Ein Meister muß etwas untersuchen, es mit seiner Erfahrung vergleichen und studieren, um dann zu einer Schlußfolgerung zu gelangen. Wir müssen uns erst eingehender mit dieser Sache beschäftigen.« Humorvoll wiederholte Daskalos das bekannte Wort des Sokrates: »Ich weiß, daß ich nichts weiß.«

Kaum hatte Daskalos seinen Satz beendet, klingelte das Telefon. Ich nahm den Hörer auf; es war Theophanis, der aus Paphos anrief. Mit zitternder Stimme bat er, Daskalos zu sprechen.

»Aber was haben wir denn all diese Jahre gelehrt, Theophani?« fragte Daskalos laut, als er versuchte, seinem lieben, siebzigjährigen Freund und langjährigen Mitarbeiter Trost zu spenden. »Du weißt doch, mein lieber Theophani, daß es keinen Tod gibt … Bitte, du brauchst nicht zu weinen … Gehe ins andere Zimmer und lege dich auf das Sofa, wo ich mich auszuruhen pflege, wenn ich bei dir zu Besuch bin. Ich will versuchen, dir zu helfen, damit du dich etwas beruhigst. Einverstanden?«

Als er den Hörer zurücklegte, teilte Daskalos uns mit, was geschehen war. Theophanis war gerade in Paphos eingetroffen, der Hafenstadt im Südwesten der Insel, und hatte seine dreiundsiebzigjährige Schwester tot vorgefunden.

»Wir versuchten, ihn heute morgen während der Zusammenkunft des inneren Kreises zu warnen«, erinnerte sich Kostas. »Ja, statt der regelmäßigen Unterweisung verbrachten wir die Zeit damit, Theophanis auf das vorzubereiten, was er bei seiner Rückkehr zu Hause vorfinden würde.«

Kostas erklärte uns, daß er und Daskalos gewußt hätten, was geschehen würde. Theophanis hatte die für ihn bestimmten Andeutungen aber nicht verstanden, weil er seine Schwester zu sehr liebte. Daskalos hatte Theophanis gesagt, daß seine Schwester sich an diesem Tage nicht wohl fühle. Doch was Daskalos ihm mitteilen wollte, verstand der arglose Theophanis erst, als er nach seiner dreistündigen Rückfahrt in Paphos eintraf.

Daskalos schien überhaupt nicht beunruhigt zu sein, obwohl er selbst sich Dora, der Schwester Theophanis', verbunden fühlte. Statt dessen philosophierte er über die illusorische Natur des Todes und betonte, es sei ganz natürlich, daß alte Menschen sterben.

»Ich gehe besser los und sehe, was passiert«, sagte Daskalos abrupt und etwas besorgt. »Vielleicht braucht Dora Hilfe.«

Wir schwiegen, als Daskalos die Augen schloß, den Kopf bequem zurücklehnte und seine Hände faltete. Wir fünf Anwesende – darunter die drei Mitglieder des inneren Kreises Theano, Kostas und Aspasia – betrachteten das Antlitz des Daskalos, als er in eine tiefe Trance ging. Wir schwiegen etwa zehn Minuten. Daskalos' Mund war halb offen, sein Atmen kaum hörbar. Jedem war klar, daß Daskalos sich außerhalb seines Körpers aufhielt und Paphos besuchte, um Dora zu

Diensten zu sein. Plötzlich öffnete er die Augen, richtete sich auf und begann uns mitzuteilen, was sich zugetragen hatte.

»Sie ist wohlauf«, sagte Daskalos mit seiner gewohnten Bestimmtheit. »Sie wußte nicht, was ihr geschah. ›Daskale‹ fragte sie, ›ich habe dich schon lange nicht mehr gesehen. Wie bist du so plötzlich hergekommen?‹ Dann erzählte sie mir, sie habe sich schon den ganzen Tag nicht wohl gefühlt, jetzt gehe es ihr aber wieder gut. ›Komm, meine Liebe‹, sagte ich, ›es ist Zeit, daß du schlafen gehst und dich ein wenig ausruhst. Du bist müde.‹ Ich begleitete sie«, berichtete Daskalos weiter, »in einen psychonoetischen Raum, der von ihrem abgelegten Körper und Zuhause etwas ferner lag, denn das Klagen der Angehörigen begann in ihrem Bewußtsein eine Spannung zu verursachen.«

Das Schreien und hysterische Weinen der Hinterbliebenen, erklärte Daskalos, verursache oft Verwirrung bei jenen, die vor kurzem hinübergegangen sind. Aus diesem Grunde mußte er die Verbindung zwischen Dora und der grobstofflichen Ebene ganz durchtrennen, damit sie Frieden finden konnte.

Eine halbe Stunde später rief Theophanis wieder an, um Daskalos zu danken. Er hatte ausgeruht, wie Daskalos ihm verordnet hatte, und fühlte sich nun viel besser.

Der Fall Dora bot mir eine Gelegenheit, ein ausführlicheres Gespräch über den nachtodlichen Zustand anzuregen. Ich erwähnte, daß ich gerade ein Buch des deutschen Mystikers und Wissenschaftlers Rudolf Steiner las und beeindruckt war von den Ähnlichkeiten in Steiners Schriften und in den Lehren des Daskalos. Ein Kapitel des Buches, das ich gerade studierte, bezog sich auf den nachtodlichen Zustand, der im Sanskrit *Kamaloka** genannt wird. Daskalos gab seiner Bewunderung für Steiner Ausdruck, aber als er begann, Steiner zu beschreiben, wurde mir klar, daß er ihn mit einem an den Rollstuhl gefesselten Heiler verwechselte. Als Heiler war mir Steiner nicht bekannt – und gewiß nicht als Invalide.

Ich fuhr rasch nach Hause und holte Steiners Buch, um mit Daskalos über dieses Thema zu diskutieren. Nach einer halben Stunde kam ich zurück in der Hoffnung, Daskalos stehe für eine Diskussion weiterhin zur Verfügung.

Als ich sein Haus betrat, entdeckte ich, daß die anderen bereits gegangen waren. Daskalos lag auf der Couch und lauschte mit geschlossenen Augen gregorianischen Gesängen in russischer Sprache aus dem Kassettenrecorder. Die Musik war so laut gestellt, daß er mein Kommen offenbar nicht bemerkte. Ich setzte mich auf einen Sessel in der anderen Ecke des Wohnzimmers, ihm gegenüber.

Daskalos schien in tiefer Meditation versunken zu sein. Als ich ihn betrachtete, kam mir der Gedanke, er sei vielleicht wieder in seinem geliebten Rußland. Er war zwar griechischer Zypriote mit halb schottischen Eltern – die beiden Großväter waren Schotten und hatten griechische Frauen geheiratet –, doch fühlte er sich mit Rußland tief und liebevoll verbunden. Seine kleine Bibliothek in der Stoa enthielt mehrere staubige, alte, russische Monographien. Er hatte mir einmal anvertraut, daß er in seinem unmittelbar vorausgegangenen Leben ein russischer Schriftsteller gewesen war; seine Erinnerungen an die intensiven Erlebnisse jener Zeit waren in seinem Bewußtsein immer noch lebendig. Es fiel mir nicht schwer, mir Daskalos als bärtigen russischen Romanschriftsteller des neunzehnten Jahrhunderts vorzustellen, der in einer sehr bewegten Geschichtsepoche lebte und leidenschaftlich mit seinem Federkiel in die großen Geheimnisse der Existenz eintauchte.

Nach etwa zwanzig Minuten endete die russisch-orthodoxe Liturgie, und der Kassettenrecorder schaltete sich aus. Augenblicke später öffnete Daskalos die Augen und bemerkte meine Anwesenheit, nachdem er auf der Couch die Glieder gestreckt hatte. Es war ungewöhnlich still. Ablenkende Besucher waren nicht zugegen, und so spät am Nachmittag war auch von dem täglichen Pandämonium auf der nahe gelegenen Baustelle nichts zu hören. Zu meiner großen Erleichterung blieb auch das Telefon still. Daskalos war ausgeruht und in der richtigen Stimmung zu einem Gespräch. Ich nahm unsere frühere Diskussion wieder auf, indem ich einige Leitgedanken über den nachtodlichen Zustand aus Steiners Lehre zusammenfaßte.

»Steiner sagt«, begann ich, »daß man sich beim Eintrit in das Purgatorium oder Kamaloka einem Prozeß der Neueinschätzung des gerade beendeten Lebens unterzieht. Das Ich bleibt laut Steiner für eine Zeit im Kamaloka, die einem Drittel des gerade hinter sich gelassenen Erdenlebens entspricht. In dieser Zeit leidet es unter allen unerfüllten Wünschen und Begierden, die es noch in sich trägt. Am Ende dieser Phase löst sich der Astralkörper auf, nachdem er durch diesen Läuterungsprozeß gegangen ist. Im Kamaloka, sagt Steiner, erleben wir alles, das wir anderen angetan haben, aus der Sicht des anderen. Ein Mörder beispielsweise erlebt seine Tat aus der Perspektive seines Opfers.«

»Genau«, bestätigte Daskalos.

»Nach seinem Aufenthalt im Kamaloka«, fuhr ich fort, »geht das Ich laut Steiner in die geistigen Reiche weiter. Es kann sich das nächste Leben auswählen, um karmische Schuld auszugleichen und Missetaten zu korrigieren. Steiner sagt, daß wir die Umgebung wählen, in die wir inkarnieren werden, auch die unserer eigenen Eltern.«

»Nicht ganz«, erwiderte Daskalos. »Es ist nicht die derzeitige Persönlichkeit, die auswählt, wo sie inkarnieren wird, sondern das Ich als inneres Selbst. Unsere Ich-Seele begleitet uns in die Welt der Materie zusammen mit dem Schutzengel, den das Absolute uns für die Zeit von unserer ersten Inkarnation bis zu unserer Befreiung zugeteilt hat. Und wir empfinden diesen Engel, wie wir schon sagten, als uns selbst. Er ist der Spiegel, der uns die Möglichkeit bietet, alle Aspekte unseres Gewissens zu betrachten, um zu erkennen, was wir tun. Das ist ein Spiegel, den wir nicht zerbrechen oder beiseite stellen können. Ob es uns gefällt oder nicht: Der Spiegel ist immer da, und wir können nicht verhindern, in ihm unsere Gedanken, Gefühle und Taten reflektiert zu sehen.

Hast du getötet? Dann sollst du den Tod selbst erleben. In dem Augenblick, in dem du jemanden tötest, unterschreibst du bereits die Bestellung deiner eigenen Tötung. Steiner hat recht. Wenn du nach dem Schwert lebst, wirst du durch das Schwert umkommen. Das Gesetz gilt sowohl in der grobstofflichen Materie als auch in den psychonoetischen Dimensionen. Verstehst du? Wenn du in den psychischen Welten gegen die Gesetze verstoßen hast, wirst du in den psychischen Welten bezahlen; wenn du auf der grobstofflichen Ebene die Gesetze verletzt hast, mußt du auch auf der grobstofflichen Ebene Wiedergutmachung leisten.«

»Das heißt«, folgerte ich, »daß man auch noch nach dem Übergang in die psychische Welt Karma erzeugen kann.«

»Aber freilich.«

»Und dieses Karma ist dann in der psychischen, nicht in der grobstofflichen Welt abzutragen?«

»Richtig.« Daskalos nickte und führte weiter aus: »Wenn deine Gedanken und Gefühle in der grobstofflichen Welt zu einer Tat führten, wirst du in der grobstofflichen Welt die daraus erwachsende Schuld bezahlen müssen. Alles wird nach der jeweiligen Realitätsebene geordnet. Nehmen wir einmal an, du hast auf der grobstofflichen Ebene ein Messer gezückt, um jemanden zu töten. An der eigentlichen Tat aber wurdest du gehindert oder konntest sie nicht ausführen. Trotzdem hast du dein Verbrechen bereits ausgeführt. Wer eine Frau mit begehrlichen Blicken ansieht, sagte Jesus, der hat schon mit ihr die Ehe gebrochen in seinem Herzen. Das ist genau die Bedeutung der Aussage Jesu. In den psychonoetischen Welten wirst du mit deinen Gefühlen und Gedanken konfrontiert. Und vergiß nicht: Selbst wenn du jemanden nicht getötet hast, brachte dein Haß doch die destruktiven Elementale hervor, die jene Person auf der grobstofflichen Ebene beeinflussen können – vorausgesetzt freilich, sie schwingt auf der gleichen Frequenz. In der psychonoetischen Welt giltst du in diesem Falle bereits als Mörder, gleichgültig, ob du jemanden tatsächlich physisch getötet hast oder nicht. Nichts, sagte Jesus, wird verborgen bleiben. Du wirst bezahlen.«

»Auf welche Weise muß man in der psychischen Welt bezahlen, wenn die Emotionen sich nicht auf der grobstofflichen Welt materialisiert haben?« fragte ich.

»In den psychischen Dimensionen haben sie sich aber sehr wohl materialisiert, mein Lieber«, erwiderte Daskalos ernst. »Wie du weißt, ist die psychische Welt ebenfalls Materie, wenn auch auf anderen Schwingungsebenen.«

»Das heißt, die Elementale, die man mit seinen Emotionen und Gedanken erschaffen hat, kommen dann, um einen in den psychischen Dimensionen zu verfolgen?«

»Ja. Und wer, meinst du, wird ihnen erlauben, das zu tun?« fragte Daskalos und beugte sich vor, als verriete er ein großes Geheimnis. »Du selbst als Ich-Seele.« Er deutete mit dem Zeigefinger auf mein Herz. »Kannst du mir folgen? Es bist nicht du als derzeitige Persönlichkeit, der über deine zukünftige Inkarnation entscheiden wird. Wir Menschen – ich wiederhole es erneut – bestehen aus zwei Teilen: der derzeitigen Persönlichkeit – sie ist sündig, unvernünftig und erlegt sich die Selbstbestrafung auf – und einem Teil, der rein und allweise ist: das innere Selbst. Zärtlich spricht es zur derzeitigen Persönlichkeit: ›Du fühlst Schmerz, mein Lieber, nicht wahr? Aber was kann ich tun? Es ist zu deinem eigenen Wohle, daß du Schmerz empfindest.‹ Dein inneres Selbst als Ich leidet ebenfalls Kummer infolge der Gesetzesübertretungen der derzeitigen Persönlichkeit.«

»Auf die gleiche Weise, nehme ich an, litt Jesus Kummer ob der Vergehen der Menschheit.«

»Richtig. Es ist also unsere Ich-Seele in Verbindung mit den vier großen Meistern der Elemente, die dich in der grobstofflichen Materie inkarnieren.«

»Du meinst, es ist nicht nur das innere Selbst, das entscheidet?« fragte ich.

»Natürlich nicht. Mit welchem Recht könnte sich die Ich-Seele allein in die Grobstofflichkeit begeben, ohne Kooperation mit den Meistern der Elemente? Die Elemente, aus denen die Welten bestehen, fallen nicht einfach aus dem Nichts. Sie haben ihre Meister.

Es sind die Meister der Elemente, die dir einen materiellen Körper zur Verfügung stellen, in dem du dir Ausdruck geben kannst. Wir nennen sie *Erzengel.* Sie sind die Gabriels, die Michaels, die Raphaels und die Uriels. Die Inder gaben ihnen andere Namen. Wenn du in deiner Entwicklung weiterschreitest, wirst du eines Tages die Verbindung mit diesen Erzengeln aufnehmen und einer von ihnen werden können. Erst dann erlangst du selbst die Meisterschaft über die Elemente und lernst, Materialisation und Dematerialisation durchzuführen. Denn um solche Phänomene hervorzubringen, mußt du die Elemente beherrschen.«

Daskalos schwieg einige Augenblicke, dann fuhr er fort: »Es ist für die derzeitige Persönlichkeit nicht leicht, zur Vernunft zu kommen. Sie muß wiederholt vom inneren Selbst geschlagen werden, bevor sie allmählich vernünftig wird. Die derzeitige Persönlichkeit neigt eher dazu, sich selbst wie ein gerissener Anwalt zu verteidigen und ihr Tun ständig neu zu rechtfertigen. Und solange sie dies tut, steht ihre spirituelle Entwicklung still. Begreifst du jetzt, warum ich so viel Wert auf die Selbstanalyse und Selbstbeherrschung lege? Was du später zwangsläufig tun mußt, erledigst du jetzt freiwillig und vermeidest dadurch die schmerzlichen Erfahrungen deines Karmas. Meditationsübungen und Selbstanalyse werden deine Entwicklung beschleunigen.«

»Sowie man diese Tatsachen erfährt und erkannt hat, beginnt man, sein Denken und Handeln zu achten und zu prüfen, und erlebt dabei eine Steigerung seiner Fähigkeit zur objektiveren Selbsteinschätzung«, stellte ich fest. »Man wird ein besserer Mensch.«

»Wenn die derzeitige Persönlichkeit schließlich einsichtig wird und sagt: ›Ich gebe meine Vergehen zu, meine Fehler –‹«

Ich unterbrach ihn: »Aber es kann doch nicht genug sein, zu sagen: ›Ich gestehe –‹?«

»Nein. Um diesen Zustand zu erreichen, bedeutet es: ›Ich ergebe mich meinem inneren Ich, und ich erkenne, daß du recht hast, mich zu disziplinieren.‹ Aber wie bringt dein inneres Selbst dich dazu, diesen Bewußtseinszustand zu erreichen? Indem es dir die Rolle der Person gibt, die du verletzt oder ungerecht behandelt hast. Mit dieser Methode wird deine Ich-Seele dir als derzeitiger Persönlichkeit helfen, zur Vernunft zu kommen und deine Vergehen einzusehen. Andernfalls – das heißt, solange du die Dinge aus der egoistischen Perspektive der derzeitigen Persönlichkeit siehst – wirst du als spirituelles Wesen nie verstehen und dich höher entwickeln können. Verstehst du, was geschieht? Es geht nicht um die Bestrafung als solche, die das innere Selbst gegenüber seinem geringeren Teil, die derzeitige Persönlichkeit, einsetzt. Es will aufwecken. Der Gott der Barmherzigkeit läßt keine Bestrafung zu. Er erlaubt nur die Lektionen, die uns helfen, auf dem geistigen Pfade weiterzugelangen.«

»Könntest du mir anhand eines konkreten Falles schildern, wie diese Umkehr der Rollen innerhalb der psychonoetischen Dimensionen vor sich ging?« bat ich.

»Es ist schwierig, über diese Arbeit der unsichtbaren Helfer zu sprechen. In der psychischen Welt begegnen wir solchen Situationen auf Schritt und Tritt. Da kommt beispielsweise jemand auf uns zu und bittet um Hilfe, weil er sich von jemandem verfolgt fühlt, der ihn töten will. Wir, die unsichtbaren Helfer, erkennen, daß diese Person selbst früher den getötet hat, von dem sie sich nun verfolgt fühlt. – Nun, wer schickt das Elemental des Ermordeten aus, den Mörder zu verfolgen?« Daskalos hielt einige Sekunden inne. »Das innere Selbst des Mörders«, sprach er mit sanfter Stimme weiter, »also er selbst. In einer solchen Situation ist das Opfer unter Umständen ganz unbeteiligt und nicht der Typ, der seinen Tod rächen würde. Natürlich gibt es Situationen, in der das Opfer Gedanken der Rache hegt und die Elementale aussendet, die seinen Mörder verfolgen. In den meisten Fällen, mit denen ich mich befaßt habe, ist es jedoch nicht das Opfer, das die Rache-Elementale aussendet. Es ist der Mörder selbst, der sie hinter sich her hetzt.«

»Wenn du sagst: ›Es ist der Mörder selbst‹, nehme ich an, du meinst sein inneres Selbst, sein Gewissen«, warf ich ein.

»Natürlich. Doch wenn der Mörder seine Lektion lernt und aufrichtig bereut, wird er befreit von der Last seines Karmas und braucht nicht durch das Leiden seines Opfers zu gehen. Das ist eine wichtige Einzelheit, auf die wir achtgeben müssen. Wenn du deine Lektion gelernt hast, besteht keine Notwendigkeit, daß du erstochen wirst, weil du selbst jemanden umgebracht hast. Weißt du, zuerst dachte ich, daß das Gesetz ›Wer kraft des Schwertes lebt, soll durch das Schwert sterben‹ absolut und unwiderruflich sei. Aber nach weiteren Erkundigungen und Erfahrungen in den psychonoetischen Dimensionen fand ich heraus, daß dies nicht zwangsläufig der Fall ist. Das bedeutet jedoch nicht, daß das Gesetz nicht gilt oder falsch ist, sondern einfach, daß es überwunden werden kann. Du stirbst durch das Schwert, wenn du deine Lektion nicht gelernt hast, wenn du nicht zur Vernunft gekommen bist. Es spielt keine Rolle, ob dein Opfer dich mit eigenen Händen töten würde. Wenn sich dein Opfer spirituell weiterentwickelt hat und seinen Tod nicht rächen will, du selbst aber die Realität deiner Taten nicht begreifst, kannst du beispielsweise auch durch das Messer in der Hand eines Chirurgen sterben. Aber, wie gesagt, das geschieht nur unter der Voraussetzung, daß du diese Lektion für dein spirituelles Weiterkommen verdient hast.

Gehen wir jedoch davon aus«, fuhr Daskalos fort, »daß du eine gewisse Stufe in deiner Bewußtseinsentwicklung erreicht hast. Du erkennst das Böse deines früheren Tuns und hast eine radikale und echte Verwandlung deines Bewußtsein erfahren. Dann hebt Gott deine Last auf und befreit dich von der Erinnerung an die Einzelheiten deiner Tat und läßt nur die Essenz deines Erlebens zurück. In deiner nächsten Inkarnation bist du dann vielleicht ein guter Chirurg – und wieder lebst du durch das Schwert, aber in dieser Inkarnation rettest du damit Leben. Du gebrauchst das Schwert in deiner Hand, um zu heilen, anstatt zu töten.« Die erhobene Hand des Daskalos schien ein imaginäres Schwert zu halten.

»Damit deutest du letzten Endes an, daß das Karmagesetz nicht ein absolutes und unbeugsames Gesetz ist, sondern auch überwunden werden kann?«

»Das ist richtig, laß mich erklären: Wie wir schon oft sagten, ist das Karma ein Naturgesetz. Aber es kann – wie jedes andere durch ein höheres Gesetz aufgehoben werden. Das ist die Lehre Christi. Darum sprach er sich für Reue und so weiter aus. Wäre es anders, so wäre das Karma ein starres, erbarmungsloses Gesetz. Dann wäre das Christentum für die Katz, und die Aufforderung ›Einer trage des anderen Last‹ wäre bedeutungslos.

Karma ist das Gesetz von Ursache und Wirkung, und wir können es in allen Bereichen der Schöpfung beobachten. Vom Augenblick ihrer Erschaffung durch das Gesetz von Kohäsion und Liebe untersteht auch die grobstoffliche Materie ihrer Form des Karma.«

»Ich weiß nicht genau, ob ich verstehe, was du meinst.«

»Nehmen wir zum Beispiel das Karma des Steins. Die Kombination und Synthese von Wasser, Schmutz und einer bestimmten Temperatur hat zum Beispiel diesen Stein hier hervorgebracht. Das Karma dieses Steins war die Folge des Karmas von einer gewissen Menge Wasser, Erde, Feuer und so weiter. Und aus dieser Sicht können wir unter Berücksichtigung gewisser Faktoren (die Rotation der Erde um ihre eigene Achse, Temperatur, Regen etc.) das zukünftige Karma dieses Steines vorhersagen: daß er in hundert, zweihundert, fünfhundert oder tausend Jahren aufgelöst wird.«

»Willst du damit sagen, daß die physischen Naturgesetze im Grunde Karmagesetze sind?« fragte ich, etwas überrascht.

»Aber gewiß sind sie das«, antwortete Daskalos mit Nachdruck. »Doch es gibt noch ein anderes Gesetz, ein höheres: das Gesetz des Geistes, des menschlichen Geistes. Und obwohl ich das Gesetz dieses Steines studieren und ermitteln kann, daß er sich bis in tausend Jahren auflösen wird, kann ich ihn mit Hilfe von Dynamit in Sekundenschnelle in Staub verwandeln. Der Stein, der von sich aus erst in tausend Jahren verwittert wäre, wird nun in Sekunden aufgelöst, weil der menschliche Geist eingreift. Das Karma von tausend Jahren wurde in Sekunden überwunden. Eine radikal neue Realität und ein radikal neues Karma ist nun erschaffen. Das bedeutet natürlich nicht, daß ich das Karma dieses Steins oder das Karma all der anderen Myriaden von Steinen um mich herum gelöscht habe, das aufzulösen Tausende von Jahren dauert.

Der menschliche Geist hat auch das Düsenflugzeug erfunden und überwindet damit vorübergehend das Gesetz der Schwerkraft, um binnen weniger Stunden von Zypern nach London fliegen zu können. Aber wenn die Motoren abgestellt werden, stürzt das Flugzeug ab. Das Gesetz der Schwerkraft kann man vorübergehend überwinden, aber man kann es nicht auslöschen. Es wird immer dasein. Das Gesetz der Schwerkraft, das Gesetz des Karmas, bleibt bestehen.

Wir haben an diesen beiden Beispielen gesehen, daß der Geist Karma auf der grobstofflichen Ebene beeinflussen und ändern kann. Auf die gleiche Weise kann Geist in Gestalt des menschlichen Willens persönliches Karma ändern, nicht nur auf der grobstofflichen Ebene, sondern auch innerhalb der psychonoetischen Ebenen.«

»Kannst du mir dies anhand eines konkreten Beispiels erläutern?« bat ich.

Daskalos überlegte einige Sekunden und streckte seinen Rücken. »Ich will dir ein Beispiel aus meinen eigenen Forschungen auf diesem Gebiet erzählen«, antwortete er. »Einer der besten Chirurgen Zyperns war zufällig mein Schüler, noch dazu ein sehr ergebener. Er starb vor einigen Jahren, aber ich bin noch mit ihm in Verbindung. In seinem vorausgegangenen Leben war er ein österreichischer Politiker des neunzehnten Jahrhunderts. Er war ein Feind der Griechen und der griechischen Revolution gegen das ottomanische Reich. Seine Feindseligkeit war sehr stark, und er verhalf zur Verhaftung und Hinrichtung ausgebürgerter griechischer Revolutionäre.

Doch nun paß auf, wie das Karma in diesem Falle wirkte: In seinem nächsten Leben steht er als Grieche auf Zypern den Türken gegenüber. Seine Obsession war Deutschland und die deutsche Kultur. Man pflegte ihn den Germanophilen zu nennen. Er studierte in Deutschland Medizin und kehrte nach Zypern zurück, um hier als Chirurg zu arbeiten. Ungeachtet der Tatsache, daß er ein griechischer Zypriote war, wurde er zum Honorarkonsul für Zypern ernannt.

Einen Tag nach einer Unterweisung besuchten wir zusammen eine Gesellschaft in Limassol. Bei jener Party begegnete ich Makarios [Erzbischof und erster Präsident Zyperns] zum ersten Male. Der Chirurg war ein Freund von Makarios, und im Laufe des Abends fragte er den Erzbischof, ob er an Reinkarnation glaube. Dessen Antwort war: ›Bitte, lieber Freund, erlauben Sie mir, Ihre Frage nicht zu beantworten.‹ Natürlich war er vorsichtig, schließlich war er der Erzbischof. ›Mein lieber Spyro‹, sagte der Arzt, ›vielleicht kannst du mich über etwas aufklären. Und um es dir leichter zu machen, möchte ich dich darauf hinweisen, daß ich die Reinkarnation für eine Tatsache des Lebens halte. Ich habe gewisse Erlebnisse, die ich bestätigt haben möchte. Aber bevor ich dir etwas sage, laß mich in den Nachbarraum gehen und diese Erinnerungen aufschreiben, so daß keine Chance besteht, daß ich beeinflußt werde von dem, was du mir vielleicht erzählen wirst.‹

Er ging in den Nebenraum und schrieb: ›Ich war entweder Deutscher oder Österreicher. Ich war ein Feind der Griechen. Ich erinnere mich nicht genau, habe aber das Gefühl, viel gegen sie unternommen zu haben wie etwa, sie fortzuschikken, damit sie im Fluß ertrinken. Als Grieche auf Zypern geboren zu werden, empfinde ich als Bestrafung. Ich habe bereits das Gefühl, durch eine Art Sühne gegangen zu sein. Ich bete zu Gott, daß Er mir einen gewaltsamen Tod ersparen möge. Davor hätte ich Angst.‹

Bevor er mir seine Erklärung vorlas, trat ich in sein Unterbewußtsein ein und sah, daß er in seinem vorausgegangenen Leben Österreicher gewesen war. Ich sagte: ›Du warst ein Feind der griechischen Revolution.‹ – ›So weit, so gut.‹ – ›Du warst ein Türkenfreund und bist es immer noch.‹ – ›Was ist daran auszusetzen?‹ – ›Nichts ist daran auszusetzen‹, erwiderte ich, ›wenn du damit meinst, daß du die Türken als deine Geschwister empfindest und betrachtest und nicht nur ein Türkenfreund aus politischen Gründen bist. Als Menschen liebe ich sie ebenso wie du‹, sagte ich, ›und vielleicht noch mehr.‹ – ›Das akzeptiere ich‹, antwortete er. Wir sprachen weiter, und ich erklärte ihm seine Situation. ›Nun‹, sagte ich, ›bist du Chirurg geworden. Mit deinem Messer rettest du Leben. Du lebst mit dem Schwert. Aber das bedeutet nicht, daß du durch das Schwert umkommen mußt. Du tust in diesem Leben Gutes als eine Art karmischer Wiedergutmachung für das, was du in deinem vorausgegangenen Leben getan hast.‹

Damals entdeckte ich zum ersten Mal, daß man früher

begangenes Böses durch entsprechende gute Taten auslöschen kann und daß man nicht das gleiche Böse erleiden muß – vorausgesetzt, man hat seine Lektion gelernt.«

»Hast du dieses karmische Gesetz als erster entdeckt?« fragte ich.

»Das müssen auch andere entdeckt haben, und wieder andere werden in der Zukunft darauf stoßen. Es war jedenfalls das erste Mal, daß ich es selbst erlebte. Bei weiteren Beobachtungen und Einblicken in das Leben anderer Menschen sowie bei der Beschäftigung mit ihren Inkarnationen fand ich dieses Gesetz immer wieder bestätigt. Aufgrund dieser Erlebnisse und Beobachtungen bin ich zuversichtlich, daß es wahr ist. Diese Dinge sind natürlich nirgendwo aufgeschrieben, jedenfalls, soweit ich es weiß. Aber für mich paßt es gut zu dem Kirchenlied ›Du, gnädigster Gott, vergibst den Sündern ...‹

Man kann also«, fuhr Daskalos fort, »seine Schulden durch gute Taten ausgleichen. Ich schloß daraus, daß dies der Sinn der Metanoia* [Umkehr, Versöhnung] sein mußte, die Christus uns anbot. Welchen Zweck sollten Metanoia oder Reue sonst erfüllen?

Das Karma ist ein so komplizierter Mechanismus. Ich wiederhole, was ich dir bereits sagte: Ich weiß kaum etwas davon. Es gibt noch so vieles, was ich studieren und lernen muß!«

»Doch ich bin wirklich beeindruckt von dem, was du mir gerade über Karma erklärt hast«, fügte ich hinzu.

»Auch ich bin ergriffen, mein Lieber. Und ich will dir sagen, daß die Einzelheiten über das tatsächliche Wirken des Karmas noch nicht einmal den Engeln bekannt sind. Wir haben hier über das Leben und die Ordnung des Lebens gesprochen, verstehst du?

Dieser Freund«, fuhr Daskalos fort, »kam also und suchte meinen Rat: ›Was soll ich tun?‹ fragte er. ›Jedesmal, wenn ein armer Mensch zu dir kommt und um eine Operation bittet‹, antwortete ich, ›sollst du ihn kostenlos behandeln.‹ Das versprach er und hielt es ein. Im Gegenzug bat er um meine Hilfe, wann immer er schwierige Fälle zu behandeln hatte. Er wollte mich im Operationssaal neben sich haben. Ich bot ihm meine Hilfe an und war immer bei ihm, wenn er mich brauchte. Zeit seines Lebens war er der führende Chirurg auf dieser Insel. Er starb in hohem Alter – eines natürlichen Todes.«

»Das heißt, du bist mit deinem grobstofflichen Körper neben ihm am Operationstisch gewesen?« fragte ich, um diesen Punkt eindeutig zu klären.

»Ja, natürlich. Er war ein guter Freund, und wann immer er mich rief, ging ich ins Krankenhaus und stand ihm zur Seite. Er entledigte sich seiner karmischen Schuld«, betonte Daskalos, »ohne einen gewaltsamen Tod erleben zu müssen. Er wachte auf und erkannte die Natur seiner früheren Taten, und er lernte daraus seine Lektion. Es bestand keine Notwendigkeit mehr, ihn auf die gleiche Weise zu bestrafen.«

»Da kommt mir eine Frage in den Sinn«, sagte ich: »Warum hat jener Mann sein Karma auf diese positive Weise ausgeglichen, während andere wiederholt leiden müssen, bevor sie ihre Schuld abtragen und zur Besinnung kommen können?«

»Alle Menschen haben die Wahl. Wenn du im Kamaloka bist, wird dein inneres Selbst mit den vier großen Meistern der Elemente bewußt Kontakt aufnehmen, um dir die Gelegenheit zu bieten, herabzukommen und deine karmischen Verpflichtungen zu bezahlen. Wie du das tust, ist deine eigene Entscheidung. Was Rudolf Steiner darüber sagt, akzeptiere ich: Dein inneres Selbst faßt den Entschluß herabzukommen. Aber wann geschieht das? Erst, nachdem du dein Hauptbuch studiert hast, in dem Schulden und Guthaben verzeichnet sind, das heißt, was du schuldig bist und was andere dir schulden.« Daskalos tat so, als hielte er ein Buch und blätterte mit den Fingern eine Seite nach der anderen um.

»Außer dem dieses Arztes habe ich viele andere Fälle studiert und bin zu der Erkenntnis gelangt, daß alle Menschen die Freiheit haben, vor dem zweiten Tode zu wählen, wie ihr nächstes Leben sich entfalten wird. Vor dem zweiten Tode und vor ihrer nächsten Inkarnation können sie wählen, in welche Umstände sie herabkommen und wie sie ihr Karma aufarbeiten werden. Wenn du in deinem früheren Leben ein reißender Wolf warst und auch im Kamaloka ein mörderischer Wolf geblieben bist, dann kommst du wieder, um ein Wolf zu sein, um zu beißen und selbst immer wieder gebissen zu werden. Wenn du jedoch zur Vernunft kommst, weil du im Kamaloka die Lektionen gelernt hast, die dir dein früheres Leben geboten hatte, und weil du die Art deines Tuns eingesehen hast, dann kannst du von einem wilden Wolf in einen Wolfshund verwandelt werden, der schützen und helfen kann. Dann kommst du wieder, um zu dienen, statt zu töten. Diese Chance wird dir gegeben. Das wirkt die große Barmherzigkeit Gottes.«

»Vor einigen Jahren, Daskale, hast du mir gegenüber erwähnt, daß man für selbst erschaffenes Karma verantwortlich ist ohne Rücksicht darauf, ob man den Zustand überwunden hat, der einen zur Erzeugung dieses Karmas geführt hatte, und ungeachtet des Umstandes, daß man seine Lektion vielleicht inzwischen gelernt hat. Du sagtest, man sei gezwungen, sich eben den Elementalen zu stellen, die man erschaffen hat, seien sie gut oder böse. Steht dies nicht im Widerspruch zu dem, was du mir heute über die Überwindung des Karmas und die göttliche Barmherzigkeit gesagt hast?«

»Nein, das ist kein Widerspruch. Laß mich erklären. Wie wir wiederholt sagten, muß das Karma auf die eine oder andere Weise ausgeglichen werden. Das Gesetz von Ursache und Wirkung verlangt, daß das Gleichgewicht wiederhergestellt wird.«

»Aber dann«, konterte ich, »gibt es keine Möglichkeit, Karma zu überwinden.«

»Natürlich kann man es überwinden«, widersprach Daskalos heftig. »Du überwindest es in dem Sinne, daß du die Taten nicht wiederholst, die dazu geführt haben. Du fügst deinem Karma nichts mehr hinzu. Wenn du aufhörst, dein Karma zu vergrößern, erreichst du einen Punkt, an dem du es abzahlen kannst.«

»Deinem Freund, dem Chirurgen, blieb die Erfahrung erspart, durch das Schwert zu sterben, obwohl er im vorausgegangenen Leben Dinge getan hat, die normalerweise dazu geführt hätten, daß er entsprechend abzahlt.«

»Aber ich sagte doch: Er beglich seine Schuld mit entsprechenden guten Taten. Ja, er war durch Schulden belastet, die er auf die eine oder andere Weise abzahlen mußte. Da er seine Lektion gelernt hatte, tilgte er seine karmische Verpflichtung auf positive Weise, statt unter der schmerzhaften Peitsche des Karmas. So glich er seine Bilanz aus.«

Ich nickte. »Ich verstehe. Man muß sein Karma entweder durch Leiden oder durch selbstloses Tun abzahlen.«

»Genau. Ich will dir dies durch ein einfaches Beispiel verdeutlichen. Angenommen, ich bin ein Spieler und verliere eines Abends zweihundert Pfund. Also schreibe ich einen Schuldschein. Am nächsten Abend spiele ich erneut, und ich verliere weitere hundert Pfund. Meine Schuld ist nun auf dreihundert Pfund angewachsen. Da fühle ich mich unglücklich und erkenne allmählich, daß das Spielen schlecht für mich ist. In der folgenden Nacht beherrsche ich mich und bleibe zu Hause. Ich spiele nicht. Allmählich werde ich gegenüber der Versuchung des Glücksspiels gleichgültig. Diese Gleichgültigkeit wächst jedoch schrittweise. Ich bin noch nicht stark genug, und so erliege ich am fünften Tag wieder den Elementalen des Glücksspiels und erlebe erneut die verheerenden Auswirkungen meiner Schwäche. Ich verliere weitere fünfhundert Pfund. Jetzt sind meine Schulden auf achthundert Pfund gestiegen. Diese Last bedrückt mich zu sehr, und ich lerne endlich meine Lektion. Ich gelobe mir unwiderruflich: kein Glücksspiel mehr. Aber meine Schuld ist immer noch vorhanden. Sie ist immer noch meine Schuld, und ich muß sie irgendwie abzahlen.«

»Auf die gleiche Weise«, unterbrach ich ihn, »könntest du in früheren Leben viele Menschen getötet haben. Aber nachdem du erkannt hast, wie verbrecherisch deine Taten waren, brauchst du nicht ein ähnliches Schicksal erleiden, sondern kannst deine Schuld abzahlen, indem du Gutes tust und Leben rettest wie dein Freund, der Chirurg.«

»Richtig. Jetzt hast du eine Lektion gelernt.«

»Du erwähntest vor einiger Zeit«, sagte ich, »der Mörder von heute sei der Heilige und Meister der Erleuchtung von morgen. Ich wundere mich. Wie werden die Massenmörder der Geschichte je ihre Schulden bezahlen können, selbst wenn wir annehmen, daß sie eine Entwicklungsstufe erreicht haben, auf der sie ihre Lektion lernen und bereuen?«

»Da greift die göttliche Barmherzigkeit ein«, antwortete Daskalos. »Vergiß nicht: ›Er trägt die Sünden der Welt‹, wie es im Evangelium heißt. Das ist die Rolle von Jesus Christus dem Logos.« Die Augen des Daskalos leuchteten, als er bewegt nach oben wies.

»An welchem Punkt greift der Logos ein, um das Karma eines Menschen auf sich zu nehmen? In deinem Beispiel erwähntest du eine Gesamtschuld von achthundert Pfund, eine Verpflichtung, die ja noch überschaubar ist. Aber wenn die Schulden nun fünfhundert Millionen Pfund sind, was dann?« fragte ich und lächelte etwas unsicher, ob meine Frage zu stark vereinfacht wäre.

»Du wirst abzahlen entsprechend deinen Möglichkeiten. Du wirst zweitausend Pfund bezahlen«, sagte Daskalos. »Um den Rest kümmert sich der Logos – unter der Voraussetzung wiederum, daß du deine Lektion gelernt hast.

Denke an die Worte Christi: ›Du und ich sind eins.‹ Verstehst du jetzt? Er sagte: ›Was auch immer du deinem Nächsten angetan hast, das hast du mir getan.‹ Also gilt: Was auch immer du begangen hast, ob gut oder schlecht: es ist Er, der verantwortlich gemacht wird, und in unserer Religion heißt es: ›Wer den Armen Almosen gibt, beschenkt Gott.‹

Du als Mensch«, fuhr Daskalos fort und zeigte auf mich, »hast von Geburt an gewisse Rechte. Du wirst nicht versucht oder gepeinigt über dein Vermögen hinaus, für deine Schwächen und sogenannten Sünden abzuzahlen. Die verbleibende Verpflichtung übernimmt der Logos. Das ist es, was die Botschaft Christi so unwiderstehlich macht. Er ist tatsächlich der Träger der Sünden der Welt, und dies wird – neben anderen Aspekten – durch die Kreuzigung symbolisch dargestellt.«

»Du hast uns schon viele Male erklärt, daß der Logos ›das wahre Licht‹ ist, das jedes Menschenwesen erhellt, das auf die Welt kommt. Es ist in einem jeden von uns zu finden. Deshalb ist das Beispiel des Logos, der gekreuzigt wird, in Wirklichkeit eine Aufforderung, gegenseitig Karma zu tragen.«

»Genau. Aber sei dir darüber im klaren: Wenn du die Last eines anderen trägst, ist sie in Wirklichkeit immer deine eigene. Wenn du in deiner Evolution die Stufe des Christus-Bewußtseins* erreichst, wirst du erkennen, daß die Last des anderen in Wirklichkeit deine eigene ist. Du bist ein menschliches Wesen, hast Christus im Innern, und der andere ist ein menschliches Wesen mit Christus im Innern. Deshalb haben wir eine gemeinsame Bestimmung. Wir haben gemeinsame Schulden. Verstehst du?«

Daskalos fuhr fort: »Obgleich man diese Realität auch in unserer orthodoxen Religion findet, wissen die Priester absolut nichts davon. Natürlich – wie ich es schon viele Male sagte – kann keiner ganz wissen, wie das Karma wirkt. Und weißt du, worüber die meisten Menschen stolpern? Über die Realität der göttlichen Barmherzigkeit.«

Ich sagte: »Ich denke, die göttliche Barmherzigkeit ist vielleicht so zu verstehen: Eine liebende Mutter hat vielleicht den Wunsch, ihrem Kind beizubringen, bestimmte wichtige Fertigkeiten zu entwickeln. Um dies zu erreichen, läßt die Mutter dem Kind ein beträchtliches Maß an Freiheit, herumzugehen und zu forschen. Aber das Kind fällt inzwischen immer wieder hin und holt sich einige Schrammen und blaue Flecken. Doch die Mutter behält stets im Auge, was ihr Kind tut. Sobald es in die Tiefe zu stürzen droht, eilt sie herbei und rettet es. An diesem Punkt greift der Logos als göttliche Barmherzigkeit ein, um unsere Bürde zu erleichtern und uns vor dem Abgrund unserer karmischen Schulden zu retten.«

»Genau.«

»Und deshalb«, fügte ich hinzu, »werden selbst die notorischsten Wiederholungstäter und Massenmörder schließlich vor dem Abgrund erlöst und gerettet.«

»Absolut«, bestätigte Daskalos. Dann erzählte er einige Erlebnisse, die er im Alter von fünfzehn Jahren hatte, als er sich mit dieser Thematik auseinanderzusetzen begann.

»Damals schrieb ich ein Gedicht, das einige Leute schockierte. Ich beklagte mich bei Gott, daß er, während ich vor ihm kniete und zu ihm betete, mich von meiner Last zu befreien, woanders hinschaute und seine Aufmerksamkeit einem Verbrecher schenkte. Am Ende des Gedichts antwortet Christus: ›Ich liebe den Sünder so sehr, wie ich dich liebe. Er braucht meine Hilfe jetzt. Du, mein Lieber, kannst warten.‹«

»Ich nehme an, das gehörte schon zu deiner Vorbereitung darauf, später das Karma anderer bereitwillig anzunehmen.«

»So ist es.« Daskalos lächelte. »Zuerst lernst du, das Karma jener anzunehmen, die dir nahestehen, und später lernst du, das Karma jener zu tragen, die man als Sünder oder gar deine Feinde betrachtet.«

»Um dazu fähig zu sein«, stellte ich fest, »mußt du eine sehr hohe Stufe der spirituellen Entwicklung erreichen.«

»Ja, aber das *ist* der Weg. Das ist das Beispiel, das Christus uns gegeben hat. Erinnere dich, was er sagte, als er am Kreuze hing: ›Vater, vergib ihnen, denn sie wissen nicht, was sie tun.‹«

Unser Gespräch wurde unterbrochen, als Myranda, eine Bekannte von Emily, an die Tür klopfte. Sie bat Daskalos, ihren sechsjährigen Jungen zu untersuchen, der seit mehr als einem Jahr Leibschmerzen hatte. Die Ärzte, die ihn untersucht hatten, konnten nichts finden. Myranda bestand darauf, daß es ein Problem gab und daß ihr Sohn unter Schlafstörungen litt. Daskalos nahm den Jungen auf den Schoß und sprach ihm ruhig und kindgemäß zu, während er ihm über den Bauch strich. Die Diagnose des Daskalos war schnell und eindeutig.

»Es ist nichts Beängstigendes«, sagte er mit Bestimmtheit. »der Junge hat Würmer im Darm.« Er empfahl eine rezeptfreie Arznei und versicherte der Mutter, daß ihr Sohn bald wieder genesen werde. Myranda dankte Daskalos, nahm ihren Sohn an der Hand und ging. Als ich einen Monat später mit ihr sprach, teilte sie mir mit, daß sie ihren Sohn auf direktem Wege von Daskalos zu ihrem Arzt gebracht und diesen gebeten habe, eine Stuhluntersuchung durchzuführen. Der Test bestätigte die Diagnose des Daskalos. Mit Hilfe eines Medikaments wurde der Junge frei von den Parasiten, und die Schmerzen vergingen. Dieser Fall war typisch für das, was sich Tag für Tag im Hause des Daskalos entfaltete.

Als Myranda und ihr Sohn gegangen waren, nahm ich mein Gespräch mit Daskalos wieder auf. Nun schloß sich Emily uns an, setzte sich neben Daskalos und hörte aufmerksam zu.

»Daskale, ich möchte dich etwas über den ›zweiten Tod‹ fragen, den du erwähnt hast«, begann ich. »Ich nehme an, daß du unter dem ›zweiten Tod‹ die Phase zwischen dem Kamaloka oder den niederen Ebenen der psychischen Welt und dem Zeitpunkt verstehst, da man sich anschickt, erneut zu inkarnieren.«

»Manche Menschen hören etwas vom ›zweiten Tod‹, und sie sind entsetzt«, antwortete Daskalos. »Sie stellen sich etwas dem irdischen Tode Entsprechendes vor. Es ist ganz anders. Der zweite Tod ist die Auflösung des psychischen Körpers im

Kamaloka. Du bemerkst sie nicht einmal, weil es ein ganz allmählicher Vorgang ist. Das geschieht nicht plötzlich. Es ist anders als der Tod des grobstofflichen Körpers, den du, nachdem er stirbt – oder, genauer gesagt, nachdem du ihn abgelegt hast –, da liegen sehen kannst. Der zweite Tod ist die allmähliche Reinigung des psychischen Körpers von seinen negativen Schwingungen, wodurch die Umgebung zunehmend numinos wird. Du kannst diesen Vorgang mit der Zunahme des Lichtes über dem Land vergleichen, wenn die Sonne aufgeht. Zuerst ist alles dunkel, und du kannst kaum etwas sehen. Dann wird es etwas heller, etwa wie bei Vollmond. Es ist die gleiche Landschaft, die du vor dir hast. Dann vermagst du allmählich, Farben zu unterscheiden. Du fühlst dich wohler und nimmst mehr von dem erstarkenden Licht auf. Jetzt ist es Morgen. Das Land liegt im Licht, und erfrischende Brisen kommen vom Meer übers Land. Die Vögel stimmen ihre Lieder an. Die Landschaft erwacht zum Leben, wird lichter und heller, da die Sonne ihrem Höhepunkt entgegensteigt und mit immer stärkerer Kraft herniederstrahlt. Der zweite Tod ist mit diesem Prozeß vergleichbar.

Der psychische Raum«, fuhr Daskalos fort, »ist der, in dem du sein mußt. Er ist einzigartig und allein für dich und stimmt mit deinem Bewußtseinszustand und deinem spirituellen Entwicklungsstand überein. Vergiß nicht: Die Sonne, die emporsteigt und die Landschaft erhellt, kommt aus deinem Innern. Sie ist kein Himmelskörper wie auf der grobstofflichen Ebene. Die Veränderung geht von deinem Innern aus. Ich spreche aus eigener Erfahrung. Mit dem zweiten Tode wirst du fühlen, daß die dunkle, schwere und verwirrende Welt, in der du zuvor gewesen bist, allmählich lichter und numinoser wird, und daß dein Verständnisvermögen zugenommen hat.«

»Wenn man stirbt, Daskale, und in eine psychische Dimension gelangt, bedeutet dies nicht unbedingt, daß man in eine dunkle Landschaft geht«, vermutete ich.

»Das hängt von der Lichtmenge ab, die du mitbringst. Du bist die Sonne, die die Landschaft erhellt. Ich habe es auch schon oft gesagt: Selbst die dunkelste Hölle ist als objektiver Raum schön. Innerhalb Gottes, innerhalb des Absoluten, ist alles schön – vorausgesetzt, du bist in der Lage, diese Schönheit wahrzunehmen. Du kannst Schönheit nur sehen durch die Schönheit, die du in dir trägst.

Es ist eigenartig, was ich da sage, nicht wahr?« meinte Daskalos und blickte uns mit entwaffnendem Lächeln an. »Aber es ist die Wahrheit. Der zweite Tod ist nichts, vor dem ihr euch zu fürchten braucht, sondern etwas, das ihr anstreben solltet. Ich wiederhole: Der zweite Tod ist ein Prozeß, der euch höheren Ebenen des Gewahrseins und der Erleuchtung näherbringt.«

»Müssen alle Menschen diesen Prozeß erleben?« fragte ich.

»Alle Menschen haben die Möglichkeit zu dieser Erfahrung. Sie erleben sie, wenn sie zur Vernunft gekommen sind und die Lektionen des gerade beendeten Lebens aufgenommen haben. Ansonsten versetzen die Meister des Karmas das Ich als derzeitige Persönlichkeit in Schlaf. Das heißt, der psychische Körper löst sich sofort auf, geht vorübergehend durch die noetische Dimension und steigt auf die grobstoffliche Ebene in eine neue Inkarnation herab. In einem solchen Falle erlebt das Individuum den noetischen Körper nicht oder wird sich seiner nicht bewußt.

Das ist ein sehr komplizierter Prozeß. Steiner verstand es übrigens falsch, wenn er sagt, daß das Individuum im Kamaloka ein Drittel der Zeit des vorausgegangenen Lebens verweile. Die Zeit in diesem Purgatorium wechselt von Individuum zu Individuum. Um die Lektionen einer abgelaufenen Inkarnation zu erkennen, zu studieren und aufzunehmen, braucht der eine hundert oder zweihundert Jahre, der andere nur wenige Monate. Das ist individuell unterschiedlich. Wenn jemand beispielsweise ein sehr tragisches und intensives Leben geführt hat, das Chaos und heftige Schwingungen in seinem psychischen Körper verursacht hat, mag ein längerer Aufenthalt im Kamaloka notwendig sein, damit jene heftigen Schwingungen sich beruhigen können. Ihr seht also, es ist eine individuelle Angelegenheit, wie lange man in den psychischen Dimensionen bleibt, und nicht mit einer festen mathematischen Formel zu bestimmen, die für jedermann zum gleichen Ergebnis führt.

Bei der Beschäftigung mit meinen eigenen Inkarnationen habe ich herausgefunden, daß es gewöhnlich nur ein oder zwei Erdenjahre dauert, bis ich wieder an die Arbeit zurückgehe und hinabsteige. Das ist mit ein Grund, warum ich mich an so vieles aus meinen früheren Leben erinnern kann.«

Nach einer Pause meinte ich: »Den zweiten Tod zu gewinnen und zu erleben – das heißt, bei vollem Bewußtsein zu bleiben, während man den psychischen Körper überwindet und in den noetischen Körper eintritt – setzt eine gewisse spirituelle Evolution voraus. Es ist – sagen wir es einmal so – der Lohn für deine spirituellen Bemühungen. Dieser Lohn besteht darin, Bewußtsein zu erlangen, statt eine hypnotisierte derzeitige Persönlichkeit zu sein.«

»Das ist es«, sagte Daskalos und klatschte in die Hände. »Denn was besitzt du in diesem Leben schließlich als dein Eigen? Deinen Körper oder dein Bewußtsein? Was hast du wirklich als Leben im LEBEN – sei es in der niederen Welt der grobstofflichen Materie, in der psychischen Welt, der noetischen oder gar der jenseitigen Welt –, das du ›dein‹ nennen kannst, wenn nicht dein Bewußtsein? Betrachte deinen materiellen Körper. Kannst du ihn als den deinen bezeichnen? Wenn ich ihm jetzt ein Betäubungsmittel injiziere, liegt er reglos am Boden. Wie kannst du dann von ›deinem Körper‹ sprechen? Das ›Ich Bin‹, das sowohl die derzeitige Persönlichkeit als auch das innere Selbst ist, gewinnt überhaupt nichts ohne Selbstbewußtheit.«

»Was meinst du damit?«

»Jetzt will ich dich etwas fragen«, erwiderte Daskalos. »Hat die derzeitige Persönlichkeit Selbstbewußtheit? Die Antwort lautet nein. Sie hat eine verarmte Art von Unterbewußtsein. Und sie rühmt sich: ›Ich Bin und Ich Bin und Ich Bin.‹ Solange sie in diesem Zustand bleibt, ist sie gefangen in einem aufgeblähten Egoismus um die derzeitige Persönlichkeit. Sie gibt vor, etwas von den Dingen zu verstehen. Aber was weiß sie denn wirklich? Nachts wird diese gewöhnliche Selbstbewußtheit vom Schlaf betäubt, und wenn sie morgens auf die grobstoffliche Ebene zurückkehrt, erinnert sie sich an nichts mehr. Oder sie wird geplagt von Alpträumen eigener Produktion, den Früchten ihrer zügellosen Begierden. Bis zur Zeit ihres Erwachens ist dies das unglückselige Los der meisten Menschen.« (Daskalos äußerte wiederholt, daß das Leben des durchschnittlichen Menschen ein Zustand der Verarmung sei und daß es zur spirituellen Evolution des Individuums gehöre, auch die psychonoetischen Fähigkeiten zu entfalten. Der grobstoffliche Körper sei in sehr realem Sinne ein Gefängnis für die Ich-Seele; ein zentraler Teil des menschlichen Wachstums sei, die Grenzen zu überwinden. Dazu gehöre auch die Fähigkeit, im Schlaf voll bewußt zu bleiben.)

Nach einer halbstündigen Pause, während der Daskalos sich um Besucher mit persönlichen Problemen kümmerte, sagte Emily: »Ich würde gerne mehr darüber hören, was es bedeutet, den zweiten Tod zu erleben, und welche Art von Bewußtsein mit ihm verbunden ist.«

»Es ist möglich, während des zweiten Todes einen Punkt zu erreichen«, erklärte Daskalos, »an dem nicht mehr Emotion – insbesondere die sehr elementare Emotion – die dominante Kraft in dir ist, sondern das Denken.«

»Wie können wir dies von Intellektualität unterscheiden?« fragte ich. »Wenn du ›Denken‹ sagst, meinst du dann die Abwesenheit der Empfindung Liebe?«

»Liebe ist keine Empfindung. Liebe ist das wahre Wesen des Absoluten. Wir müssen die kleine, menschliche Liebe von der *LIEBE* unterscheiden. Wir müssen die Kerze, den glimmenden Span von der Sonne unterscheiden. Die Welt der gewöhnlichen, menschlichen Gefühle und Empfindungen – auch derer, die wir für äußerst edel halten – erscheint von einer höheren Bewußtseinsebene als ein brennender Span, der uns nur schwaches Licht spendet. Ein Freudenfeuer läßt sich nicht mit der Sonne vergleichen.«

»Daskale«, fragte Emily, »wenn du sagst, daß man während des zweiten Todes in die Welt des Denkens eingeht – meinst du damit, daß wir dann Empfinden und Gefühl ablegen? Brauchen wir sie dort nicht mehr?«

»Auch hier gilt es wieder zu unterscheiden: zwischen Emotion als Essenz und Emotion als Phänomen. In der höheren* noetischen Welt wirst du Liebe, bist du Liebe. Es ist nicht wie in den niederen Sphären; da liebst du einen anderen hauptsächlich in einer Reflexion deiner egoistischen Selbstliebe. Auf den niederen Ebenen denkst du zu lieben, aber in Wirklichkeit bist du es selbst, in den du verliebt bist. Das meine ich hier mit Emotion. Auf diesem Planeten verstehen nur wenige Menschen wirklich zu lieben.«

»Nun, das ist eine Frage des Grades«, bemerkte ich.

»Richtig – und welche Art von Emotionen willst du haben, wenn du in die noetischen Welten eintrittst?«

»Du sagtest, sie seien die Welt des Denkens«, erwiderte ich.

»Aber welcher Art des Denkens? Hast du die Bedeutung des Denkens von der der Emotion getrennt?« fragte Daskalos. Nach einigen Augenblicken lächelte er und warnte uns in verschwörerischem Ton: »Jetzt wird es schwierig. –

Ich will dir eine Frage stellen«, fuhr Daskalos fort, verschränkte die Arme und lehnte sich zurück. »Was ist Denken auf den höheren noetischen Ebenen?«

Wie ein guter Schüler versuchte ich, eine vernünftige Antwort zu geben, die die Erwartungen meines Lehrers erfüllen sollte: »Nun«, wagte ich, »es ist die Bildung und Gestaltung von Geistsubstanz.«

»Aber ist es die Bildung und Gestaltung von Geistsubstanz um Objekte dort draußen, oder wirst du selbst die Objekte dort draußen?« Daskalos zeigte auf unsichtbare Gegenstände, die vor uns lagen. »In den höheren noetischen Sphären lernst du nichts über Dinge außerhalb deiner selbst. Du wirst solche Dinge. Das verstehen wir unter *Einswerdung*. In den höheren noetischen Sphären gestaltest du nicht Geistsubstanz zu Gedankenformen, um die Realität außerhalb von dir zu verstehen. Du wirst die Realität außerhalb von dir. Und wenn du die höheren noetischen Welten erreichst, kannst du bewußt jegliche Form annehmen, die du magst, und doch immer noch du selbst sein.

Meine Schwierigkeit«, fuhr Daskalos fort, »ist nun, diese Erfahrungen in Worten zu vermitteln. Manchmal bin ich gezwungen, neue Wörter zu erfinden, um den Kern einer empirischen Realität zu vermitteln, die mit Sprache nicht mitzuteilen ist. Im Griechischen haben wir beispielsweise das Wort *antilepsis** [Wahrnehmung, Gewahrsein]. Neulich stellte ich den Mitgliedern des inneren Kreises den Begriff *synantilepsis** [›Ko-Wahrnehmung‹, gemeinsames Gewahrsein] vor. Dieses Wort gibt es meines Wissens überhaupt nicht. Doch da draußen gibt es die entsprechende Erfahrungsrealität.«

»Was ist Synantilepsis?« fragte ich.

»Es bedeutet, daß zwei oder mehr Menschen auf genau die gleiche Weise eine Lektion oder einen Gegenstand in ihr Bewußtsein aufnehmen.«

»Wenn ich dich recht verstehe«, fuhr ich fort, »ist es also ein Zustand, in dem jeder etwas auf die gleiche Weise wahrnimmt.«

»Nein. Synantilepsis bedeutet, dieses Etwas zu *werden*. Und damit Synantilepsis stattfindet, muß Einswerdung vorausgehen. Wir gebrauchen solche Wörter – aber wie viele Menschen können ihren Sinn wirklich verstehen?«

»In den höheren noetischen Sphären, wie du sie definierst«, warf Emily ein, »gehst du also in das Wesen der Dinge ein, in die Wirklichkeit selbst. Du wirst die Wirklichkeit. Das bezeichnest du als ›Denken‹ auf diesen Ebenen – und das könnte man als sehr hoch entwickeltes Wesen im zweiten Tode erreichen.«

»Gut. Denken ist auf diesen Ebenen du selbst. Es ist deine Natur. Es ist nicht etwas außerhalb von dir, was dich erregt oder enttäuscht. Denken ist dort die Liebe selbst. Um die höchsten Stufen zu erreichen, mußt du die Aufforderung Christi wirklich verstehen und die Feindesliebe leben. Du kommst an einen Punkt, an dem es deine Natur ist, sogar den Mörder als dich selbst zu betrachten.«

»... um Wahrheit zu verstehen. Das ist die Natur des Denkens in den höheren noetischen Sphären«, ergänzte ich.

»Nein. Um die WAHRHEIT zu *werden*«, korrigierte Daskalos mich. »Was hat Christus gesagt? ›Ich bin der WEG und die WAHRHEIT und das LEBEN.‹ *Ich Bin*.«

»Du kommst also an einen Punkt«, fuhr ich fort, »an dem du den Teufelskreis der Gefühle ablegst und Wahrheit und Realität aufnimmst.«

»Gut. – Nun, was, meinst du, ist Gefühl in den höheren noetischen Welten? Löst es sich auf? Nein. Es wird geläutert von den Verunreinigungen, die sich angesammelt haben. Es ist, als hättest du einen Haufen stinkenden Schlammes in der Hand. Nachdem er dem Feuer ausgesetzt wurde, kannst du die Erde von dem Wasser trennen und hast jetzt zwei gereinigte Elemente.

Unsere Gefühle sind wie Schlamm: Emotionen gemischt mit vergänglichen Leidenschaften wie Haß, Groll, Vorlieben, Abneigungen, Sympathien, Antipathien und so weiter. Das Element Erde in seiner reinen Form ist gut. Es ist Mutter Erde. Der stinkende Schlamm besteht in seiner reinen, ursprünglichen

Form aus Erde und Wasser. Das heißt nicht, daß ich den Schlamm zerstören sollte, nein. Durch ein höheres Mittel läutere ich den Schlamm zu Erde und Wasser. Die Erde ist rein und heilig und das Wasser ebenfalls. Und du hast dieses Element Erde gewürdigt, indem du von ihm Gebrauch machtest, um dir eine Ausdrucksform für die drei Dimensionen zu erschaffen. Verstehst du? Wenn du eine gewisse Ebene des Bewußtseins erreicht hast, erkennst du, daß im Absoluten nichts häßlich ist. Häßlich ist allein ein Sinn, der in den Welten der Getrenntheit gegeben wurde, und der Grad, in dem du ihm Ausdruck gibst.

Wenn ich die höheren Ebenen der noetischen Welt erreiche, gebe ich dann die Liebe auf? Löse ich mich von der Liebe zu meinen Freunden, der Liebe zu meinen Enkelkindern? Gebe ich das Fühlen auf? Jetzt wirst du die Worte des Christus verstehen: Die Antwort lautet nein. Du sollst jedermann auf die gleiche Weise lieben. Verstehst du?«

»Die Liebe wird also größer«, bemerkte ich, »und nicht verringert.«

»Genau. Manche rebellieren, wenn sie solche Dinge hören. Ist es möglich, fragen sie protestierend, deinen Enkel zu lieben auf die gleiche Weise wie einen Landstreicher? Ja, es ist möglich, und ich muß es versuchen. Mein Enkel verliert nichts, wenn ich auch dem anderen Liebe entgegenbringe.

Worauf will ich jetzt hinaus?« fragte Daskalos. »Das Gefühl, das in der heutigen Zeit nichts weiter ist als die Befriedigung des aufgeblähten Egoismus, muß ersetzt werden durch den wahren Ausdruck von Liebe. Dafür mußt du nichts opfern. Im Gegenteil, du hast viel zu gewinnen. Mancher wird einwenden, nach dem Kamaloka habe Gefühl keinen Wert mehr, da man seines emotionalen Lebens beraubt sei. Ja, Gefühl, wie es heute gezeigt wird, hat da absolut keinen Wert. Wasser und Erde, die auf eine Weise vermischt sind, daß sie üble Gerüche abgeben, haben keinen Wert. Läutere sie und erkenne, daß

Wasser wie Erde gut und edel sind. Gebrauche ein höheres Element, das Feuer, um ihre Trennung und Reinigung herbeizuführen. Werde selbst Geist, gereinigte Geistsubstanz.«

»Du meinst Denken?«

»Nein, nicht Denken: *Geist*. Ich will dir mit einem annähernden Vergleich helfen. Stelle dir vor, Geist ist das Licht, das auf einen Gegenstand trifft. Dann fällt ein Bild jenes Gegenstandes auf dein Auge und reizt den Sehnerv, der das Bild in dein Gehirn überträgt. Nun sagst du: ›Ich sehe diesen Gegenstand.‹ Das, sagen wir einmal, ist gewöhnliches Denken.

Dann entwickelt sich ein Gefühl. Mag ich es oder nicht? Will ich es oder nicht? Hier hast du es also mit dem ›Ich‹ zu tun, das betrachtet, und dem Gegenstand im äußeren, der vom ›Ich‹ betrachtet wird. Und dann bildest du dir ein Urteil.

Ich spreche aber von etwas anderem. Ich warte nicht auf das Licht als eine äußere Gegebenheit, die mir – als dem Betrachter außerhalb des Gegenstandes, den ich betrachte – diese oder jene Situation zur Betrachtung bietet. Nein, ich kleide mich mit Geistsubstanz, weil ich entdecke, daß ich als ›Ich‹ solche als innerste Essenz habe, das heißt die Essenz des Absoluten. Das ist etwas anderes, als machte ich mir Geist als eine für mich äußere Realität zunutze, um noetische Bilder zu konstruieren und Gegenstände außerhalb meiner selbst zu betrachten. Vielmehr verschmelze ich mein Bewußtsein mit dem Gegenstand außerhalb von mir und werde eins mit ihm. In diesem Zustand brauche ich ihn nicht zu verstehen. Ich weiß ihn. Ich werde dieser Gegenstand.«

Emily hörte wie ich aufmerksam zu und hatte Mühe, den Ausführungen des Daskalos zu folgen. Sie erwähnte den deutschen Dichter Rainer Maria Rilke, der ähnlich wie Daskalos argumentierte, als er über das Wesen der Dichtung in bezug auf Gegenstände schrieb: »Rilke behauptet, daß man in der Dichtkunst einen Gegenstand nur verstehen könne, indem man eins mit ihm wird.«

»Augenblick, bitte«, erwiderte Daskalos. »Wird Rilke eins mit dem Gegenstand oder eins mit der Oberfläche des Gegenstandes, mit seinem Bild? Denn das Einswerden ist ein langer Weg, der über viele Stufen bis zum Einssein führt.«

»Ich will dir ein Beispiel nennen«, sagte Emily. »In einem seiner Gedichte beschreibt er einen Panther in einem Käfig. Der Dichter, der den Panther im Innern des Käfigs sieht, gibt eine Schilderung von außen. Rilke behauptet, diese Methode sei falsch. Ein Dichter kann nur dann Gültiges über einen Panther schreiben, wenn er der Panther im Innern des Käfigs wird.«

»Aber wie? Wie?« fragte Daskalos. »Es ist nicht genug, davon zu reden. Er muß uns sagen, wie.«

»Durch seine ›Ding-Gedichte‹ kann man einen Eindruck davon gewinnen, was es bedeutet, eins zu sein mit Dingen, zum Beispiel einem Panther im Käfig«, erklärte Emily. »Der Rhythmus des Gedichts ist vollendet. Man kann wirklich miterleben, wie der Panther in seinem Käfig sich fühlt, gefangen und verzweifelt.«

»Aber Rilke *wurde* nicht der Panther«, bemerkte Daskalos mit feiner Ironie.

»Er brachte diese Gefühle durch seine Vorstellungskraft, durch sein Einfühlungsvermögen hervor«, vermutete ich.

»Rilke vermittelte einfach die innere Realität der Dinge, wie er sie erlebte, die ›anschaubare Innerlichkeit der Dinge‹«, beharrte Emily.

»Schön. Aber er wurde nicht der Panther. Einssein bedeutet, daß du alles selbst wirst, was der Panther ist, jenseits von Zeit und Raum – und nicht nur den Panther zu beobachten und sich einfühlsam vorzustellen, wie es wohl sein muß, in einen Käfig gesperrt zu leben. Sein Ansatz ist ein Schritt in Richtung Einssein, aber er ist kein vollkommenes Einssein.«

»Wie kann man arbeiten, um diese Stufe zu erreichen?« fragte Emily.

»Indem du deine Konzentrationskraft entwickelst und die Meditation übst. Du kannst Bewußtseinsebenen erreichen, auf denen du in einem Augenblick Dinge über einen Gegenstand erfährst, für die ein Wissenschaftler Jahre und Jahrzehnte studieren müßte. Ein Botaniker zum Beispiel mag Jahre um Jahre studieren, um Wissen über eine Rosenart zu sammeln. Dies ist im Grunde eine sehr armselige Form des Bewußtseins und des Wissens. Das haben wir hier unten auf der grobstofflichen Ebene. Aber wenn du in die höheren noetischen Welten vordringen kannst, vermagst du der Rosenbusch zu werden und in einem Augenblick alles über ihn zu wissen. Ich kann augenblicklich alles über den Rosenbusch wissen von der Zeit, da er ein Same war, bis zu dem Punkt, zu dem er sich in Zeit und Raum auflösen wird. Und das kann ich tun, weil ich der Rosenbusch *werde*.«

»Das hast du mir gegenüber einmal als ein Art *Durchbruch des Verstehens* bezeichnet«, bemerkte ich.

»Dieses Einssein ist am schwierigsten zu verstehen, selbst für die Mitglieder des inneren Kreises. Du gehst über Zeit und Raum hinaus und wirst selbst die Essenz der Dinge. Du betrittst die Welt der Urbilder und nicht der konkreten Formen auf dem Evolutionsweg. Wenn ich mein Bewußtsein in diesem Zustand des Einsseins ausdehne, wird das Außen zum Innen. Durch Einssein werde ich eins mit der Schöpfung und werde der Rolle gewahr, die die Erzengel spielen und der Christus-Logos, der Geber des Lebens. Was hast du davon? Du gelangst ins Innere der Urprinzipien, ins Innere von allem. Jetzt fragst du vielleicht: ›Wenn du einmal diese Stufe erreicht hast, wirst du dann die Dinge, die nicht auf dieser Ebene sind, geringachten?‹ – Nein. Denn in Wirklichkeit gibt es kein Höheres und Niederes.

Ich muß auch hinzufügen, daß unser Verlangen, Dinge außerhalb unserer selbst zu wissen, nie befriedigt werden kann. Unser Durst nach jener Art von Wissen kann nie gestillt werden. Wir werden auf diesem Weg nie Ruhe finden. Solange es eine Trennung zwischen mir selbst und dem gibt, das ich zu kennen wünsche, wird es Unzufriedenheit geben. Erfüllung und Befriedigung kommen nur, wenn du das wirst, was du zu kennen wünschst.«

Daskalos hielt einen Augenblick inne, beugte sich vor und legte die Hände über seinen Kopf, während seine Ellenbogen auf seinen Knien ruhten. »Es ist nicht einfach, über diese Themen zu sprechen«, sagte er und schüttelte den Kopf. »Ohne Yohannan hätte ich euch kein Wort über die Dinge sagen können, die wir heute besprochen haben. Immer wenn ich den Faden verliere, stolpere ich. Merkt ihr das nicht? Dieser verkalkte Schädel eines alten Mannes« – Daskalos klopfte auf sein Haupt – »könnte unmöglich all dieses Material bergen. Seht ihr denn nicht, daß nicht ich es bin, der diese Unterweisungen gibt, sondern Yohannan?« Die Augen des Daskalos strahlten intensiv, als er uns anblickte.

Gestrandet in meinem akademischen, dreidimensionalen Bewußtsein, war ich verwirrt. In Ermangelung hellsichtiger Vision war ich unfähig, die Anwesenheit von Yohannan festzustellen und in konkreter Form zu erleben. Als wir einander anblickten, konnte ich sehen, daß Emily von der gleichen Frustration unangenehm berührt war.

9

Kosmos und Geist

Daskalos saß auf der Veranda, umgeben von Jasmin-Sträuchern und einer Vielfalt von Topfpflanzen und Kakteen, als Stephanos und ich ihn besuchten. Er trug einen hellbraunen Pullover, hatte die Augen geschlossen und die Hände gefaltet und nahm selig die Wärme der Aprilsonne in sich auf. Wir gingen die Stufen hinauf und begrüßten ihn, als er die Augen öffnete. Daskalos hatte Stephanos besonders ins Herz geschlossen. Stephanos, mittlerweile Anfang Fünfzig, schloß sich wiederholt Emily und mir zu langen Gesprächen mit Daskalos an. Von Daskalos wußte ich, daß Stephanos selbst mit der Schule der praktischen Philosophie verbunden war und seine eigenen Kreise hatte; doch Daskalos zählte ihn auch zu seinen Schülern. Daskalos schätzte die Leistung des Stephanos als Lehrer sehr hoch, obgleich dieser nicht offiziell Mitglied seiner Kreise war.

Einige Tage zuvor hatte Stephanos mir gesagt, daß einige seiner Schüler ihn besucht und in Kenntnis gesetzt hätten, daß er sie geheilt habe – obwohl er selbst nicht die leiseste Ahnung habe, wie dies geschehen sei. Er wollte Daskalos sprechen in der Hoffnung, eine Erklärung für das zu finden, was hier vorging.

»Ich habe oft das Gefühl«, sagte Stephanos zu Daskalos, nachdem wir ins Wohnzimmer gegangen waren, »in direktem Kontakt mit dir zu stehen. Deine Physiognomie kommt mir sehr real in den Sinn, und du hilfst mir mit dem, was ich im Augenblick benötige. Und dann geschehen die Dinge einfach. Ich weiß nicht genau« – Stephanos machte eine kurze Pause –, »ob ich mir dies alles nur einbilde.«

»Nein, das tust du nicht. Es ist echt«, versicherte Daskalos ihm und lächelte. »Ich bin immer bei dir.«

»In Ordnung.« Stephanos nickte und berichtete: Im Laufe der vergangenen drei Jahre waren viele Menschen durch die Schule der praktischen Philosophie geheilt worden. »Ich spreche zu einer Vielzahl von Menschen und versuche, ihnen bei ihren Problemen zu helfen. Ich weiß nicht mehr, was ich ihnen sagte, dazu waren es zu viele. Dann kommen sie und erzählen mir, ich hätte sie geheilt. Neulich bemerkte ich während der Meditation, daß eine junge Frau unter akuter Arthritis litt. Sie hatte starke Schmerzen. Plötzlich fühlte ich eine geheimnisvolle Kraft, die mich zu ihr hin schob. Ohne etwas dabei zu denken, berührte ich sie da, wo sie die Schmerzen spürte.«

»Sehr gut!« bestätigte Daskalos.

»Ihr Schmerz verschwand«, wunderte sich Stephanos. »Die Leute sagen dann, daß ich sie geheilt hätte – aber ich denke oder weiß dabei nichts. Ich weiß gar nicht, was ich tue.«

»Und du weißt *doch,* was du tust«, sagte Daskalos mit offensichtlichem Vergnügen.

»Ich habe in diesem Augenblick das Empfinden«, sagte Stephanos, »daß ich eine Art Kabel werde, durch das Heilungsenergie auf die andere Person übertragen wird.«

»Es ist dein inneres Selbst, das die Heilung vollbringt. Vergiß nicht: du bist nicht nur Stephanos. Stephanos ist der derzeitige Schatten des wirklichen Du«, sagte Daskalos und deutete mit dem Finger auf meinen Freund.

»Aha, ich verstehe«, sagte Stephanos sanft.

»Deine Ichheit ist etwas anderes als Stephanos«, wiederholte Daskalos. »Stephanos ist die Hülle für dein Ich-Selbst, dein Pneuma-Selbst. Dein inneres Ich aber vollbringt all diese Dinge. In einem solchen Augenblick hast du nur den Wunsch zu dienen. Aber wer ist es, der dies wünscht?«

»Es ist nicht eine Frage des Wollens. Das ist, als bekäme man einen Befehl, den anderen zu heilen.«

»Es ist, weil du es wünschst«, sagte Daskalos mit Nachdruck. »Wer in diesem Augenblick handelt, das bist du als inneres Ich-Selbst, nicht als Stephanos. Das Karma gebraucht Stephanos als einen Vermittler – auch wenn es dir nicht bewußt ist.

Diese Erlebnisse«, fuhr Daskalos nach einer Pause fort, »bieten dir eine Gelegenheit, über die Frage nachzudenken, wer du wirklich bist. Frage dich: ›Wer bin ich in Wirklichkeit, und welcher Art ist meine Projektion in Zeit und Raum?‹ Es ist nicht Stephanos, der diese Entscheidungen trifft – und meinst du wirklich, daß ich, ich selbst es bin, der heilt? Ich versichere dir: das bin nicht ich als Spyros Sathi.« Daskalos lachte. »Du magst sagen, es ist der Heilige Geist, natürlich. Aber es ist auch Ich: als Ich-Selbst, das nicht länger Spyros Sathi ist, sondern ich als Pneuma, als Pneuma-Selbst. Es ist das, was sich einstimmt, worauf ich mich richte. Anders gesagt: In jenem Augenblick wirst du fühlen, daß es ich bin, der die Behandlung ausführt, weil du in Wirklichkeit auf mich eingestimmt bist. Du fühlst, daß du und ich eins sind.

Kostas ist sich dieses Zustandes voll bewußt.« Daskalos drehte sich zu mir. »Manchmal fragt mich jemand, ob ich Spyros Sathi sei oder Yohannan, wenn ich eine Behandlung oder Unterweisung gebe. Und in einem solchen Augenblick bin ich beide. Verstehst du? Später aber, wenn ich einfach nur Spyros Sathi bin, weiß und fühle ich bewußt, daß ich nicht Yohannan bin.

Ich will dir das mit einem Bild vor Augen führen: Angenommen, ich bin eine kleine Kerze mit einer schwachen Flamme. Yohannan ist eine mächtige Kerze mit einer riesigen Flamme. Wir haben also zwei verschiedene Flammen. Wenn ich die kleinere Kerze in die Nähe der größeren bringe und ihre Flammen ineinander führe, erhalte ich eine einzige Flamme.« Daskalos bewegte die Hände, als bringe er zwei Kerzen zusammen. »Die kleinere Kerze kann nun sagen: ›Ich bin die große Flamme.‹ Aber ich bin nicht nur das. Sobald ich die kleinere Kerze von der größeren entferne, werde ich wieder zu der kleinen Kerze mit der schwachen Flamme. Obwohl also die kleine Kerze mit der größeren Flamme verschmilzt, verliert sie nicht ihre Identität als eine kleine Flamme. Es handelt sich, sagen wir, um einen Zustand der Einstimmung ohne Auslöschung. Kannst du mir folgen?

Jedesmal«, fuhr Daskalos fort und wandte sich zu Stephanos, »wenn du im Begriffe bist, eine Behandlung durchzuführen, brauchst du nur kurz die Augen zu schließen und zu sagen: ›Daskale, hilf mir.‹ In diesem Augenblick werden du und ich eins. Und als ein Ich in Einstimmung mit mir wirst du die Behandlung durchführen können – vorausgesetzt, das Karma läßt es zu. Verstehst du?«

»Mich wundert nur«, sagte Stephanos, »daß du einfach unaufgefordert kommst, wann immer ich dich benötige. Mit anderen Worten, ist schließe nicht einmal meine Augen, um mein Bewußtsein auf deines einzustellen und dich um Hilfe zu bitten. Du kommst einfach, und ich empfinde diesen Augenblick sehr angenehm. Ich mache keinerlei bewußte Anstrengungen, um Verbindung mit dir aufzunehmen.«

»Das brauchst du auch nicht.«

»Es ist, als kämst du zu Besuch vorbei«, fügte Stephanos hinzu.

»Nein, es ist kein Besuch. Ich sagte vor einiger Zeit etwas, worauf du nicht sehr achtgegeben hast: daß ich immer bei dir bin«, erklärte Daskalos sanft und beugte sich zu Stephanos vor. »Ich werde immer bei dir sein im Ewigen Jetzt.

Mit anderen Worten«, sprach Daskalos etwas lauter weiter und lehnte sich in seinem Sessel zurück, »wenn ich gewisse Personen liebe und eine besondere Verbindung mit ihnen hergestellt habe, wie in eurem Falle, dann geht daraus ein Elemental von mir hervor, das wir gemeinsam erschaffen haben. Dieses Elemental ist immer bei dir, innerhalb deiner

Aura. Dieses Elemental bin ich. Du siehst also: Ich bin es, und ich bin es doch nicht. Wo auch immer ich als ein Ich-Selbst gerade sein mag, werde ich doch jederzeit mit dir verbunden sein, da das Elemental von mir immer bei dir sein wird. Verstehst du? Das ist keine Frage eines Besuches bei dir, sondern ein ständiges Bei-dir-Sein. Wann immer du Hilfe brauchst – sei es für dich selbst oder um anderen zu helfen –, schließe einfach die Augen und rufe mich. Es ist nicht nötig, dir mein Bild vorzustellen. Es genügt, daß du nur meinen Namen rufst.«

»Aber dein Bild erscheint vor mir als grober Umriß, ohne Einzelheiten deiner Gesichtszüge. Es ist so etwas wie ein heilsames Licht.«

»Das ist mein Ich als inneres Selbst; es ist nicht auf einen bestimmten Punkt und Raum und Zeit beschränkt«, erklärte Daskalos.

Nach einer Weile sprach er weiter: »Ich weiß, es ist für euch schwierig, den Sinn dessen zu begreifen, was ich sage. Ich möchte euch mit einem Beispiel helfen. Mit Kostas und Theophanis befinde ich mich in ständiger Einstimmung. Sie hören, was ich ihnen zusende. Dazu brauche ich mich nur zu konzentrieren. Sie wissen, worum ich sie bitte, und ich weiß, worum sie mich bitten. Das ist eine Form der Einstimmung, nicht des Einsseins.«

»Ich denke, ich benötige noch mehr praktische Übung durch dich, Daskale«, meinte Stephanos. »Manchmal habe ich das Gefühl, den physischen Kontakt zu brauchen, wie er uns in diesem Augenblick verbindet, um bewußter üben zu können.«

»Schön. Zu jeder Zeit, die du wünschst. Inzwischen übe einfach weiter.«

»Wie?« fragte Stephanos.

»Wenn du willst, so ziehe dich einfach für eine Weile an einen ruhigen Ort zurück. Schließe die Augen und stelle dir mein Gesicht vor. Halte es dir so lange wie möglich vor dein inneres Auge und versuche zu spüren, daß es eine Verbindung zwischen uns gibt. Fühle sie bewußt. Diese Verbindung zwischen dir und mir ist dann nicht länger etwas Abstraktes und Unterbewußtes. Jetzt ist es Stephanos und nicht das Ich-Selbst von Stephanos, der diesen Kontakt auf der niederen Ebene seiner Ichheit bewußt herstellen wird, auf der Ebene von Stephanos als derzeitiger Persönlichkeit. Aber ich frage mich: Ist das wirklich notwendig?«

»Ich weiß nicht, ich habe nur einfach gefragt«, meinte Stephanos und zuckte die Schultern. »Es hängt davon ab, ob du es für notwendig hältst, mich in diesen Dingen auszubilden. Ich habe das Gefühl, etwas in einem Zustand der Unwissenheit zu tun, den ich im Grunde gar nicht erklären kann.«

»So manches wird unterbewußt vollbracht«, stellte Daskalos fest.

»Aber Stephanos will ein bewußter Heiler werden«, warf ich ein.

»Gut, er ist bereits fortgeschritten und kann Energie aussenden. Er ist nicht so unwissend, wie er glaubt.« Daskalos lächelte. »Im Grunde braucht er kein spezielles Training. er braucht sich nur auf mein Bild zu berufen, wie ich es ihm erklärt habe.«

»Daskale«, fragte Stephanos nach einer Pause, »was ist der Unterschied zwischen Einstimmung und Einssein?«

»Das erkläre ich dir am besten anhand eines Beispiels aus persönlicher Erfahrung«, antwortete Daskalos. »Wie du weißt, hat Kostas seine Kreise in Limassol nun seit einiger Zeit in einem Fabrikraum zusammenkommen lassen, der einem seiner Schüler gehört. Alles war schön und gut. Eines Tages sah ich, während ich hier saß, eine dunkle Wolke herbeiziehen, und jenen Raum einhüllen. Es war keiner darin. Im selben Augenblick kam mir ein Name in den Sinn. Ich kannte niemanden dieses Namens. Es war für mich sehr eigenartig, diese Vision zu sehen.

Am gleichen Tage geschah es, daß einer von Kostas' Schülern herkam. Ich fragte ihn, ob etwas mit der Stoa in Limassol nicht stimme. Er wußte nichts von irgendwelchen Problemen. Da beschloß ich, der Sache selbst nachzugehen. Ich stellte mich auf Kostas ein und sah sofort die Straße, die zum neuen Hafen führte. Dann kam mir ein zweigeschossiges Gebäude vor Augen. Im oberen Stockwerk sah ich Kostas seine Stoa einrichten. Unten war ein großes Geschäft mit zollfreien Artikeln. Ich war verblüfft. Warum kam mir ein solches Bild vor Augen?

Am Tag darauf kam Kostas zu unserem Treffen des inneren Kreises. ›Kosta‹, sagte ich, ›ich habe dies und das gesehen.‹ Er fing an zu lachen. ›Warum lachst du?‹ fragte ich. ›Genau so ist es tatsächlich‹, antwortete er. ›Wir müssen den Raum in der Fabrik räumen, weil der neue Besitzer ihn braucht.‹ Dann erwähnte ich den Namen, der mir in den Sinn gekommen war. ›Das ist der neue Besitzer‹, sagte er. Kostas beschrieb alles im Detail und genau so, wie ich es in meiner Vision geschaut hatte. Dann teilte er mir zum ersten Male mit, daß er plane, einen Duty-free-Shop außerhalb des Hafengebiet von Limassol einzurichten, und zwar genau an dem Platz, wo ich ihn gesehen hatte. Den Versammlungsraum, die Stoa, wollte er im Obergeschoß unterbringen. ›Das sind vorläufig nur meine Ideen‹, informierte er mich. Ich hatte wirklich nicht gewußt, was Kostas vorhatte, bis ich es in jener Vision schaute.

Nun fragst du vielleicht, wie ich das alles sehen konnte? Weißt du, Kostas und ich sind ständig auf einander eingestellt. Zwischen Liebenden und fortgeschrittenen Wahrheitsforschern gibt es keine Geheimnisse. Vergiß das nicht. Er hat mich als Elemental ständig bei sich. Er versorgt jenes Elemental von seiner Seite aus mit Energie, und ich von meiner Seite ebenfalls. Was Kostas weiß, weiß auch ich, und was ich weiß, weiß er. Das geschieht unterbewußt. Oft wird diese Einstimmung auch bewußt, entweder zufällig oder wenn wir es wünschen.

Dieses Elemental deiner Sympathie zu mir, das ich mit Energie versorge, beeinflußt dich auf unterbewußter Ebene«, sprach Daskalos weiter, zu Stephanos gewandt. »Wenn du es wünschst, kannst du unsere Verbindung von deiner Seite aus auch bewußt pflegen. Dazu braucht es nur ein wenig Anstrengung und Übung, sonst nichts.

Wir nennen es Elemental, aber ist es das wirklich? Schließlich ist es ein Stück von mir. Das verstehe ich unter Einstimmung.« Er wandte sich zu mir. »Einswerdung dagegen ist, wenn du und der andere eins werden. Das findet auf einer viel höheren Ebene statt. In diesem Zustand bin ich, wenn ich eine Unterweisung gebe. Dabei werden ich und Yohannan eins, wie ich es dir vorhin anhand der Kerzen schilderte.«

Daskalos erklärte, daß die Schwingungen bei mancher Unterweisung, die er im Zustand des Einsseins gab, so intensiv würden, daß Yohannan ihn aus seinem alternden Körper hinauswerfe. Der höhere Meister übernehme dann ganz die Kontrolle, während er, Daskalos, seinen materiellen Körper verläßt und mit seinem Ätherleib dem Vortrag lauscht wie jeder andere Zuhörer.

»Neulich legte nach einer Unterweisung im inneren Kreis Aspasia die Hand auf meine Stirn und war entsetzt, wie kalt mein Körper sich anfühlte. ›Natürlich ist er kalt‹, erklärte ihr Kostas und lachte: ›Er war ja die ganze Zeit draußen.‹

Du siehst also, unser Leben beschränkt sich nicht auf Erde und Fleisch«, sagte Daskalos ernst und schlug dann aber Stephanos vergnügt aufs Knie. »Der größere Teil davon ist immer außerhalb. Wenn die Menschen dies endlich erkennen, begreifen sie die tiefe Weisheit in den Worten Christi: ›Das Fleisch ist nichts nütze; der Geist ist's, der lebendig macht.‹ Dann verstehen sie, daß es keinen Tod gibt – das heißt keine Auslöschung des Pneuma-Ichs im Innern.«

Unser Gespräch wurde unterbrochen, als eine Gruppe von Besuchern kam, um Daskalos um Hilfe zu bitten. Er ging in die Diele hinaus, um sich nach ihren Problemen zu erkundigen. Stephanos und ich blieben im Wohnzimmer und tauschten unsere Gedanken über ein großes Gemälde aus, das Daskalos gerade vollendet hatte. Es zeigte den »Baum des Lebens*« und ähnelte Darstellungen, die ich in einigen Werken der jüdischen Kabbalah gesehen hatte. Obgleich es gewisse Übereinstimmungen mit den kabbalistischen Vorstellungen gab, war dieses Gemälde laut Daskalos unverkennbar einzigartig. Der Baum des Lebens, den er unter der Führung Yohannans auf die Leinwand gebracht hatte, war, wie er uns erklärte, die symbolische Darstellung der innersten Struktur der Schöpfung. »Nur sehr fortgeschrittene Wahrheitsforscher, die eine entsprechende Stufe ihrer Entwicklung erreicht haben, können mit seiner Hilfe tiefer in die Geheimnisse der Realität eindringen.«

Als Daskalos zu uns ins Wohnzimmer zurückkam, murmelte er: »Es gibt Formen der Krebskrankheit, die man leicht auflösen kann, und andere, bei denen man überhaupt nichts auszurichten vermag: das Karma läßt es nicht zu.« Dann sank er seufzend in seinen Sessel. Jemand aus der Gruppe seiner Besucher litt offenbar unter der schrecklichen Krankheit. Daskalos konnte in diesem Falle nicht mehr tun, als zu versprechen, die Schmerzen lindern zu helfen.

»Wie kann man sich vor dem Krebs schützen, Daskale?« fragte ich.

»Meide die falsche Lebensweise«, antwortete Daskalos matt.

»Aber was ist die falsche Lebensweise?«

»Das Fehlen psychischer Ruhe. Das ätherische Doppel wird so weit aufgezehrt, daß der materielle Körper schwach wird und sich nicht mehr verteidigen kann. Die Briten haben hier eine gute Empfehlung: ›Take it easy – nimm's leicht.‹

Achte auch darauf«, fuhr er fort, »daß dein Körper genügend Sauerstoff bekommt. Die mangelhafte Sauerstoffversorgung verschiedener Körperteile macht den Organismus anfällig für verschiedene Krankheiten wie Krebs.«

»Deshalb«, schlug ich vor, »sind Tiefatmungsübungen hilfreich, um den Körper bei guter Gesundheit zu halten.«

»Selbstverständlich«, sagte Daskalos und breitete die Arme aus.

»Ich unterscheide bei einer Krankheit wie dem Krebs zwei Kategorien«, fuhr er fort, »jene, die du als Heiler von anderen aufnehmen, das heißt, bei der du helfen kannst, und die andere, die so ernst ist, daß deine Intervention überhaupt keine Veränderung bewirkt. Letzteres war leider bei dieser Frau der Fall, die mich gerade aufsuchte. Sie war schon wiederholt um Hilfe zu mir gekommen. Aber sie wies alle ätherische Energie ab, mit der ich ihren Körper durchflutete. Das ist wiederholt geschehen. Daraus erkannte ich, daß das Karma eine Heilung nicht zulassen würde und ich die Patientin darauf vorbereiten mußte, das Unvermeidliche anzunehmen. ›Dieser Körper‹, sagte ich einfach zu ihr, ›ist dir nichts mehr nütze. Er ist wie ein altes Kleid, das abgetragen und nicht mehr zu flicken ist. Bereite dich darauf vor, es abzulegen.‹«

»Ist es möglich, eine solche Krankheit zu bekommen, ohne daß sie karmisch bedingt ist?« fragte Stephanos.

»Nein, niemals. Alles ist karmisch bedingt. Aber es gibt ernste und weniger ernste Fälle. Wenn das Karma leicht ist, gelingt es uns oft, die Krebsgeschwülste zu verbrennen. Aber in einem schweren karmischen Fall bereite ich die Menschen in der Regel auf das Unausweichliche vor.

Vor nicht allzu langer Zeit kam jemand mit einem Tumor im Kopf daher. Ich sah seitlich am Gehirn einen schwarzen Fleck von der Größe einer dicken Linse. In solchen Fällen muß man in der Regel gleichzeitig ultraviolettes und infrarotes Licht auf den Tumor richten. Durch starke Konzentration mußt du dieses Licht in Form einer Kugel erzeugen, die genau so groß ist wie ein Stecknadelkopf. Dann sendest du es so aus, daß es das Zentrum des Tumors durchdringt. Du darfst es dort nicht länger als fünfzehn Sekunden lassen.«

»Warum?« fragte ich.

»Weil es brennt, darum. Doch ich muß dich darauf hinweisen, daß dieses Verfahren äußerste Präzision erfordert und nur in sehr seltenen Fällen angewendet wird. Ich selbst habe diese Methode bisher nur in vier oder fünf Fällen durchgeführt.«

Zu diesen seltenen Fällen, erzählte Daskalos uns weiter, gehörte auch der Sohn eines Freundes. »Ich begleitete die Familie nach London, wo er operiert werdem sollte. Aber in der Nacht zuvor beschloß ich, diese Methode anzuwenden. Die Ärzte waren bestürzt, als sie entdeckten, daß überhaupt kein Tumor mehr vorhanden war. Der Junge schien ganz in Ordnung zu sein – und vor meinem Eingriff hatte er, wohlgemerkt, nicht einmal das Gleichgewicht halten können.«

Dieser Fall aus der Erfahrung des Daskalos erinnerte mich an eine ähnliche Episode. Vor einigen Jahren freundete ich mich mit Demetrios an, einem griechischen Akupunkteur und Heiler, der in New Bedford, Massachusetts, praktiziert. Demetrios, von dessen Ehrlichkeit mich zu überzeugen ich wiederholt die Gelegenheit hatte, berichtete mir über einen außergewöhnlichen Fall.

Er hatte einmal aus Griechenland einen Dorfbewohner namens Thomás mitgebracht, der – so Demetrios – »ein zweiter Edgar Cayce*« sei. Demetrios bezeichnete Thomás humorvoll als »Apostolos« (den Apostel). Im Trancezustand verwandelte sich das griechische Medium vom einfachen Arbeiter in einen Meister außerordentlichen Wissens und wurde in diesem veränderten Bewußtseinszustand von einem Geistwesen geführt, das Demetrios »E.T.« (Extraterrestrial = der Außerirdische) taufte. Thomás blieb etwa einen Monat bei Demetrios, und sie führten gemeinsam etliche Heilungen durch.

Eines Tages erlitt Jim, ein guter Freund von Demetrios, einen schweren Unfall. Er wollte eine Kreuzung in der Innenstadt von New Bedford überqueren und wurde von einem Lastwagen erfaßt. Jim lag mehrere Stunden im Koma, und die

Ärzte hatten ihn buchstäblich aufgegeben. Seine Überlebenschancen waren gering. Man hatte Röntgenbilder und Computertomographien von ihm gemacht und dabei ein großes Blutgerinnsel im Gehirn festgestellt. Die Ärzte wollten operieren in der Hoffnung, daß Jim nach Entfernung des Gerinnsels eine wenn auch noch geringe, so doch etwas bessere Überlebenschance hätte.

Demetrios geriet außer sich, als er vom Unfall seines Freundes erfuhr. Er eilte nach Hause zu Thomás. »Komm, schnell«, forderte er ihn auf, »wir haben Arbeit.« Thomás sagte er nichts über die Art des Problems und daß es sich um den ihm ebenfalls bekannten Jim handelte, der im Koma lag. Kaum war Thomás in Trance, forderte ihn mein Akupunkteur auf, sich Jim anzusehen. Das griechische Medium schnappte nach Luft. »O mein Gott«, stöhnte er, »was ist ihm denn zugestoßen?« – »Was siehst du, Thomá?« fragte Demetrios. – »Ich sehe einen großen schwarzen Fleck in seinem Gehirn.« – »Hör gut zu«, wies ihn Demetrios an. »Erzeuge in Gedanken eine violette Lichtkugel, die genau so groß ist wie der schwarze Fleck. Okay? Nun schicke sie gegen den schwarzen Fleck in Jims Gehirn.« Thomás folgte den Instruktionen, und sobald er meldete, daß der schwarze Punkt verschwunden sei, bat Demetrios ihn, die violette Lichtkugel aufzulösen. Thomás kam aus seiner Trance heraus und fragte aufgeregt nach Jims Gesundheitszustand.

Demetrios eilte ins Krankenhaus und traf dort ein, als die Chirurgen gerade in den Operationssaal gingen. Sie waren verblüfft, als sie entdeckten, daß kein Blutgerinnsel mehr zu finden war.

Jim war schon wieder fast völlig genesen, als ich mich drei Monate später mit ihm traf. Wir unterhielten uns in New Bedford im Restaurant eines kretischen Freundes von Demetrios. »Jener Unfall war das Beste, was mir je passiert ist«, sagte Jim ernst. »Er öffnete mir die Augen für die spirituelle Wirklichkeit. Ja, ich kann heute sogar behaupten, daß ich mich selbst körperlich bald besser fühlte als vor dem Unfall.«

Während des Unfalles, berichtet Jim, habe er keinerlei Schmerzen verspürt. »Ich erinnere mich nur noch an ein mildes blaues Licht, das ich, nachdem der Lastwagen mich erfaßt hatte, in der Ferne über den Häusern sah. Später erfuhr ich, daß zu diesem Zeitpunkt ein Passant meinen Puls tastete und mich für tot erklärte. Als ich etliche Stunden später mein Bewußtsein wiedererlangte, kam mir als erstes das blaue Licht über den Häusern in den Sinn.«

Doch dies waren noch nicht alle »Zufälle« oder »Launen des Schicksals« in unserer Geschichte. Der einzige Chirurg, der Jim an jenem Tage hätte operieren können, beabsichtigte, die Stadt zu verlassen, um an einem wichtigen Treffen in einem Nachbarort teilzunehmen. Doch in einem Vorort von New Bedford hatte er eine Reifenpanne. Er rief seine Frau an, die ihm den Zweitwagen brachte. Mit diesem war er noch nicht weit gekommen, als er erneut wegen eines Reifenschadens zum Halten gezwungen wurde. Verärgert, enttäuscht und zu spät für sein Treffen beschloß er, nachdem er die dringende Nachricht über seinen Piepser bekommen hatte, ins Krankenhaus zurückzukehren, um Jim zu operieren. Als er dort eintraf, war das Computertomogramm von Jim bereits fertig; es zeigte schwarze Flecken im Gehirn. Jim lag bewußtlos im Operationssaal, die übrigen Ärzte warteten auf die Ankunft des chirurgischen Spezialisten. Die Ärzte hatten Jim später erzählt, die Situation sei so ernst gewesen, daß er nur fünf Prozent Überlebenschance gehabt hätte. Sie nahmen auch an, daß die Wahrscheinlichkeit, daß er sich wieder bewegen könnte, nicht mehr als zwei Prozent gewesen sei. Er wurde als äußerst riskanter Fall eingestuft.

Ich fragte Jim, wie die Ärzte auf seine wundersame Heilung reagierten. Sie hätten einfach die Schultern gezuckt, antwortete er, und meinten, so etwas könnten sie sich nicht erklären;

sie hätten auch gar nicht erst versucht, es zu verstehen. »Solche Dinge passieren immer wieder«, sagten sie zu ihm und ließen es dabei bewenden. Die Ärzte meinten, daß ihr Kollege »eine großartige Leistung vollbracht« habe. Über den magischen Eingriff von Demetrios und Thomás erfuhren sie natürlich nie etwas.

»Ich beschäftigte Thomás«, erzählte mir Demetrios, »weil er ein so starker Empfänger und Sender ist. Allein hätte ich es nicht geschafft, da ich diese anderen Bereiche nicht selbständig betreten konnte. Theoretisch wußte ich, was zu tun war, aber ich brauchte dazu Thomás mit seinen Fähigkeiten. Ich brauchte so etwas wie einen Agenten, der in die andere Dimension hinüberging und von dort aus arbeitete. Thomás war dieser Agent.« Demetrios behauptete, daß Jim aufgrund der Art des Unfalles nur noch hätte vegetieren können. Normalerweise hätte er weder gehen noch sprechen können. Demetrios hatte gelernt, mit Farben zu arbeiten, nachdem er sich viele Jahre der Erforschung und Praxis esoterischer Heilmethoden von relativ unbekannten Meistern dieser Künste gewidmet hatte.

Daskalos, dem Demetrios einige Male begegnet war, schilderte ich diesen Fall und fragte ihn, ob er den Tumor beim Sohn seines Freundes auf ähnliche Weise verbrannt habe, das heißt mit Hilfe konzentrierter Visualisierung in Trance.

»Nein«, erwiderte Daskalos. »In jenem Fall arbeitete ich mit Projektion. Ich verließ meinen Körper in der Eksomatose und begab mich ins Innere des Tumors.« Die ultravioletten und die infraroten Farben habe er erst erzeugt, nachdem er selbst sich im Tumor befand.

»Wie hast du das vollbracht?« fragte Stephanos.

»Genau so, wie wir die Verwandlung von Metallen herbeiführen«, antwortete Daskalos und blickte mich an. Ich nickte, um ihm zu zeigen, daß ich (einigermaßen) verstand, worüber er sprach. Vor Jahren hatte Daskalos mir geschildert, wie er in jüngeren Jahren mit der Verwandlung von Metallen experimentiert hatte, indem er Silber in Gold und Gold in Silber verwandelte, aber auch Blätter vom Ölbaum in Messing. Er trat, wie er sagte, in die atomare Zusammenfügung dieser Substanzen ein und ordnete ihre Molekularstruktur durch die Kraft des Willens und der Konzentration neu.

»Ich konnte in den Tumor eindringen, indem ich mich miniaturisierte«, erklärte Daskalos, zu Stephanos gewandt. »Dann arbeitete ich von innen, indem ich die beiden Farben erzeugte. Dabei wurde der Tumor verzehrt. Wie ich bereits sagte, darf diese Prozedur nicht länger als fünfzehn Sekunden dauern.«

»Wie kannst du in dieser Verfassung die Zeit feststellen?« fragte ich.

»Ich kann, ich kann«, versicherte uns Daskalos und nickte eifrig. »Ja, ich kann die Zeit bestimmen. In diesen Dingen bin ich sehr geschickt. Wenn du einmal so weit bist, daß du Meister über Zeit und Raum wirst, kannst du alle diese Dinge tun.«

Obwohl Daskalos den Tumor »aufgehoben« hatte, sei er nach neun Monaten wieder erschienen und habe zum Tod des Sohnes seines Freundes geführt. Eine echte Heilung ließ das Karma in diesem Falle nicht zu.

»Wenn du eine Behandlung gibst, die dem Karmagesetz widerspricht«, sagte Daskalos mit bitterem Lächeln, »dann kehrt die Krankheit früher oder später zurück. Aber ich muß tun, was ich tun muß, und dann das Karma entscheiden lassen, ob eine Heilung stattfindet oder nicht. Es ist nicht meine Sache, über das Karma zu befinden. Als Mensch kann ich auch Fehler machen. Deshalb darf ich nie ein Urteil fällen. Die höheren Meister haben uns angewiesen, daß wir immer unser Bestes tun müssen und nie enttäuscht sein sollen, wenn wir nicht die erhofften Resultate erleben.

Ich will dies an einem Beispiel illustrieren: Vor vielen Jahren behandelte ich einen Neffen, den ich sehr liebhatte. Eine Wunde an seinem Bein wollte nicht heilen. Ich versuchte wiederholt, ihm zu helfen, aber es blieb ergebnislos. Trotz meiner Bemühungen dauerte es acht Monate, bis der Junge wieder in Ordnung war. In jener Zeit kam eine Türkin mit ihrem dreizehnjährigen Sohn zu mir, als ich gerade auf dem Hof stand und Wasser aus dem Brunnen pumpte. Der Junge hatte Kinderlähmung; sein rechtes Bein war verkümmert und kürzer als das linke. Nun, im Handumdrehen ging er wieder gerade, ohne sich noch auf seine Krücken stützen zu müssen.«

»Ich habe eine Frage, Daskale«, unterbrach Stephanos. »Du hast wiederholt gesagt, daß Heilung nur stattfinde, wenn man seine Lektion gelernt hat, und wenn die karmischen Schulden bezahlt sind.«

»Richtig.«

»Angenommen, jemand lernt seine Lektion, findet aber niemanden wie dich, der ihn heilen kann. Würde dies bedeuten, daß eine solche Person die Gelegenheit zur Heilung versäumen würde?«

»Aber es gibt ja noch die Scharen der Erzengel und die unsichtbaren Helfer, mein Lieber«, antwortete Daskalos. »Die Heilung würde eben unter unerklärlichen Umständen eintreten – jedenfalls würden die Leute es so nennen.«

»Das heißt also«, ergänzte ich, »wenn für einen Menschen die Zeit zur Heilung gekommen ist, findet die Heilung auch statt, ganz gleich, ob er jemanden wie dich oder deinesgleichen zur Verfügung hat?«

»Genau. Schließlich bin ich nur ein Kanal für den göttlichen Plan, nichts weiter.«

»Aber angenommen, der verkrüppelte Türkenjunge wäre an jenem Tage nicht zur Behandlung zu dir gekommen. Wäre er trotzdem geheilt worden?« fragte ich.

»Vielleicht nicht am selben Tage. Er wäre vielleicht allmählich genesen, sagen wir, im Laufe von sechs Monaten. Na und? Außerdem – ich sagte es bereits: wie viele Heilungen finden unter mysteriösen Umständen statt, die die Schulmedizin nicht erklären kann?«

Stephanos verließ uns, um einige dringende Besorgungen zu erledigen; ich blieb noch ein wenig länger bei Daskalos. Nun war es Nachmittag, und ich schickte mich an, die drei Kilometer zwischen Daskalos' Heim in Strovolos und unserem Appartement in Akropolis zu Fuß zu gehen. Als ich mich gerade verabschiedete, traten Kostas und Theophanis ins Haus und brachten Petrovna mit, eine britische Medizin-Wissenschaftlerin osteuropäischer Abstammung.

Daskalos freute sich, sie willkommen zu heißen, und bedeutete mir zu bleiben. Nach den üblichen Umarmungen machten wir es uns im Wohnzimmer bequem. Petrovna strahlte vor Glück. Es war ihre zweite Zypern-Reise, um mit Daskalos und Mitgliedern seines inneren Kreises zusammenzukommen.

Sie war mittleren Alters, groß, wirkte distinguiert und war von durchdringender Intelligenz. Lange Zeit war sie eine anerkannte medizinische Forscherin und Professorin von internationalem Ruf an einer englischen Universität gewesen. Aber Petrovna war auch medial und hellsichtig. Aufgrund ihrer Erfahrungen hatte sie zu der Erkenntnis gefunden, daß die konventionelle Medizin zu eng und restriktiv war und im Grunde im dunkeln tappte. Sie hatte das Gefühl, daß es für die gesundheitliche Versorgung des Individuums mehr gab als nur Untersuchung, Diagnose und dann Behandlung eines kleinen Teils der menschlichen Anatomie. Deshalb begann sie sich mit ganzheitlicher Medizin zu beschäftigen und befaßte sich mit den verschiedenen Formen des Heilens und der ärztlichen Kunst des Altertums. Um diese Forschungsarbeit zu erleichtern, kehrte sie der Akademie den Rücken und begann eine internationale Suche nach ›wahrem Wissen und Weisheit‹. Nach dem Tode ihres geliebten Mannes konnte Petrovna sich ein gewisses Maß an Unabhängigkeit leisten, reiste um die Welt und traf und beschäftigte sich mit bemerkenswerten

Männern und Frauen, die das verborgene Wissen besitzen sollten, nach dem sie suchte. Diese Suche brachte sie nach Zypern.

Kostas, von Natur aus eher ruhig und zurückhaltend, war nicht weniger überschwenglich bei dem Erscheinen von Petrovna. Im Vertrauen teilte er mir mit, daß sie sehr weit fortgeschritten sei und sich unter der geeigneten Anleitung zu einer erstklassigen Heilerin entwickeln könne. Sowohl Kostas als auch Daskalos verbrachten viel Zeit mit Petrovna und führten sie in speziellen Meditationsübungen, die nur den fortgeschrittenen Adepten vorbehalten waren. »Sie braucht«, stellte Kostas fest, »Übungen, mit deren Hilfe sie sich schützen kann.« Als ich ihn nach dem Grund fragte, antwortete er, daß ihre Chakren bereits geöffnet seien. Petrovna sei so offen, die Schmerzen anderer aufzunehmen, daß man dafür sorgen müsse, daß sie unter der Last nicht zerbrechen würde, die sie sich auferlegte. Aber Kostas' Faszination beruhte auch auf seiner Erkenntnis, daß Petrovna für ihn eine alte und gute Bekannte aus früheren Inkarnationen in Peru, Mexiko und England war.

Petrovna war gleichermaßen glücklich über ihre Begegnung mit den zypriotischen Heilern Daskalos, Kostas und Theophanis. »Mein Gott!« staunte sie, nachdem sie sie zum ersten Mal gesehen hatte. »Diese Leute haben einen direkten Zugang zum Logos«, und sie deutete mit beiden Armen himmelwärts.

Ich war nicht dabei, als Petrovna den zerbrechlichen und alternden Theophanis kennenlernte. Ein enger Freund und Mitglied von Kostas' Kreis, Yiannis, fuhr sie nach Paphos zu ihm. Theophanis saß in einer dunklen Ecke seines Zimmers, als Petrovna in der Tür erschien und das Sonnenlicht wegnahm, das einen Teil des Raumes erhellte. Ohne Vorstellung winkte Theophanis ihr zu näherzutreten. »Komm nur, meine Schwester«, sagte er mit zitternder Stimme, und die beiden fielen sich in die Arme. Sie hatten augenblicklich erkannt, daß sie Bruder und Schwester gewesen waren, als Theophanis als ägyptischer Pharao wirkte. »Die Aura von Theophanis«, teilte mir Petrovna später erstaunt mit, »ist einfach brillant.«

Petrovna setzte sich zur Linken des Daskalos, gegenüber dem großen Gemälde vom Baum des Lebens. Kostas und ich setzten uns auf die Couch, Theophanis zur Rechten seines Freundes und Meisters. Nach einigem Smalltalk, den Daskalos immer liebte, erzählte uns Petrovna von einem visionären Erlebnis, das sie vor nicht allzu langer Zeit hatte.

»Ich stieg mit großer Geschwindigkeit nach oben. Das Licht wurde heller und heller. Dann hüpfte ich wie ein Korken empor, den man unter Wasser gehalten hat und losläßt, und gelangte in das allergleißendste Licht. Dort herrschte absoluter Frieden, und die Farben waren unbeschreiblich schön. Ich war in einer Gruppe von Wesen, die alle weiße Kleider sehr feinen Materials trugen.«

Daskalos unterbrach Petrovna und beschrieb uns – sehr genau, wie sie bestätigte – die Qualität und Beschaffenheit des Materials. Er erklärte uns, daß es ein Ort in der noetischen Welt sei.

»Ich konnte nicht ausmachen«, fuhr Petrovna fort, »ob es Männer oder Frauen um mich waren; sie schienen geschlechtslos. Ich staunte nur, daß auch ich aussah und gekleidet war wie sie. Doch es schien ganz in Ordnung, unter ihnen zu sein. Ich erlebte eine Ekstase, wie ich sie noch nie zuvor kennengelernt hatte. Es war, als ob diese Wesen meine wirkliche Familie oder noch mehr waren. Ich war einer von ihnen. Während dieser Treffen wurden Strategien für die Zukunft des Planeten besprochen. Jeder von uns hatte eine spezifische Aufgabe. Mir wurde mitgeteilt, ich hätte eine Mission unten auf der Erde zu erfüllen. Sie bestehe darin, die spirituelle Regeneration des Planeten fördern zu helfen. Jedesmal, wenn ich aus meiner Vision auftauchte, war ich zutiefst bewegt. Der Sinn meines

Lebens wurde mir kristallklar.« Petrovna wartete Reaktion und Kommentar des Daskalos ab.

Daskalos grinste und blickte Kostas und Theophanis verschmitzt an. »Sie hat es geschafft, das weiße Gewand selbst anzulegen [eine Eingeweihte zu werden]«, staunte er und schmunzelte. Dann blickte er Petrovna in die Augen. »Ich will dich um etwas bitten«, sagte er ernst. »Ich möchte, daß du über den Baum des Lebens meditierst.«

»Wie?« fragte Petrovna.

»Ich will, daß du dich auf das Herz-Chakra konzentrierst«, wies Daskalos sie an und zeigte auf die Mitte des Ölbildes.

Das Symbol auf dem Gemälde, das Daskalos meinte, bestand aus einem Kreis, der einen sechszackigen Stern umschloß, in dessen Mitte ein Kreuz stand. Der Umfang des Kreises war mit wellenartigen roten Flammen verziert. Wer dieses Chakra meisterte, stand an der Schwelle zur Theose. Wir wurden ferner informiert, daß dieses Symbol das Kennzeichen Yohannans sei. Es war auch das Symbol, das Daskalos und Kostas bei der Herstellung von Talismanen gebrauchten. Der Kreis steht für die Unendlichkeit des Absoluten. Das nach oben weisende Dreieck symbolisiert den göttlichen Logos-Aspekt in uns und unsere höchste Bestimmung. Das nach unten gerichtete Dreieck bedeutet den Abstieg des Logos in die grobstoffliche Materie sowie unser niederes Selbst. Das Kreuz in der Mitte vertritt die vier Elemente, die Meisterung der Elemente und das Dienen.

Petrovna folgte den Anweisungen des Daskalos. Sie setzte sich gerade hin, legte die Hände auf die Knie und blickte mit offenen Augen gerade in die Mitte des Gemäldes. Keiner sprach ein Wort. Es war ganz still; außer dem Ticken der alten Uhr in der Diele war nichts zu hören. Petrovna schien gespannt und murmelte, daß das eintönige Geräusch der Uhr sie ablenke.

»Die Schlangen der Unzufriedenheit fressen deinen Ätherleib auf«, flüsterte Daskalos und beugte sich zu ihr. »Konzentriere dich und vergiß die alte Uhr«, gebot er mit fester Stimme.

Petrovna lächelte und schien nun entspannt. Offenbar hatten die Worte des Daskalos eine Wirkung auf sie. Mit gelassenem Blick fixierte sie weiterhin die Mitte des Bildes. Ich hatte den Eindruck, als versetze Petrovna sich in eine Art von Trance.

»Du kannst jetzt wieder hervorkommen«, sagte Daskalos sanft nach etwa fünfzehn Minuten absoluter Stille. Petrovna atmete tief durch und beendete ihre Konzentration. Dann beugte sie sich nach vorn und legte den Kopf in die Hände. Sie blieb einige Sekunden in dieser Position und erzählte dann, was sie erlebt hatte.

»Die Schwingungen des Gemäldes«, sagte sie als erstes, »sind sehr stark.«

Es war nun das dritte Mal, daß ich diese Worte von einem medialen Menschen hörte, der seinen Eindruck von Daskalos' Bild vom Baum des Lebens wiedergab. »Ich schoß«, fuhr Petrovna mit bewegter Stimme fort, »mit fast unerträglicher Geschwindigkeit durch einen Tunnel, dessen Eingang der sechszackige Stern bildete. Der Tunnel war von Engeln gesäumt. Am Ende stand ich vor einer Christus-ähnlichen Gestalt.«

Als sie ihr mystisches Erlebnis und die Züge des Wesens, dem sie auf der anderen Seite des Tunnels begegnet war, eingehender geschildert hatte, schlug sich Daskalos begeistert aufs Knie. Er erklärte überzeugt, daß Petrovna bewußten Kontakt mit Yohannan aufgenommen habe. »Das ist großartig«, rief er, »das ist einfach herrlich! Ein glänzendes Vorzeichen!«

Von da an wurde Petrovna wie ein Mitglied des inneren Kreises behandelt. Ich lauschte den vieren, als sie ihre Erinnerungen an Ägypten und Peru austauschten und Personen- und Ortsnamen aus jenen fernen und farbenfrohen Inkarnationen erwähnten, an die sie sich erinnerten. Petrovna schien noch alles zu wissen, nickte, bestätigte und wies auf Erlebnisse hin, die Kostas, Theophanis und Daskalos mit ihr gemeinsam gehabt hatten. Ich kam mir vor wie ein Außenseiter. Als ich zaghaft klagte, daß in mir ein Gefühl von Eifersucht aufkeimte, weil ich keine Erinnerungen an ein früheres Leben besitze, versicherten sie mir, daß ich mich zur rechten Zeit ebenfalls darauf besinnen würde.

Ich blieb bei ihnen und teilte mit Daskalos und seinen Gästen das rasch improvisierte Mittagessen. Dann gingen wir zu fünft in die Stoa, wo Daskalos den Mitgliedern seiner Kreise einen nachmittäglichen Vortrag anbot. Vor der Zusammenkunft und dem Eintreffen der anderen wollte er jedoch Petrovna formell in den inneren Kreis einweihen und ihr das weiße Gewand anlegen. Er sagte, er habe gerade eine Weisung von Yohannan bekommen, dies zu tun.

Petrovna schien überrascht und bewegt durch diese plötzliche Entwicklung. Sie hatte mir bei einer früheren Gelegenheit anvertraut, daß sie sich in den Kreisen um Daskalos und mit den Lehren von Yohannan sehr wohl fühle. Ihr kultureller Hintergrund ermöglichte ihr eher Zugang zur Arbeit des Daskalos als zu den devotionellen Wegen und Methoden der östlichen Mystik. Daß Daskalos unermüdlich wiederholte, daß er die Verehrung von Gurus und den Persönlichkeitskult mit all seinen Gefahren und Fallen ablehnte, gefiel Petrovnas Individualismus und rationaler Ausbildung als westlicher Wissenschaftlerin. »Die Erewna bin nicht ich«, sagte Daskalos oft; »ich gehöre nur zur Erewna.«

Was Petrovna ebenfalls für die Erewna einnahm, war der Umstand, daß diese Schule esoterischen Wissens der griechisch-orthodoxen Tradition des mystischen Christentums entsprungen war. Nachdem sie selbst in der Orthodoxie der Ostkirche getauft und groß geworden war, fiel es ihr leichter, die Symbolik der Erewna anzunehmen und sich an den Aktivitäten des inneren Kreises zu beteiligen.

Petrovna kniete nieder und betete vor der Christus-Ikone, die über dem Altar im Sanktum hängt. Daskalos, Theophanis und Kostas legten ihr weißes Gewand an, entzündeten die Kerzen und bereiteten den süßen Wein für die *Koinonía tes Agápes* (Kommunion der Liebe) vor. Nachdem Kostas den Kommunionskelch ›aufgeladen‹ und gesegnet hatte, trank jeder von uns daraus »im Namen des Vaters, des Sohnes und des Heiligen Geistes«. Dann wurde Petrovna von Daskalos aufgefordert, ihm die sieben* Gelöbnisse nachzusprechen, die jeder Initiat ablegen muß, bevor er das weiße Gewand erhält.

»Ich gelobe mir selbst«, begann Petrovna, Daskalos nachzusprechen, »allezeit und allerorten dem Absoluten zu dienen, dem ich aus ganzem Herzen angehöre;

allezeit und allerorten bereit zu sein, dem göttlichen Plan zu dienen;

die göttlichen Gaben von Gedanken und Wort allezeit, allerorten und unter allen Umständen wohl zu gebrauchen;

geduldig und ohne Klage mich allen Formen von Prüfung und Drangsal zu fügen, die das göttliche Gesetz in seiner Weisheit mir auferlegen mag;

meine Mitmenschen zu lieben und ihnen zu dienen, aufrichtig und aus den Tiefen meines Herzens und meiner Seele, ganz gleich, wie sie sich mir gegenüber verhalten mögen;

täglich mich in das Absolute zu versenken und in die Stille zu gehen mit dem Ziel, meine Gedanken, Wünsche und Taten ganz auf seinen göttlichen Willen einzustellen;

jeden Abend zu untersuchen und zu prüfen, ob all meine Gedanken, Wünsche, Worte und Taten in absoluter Harmonie mit dem göttlichen Gesetz stehen.«

Dann halfen Theophanis und Kostas Petrovna, das weiße Gewand anzulegen. Daskalos senkte das Schwert* ohne Spitze auf ihre Schultern, sprach ein Gebet und machte mit seiner Rechten das Zeichen des Kreuzes über ihrem Kopf und küßte Petrovna auf die Stirn. Mit einer letzten Geste endete das kurze

Ritual, durch das Petrovna formell in den innersten Kreis des Daskalos aufgenommen wurde.

Als wir in den großen Raum in der Stoa hinübergingen, waren die anderen bereits eingetroffen und warteten darauf, daß Daskalos mit der nachmittäglichen Unterweisung begann. Jedermann stand auf, als Daskalos zu Beginn das Vaterunser sprach. Kostas bereitete inzwischen etwas Räucherwerk vor, wie es auch in den griechischen Kirchen Verwendung findet, und stellte die zwei großen weißen Kerzen, die bei Petrovnas Einweihung brannten, auf einen Tisch vor Daskalos. Als letzterer das Gebet beendet hatte, setzten wir alle uns wieder, und der Vortrag begann.

Ich saß neben Petrovna, der ich von Zeit zu Zeit flüsternd auf englisch mitteilte, worüber Daskalos auf griechisch sprach. Daskalos hatte sie vorher gebeten, sich auf die Schwingungen seines Vortrages zu konzentrieren und übungsweise zu versuchen, die Essenz der Unterweisung psychisch aufzunehmen, statt sie sich von mir übersetzen zu lassen.

»Wir haben in der Vergangenheit schon mehrmals über die Natur des Absoluten gesprochen, das die Menschen gemeinhin als Gott verstehen«, begann Daskalos. »Doch solche Begriffe wie *Gott* und *Absolutes* können uns im Grunde nicht zu einer verständlichen, greifbaren Realität führen. Wörter und ihre Bedeutung sind zu eng für diesen Zweck. Aber wie dem auch sei: mit Hilfe unserer einzigartig unangemessenen Werkzeuge Verstand und Sprache können wir doch indirekt ein paar vorsichtige Schlüsse über einige der mehr ins Auge springenden Attribute des Absoluten wagen.

Ein Grundzug des Absoluten ist seine Autarkie, seine Selbsterfüllung und Selbstfülle. Es hat alles in sich und ermangelt nichts, und nichts ist außerhalb von ihm. Das Absolute ist das Leben selbst. In seiner Selbstfülle *ist es* einfach, unmanifestiert, unausgedrückt.«

Wäre das Absolute nur durch Selbstfülle und Autarkie

charakterisiert, sagte Daskalos, hätte es sich nicht manifestiert, und Schöpfung wäre unmöglich gewesen. Deshalb muß die Neigung des Absoluten, sich Ausdruck zu geben, ein weiteres Attribut sein. Er nannte es *Thia Evaréskia* (Evaréskia = Genugtuung, Wohlgefallen), göttliche Selbstausdruckskraft, d.h. Liebe und Wohlgefallen des Absoluten für sich selbst und die Manifestation seiner selbst durch sich.

»Nun, damit Thia Evaréskia sich manifestiert«, fuhr Daskalos fort, »erschuf das Absolute Geist. Geist ist die Übersubstanz, jenes grenzenlose Meer von Schwingungen, aus denen alle Bereiche der Schöpfung, alle Welten gebaut sind. Aber denkt bitte daran: Geist ist nicht das Absolute. Geist ist nur das Mittel, durch das das unmanifestierte Absolute sich manifestiert.«

Daskalos wiederholte die Attribute des Absoluten: vollkommene Weisheit, vollkommene Macht und vollkommene Güte. Diese drei Merkmale geben sich durch Geist Ausdruck als der Christus-Logos und Heiliger Geist.

Daskalos stellte klar, daß der Logos jener Teil des Absoluten ist, der die Realität von Selbstbewußtheit ermöglicht, zum Beispiel die Fähigkeit des Menschen, *Ich bin* zu sagen, und damit spirituelle Evolution, freien Willen, Individualität und Gotteserkenntnis ermöglicht. Der Heilige Geist (oder der heilig-geistige Zustand) ist der dynamische Teil des Absoluten, der die Schöpfung selbst möglich macht.

»Wir unterscheiden diese beiden Zustände«, fuhr er fort, »nach ihrer Funktion und ihrer Rolle in der Schöpfung. In Wirklichkeit finden wir bei den Phänomenen des Lebens den Logos-Aspekt und den heilig-geistigen Aspekt gleichzeitig. Doch wir können sie voneinander unterscheiden. Der Logos-Aspekt bietet uns selbstbewußte Intelligenz und alle ihre vielfältigen Ausdrucksformen von der gewöhnlich-menschlichen Form der Selbstbewußtheit bis hin zu den überbewußten Erzengel-Bereichen selbstverwirklichten Bewußtseins.«

Daskalos sprach erneut über Jesus Christus als Vertreter des Logos-Aspekts des Absoluten. Dann führte er aus, daß der heilig-geistige Zustand sein eigenes Bewußtsein habe, das sich dem menschlichen Begreifen jedoch entziehe: »Eine einfache Hilfe zur Unterscheidung dieser beiden Aspekte des Absoluten ist die Beschäftigung mit dem elementaren Unterschied zwischen Mensch und Tier. Ersterer besitzt sowohl den Logos-Aspekt als auch den heilig-geistigen Anteil. Anders ausgedrückt: Menschen haben Selbstbewußtheit, sie sind sich ihrer Existenz bewußt. Dieses Merkmal ist allein dem Logos-Aspekt zuzuordnen. Darüber hinaus aber sind Menschen heilig-geistig, weil sie Körper haben, die durch die allwissende Macht des Heiligen Geistes am Leben erhalten werden. Tiere sind nur heilig-geistig, da ihnen die Selbstbewußtheit – das heißt der Logos-Aspekt – fehlt.

Um es zu wiederholen: das Absolute an sich ist selbsterfülltes Leben, vollständig, unmanifestiert jenseits von Zeit, Raum und menschlichem Begreifen.

Nun frage ich euch: Was sind wir als Menschen? Sind wir Leben oder phänomenales Leben? Als ein lebendiger Organismus, als ein Körper mit einer derzeitigen Persönlichkeit, sind wir offensichtlich phänomenales Leben, sind wir das heilig-geistige Phänomen Leben. Unser materieller Körper ist vom Heiligen Geist gebaut. Doch unsere Ichheit, unser *Ich bin* – sei es in einem Zustand des unentwickelten Unterbewußtseins, des Bewußtseins oder des Überbewußtseins –, ist eine Logos-Realität. Wir besitzen den Logos-Aspekt, weil wir, wie gesagt, die Macht des Verstandes haben. Genauer: wir haben die Macht, diese Übersubstanz zu nutzen, die wir Geist nennen, um sie zu Gedanken und Gefühlen zu gestalten. Unser innerer Kern ist Leben selbst.

Als heilige Monade sind wir eins mit dem Absoluten. Wenn wir uns in unser göttliches Selbst projizieren, *sind* wir Leben. Wir beziehen unser Leben nicht von anderswo. Wir werden nicht von einer Quelle außerhalb unserer selbst belebt. Als Körper und als derzeitige Persönlichkeit dagegen werden wir belebt. Unsere drei Körper – der grobstoffliche, der psychische und der noetische – sind erschaffene, belebte Realitäten. Aber wir als Seelen-Selbstbewußtheit, als heilige Monade – wir *sind* einfach. Wir sind Leben.«

Daskalos hielt einige Augenblicke inne, damit wir über die Gedanken nachdenken konnten, die er uns darlegte. Nachdem er einige Fragen beantwortet hatte, fuhr er mit der Unterweisung fort.

»Leben ist also das Absolute. Es ist die absolute Realität, die WAHRHEIT.

Wir wissen, daß Wasserstoff der Hauptbestandteil des Wassers ist. Wasserstoff ist notwendig, um Wasser zu haben, sei es ein Tropfen Wasser, ein Glas Wasser, ein See, ein Fluß oder ein Meer. Sie alle sind Kinder des Wasserstoffs. Als Ausdrucksformen des Wasserstoffs sind sie alle eine Realität und doch sehr verschieden voneinander. Sie haben sozusagen ihre eigene Individualität. Ein Glas Wasser ist quantitativ verschieden von einem See oder einem Ozean. Aber beide sind Wasser, der Ozean und das Glas Wasser.

So ist das Absolute die allen Ausdrucksformen des Logos zugrundeliegende Realität. Das Absolute, der Ur-Logos, hat die Autorität über alle anderen Manifestationen des Logos; so lehren die Kirchenväter. Doch es gibt auch – wie die Manifestation von Wasserstoff – viele Logoi, klein und groß, die einem bestimmten Zweck im göttlichen Plane dienen. Jeder Erzengel und jede Erzengelkategorie ist ein Logos. Auch Menschenwesen sind Logoi; sie sind Logos-Wesenheiten. Doch als eine Ausdrucksform des Logos ist der gewöhnliche Mensch von sehr geringer Quantität und Intensität. Ein Glas Wasser ist kein Ozean, doch qualitativ sind sie beide Wasser, wie wir feststellten. Eine kleine Flamme ist nicht die Sonne, doch beide sind Feuer.

Worauf will ich hinaus? Die lebenden Universen sind erfüllt von unterschiedlichen Logos-Formen, die unterschiedliche Ebenen des Bewußtseins und Gewahrseins vertreten. Es gibt den gewöhnlich-menschlichen Logos ebenso wie den Erzengel-Logos, den planetaren Logos, den galaktischen Logos bis hin zum panuniversalen Logos.

Wir sagten, daß innerhalb des Absoluten Bewegung, Schwingung, Pulsation ist, ohne daß jemand oder etwas sich bewegt oder schwingt. Erst durch die Erschaffung von Geist gelangen Bewegung und Schwingung zum Ausdruck. Mit Geist beginnt das Absolute, die Universen zu erschaffen: das höhere und niedere noetische, das noetische, das psychische, das ätherische Universum und schließlich auf den tiefsten Schwingungsebenen des Geistes das grobstoffliche Universum.

Laßt uns einmal nachdenken. In der Grenzenlosigkeit des Raumes können wir uns eine unendliche Zahl von Galaxien vorstellen. Wir wissen jetzt, daß die Entfernung von einer Seite einer Milchstraße zur anderen Seite nach Millionen und Milliarden von Lichtjahren gemessen wird. Und wir wissen, daß es innerhalb einer einzigen Milchstraße Myriaden von Sonnensystemen gibt – Theater und Bühnen, auf denen das Phänomen des Lebens sich entfaltet.

Wir sagten ferner«, fuhr Daskalos fort, »daß das Absolute das Leben selbst ist. Und da das Absolute überall ist, ist auch Leben überall. Stellt euch deshalb nicht vor, daß es Raum ohne Leben gebe. Die Universen sind lebendige Realitäten. Die Übersubstanz, die wir Geist nennen, und aus der die Universen gebaut sind, hat ihr eigenes, selbsterfülltes Leben. Deshalb besitzt sie die Allwissenheit und Weisheit des Absoluten.

Geist ist lebendig. Wie unser materieller Körper eine lebendige Realität ist, die aus verschiedenen lebendigen Organen besteht, so sind auch die Universen lebendige Wesenheiten. Und wie die menschliche Persönlichkeit aus einem grobstofflichen Körper, einem psychischen Körper und einem noetischen Körper besteht, gibt es auch ein grobstoffliches Universum, ein psychisches Universum, ein noetisches Universum, ein höher-noetisches Universum und so weiter. Wie im Mikrokosmos, so im Makrokosmos. Wie oben, so unten.

Geht davon aus«, fuhr Daskalos fort, »daß die grobstoffliche Materie mit ihren Sonnensystemen und Galaxien nur den allerwinzigsten Ausdruck des Phänomenes Leben darstellt. Unendlich zahlreicher sind die psychischen Galaxien, die psychischen Zentren des Ausdrucks, von denen nichts in der Grobstofflichkeit Niederschlag findet. Diese nicht ausgedrückten psychischen Universen jedoch bergen ebenfalls ihre noch nicht ausgedrückten noetischen Entsprechungen. Doch es gibt auch noetische Universen, die rein noetische Realitäten sind, ohne sich bisher in einer psychischen Dimension ausgedrückt zu haben. Jenseits dieser noetischen Universen liegt der grenzenlose Ozean noetischer Substanz, in dem noetische, psychische und grobstoffliche Universen geboren, erhalten und aufgelöst werden.

Doch nun gebt acht«, bat Daskalos seine aufmerksam lauschenden Zuhörer. »Bevor ein grobstoffliches Universum in der Unendlichkeit des Raumes geboren wird, wachsen seine psychischen und noetischen Gegenstücke oder Entsprechungen. Der Christus-Logos und der Heilige Geist strömen in ihrer vollkommenen Macht, Weisheit und Güte durch Geist die Urwelten der Urbilder aus, durch die zunächst ein noetisches Universum aufgebaut wird. Nach Myriaden von Jahren und Äonen – falls wir hier überhaupt in Zeitbegriffen sprechen dürfen – beginnt ein psychisches Universum als Entsprechung des noetischen Gestalt anzunehmen. Und nachdem weitere Tausende von Jahren vergangen sind, beginnt die Manifestation eines grobstofflichen Universums als Ausdruck der vorausgegangenen psychischen und noetischen Universen.

Gerade in diesem Augenblick werden in der Unendlichkeit

Universen geboren und andere Universen aufgelöst. Auf ähnliche Weise werden hier auf Erden Menschen geboren, andere befinden sich in verschiedenen Phasen des Lebens und Wachsens, wieder andere sterben und treten ab. So beginnen in der Unendlichkeit des Raumes und gerade jetzt Myriaden von Universen ihre Entstehungsgeschichte, während andere reifen und sich auflösen.

Doch nun paßt auf«, sagte Daskalos scharf: »Eine panuniversale Nacht hat es niemals gegeben, denn innerhalb des Absoluten und seines ewig schöpferischen Zustandes gab es nie eine Epoche ohne die Entstehung, Reifung und Auflösung von Universen. Gleichermaßen gab es auch in der Schöpfung nie eine Zeit, in der nicht Menschen geboren wurden, heranreiften und abtraten. Wie es im Makrokosmos ist, so ist es auch im Mikrokosmos. Wie oben, so unten.

Manche sprechen von kosmischen Nächten und kosmischen Tagen und daß in diesem Augenblick an einem Ort kosmische Nacht herrsche und an einem anderen kosmischer Tag. Das göttliche Drama, die göttliche Symphonie, wird ewig neu inszeniert, und eine Epoche ohne Schöpfung hat es niemals gegeben und kann es niemals geben. Das Absolute meditiert ewig in sich und hat Wohlgefallen an seinem Ausdruck, das heißt an der durch Geist ermöglichten Materialisierung von Universen, den noetischen, psychischen, ätherischen und grobstofflichen.

Die heutige Unterweisung hat eurem Bewußtsein neue Horizonte geöffnet. Es ist notwendig, daß ihr euch hinsetzt und über die Gedanken meditiert, die euch hier vorgelegt wurden, damit ihr weitergehen könnt auf dem Pfad zur Realität und Selbstentdeckung.«

Damit beendete Daskalos seine Unterweisung und wartete auf Fragen aus seiner etwa dreißigköpfigen Zuhörerschar. Doch bevor jemand sich meldete, betrat Marios, sein Enkel im Teenageralter, die Stoa und flüsterte Daskalos zu, daß er Besucher habe, die auf ihn warteten. Daskalos stand auf und verließ den Raum, während Kostas die Sache übernahm und die Diskussion eröffnete. Lydia, eine praktizierende klinische Psychologin und Mitglied von Kostas' Kreis in Nicosia, stellte die erste Frage.

»Wenn ich dich recht verstanden habe, hast du schon wiederholt gesagt, daß mit Ausnahme Gottes alles Geist auf unterschiedlichen Schwingungsfrequenzen ist.«

»Korrekt«, bestätigte Kostas. »Geist ist geschaffen, Geist ist nicht Gott. Durch Geist gibt Gott sich Ausdruck. Manche Mysterienschulen haben Geist mit Heiligem Geist durcheinandergebracht. Das ist ein Irrtum.«

»Wenn ich richtig verstehe, Kosta«, fuhr Lydia fort, »sind gewisse noetische Welten Geist höherer Schwingung, und ich glaube auch, von gewissen Welten gehört zu haben, die jenseits des Geistes sind – oder irre ich mich da?«

»Nun, gib acht. Wir müssen unterscheiden zwischen gestaltetem Geist und Geist als Zustand. Die Welten der Dichotomie und polaren Gegensätze sind geformte, gestaltete Welten. Mit anderen Worten: von den niederen noetischen Welten abwärts haben wir Welten der Form und Gestalt. Die höhere noetische Welt ist in geringerem Maße gestaltet, aber jenseits von ihr werden wir frei von den Beschränkungen und Grenzen gestalteter Form, und wir kommen zu Geist als Zustand. Es handelt sich immer noch um Geist – aber um ungestalteten. Also gilt: Innerhalb der Bereiche der Schöpfung ist alles Geist.«

»Wir haben gesagt«, fuhr Lydia fort, »daß Menschen Geist sind, da sie aus drei Körpern bestehen ...«

»Nein, nein«, unterbrach Kostas sie protestierend. »Ein Menschenwesen ist nicht Geist. Ja, es geschieht durch Geist, daß Menschenwesen sich Ausdruck geben. Das tun sie auf die gleiche Weise, wie das Absolute sich durch Geist äußert. Aber Menschenwesen sind nicht Geist.«

»Wer ist es dann, der selbstverwirklicht zu nennen ist,

nachdem er zu seinem Ursprung zurückgekehrt ist, von dem er ausgegangen war in die Welten der Getrenntheit, des Geistes? Ist es das menschliche Individuum?« fragte Lydia.

»Nein, meine Liebe. Es ist nicht das Individuum als derzeitige Persönlichkeit, das am Ende selbstverwirklicht wird. Es ist die Ichheit – Seele oder Pneuma im Innern, wenn du so willst –, die selbstverwirklicht wird. Es ist das, was herabgestiegen ist durch das Urbild des Menschen in die Welten der Polarität, des Geistes, um Erfahrungen zu sammeln, um Individualität, Autonomie und Einzigartigkeit zu entwickeln. Denn durch diese Individuation erlangt unser inneres Selbst schließlich seine Selbstverwirklichung. Die Erfahrungen in der grobstofflichen Materie ermöglichen es einer selbstverwirklichten Seele am Ende, bei ihrer Rückkehr in die Autarkie und Multidimensionalität des Absoluten, zu sagen *Ich Bin Ich* und sich vom Alles zu unterscheiden.«

»Meinst du damit«, fragte Lydia weiter, »daß dies nicht Zustände des Geistes sind?«

»Nein«, betonte Kostas. »Es ist über dem Geist. Alles innerhalb der Schöpfung ist Geist, aber nicht alles innerhalb der Autarkie. Verstehst du?«

»Ich brauche etwas Klärung«, bat Leandros, ein knapp dreißigjähriger Buchhalter, der neu im Kreise war. »Autarkie ist gleich –?«

»Autarkie ist gleich Gott«, ergänzte Kostas.

»Und wie steht es mit dem Rest? Ist alles andere außerhalb von Gott?«

»Nein, alles ist in Gott. Aber nicht alles *ist* Gott. Alles ist Geist, durch den Gott sich Ausdruck gibt.

Schau«, fuhr Kostas fort und versuchte klarzustellen, was wohl paradox wirkte, »betrachte einen Augenblick das Absolute als Schwingung, als Bewegung ohne jemanden oder etwas, das schwingt oder sich bewegt. Sagen wir einmal, es gibt Energie ohne irgendwelche Wirkung. Schöpfung ist Bewegung und Schwingung, und da ist *etwas*, das sich bewegt und schwingt. Um etwas zu erhalten, was schwingt, muß zuerst eine Ursache dasein, die hinter ihm steht. Das sind die Merkmale des Absoluten in seiner Autarkie oder Selbsterfüllung. Das Merkmal Schwingung, Bewegung, muß dem Phänomen, dem Erscheinen dessen vorausgehen, das schwingt und sich bewegt.«

»An welchem Punkt tritt dann das Phänomen dessen, das schwingt, in Erscheinung?« fragte Leandros weiter.

»Sowie Geist erschaffen wird. Und obwohl Geist nicht Gott ist, ist Geist dennoch in Gott.«

»Welcher Art ist die Beziehung zwischen Logos und Geist?« fragte jemand aus einer der hinteren Reihen.

»Durch den Logos wurde Geist erschaffen«, erklärte Kostas. »Er ist die Ursache für die Existenz von Geist. Es gibt gewisse philosophische Schulen und Richtungen, die den Heiligen Geist und den Geist als ein und dasselbe betrachten. Sie sind sich überhaupt nicht bewußt, daß der Logos die Ursache des Geistes ist. Für sie ist Geist allein eine Form des Heilig-Geistigen. Aufgrund unserer Arbeit und Forschung wissen wir jedoch, daß dies nicht so ist. Geist wurde durch den Logos erschaffen und wird vom Heiligen Geist zur Erschaffung der Welten gebraucht und gestaltet.«

»Ich habe eine Frage«, warf Vladimiros ein, ein Architekt und ebenfalls neu im Kreise. »Würden wir, wenn wir Moslems wären, die gleiche Terminologie gebrauchen – Christus-Logos, Heiliger Geist und so weiter? Oder würden wir mit anderen Vokabeln über die gleichen Wahrheiten sprechen?«

»Aber natürlich«, antwortete Kostas. »Sprechen die Moslems nicht auch von Gott? Wir gebrauchen die Worte *Logos* und *Heiliger Geist*, um eine gewisse Realität zu identifizieren und zu verstehen. Es spielt keine Rolle, wie oder in welcher Sprache wir uns dieser Realität nähern.«

»Aber unterliegen wir nicht bereits einem gewissen Einfluß

durch die Bedeutung solcher Worte, die wir in unserem Denken in unseren Schulen und Kirchen formuliert haben?«

»Schau. In unserer Forschung, in der Wahrheitsforschung, verfolgen wir das Ziel, uns der Realität durch direktes Erleben zu nähern. Blindes Glauben, wie es von manchen Priestern als Tugend propagiert wird, akzeptieren wir nicht. Wir folgen dem, was der Christus-Logos selbst lehrte, seiner Aufforderung: ›Ihr sollt die Wahrheit erkennen, und die Wahrheit wird euch frei machen.‹ Verstehst du? Ob man dem Islam angehört, dem Hinduismus oder irgendeiner anderen Religion, ist für uns nicht von Bedeutung. Im Grunde helfen alle Religionen in gewissem Maße und auf einer gewissen Ebene kollektiven Bewußtseins dem Menschen, sich von der Unwissenheit zu befreien.«

»Ich möchte gerne auf unser Gespräch über den Geist zurückkommen«, warf eine andere Schülerin, eine Künstlerin, ein. »Ich hätte einen anderen Begriff bevorzugt, um jenen Zustand zu bezeichnen, den dieses Wort darstellt. Siehst du, in unserer Kultur sprechen wir gewöhnlich von Geist, wenn wir den Intellekt meinen. Könnten wir statt *Geist* nicht das Wort *Liebe* benutzen? Könnten wir zum Beispiel nicht sagen: ›Alles ist Liebe‹, statt: ›Alles ist Geist‹?«

»Nein.«

»Ich nehme an, Liebe ist im Geist«, murmelte die Künstlerin.

»Liebe«, sagte Kostas, »äußert sich durch Geist in den Welten der Schöpfung. Und im Geist existiert vollkommene Harmonie, ein Ausdruck der vollkommenen Liebe des Absoluten.

Qualitativ ist Geist vollkommen. Doch die Art, wie er durch das menschliche Gewahrsein gestaltet und geformt ist, zeigt eine gewisse Disharmonie. Denkt daran: Diese Disharmonie stammt nicht von dem Geist selbst, sondern sie ist das Produkt des menschlichen Bewußtseins. Der Geist wird nicht schmutzig, ganz gleich, wie schmutzig und verzerrt das menschliche Bewußtsein ist.

Angenommen, wir haben hier einen Spiegel, und dieser Spiegel ist unser inneres Selbst«, versuchte Kostas die Bedeutung dieser Worte zu erläutern. »Was es auch sei, wie verzerrt es auch sei und wie tief es auch in die Senkgrube getaucht sein mag: Wenn es in diesem Spiegel reflektiert wird, kann es den Spiegel selbst doch nicht beschmutzen. Sobald du es vor dem Spiegel entfernst, wird der Spiegel wieder vollkommen rein scheinen. So ist es auch mit Geist. Geist kann nicht beschmutzt werden. Er hilft den Menschen, Erfahrungen für ihre spirituelle Evolution zu sammeln. Durch Geist erwerben wir Menschen Erfahrungen in Zeit und Raum. Gäbe es Geist nicht, wären wir nicht in der Lage, uns in den verschiedenen Welten der Existenz Ausdruck zu verleihen.«

»Wenn ich dich recht verstehe«, meinte Lydia, »sprichst du von Geist als einer Art von Energie. Ich frage mich immer noch, ob die Liebe, die Christus lehrte, nicht nur die Liebe unter den Menschen ist, sondern Liebe als Kraft, als Energie, als ein integraler Bestandteil des Geistes.«

»Aber natürlich«, rief Kostas und breitete die Arme aus. »Liebe, die Leben ist, ist in allem und überall. Die Harmonie in der Schöpfung, die ich vorhin erwähnte, ist ein Produkt der Liebe. Sie ist das Ergebnis der All-Weisheit. In jeder Ausdrucksform und Gestalt des Geistes ist, wie wir wiederholt gesagt haben, die vollkommene Macht, die vollkommene Weisheit und die vollkommene Güte des Absoluten.«

»Fahren wir nun mit unseren Meditationsübungen fort«, sagte Kostas nach Beantwortung einiger weiterer Fragen. Wir folgten seinen Worten in einer zehnminütigen Meditation zur Erfrischung unserer ätherischen Vitalität. Dann führte er uns in einer anderen Form der Meditation, die er »Meditation zum Dienen« nannte.

»Diese Übung ist sehr wichtig«, erklärte er, als wir uns bereit machten. »Dieser Kreis hat eine Verantwortung, sich vornehmlich mit dieser Übung zu befassen, die zur Linderung des

Leids in der Welt beiträgt. Ich bitte euch dringend, diese Meditation täglich zu praktizieren, weil sie überaus wichtig ist. Laßt uns anfangen.

Zu Beginn gehen wir wieder in einen Zustand vollkommenen Friedens und absoluter Ruhe. Vertreibt jeden Gedanken, der eure derzeitige Persönlichkeit beschäftigt. Stellt euch vor, wie ihr eine strahlendweiße Lichtkraft verbreitet. Die Grenzen eurer Gestalt fühlt ihr jetzt nur noch vage. Ihr fühlt, wie ihr leichter werdet. Ihr fühlt Licht und stellt euch vor, daß ihr in einer Umgebung hellen, weißblauen Lichtes seid.

Ihr seid ganz weiß, und überall um euch ist helles, weißblaues Licht. Ihr gelangt jetzt an einen Punkt, an dem ihr euer Gewicht überhaupt nicht mehr wahrnehmt. Schwerkraft hat ihre Macht über euch verloren. Nichts kann euch mehr auf euren Sitzen halten.

Jetzt spürt ihr«, fuhr Kostas fort, »wie euer Bewußtsein nach oben steigt. Ihr bewegt euch empor und gelangt immer weiter nach oben. Fühlt diese Bewegung eures Bewußtseins.

Wenn ihr eine gewisse Höhe erreicht, bleibt stehen und verharrt dort ganz still. Ihr blickt nach unten und stellt euch vor, hoch oben über Zypern zu schweben. Ihr erkennt das Land, weil ihr die Gestalt der Insel kennt. Zur eurer Rechten ist Osten, zur Linken ist Westen. Vor euch ist Norden, und hinter euch ist Süden. In dieser Position haltet ihr euch über Zypern.

Beginnt nun, von eurer Brust, von der Mitte eures Brustkorbs aus«, sprach Kostas weiter, »die Sonne eures Körpers mit Energie aufzufüllen. Weißrosa Licht strahlt in alle Richtungen aus. Ihr seid ganz weiß, und die Umgebung um euch wird weiter gefüllt mit diesem reichen, weißblauen Licht. Konzentriert und richtet jetzt die Strahlung der Sonne eurer Liebe nach unten. Bestrahlt unsere Insel einschließlich des Meeres, das sie umgibt. Stärkt Zypern mit eurer Liebe. Dieser Ort braucht sehr viel Liebe. Wünscht bessere Zeiten für unsere

Insel. Wünscht rechtes Denken allen Menschen, die hier leben. Möge eure Liebe diesen Ort beschützen. Wo immer Liebe ist, kann nur Liebe wachsen.

Weißrosa Licht auf Zypern«, fuhr Kostas nun langsam mit fester Stimme fort. »Wünscht gegenseitiges Verständnis und Freundschaft zwischen allen Völkern auf dieser Insel, ohne Rücksicht auf ethnische, religiöse, ideologische oder politische Zugehörigkeit. Bessere Zeiten für Zypern.

Ohne eure Konzentration auf Zypern abzubrechen, sollt ihr jetzt wieder die Aufwärtsbewegung eures Bewußtseins fühlen. Ihr steigt höher empor und weiter, immer weiter. Ihr gelangt in viel größere Höhen. Wenn ihr sehr hoch aufgestiegen seid, so bleibt in einer bestimmten Höhe stehen. Ihr habt die gleiche Ausrichtung wie zuvor.

Ihr blickt jetzt hinab und stellt fest, daß sich die Region des Planeten, die ihr sehen könnt, vergrößert hat, so daß euer Sehfeld nun den Bereich mit den Ländern Griechenland, Türkei, Syrien, Irak, Iran, Libanon, Israel, Jordanien, Saudi-Arabien, Ägypten und Libyen umfaßt. Mittelpunkt eures Blickfeldes ist immer noch Zypern«, sagte Kostas, und wir folgten seinen Anweisungen mit geschlossenen Augen. »Breitet nun das Licht aus von der Sonne eurer Liebe über diese ganze Region, und wünscht gegenseitiges Verständnis, Vertrauen und gute nachbarschaftliche Beziehungen zwischen allen Völkern, Nationen und Staaten in dieser Region. Wünscht bessere Zeiten all diesen Völkern, auf daß sie ihre Differenzen nach internationalem Recht und unter Achtung der Menschenrechte lösen. Frieden und Ruhe mögen in dieser Region herschen. Liebe möge in diesem Teil der Welt regieren.

Nun möchte ich, daß ihr Eure Aufmerksamkeit auf einen anderen Teil unseres Planeten richtet. Führt euch China vor euer inneres Auge.« (Dies war in den Tagen nach der gewaltsamen Niederschlagung der vordemokratischen Bewegung in China, die die Welt schockierte.)

»Umschließt dieses Land«, sagte Kostas, »mit der weißrosa Strahlung, die aus eurem Herzen strömt. Mögen bessere Tage kommen für das chinesische Volk. Wünscht, daß die Farbe eurer Liebe den Schmerz des chinesischen Volkes lindert.

Nun stellt unseren ganzen Planeten wie einen großen Ball vor euer inneres Auge. Durchdringt unseren Planeten mit der Farbe eurer Liebe. Hüllt den Planeten in die weißrosa Farbe eures Herzens. Weißrosa Farbe bedeckt Zypern und alle Länder der Region; weißrosa Farbe bedeckt China und unseren ganzen Planeten. Bessere Tage für Zypern, für die Länder dieser Region, für China und für den ganzen Planeten. Frieden, Harmonie, Liebe.

Möge die Liebe des Geliebten, der großen Meister und unserer irdischen Meister in eurem Zuhause sein, mit euren Lieben und mit der ganzen Welt. Reinen Herzens stehen wir vor dem Herrn immerdar. Das wird alles sein.«

(Kostas hatte mir früher einmal erklärt, diese Meditation bewirke, daß negative Schwingungen durch die bewußte Erzeugung von positiven Schwingungen neutralisiert werden. Diese Meditationsform erzeugt gutartige oder Engels-Elementale, die dem Bösen entgegenwirken. Als Ausgangspunkt für die Visualisierung kann man sich das Land oder den Ort vorstellen, in dem man sich befindet.)

10

Gestalten des psychonoetischen* Körpers

Mitte Juni 1989 waren wir gerade nach Zypern zurückgekehrt, um hier den Sommer zu verbringen. Ich saß hinter dem Haus meines Vaters unter den Zitronen- und Orangenbäumen, genoß den Morgen und sah meine Notizen durch. Später am selben Vormittag wollte ich mich mit Kostas und Petrovna bei Daskalos treffen.

Meine beschauliche Arbeit wurde von einem Klopfen an der Tür unterbrochen. Es war Anna, eine Freundin von Emily. Ich ließ sie ein und bot ihr an, zu bleiben und auf Emily zu warten, die gerade nicht im Hause war. Als ich Wasser aufsetzte, um einen Kräutertee zu bereiten, fiel mir auf, daß Anna äußerst niedergeschlagen schien. Es war unmöglich, ein Wort aus ihr herauszubekommen, obwohl sie normalerweise sehr gesprächig ist. Ich fragte sie, ob das vielleicht mit der politischen Situation zusammenhänge. (Ich wußte, daß sie sehr viel von dem früheren Präsidenten Kyprianou hielt, der im Vorjahr von George Vassiliou verdrängt wurde, einem erfolgreichen Ökonomen, den die liberalen und linken Parteien unterstützten.) Anna gab zu verstehen, daß ihre Niedergeschlagenheit nichts mit der politischen Entwicklung zu tun habe, so unglücklich sie über diese auch sei. Sie wolle einfach nicht sprechen. Ich kannte sie gut genug und stellte ihr persönliche Fragen in meinem fruchtlosen Bemühen, ihr aus einem Zustand zu helfen, den ich für eine schwere Niedergeschlagenheit hielt. Alle meine therapeutischen und psychoanalytischen Anstrengungen führten jedoch nicht weiter. Ich beschloß, es mit einer anderen Taktik zu versuchen.

Ich ging ins Zimmer, schloß das Fenster und zog die Vorhänge zu. Dann stellte ich eine weiße Kerze auf einen kleinen Tisch und zündete sie an. Daneben stellte ich ein Glas Wasser und ein Tellerchen mit einem Teelöffel Salz. »Komm, Anna«, bat ich die Besucherin und führte sie ins Zimmer. Ich forderte sie auf, sich auf den Stuhl zu setzen und aufmerksam zu lauschen, was ich ihr sagen würde.

»Konzentriere dich auf die Kerze«, flüsterte ich. »Kein Gedanke soll dir jetzt in den Sinn kommen. Richte deine Aufmerksamkeit einfach auf die Kerze und verweile da zehn Minuten lang«, forderte ich sie auf, und sie folgte wortlos meiner Anweisung. »Nach zehn Minuten«, sagte ich sanft, »schließt du die Augen, aber behalte das Bild der Kerzenflamme im Sinne. Dann wünsche mit aller Intensität, daß jegliche Elementale, die dich gerade quälen, von dieser Flamme verzehrt werden. Stell dir vor, wie ein Elemental nach dem anderen von der Flamme verbrannt wird. Die Flamme wird dein Unterbewußtsein restlos von dem unglücklichen Gefühl befreien, das du jetzt empfindest.«

Ich verließ das Zimmer und schloß die Tür hinter mir. Ich ging zurück zu meinen Aufzeichnungen und wartete, daß ich wieder von Anna hören würde. Nach etwa einer halben Stunde kam sie heraus und schien völlig verwandelt. Tränen standen in ihren Augen, und sie lächelte. Sie fand wieder zu sich und fing an, voller Begeisterung zu schildern, wie hilfreich diese Übung für sie gewesen sei. »Es war, als würde eine gewaltige Last von meiner Brust genommen«, rief sie. Ich bat sie, das Wasser zu trinken und das Salz auf den Hof zu schütten. Ich erklärte ihr, daß das Glas Wasser mit therapeutischen Elementalen geladen sei und daß das Salz die Erde symbolisiere, das Element, mit dem die Elementale niemals in Berührung kommen dürfen. Als die Behandlung beendet war, kehrte Emily zurück, und Anna schilderte ihr strahlend vor Energie, was sie erlebt hatte. Ich erfuhr nie, was die Ursache von Annas Niedergeschlagenheit gewesen war, und fragte auch nicht mehr danach. Wichtig war allein, daß sie den schlimmen psychischen Zustand überwunden hatte, in dem sie gekommen war.

Als ich Daskalos später von meinem Erlebnis mit Anna erzählte, schmunzelte er und schüttelte den Kopf. »Allmählich wirst du zum Meister«, stellte er fest – »einem Meister der Suggestion.«

»Ich tue es doch nur dir nach«, erwiderte ich.

Daskalos lehrte, daß die mentalen Probleme, unter denen Menschen leiden, durch Elementale verursacht werden, die das Unterbewußtsein beeinflussen. Deshalb bestehe die Behandlung darin, diese Elementale zu schwächen und unschädlich zu machen. Dies ist zu erreichen durch eine Vielfalt von Mitteln wie Meditation, Selbstanalyse, Suggestion, Gebet und ähnliches. Die Untersuchung des Unterbewußten mittels herkömmlicher Psychoanalyse kann in manchen Fällen schädliche Konsequenzen haben. Das Individuum stärkt dabei unter Umständen Elementale oder Dämonen, die schon lange in den tiefsten Winkeln des Unterbewußten geschlummert hatten. Ein Therapeut, der mit dem Gesetz der Elementale nicht vertraut ist und Techniken der Psychoanalyse anwendet, kann mit solchen Elementalen möglicherweise nicht umgehen, nachdem er sie aufgestöbert und geweckt, das heißt an die Oberfläche des Bewußtseins gebracht hat. In solchen Fällen erhalten die Elementale neue Energie und verfolgen mit dieser Kraft die derzeitige Persönlichkeit des Patienten.

Nach meinem Besuch bei Daskalos verbrachte ich den Nachmittag, indem ich Petrovna zu den verschiedenen religiösen Heiligtümern der Hauptstadt begleitete. Die von den venezianischen Befestigungsanlagen umgebene Altstadt Nicosias birgt eine Fülle alter Kirchen, viele von ihnen stammen noch aus dem Mittelalter. Für Petrovna war dies kulturell vertrautes Territorium, sie war in der Tradition der orthodoxen Ostkirche aufgewachsen. Wir besuchten die Kirchen

Faneromeni, Tripiotis, Ayios Kassianos und die sehr alte Kirche neben dem Palast des Erzbischofs, die dem Evangelisten Johannes geweiht war, dem Yohannan des Daskalos und Kostas.

Petrovna blieb an verschiedenen Plätzen in der Kirche stehen, mal vor bestimmten Ikonen, mal vor dem Altar, spürte und teilte mir mit, wie stark die Schwingungen waren, die sie wahrnehmen konnte. Es war, als hielte sie ein Meßinstrument zur Feststellung radioaktiver Teilchen. Unter der Kuppel gegenüber dem Altar sagte sie erregt, die Schwingungen seien »geradezu überwältigend«. Petrovna forderte mich auf, mich an den selben Platz zu stellen, um zu sehen, ob ich das gleiche erlebte wie sie. »Versuche es doch, versuche es nur«, drängte sie mich und zog mich am Arm. Ich stellte mich an den bezeichneten Punkt und war sehr verlegen, als ich merkte, daß der Kandilanaftes (Sakristan), der ganz in Schwarz gekleidet war und nervös die Perlen seines Rosenkranzes zählte, uns mit unverkennbar argwöhnischer Neugierde beobachtete.

»Spürst du etwas?« fragte Petrovna eifrig.

»Nun«, murmelte ich, »ich fühle mich immer wohl, wenn ich in einer Kirche bin, besonders in einer griechischen Kirche.« Dann bat ich sie um Entschuldigung, daß ich sie so enttäuscht hatte, weil ich im Unterschied zu ihr nicht medial genug war, etwas anderes zu spüren als das, was ich immer fühlte, wenn ich mich in der stillen Atmosphäre einer orthodoxen Kirche aufhielt. Petrovna klopfte mir verständnisvoll auf den Rücken und bat mich mit einem Seufzer, bei meiner »Schriftstellerei zu bleiben«.

Um sechs Uhr fuhren wir zum Hause von Rea (einer Schülerin von Kostas), wo Kostas seinen zweimonatlichen Vortrag für den Nicosia-Kreis geben sollte. Er war bereits da, auch die meisten seiner Schüler, die sich in Reas geräumigem und behaglichen Wohnzimmer drängten.

Zu den Schülern dieses Kreises von Kostas zählten viele

Angehörige der kulturellen Elite der Insel. Sie waren hauptsächlich Freiberufler, Männer und Frauen in den Dreißigern und Vierzigern, die ihre gesellschaftliche und kulturelle Aktivität mit einem neu entdeckten Interesse an esoterischen Lehren verbanden. Die meisten von ihnen hatten höhere akademische Titel von ausländischen Universitäten sowohl des Westens als auch des Ostblocks. Unter ihnen waren Absolventen britischer, amerikanischer, französischer und russischer Universitäten. Nachdem sie in den sechziger Jahren volljährig geworden waren, verbrachten diese Anhänger die Jahre ihres Studiums im Ausland und importierten eine Fülle von Perspektiven, Ideologien und fremden Gebräuchen nach Zypern. Die Insel selbst hatte keine Universität – eine Auswirkung der chronisch ungeklärten politischen Situation. Wer eine höhere Ausbildung wünschte, mußte diese im Ausland erwerben.

Viele von Kostas' Schülern kannte ich noch aus der Zeit vor meiner Bekanntschaft mit Daskalos. Einige von ihnen waren mir alte Bekannte, und sie nun in Kostas' Kreis wiederzusehen, überraschte mich. Ich hatte sie als agnostische Säkularisten in Erinnerung, die die Religion als etwas verspotteten, das bestenfalls für die Dorfbauern und ihre in Schwarz gehüllten Großmütter gut sein soll. Im Kreis der Zuhörer waren sogar einige radikale Feministinnen, die die patriarchalische Kirche des Landes scharf kritisierten. Als ich diese Menschen zum ersten Mal in Kostas' Kreisen sah, wurde mir klar, daß die Zeiten sich änderten.

Alle politischen und gesellschaftlichen Farben und Schichten waren in Kostas' Kreis vereint. Einige wenige unter ihnen hatten durch Geburt oder Heirat Verbindung zur kommunistischen Partei; andere waren in konservativen oder rechts anzusiedelnden politischen Verbänden aktiv und so fort. Es gab desillusionierte historische Materialisten, antibourgeoise Kapitalisten, konventionell aussehende und konservative Zyprioten ebenso wie gestrandete Veteranen der sexuellen Revolution. Diese strebsamen Avatare entsprachen gewiß nicht dem landläufigen Bild vom mönchischen Mystiker, der seine Tage mit Gebet, Meditation und Vesenkung in still-beschaulicher klösterlicher Abgeschiedenheit verbrachte. Rea, eine Filmregisseurin des örtlichen Fernsehsenders und Gastgeberin bei den Zusammenkünften der etwa vierzig Personen, war eine höchst energische und leidenschaftliche parteilose Aktivistin, die zu den Organisatorinnen von »Woman March Home« zählte, einer Bewegung, die das Ziel verfolgte, durch gewaltlosen Widerstand die zypriotischen Frauen zurück zu ihrer angestammten Heimat im türkisch besetzten Norden zu führen.

Diese Psychologen, Soziologen, Künstler, Ärzte, Geschäftsleute und Architekten wurden von Kostas' Unterweisungen und Kreis angezogen wegen der rationalen Prinzipien, auf denen die Lehren gründeten. Sie schätzten diese Lehren auch wegen ihres undogmatischen Zugangs zu spirituellen Fragen und wegen der Überkonfessionalität, Toleranz und Mannigfaltigkeit ihrer zentralen Botschaft. Das Fehlen jedes kultischen Zuges in diesen Kreisen war eine zusätzliche Attraktion, ganz zu schweigen von der völligen Freiheit der Erforschung und »Forschung«, wie sie Kostas und Daskalos betonten. Am wichtigsten jedoch war, daß Kostas einige seiner Anhänger gewann, nachdem diese Zeugen von »Wunder«-Heilungen geworden waren, die er vor ihren Augen vollbracht hatte. Maria zum Beispiel, eine klinische Therapeutin und Absolventin der Moskauer Universität, erzählte mir, daß sie Schülerin bei ihm wurde, nachdem sie Kostas bei der Wunderheilung einer gelähmten Stewardeß beobachtet hatte.

Bevor Kostas seinen Vortrag begann, nahm ich die Gelegenheit wahr, ihm ein Bündel Briefe und Bilder zu überreichen, die ich von Lesern und Bekannten erhalten hatte, die Hilfe von Kostas oder Daskalos erbaten. Kostas betrachtete kurz ein Foto nach dem anderen, befühlte sie mit geschlossenen Augen zwischen den Fingern, gab eine Diagnose und versprach, sein möglichstes zu tun, um dem Patienten zu helfen.

»Kyriaco, diesen hier haben wir bereits untersucht«, sagte Kostas, öffnete die Augen und hielt eines der Bilder in der Hand.

Ich musterte das Foto sorgfältig und erkannte, daß dieses Bild unter den neuen Stapel geraten war, nachdem Kostas es tatsächlich bereits vor einigen Monaten untersucht hatte. Es war noch ein anderes Foto aus einem früheren Bündel dabei, und wieder reagierte Kostas auf die gleiche Weise. Ich hatte diese beiden Fotos nicht absichtlich in den neuen Stapel gesteckt, um Kostas' Hellsichtigkeit auf die Probe zu stellen.

»Wie hast du das erkannt, Kosta?« fragte ich. »Du mußt Hunderte von Bildern fremder Menschen untersucht haben, seit du diese Fotos zum ersten Mal in die Hand bekamst. Wie kannst du dich daran erinnern?«

»Das ist einfach«, antwortete Kostas. »Die therapeutischen Elementale, die ich seinerzeit für diese Leute erzeugte, kamen in dem Augenblick zu mir, als ich die Bilder berührte und fühlte. Die Elementale informierten mich über das, was geschehen ist.«

Eine ähnliche Episode ist mir von Daskalos bekannt. Eine Frau suchte ihn auf und zeigte ihm das Foto ihres dreijährigen Sohnes, der schwer krank war. Ein Zeuge dieses Vorgangs berichtete mir, daß Daskalos, als er das Foto in die Hand nahm, mit spontaner Erregung ausrief, der Knabe sei eine Reinkarnation von »einem der Bachs«. Der Junge wurde geheilt, wanderte mit seiner Familie nach Europa aus und wurde schließlich ein Pianist internationalen Ranges.

Fünfundzwanzig Jahre später, so erfuhr ich, brachte jemand ein neues Foto der gleichen Person – mittlerweile einem erwachsenen Mann – zu Daskalos. Ohne gesagt zu bekommen, um wen es sich handelte, reagierte Daskalos auf die gleiche Weise, als er die Augen schloß, das Foto befühlte und einige

Male tief atmete. Als ich Daskalos nach jenem Falle fragte, gab er mir die gleiche Erklärung, die ich von Kostas gehört hatte: das Engel-Elemental, das er für das dreijährige Kind erschaffen hatte, kam herbei und identifizierte den achtundzwanzigjährigen Mann.

Solche Erfahrungen, die Menschen, die Daskalos und Kostas kannten, immer wieder erlebten, stärkten deren Ruf als echte Heiler und als spirituelle Meister über all die Jahre hinweg.

Nachdem jeder Wunsch nach einem privaten Gespräch mit Kostas erfüllt war, begann dieser mit der Unterweisung. Ich setzte mich neben Petrovna und flüsterte ihr hin und wieder die Übersetzung zu, um sie über die Ausarbeitung des Themas auf dem laufenden zu halten.

»Wir haben bisher gelernt«, begann Kostas, »daß jedes Atom, jede Zelle und jedes Teilchen des grobstofflichen Körpers sein ätherisches, psychisches und noetisches Gegenstück hat. Neben dem grobstofflichen Körper haben wir also auch einen psychischen und einen noetischen Körper, die zusammen als eine Art Gebärmutter dienen, in der unser grobstofflicher Körper aufgebaut wird.

Dies gilt für alle grobstoffliche Materie in der Schöpfung. Das bedeutet zum Beispiel, daß hinter der grobstofflichen Erde noch eine psychische Erde steht – eine Erde also, die in der vierten Dimension existiert. Und es gibt eine noetische Erde, das heißt eine Erde, die in der fünften* Dimension existiert. Das ist wie mit unserem materiellen Körper. Dieser psychonoetische Körper steht, wie wir sagten, unter der direkten Obhut des Heiligen Geistes und hat in erster Linie die Aufgabe, den grobstofflichen Körper zu erhalten.«

Kostas lehrte weiter: Über diesen heilig-geistigen psychonoetischen Körper hinaus, der vollkommen ist und Zelle für Zelle der Gestalt des grobstofflichen Körpers entspricht, gibt es noch zwei weitere Körper, einen psychischen und einen noetischen, die als »psychonoetischer* Körper« bezeichnet werden. Dieser Körper hat sein Zentrum im Herzen und ist ursprünglich amorph. Jeder Mensch hat die Aufgabe, ihn zu »gestalten«, bis er so vollkommen ist wie der grobstoffliche Körper mit seinen psychischen und noetischen Entsprechungen.

»Der psychonoetische* Körper«, sprach Kostas weiter und wiederholte die Worte des Daskalos, »befindet sich im Prozeß der Gestaltwerdung und spiegelt unsere Bewußtseinsebene wider. *Er ist* das Zentrum unseres Gewahrseins. Der Wahrheitsforscher gibt diesem amorphen Körper allmählich Gestalt, um ihn gebrauchen und Wissen und Bewußtsein der höheren Welten und anderen Dimensionen erwerben zu können. Ohne die Ausbildung dieses Körpers könnt ihr kein objektives Wissen von eurer Existenz in diesen anderen Welten und anderen Schwingungen erlangen.«

»Und was ist mit dem anderen psychonoetischen Körper, der bereits Gestalt besitzt?« warf ich ein. »Was stellt er dar?«

»Jener psychonoetische Körper ist Basis und Zentrum deines Pneumas und deiner Seele, deiner Selbstbewußtheit. Er ist das Zentrum deiner Ichheit. Er ist das Zentrum, das Erfahrungen und Eindrücke empfängt. Er ist das unveränderliche *Ich Bin*. Es gibt keine Worte, um die strahlende Schönheit dieses psychonoetischen Körpers zu beschreiben.

Im Augenblick«, fuhr Kostas fort, »ist dieser Körper nicht das Zentrum eures Gewahrseins. Unser Ziel ist, den amorphen psychonoetischen* Körper – den Körper des Gewahrseins – zu gestalten und mit dem vollkommenen psychonoetischen Körper, dem Körper unserer Seelenselbstbewußtheit, zu verschmelzen. In diesem Zusammenhang können wir die Worte Christi verstehen, der sagte: ›Selig sind, die reinen Herzens

* Das mit * gekennzeichnete Wort »psychonoetisch« besitzt die *hier* erläuterte Bedeutung im Gegensatz zur bisherigen Verwendung des Begriffs »psychonoetisch« (siehe auch Definition im Glossar S. 365).

sind, denn sie werden Gott schauen.‹ Das Zentrum des psychonoetischen* Körpers ist das Herz, wie wir eben sagten. ›Reinen Herzens‹ zu sein heißt buchstäblich, einen voll entwickelten psychonoetischen* Körper zu besitzen, der mit unserem bereits vollkommenen psychonoetischen Körper identisch wird.«

»Das heißt also«, versuchte ich klarzustellen, »daß unser Gewahrsein, dessen Basis der amorphe psychonoetische* Körper bildet, eins wird mit dem vollkommenen psychonoetischen Körper, dem Zentrum unserer Ichheit, unseres *Ich Bin*.«

»Genau. Der vollkommen gestaltete psychonoetische Körper ist hinsichtlich seiner Qualität für alle Menschen gleich; dies gilt auch für alle Erzengelwesen. Der psychonoetische* Körper jedoch, den wir gestalten müssen, wechselt in Qualität, Form und Ausstrahlung von Individuum zu Individuum. Keine zwei Menschen haben genau den gleichen psychonoetischen* Körper. Dieser ist es, der menschliche Individualität überhaupt ermöglicht. Er ist der Körper unserer Gedanken und unserer Gefühle.«

»Heißt dies«, fragte mein Freund Neophytos, »daß der Zweck der Verschmelzung der beiden Körper darin besteht, die Resultate des individuellen Erlebens auszuradieren? Denn unterscheiden sich die beiden Körper nicht durch das individuelle Erleben?«

Kostas wiederholte, was er und Daskalos schon oft gesagt hatten: Das Ziel der Inkarnationszyklen besteht darin, Individualität innerhalb des Einsseins des Absoluten zu entwickeln. Diese Individualität geht nicht verloren, wenn der ursprünglich amorphe psychonoetische* Körper Gestalt annimmt und eins wird mit dem psychonoetischen Körper des inneren Selbst.

»Solange du im Kreislauf der Phänomene existierst, ist dein psychonoetischer* Körper noch nicht ausgestaltet«, antwortete Kostas.

»Ist das immer so?« fragte Neophytos.

»Nein, nicht immer. Möglicherweise entscheidest du dich nach vollkommener Gestaltung deines psychonoetischen* Körpers, in die Welten der Trennung und Polarität zurückzukehren, um eine bestimmte Aufgabe zu erfüllen. Glaube mir: Auch wenn du deinen psychonoetischen* Körper einmal vollendet hast, wirst du hier sein.« Kostas lächelte und deutete auf die Erde. »Hierher wirst du zurückkehren, um anderen auf ihrem spirituellen Weg zu helfen.«

»Ich bin ein wenig verwirrt«, meinte jemand mit leicht verzweifelter Stimme, der bisher still zugehört hatte. »Welches ist nun der amorphe psychonoetische* Körper? Ist der amorphe der vollkommene?«

»Der amorphe Körper«, wiederholte Kostas, nachdem sich unser Lachen über die naive Frage gelegt hatte, »ist jener, den wir zu gestalten versuchen. Das Merkmal des vollkommenen psychonoetischen Körpers ist seine unbeschreibliche, strahlende Schönheit. Da sitzt ein Gott auf dem Thron. Der psychonoetische* Körper jedoch, den wir gestalten müssen, sieht buchstäblich wie eine amorphe Masse um das Herz herum aus.

Wenn du eine Person in den niederen psychonoetischen Welten betrachtest, siehst du in der Tat so etwas wie einen Sack – stelle ihn dir etwa wie einen Sack Kartoffeln vor. Wer weit genug entwickelt ist und über das nötige Sehvermögen verfügt, kann solche Personen wahrnehmen, die weder Hände noch Füße zu haben scheinen. Objektiv betrachtet, sieht diese Person buchstäblich wie ein Sack aus.

Das ist die Wahrheit«, fügte Kostas hinzu, da wir über seine Wortwahl grinsten.

»Kosta«, fragte Neophytos, »wenn der amorphe psychonoetische* Körper wie ein Sack aussieht, hat dann der vollendete genau die gleiche Gestalt wie der materielle Körper?«

»Natürlich.«

»Das heißt«, fuhr Neophytos überrascht fort, »du sprichst nicht in Gleichnissen: Im Laufe der Inkarnationszyklen nimmt der amorphe psychonoetische* Körper mehr und mehr die Gestalt des grobstofflichen Körpers an.«

»Genau. Das habe ich gesagt. Das ist unser Ziel. Warum? Damit wir voll bewußt in jeder Zelle und jedem Teilchen unserer drei Körper leben können: im grobstofflichen, im psychischen und im noetischen. Auf diese Weise werden wir Meister unserer drei Körper.«

»Kannst du dies bitte erläutern?« bat Neophytos.

»Paß auf. Jedes Teilchen in den psychonoetischen Welten hat die Fähigkeit zu vollkommenem Gewahrsein. In den psychonoetischen Welten sehen und hören wir nicht nur mit unseren Augen und Ohren, sondern mit jeder Zelle und jedem Teilchen unserer Existenz. Aus diesem Grunde ist echte Eksomatose nur mit einem voll entwickelten psychonoetischen* Körper möglich.«

»Heißt das, Kosta«, fragte ich und wiederholte seine Worte, »daß man keine bewußten Reisen außerhalb des Körpers erleben kann, solange der psychonoetische* Körper nicht entwickelt ist?«

»Genau das sage ich. Mit voll entwickeltem psychonoetischen* Körper wirst du fähig sein, andere Wirklichkeiten objektiv wahrzunehmen, sei es durch Projektion deines Bewußtseins oder durch vollständige Eksomatose. Viele Menschen behaupten, ihren Körper zu verlassen. In Wirklichkeit tauchen sie jedoch in ihr eigenes Unterbewußtsein ein. Mit anderen Worten, sie gelangen in einen Bewußtseinszustand, der dem von Drogenkonsumenten vergleichbar ist. Anstatt Drogen zu nehmen, erreichen sie dieses Ziel mit anderen Mitteln. Sie betreten also ihre eigene Welt der Illusion. Sie gelangen nicht in eine objektive Realität, in der sich Ereignisse entfalten.«

»Kannst du das etwas detaillierter erklären?« bat Neophytos, dessen Neugierde nun geweckt war.

»Jemand behauptet beispielsweise, daß er die Eksomatose praktiziert und, sagen wir, London besucht. Solange er seinen psychonoetischen* Körper nicht entwickelt hat, besucht er in Wirklichkeit das London, das er in früheren Zeiten erlebt hat. Um London zu besuchen und Ereignisse zu beobachten, die sich im selben Augenblick entfalten, braucht man einen voll entwickelten psychonoetischen* Körper. Denn diesen Körper benötigt man, um objektive Kenntnis etwa über das zu erlangen, was gerade am Trafalgar Square geschieht. Wenn du jenen Menschen aufforderst, einen Ort auf diesem Planeten zu besuchen, an dem er noch nie gewesen ist, kann er seine ›Eksomatose‹ nicht durchführen, weil er in seinem Unterbewußtsein keine Aufzeichnungen über den gewünschten Ort besitzt.«

»Ich nehme an«, ergänzte ich, »daß dies auch für Wissen über die verschiedenen Ebenen und Unterebenen der psychonoetischen Dimensionen gilt.«

»Genau. Ohne voll ausgebildeten psychonoetischen* Körper kannst du grundsätzlich kein wahres Bild jener anderen Wirklichkeiten erlangen. Das heißt, daß du in Wirklichkeit eine Welt deiner eigenen Phantasie betrittst.

Ich muß jedoch hinzufügen«, bemerkte Kostas, »daß die Fähigkeit, in dein Unterbewußtsein vorzudringen, bereits ein Schritt nach vorn ist – selbstverständlich unter der Voraussetzung, daß er durch natürliche Mittel erreicht wird und nicht mit Hilfe von Drogen. Trotzdem handelt es sich dabei nicht um Eksomatose, die dich in Berührung mit anderen Realitäten und Dimensionen der Existenz bringt.« Kostas schwieg einige Augenblicke und wartete auf die nächste Frage, während sein durchdringender Blick über die Schar seiner Zuhörer streifte.

»Hat die permanente Persönlichkeit nur positive Merkmale?« fragte Panos, ein Arzt.

»Die permanente Persönlichkeit«, antwortete Kostas, »ist ein Gott. Sie ist nichts anderes als das innere Selbst. Sie *ist* das innere Selbst, das Pneuma-Ich. Sie ist der Teil von uns, der herabgestiegen ist, um Erfahrungen zu sammeln. Aber sie ist ein Gott. Sie stieg bewußt in die Welten der Polarität herab. Als permanente Persönlichkeit ist sie noch nicht in eine Persona eingetreten, die das Ganze überschattete, wie es bei jenem Teil von uns der Fall ist, den wir als derzeitige Persönlichkeit bezeichnen.«

»Können wir davon ausgehen, daß alles, was man im Laufe einer Inkarnation zur Gestaltung des psychonoetischen* Körpers beiträgt, durch die permanente Persönlichkeit in die nächste Inkarnation übertragen wird?« fragte Panos weiter.

»Absolut. Nichts geht je verloren.«

»Besteht die Möglichkeit«, fragte Glafkos, ein freischaffender Künstler, »daß jemand, der seinen psychonoetischen* Körper zu einem gewissen Grade ausgebildet hat, aufgrund bestimmter Erlebnisse und Umstände in einem späteren Leben auf einen früheren Stand der psychonoetischen* Entwicklung zurückfällt?«

»Niemals«, antwortete Kostas kategorisch. »Was du gewonnen hast, hast du gewonnen. Du kannst viele Inkarnationen lang auf der gleichen Stufe stehenbleiben, aber du wirst nie auf eine tiefere Ebene zurückfallen. Was der Mensch hinsichtlich seiner Selbstbewußtheit errungen hat, geht nie verloren. Nun«, sprach Kostas weiter, »besteht eure vornehmste Aufgabe als Wahrheitsforscher darin, euren psychonoetischen* Körper zu gestalten, denn hierdurch erlangt ihr die Meisterschaft über eure drei Körper und werdet im Stande sein zu dienen.«

»Wie können wir unseren psychonoetischen* Körper entwickeln?« fragte Maria, eine Psychologin.

»Ihr entfaltet euren psychonoetischen* Körper durch Meditationen, die ihr regelmäßig durchführen müßt, durch die Aufnahme von Wissen und durch Selbstanalyse. So entwickelt sich euer Gewahrsein, mit anderen Worten: euer psychonoetischer* Körper.«

Dann verriet Kostas, daß er und Daskalos nachts für sehr kurze Zeit die psychonoetischen* Körper ihrer Adepten ausgestalteten.

»Zu welchem Zweck?« fragte ich.

»Damit ihr in der Lage seid, während des Schlafes in eurem Unterbewußtsein das Wissen und die Weisheit aufzunehmen, die ihr während eures Wachbewußtseins angeboten bekommt. Durch vorübergehende Ausgestaltung eures psychonoetischen* Körpers könnt ihr zudem in jenen anderen Dimensionen der Existenz von Dienst sein. All dies geschieht natürlich unterbewußt.

Glaubt mir«, fuhr Kostas fort, »solange euer psychonoetischer* Körper nicht von euren Meistern gestaltet ist, seid ihr als Helfer auf jenen Schwingungsebenen im Grunde genommen nutzlos. Doch der wichtigste Grund für diese Eingriffe ist seitens eurer irdischen Meister natürlich, euch bei der Entwicklung eures psychonoetischen* Körpers zu helfen. Mit einem ausgebildeten psychonoetischen* Körper könnt ihr – und sei es nur vorübergehend – Erfahrungen dieser anderen Wirklichkeiten aufnehmen. Wenn ihr dann wieder in eurem grobstofflichen Körper seid, wird das Erlebte in der Regel in eurem Wachbewußtsein verzerrt, da der natürliche Zustand eures psychonoetischen* Körpers noch nicht voll ausgebildet und gereift ist.«

»Ist unser Verhalten während jener kurzen Phasen in der Nacht anders, wenn unser psychonoetischer* Körper durch unsere Meister voll ausgebildet ist?« fragte jemand.

»Nein. Euer Verhalten ist genau so wie im normalen Bewußtseinszustand. Eure Bewußtseinsebene, eure Art zu denken und zu fühlen, bleibt unverändert. Euer Meister bildet euren psychonoetischen* Körper vorübergehend aus, um euch zu ermöglichen, Erfahrungen zu erwerben, die ihr normalerweise aufgrund der Entwicklungsstufe eures psychonoetischen* Körpers nicht aufnehmen könntet.«

»Kosta«, fragte ich, »wie unterscheidest du persönlich jemanden mit voll ausgebildetem psychonoetischen* Körper von einem, der einen solchen nicht besitzt?«

»Aufgrund seiner Gestalt und Ausstrahlung natürlich. Wenn der psychonoetische* Körper nicht ganz ausgebildet ist, deckt er nicht den ganzen Körper. Der psychonoetische* Körper eines Menschen mit niederem Gewahrsein sieht aus wie eine amorphe Masse um das Herz, das Zentrum des psychonoetischen* Körpers. Diese Masse wird allmählich größer und größer. Sie breitet sich aus, bis sie die Gestalt und Form des materiellen Körpers annimmt.«

»Das heißt, du kannst das spirituelle Wachstum eines Menschen auf diese natürliche Weise ablesen?« fragte ich.

»Ganz natürlich!« rief Kostas. »Freilich gibt es für einen Meister auch noch andere Möglichkeiten, den Entwicklungsstand des psychonoetischen* Körpers eines Menschen festzustellen, zum Beispiel an seiner Ausstrahlung.

Angenommen, wir besuchen eine Ebene oder Unterebene der psychischen Welt. Angenommen, es ist eine sehr niedere psychonoetische Ebene, zum Beispiel die fünfte. Wer mit Befugnis dorthin geht – das heißt Menschen mit hoch entwickeltem Bewußtsein, die Meister jener Welten sind –, kann, wie ich sagte, Leute sehen, die wie eine amorphe Masse aussehen. Doch wenn der Meister diese Leute so wahrnehmen will, wie diese sich selbst sehen und wahrnehmen, erscheinen sie ihm als voll ausgebildet. Sie erscheinen als genaues Abbild der Gestalt ihrer letzten Inkarnation.«

»Sind sie sich ihres tatsächlichen psychonoetischen* Zustandes bewußt?« fragte Glafkos.

»Natürlich nicht. Sie nehmen sich wahr innerhalb der Welt ihrer eigenen Illusionen, innerhalb ihrer eigenen Bewußtseinsebenen.«

»Das heißt: ganz ähnlich, wie die Menschen sich auch auf der grobstofflichen Ebene wahrnehmen«, fügte Panos hinzu.

»Genau«, bestätigte Kostas. »Deshalb habe ich gesagt, daß es wichtig ist, einen ausgebildeten psychonoetischen* Körper zu haben, bevor man fähig ist, echte Eksomatose durchzuführen. Es ist nicht so einfach, wie manche annehmen, daß man mit künstlichen Mitteln wie Drogen und LSD den Körper verlassen und Wissen und Erfahrungen anderer Realitäten erwerben könnte. Mit solchen Mitteln kann man nur in Welten der eigenen Phantasie gelangen. Für die echte Eksomatose in Zeit und Raum oder in jeder Dimension der Existenz braucht man einen ausgebildeten psychonoetischen* Körper, weil das menschliche Gewahrsein sich durch diesen Körper Ausdruck gibt.«

»Ist es möglich, einen psychonoetischen* Körper zu haben, der schlecht ausgebildet ist?« fragte Maria.

»Es gibt keinen guten oder schlechten psychonoetischen* Körper. Entweder ist er voll ausgebildet oder nur unvollständig. Doch laß mich wiederholen: Je weiter der psychonoetische* Körper ausgestaltet ist, desto höher ist das Gewahrsein der Person. Die Gestalt unseres psychonoetischen* Körpers spiegelt den Reifegrad unserer derzeitigen Persönlichkeit wider.«

»Wie sieht nun die Arbeit des Wahrheitsforschers zur Ausgestaltung seines psychonoetischen* Körpers genau aus?« fragte Neophytos wieder, um eine detailliertere Antwort auf seine bereits gestellte Frage zu bekommen. Kostas antwortete, daß jedes Menschenwesen, das auf die Erde kommt, die zentrale Aufgabe hat, seinen psychonoetischen* Körper zu gestalten. Dieser Körper, fuhr er fort, ist das Erbe, das unser himmlischer Vater uns als den verlorenen Söhnen und Töchtern angeboten hat. Über den grobstofflichen Körper hinaus bot er dem verlorenen Sohn die Fähigkeit zu Gefühl und Verstand, das heißt, den psychischen und den noetischen Körper.

Jeder Mensch trägt von einer Inkarnation zur nächsten zur Gestaltung dieses psychonoetischen* Körpers bei, zur Summe seiner Gedanken und Gefühle. Dies geschieht unbewußt nach dem Gesetz von Ursache und Wirkung, dem Karmagesetz. An der Schwelle zur Theose werden sich alle Menschen mit einem voll ausgebildeten psychonoetischen* Körper einfinden. Das *ist* die existentielle Aufgabe jedes Menschenwesens, das auf die Erde herabkommt.

Die Wahrheitsforscher arbeiten wie kosmische Bildhauer an der Gestaltung ihres psychonoetischen* Körpers. Durch bewußtes und sinnvolles Handeln überwinden sie das Karmagesetz und die endlosen Inkarnationszyklen, das heißt den Weg von Unwissenheit, Leid und Kummer.

Wir arbeiten geduldig Schritt für Schritt für dieses Ziel. Diese Arbeit leisten wir unbewußt.«

»Wo ist dann die Verbindung zum Gewahrsein?« fragte Neophytos.

»Dein Gewahrsein entwickelt sich durch das Wissen, das du in diesem Augenblick erwirbst. Arbeitest du nicht immer an deinem Gewahrsein, wenn das hier erworbene Wissen in dein Bewußtsein aufgenommen wird?«

»Was ich wissen will, ist folgendes«, stellte Neophytos klar: »Auf welche Weise tragen unsere Meditationsübungen dazu bei?«

»Schau: Die Aufnahme von Wissen findet gleichzeitig auf zwei Weisen statt: Durch Aufnahme der theoretischen Unterweisungen, die hier geboten werden, und durch Meditationsübungen. Mit der Meditation arbeiten wir an unserem ätherischen Doppel. Wir versorgen die verschiedenen Eigenschaften der ätherischen Vitalität mit Energie, so daß das Wissen aufgenommen und Teil unseres Lebens werden kann. Wissen allein wird, wie du weißt, häufig zu einem Hindernis auf unserem spirituellen Weg, weil es dazu neigt, den Egoismus anzuregen. Daher sind Meditationsübungen und Selbstanalyse so wichtig. Wissen allein trägt nur wenig zur Gestaltung und Ausbildung des psychonoetischen* Körpers bei. Ja, man kann sogar ein gewaltiges Wissen besitzen und dabei einen völlig amorphen psychonoetischen* Körper haben.«

Emily warf ein: »Und das Wissen, das wir an Universitäten erwerben, ignoriert diesen Aspekt des menschlichen Bewußtseins völlig. An den Universitäten geht es nicht um die Entwicklung des psychonoetischen* Körpers. Deshalb bleibt das Individuum unvollständig.«

»Genau«, bestätigte Kostas. »Ich würde weitergehen und sagen, daß sich sogar die meisten Mysterienschulen heute der Realität und Art des amorphen psychonoetischen* Körpers nicht bewußt sind. Nur die sehr weit fortgeschrittenen Wahrheitsforscher sind imstande, die Realität des psychonoetischen* Körpers festzustellen und zu erkennen.«

»Willst du damit sagen, daß es möglich ist, den psychonoetischen* Körper tatsächlich zu sehen?« fragte Maria ungläubig.

»Natürlich«, antwortete Kostas. »Davon spreche ich doch. Ein fortgeschrittener Wahrheitsforscher kann mit einem Blick feststellen, auf welcher Bewußtseinsebene sich ein Mensch befindet. Das ist möglich, indem er betrachtet, wie weit der psychonoetische* Körper der Person ausgebildet ist, der Zentrum und Basis ihrer derzeitigen Persönlichkeit darstellt.

»Nun« – Kostas lächelte –, »die folgende Frage hättet ihr mir stellen sollen, doch ich habe sie noch nicht gehört: Hat der vollendete psychonoetische Körper ein ätherisches Doppel? Und besitzt der amorphe psychonoetische* Körper ein ätherisches Doppel?«

Plötzlich erhob sich ein Raunen und Stimmengewirr, als jedermann zu sprechen anfing und seine Meinung darlegte.

»Beide haben sie ein ätherisches Doppel«, beantwortete Kostas seine Frage selbst. »Ihr wißt doch: Alles, was existiert, muß ein ätherisches Doppel haben. Aber die ätherischen Doppel für diese beiden Körper sind zu einem einzigen verschmolzen.«

»Warum?« fragte ich.

»Wäre es nicht so, Kyriaco, gäbe es keine Verbindung zwischen den beiden. Daß der zunächst amorphe psychonoetische* Körper in den anderen, vollkommenen psychonoetischen Körper aufgeht, wäre sonst unmöglich. Wenn wir meditieren und den perfekten Körper als Vorbild nehmen, stärken wir in Wirklichkeit die ätherische Vitalität des amorphen Körpers, so daß dessen Entwicklung erleichtert wird.«

»Kosta, was hat es mit dem amorphen psychonoetischen* Körper von Kindern auf sich?« fragte Rea aus dem Hintergrund. »Was meinte Christus, als er sagte, wir sollten werden wie die Kinder?«

»Er meinte damit die Reinheit und Unschuld von Kindern.«

»Heißt dies«, fuhr Rea fort, »daß Kinder, bevor sie sich in ihr soziales Umfeld einfügen und Erfahrungen sammeln, sich in erster Linie durch ihren vollkommenen psychonoetischen Körper ausdrücken?«

»Nein, nicht ganz. Kinder kommen mit einem psychonoetischen* Körper auf die Welt, dessen Entwicklung und Gestalt auf den Erfahrungen aus früheren Inkarnationen beruhen. Wir sagten bereits, daß wir mit dem Bewußtseinsstand auf die Welt kommen, der die Summe unserer Erfahrungen aus früheren Leben darstellt. Es ist also möglich, daß ein Kind mit einem bereits hoch entwickelten Gewahrsein auf die Welt kommt, das heißt mit einem hoch ausgebildeten psychonoetischen* Körper. Anders ausgedrückt: Wir kommen nicht alle gleich auf die Welt, was unsere Reife und Bewußtseinsebene betrifft.«

Kostas betonte, daß der amorphe psychonoetische* Körper nur bei der ersten Geburt in die grobstoffliche Materie, zu Beginn der Inkarnationszyklen, bei allen Menschen identisch ist. Ab diesem Zeitpunkt entwickelt sich jeder Mensch anders, da keine zwei Menschenwesen die ätherische Materie auf die gleiche Weise nutzen. Jeder baut sich durch Gedanken und

Gefühle einen eigenen, einzigartigen psychonoetischen* Körper.

»Wie wir schon wiederholt sagten, sind wir selbst die Architekten unseres Unterbewußten. Das Werkzeug, das uns vom Absoluten zur Verfügung gestellt wurde, um unsere Aufgabe zu erfüllen, ist unsere Fähigkeit, Gedanken und Gefühle zu erzeugen, die wir als Elementale aussenden können.«

»Kosta«, fragte Rea, »wie könnten Wahrheitsforscher wie wir sich der Tatsache bewußt werden, daß unsere psychonoetischen* Körper ausgebildet und gestaltet werden? Gibt es irgendwelche Anzeichen oder Kriterien, die uns dabei helfen können?«

»Ja, natürlich: die kontinuierliche Wandlung und Transformation deines Bewußtseins.«

»Aber wie erfahren wir, daß unser Gewahrsein sich gewandelt und entwickelt hat?«

»Zum Beispiel, wenn Ereignisse, die uns früher in Aufruhr versetzt und verwirrt haben, den Zustand unseres Bewußtseins nun nicht mehr beeinträchtigen. Du merkst, daß du Probleme ruhig und gelassen in Angriff nehmen kannst, ohne daß diese in deinem Gefühlsleben zu extremen Höhen oder Tiefen führen.«

»Ich denke, jetzt ist es an der Zeit, eine Pause zu machen«, gab Rea bekannt, bevor noch jemand eine weitere Frage stellen konnte.

Mit Marias Hilfe brachte sie einige Platten Gebäck und eine Tasse Kaffee für Kostas herein. Wir streckten unsere Glieder, vertraten uns die Füße und unterhielten uns miteinander. Die zweimonatlichen Zusammenkünfte unter Kostas' Leitung gaben uns auch die Gelegenheit, Freunde zu sehen und zu sprechen. Es war mittlerweile halb neun Uhr abends, und Rea schaltete den Fernseher ein, um uns die Chance zu geben, ein paar Minuten die Nachrichten anzuschauen, da jedermann sehr am politischen Geschehen interessiert war – besonders an den Entwicklungen der letzen Monate seit der Wahl der neuen Regierung. Rea und viele andere Zuhörer freuten sich überschwenglich, daß ihr Lieblingskandidat, George Vassiliou, den amtierenden Präsidenten, Spyros Kyprianou, geschlagen hatte. Wenige andere waren darüber sehr traurig. Kostas bat seine Anhänger, auf politische Diskussionen zu verzichten, da in seinen Gruppen alle politischen Richtungen vertreten waren. Seine eigene Meinung zur Politik behielt er streng für sich, und trotz seines leidenschaftlichen Interesses am Ausgang der Abstimmung wußten nur seine engsten Freunde, wie er selbst gewählt hatte. Er bestand darauf, daß die Kreise der Wahrheitsforscher über der Politik stehen müssen.

Bevor die Nachrichtensendung zu Ende war, brachte Rea Kostas die Fotografie eines Mannes, der unter einer körperlichen Krankheit litt. Sie fragte, ob es möglich sei, ihm zu helfen. Kostas schloß die Augen und hielt das Bild fest in seiner Rechten. Er atmete einige Male tief, und nach wenigen Minuten öffnete er wieder die Augen. Kostas äußerte eine Diagnose des Leidens und versprach, sein möglichstes zur Hilfe zu tun.

Er hatte schon früher einmal erklärt, daß es »sehr einfach« sei, den Gesundheitszustand eines Menschen anhand einer Fotografie festzustellen. Ein gewöhnliches Foto trägt die Schwingungen der abgebildeten Person. Ein fortgeschrittener Heiler und Wahrheitsforscher kann so durch Berühren und Spüren der Fotografie in Verbindung mit dem Menschen gelangen. In diesem Falle – wie in allen anderen – erschuf Kostas ein Elemental von sich selbst, das an dem Patienten arbeiten und ihm Hilfe bieten sollte.

Kostas und Daskalos lehrten auch, daß es möglich sei, mit Hilfe von Fotos herauszufinden, ob jemand tot oder am Leben ist. Nach der türkischen Invasion Zyperns wurde diese Fertigkeit des Daskalos reichlich in Anspruch genommen, um das Schicksal mancher Vermißter aus dem Krieg von 1974 zu klären.

Als die Nachrichten vorüber waren und Rea den Fernseher wieder abgeschaltet hatte, erklärte Kostas als Antwort auf eine Frage, wie ein Hellsichtiger wie er anhand einer Fotografie festzustellen vermag, ob jemand tot oder lebendig ist: »Jede Form von Materie hat ihre eigene Lichtstrahlung. Wenn man einem fortgeschrittenen Wahrheitsforscher ein Foto bringt und ihn fragt, ob die abgebildete Person am Leben ist oder ihren grobstofflichen Körper abgelegt hat, kann er automatisch fühlen, welche Farbe die Lichtstrahlung des fraglichen Menschen abgibt. Wenn die Schwingungen jener Person eine blaue oder weißblaue Farbe hervorrufen, bedeutet dies, daß der Mensch innerhalb der grobstofflichen Materie lebt – das heißt, er oder sie ist am Leben.«

»Warum ist das so?« fragte Neophytos.

»Weil die Schwingungen, die die blaue Farbe erzeugen, die Schwingungen des grobstofflichen Körpers sind. Und wir sagten, daß das Zentrum des grobstofflichen Körpers das Solarplexus-Chakra ist. Aus diesem Grunde konzentrieren wir uns bei einer Meditation für die Gesundheit des grobstofflichen Körpers auf den Solarplexus und stellen uns ein weißblaues Licht in diesem Bereich vor.«

»Und wie stellst du anhand einer Fotografie fest, ob jemand nicht mehr in einem grobstofflichen Körper lebt?« fragte ich.

»Das ist ganz einfach«, antwortete Kostas. »Wenn du nur weißrosa Farbe fühlst – die Farbe des psychischen Körpers –, bedeutet dies, daß die fragliche Person nur in der psychischen Dimension lebt. Glaube mir, es bedarf keiner gewaltigen spirituellen Entwicklung, um diese psychischen Fertigkeiten zu beherrschen. Ich sollte darauf hinweisen, daß man zur Feststellung, ob jemand tot oder lebendig ist, keine Eksomatose durchführen und in den psychonoetischen Dimensionen nach dem Menschen suchen muß. Wenn man weiß, was man tut, ist ein Foto ein sehr zuverlässiges Mittel, um den Gesundheitszustand eines Menschen festzustellen, und ob dieser tot oder lebendig ist. Wenn du alle drei Farben aufspürst – das Weißblau des grobstofflichen Körpers, das Weißrosa des psychischen Körpers und das Weißgold des noetischen Körpers –, bedeutet dies, daß die Person in allen drei Dimensionen der Existenz lebt.«

»Hast du auch schon Situationen erlebt, in denen du nicht feststellen konntest, ob jemand in der grobstofflichen Materie existiert?« fragte Maria.

»Ja, natürlich. Es ist vielleicht nicht angebracht, eine gewisse Tatsache herauszufinden. Unter solchen Umständen intervenieren höhere Meister, um dich davon abzuhalten. Wenn es sich um einen ernsten Fall handelt, bitten sie dich vielleicht, nicht weiter zu forschen, und dann hörst du einfach auf. Selbst in Fällen, in denen du die Wahrheit entdeckt hast, können die höheren Meister einschreiten und dich bitten, nicht bekanntzugeben, was du gefunden hast. Doch in der Regel hörst du in solchen Fällen auf, bevor du selbst irgend etwas herausfindest.«

»Welche Gründe können höhere Meister zu einer solchen Intervention veranlassen?« fragte Maria.

»Wenn du die Tatsachen im Zusammenhang mit dem Schicksal einer Person enthüllst, beeinflussest du vielleicht die Erfahrungen, die Menschen unter bestimmten Umständen erleben müssen. Im allgemeinen jedoch wird man davon abgehalten, die Wahrheit bekanntzugeben, wenn eine solche Enthüllung Schmerz und Leid bei den betroffenen Menschen verursachen würde.«

»Habt ihr noch weitere Fragen?« bot Kostas an und blickte sich um.

»Ist Selbstkenntnis oder Bewußtsein des inneren Selbst eine Voraussetzung für die Meisterung der drei Körper?« fragte Panos der Arzt. »Oder ist es möglich, die Körper zu beherrschen, bevor man Selbstkenntnis erlangt? Ist es beispielsweise möglich, das Heilen oder den Gebrauch der verschiedenen

Körper zu lernen, ohne auf dem Pfad der Selbstbewußtheit voranzuschreiten?«

»Nein. Bevor du in die Sonne vordringen kannst, die wir Christus-Bewußtsein nennen, mußt du bereits deinen amorphen Körper ausgebildet haben. Wir wollen uns keinen Illusionen hingeben. Solange du nicht in der Lage bist, eine gewisses Maß an Ausrichtung deines Bewußtseins auf den Logos zu gewährleisten, kannst du nicht die Meisterschaft über jene Gegebenheiten erlangen. Und wenn ich sage Ausrichtung auf den Logos, meine ich, daß du dich auf die Weisheit in deinem Inneren einstimmst.« Kostas deutete auf sein Herz.

»Und wie steht es dann mit Schwarzmagiern?« fragte ich. »Vollbringen sie ihre bösen Tricks, ohne ihre Körper ausgebildet zu haben?«

»Schwarzmagier haben keinen voll ausgebildeten psychonoetischen* Körper. Gott sei Dank dafür«, antwortete Kostas und lächelte.

»Woher haben sie dann ihre Kraft?« fragte Neophytos.

»Um es gleich vorweg zu sagen: ihre Kraft ist begrenzt. Mit Hilfe unrechtmäßiger Mittel und durch gewisse psychische Techniken mißbrauchen sie Geistsubstanz zu egoistischen Zwecken. In Wirklichkeit schädigen sie sich natürlich selbst. Die höheren Meister haben Macht über sogenannte Schwarzmagier. Diese sind nur unwissende Gestalten, die ihr göttliches Erbe, den Geist, mißbrauchen. Daß ihre Existenz zugelassen ist, hat den gleichen Grund, aus dem auch das Böse zugelassen ist: zur Erfahrung und zum Ausgleich in den Welten der Trennung. Wir leben in den Welten der Polarität innerhalb der Welten von Ursache und Wirkung.«

Kostas führte weiter aus, die Präsenz des Bösen sei »die Rechtfertigung von Harmonie und Ausgleich. Es existiert nicht als Bestrafung zum Selbstzweck. Und jene, die wir als Diener des Bösen bezeichnen, die Schar Luzifers, sind in Wirklichkeit die Meister der Polarität und Trennung. Sie sind ebenfalls Erzengelwesen, die über diese Welten wachen. Sie sind einfach Diener, unsere eigenen Diener.« Kostas deutete wieder auf sein Herz.

»Ich nehme an«, sagte Maria, »daß die Existenz des Bösen uns vielleicht zum Guten anregen soll.«

»Ja. Ohne die Existenz des Bösen wüßten wir nicht, was gut ist.«

»Mit dieser Logik habe ich ein Problem«, erwiderte Maria. »Du deutest an, daß im Interesse von Harmonie und Ausgleich um so mehr Böses sein muß, je mehr Gutes da ist.«

»Ja, genau, das meinen wir. Dieses Prinzip besteht in der ganzen Schöpfung, in allen Universen. Es hat nie eine Zeit gegeben, in der dieses Gesetz nicht gültig und wirksam war. Doch unser Ziel ist es, dieses Gesetz von Ursache und Wirkung zu überwinden. Unser Ziel ist, die Welten der Trennung hinter uns zu lassen.«

»Ich stehe immer noch vor einem Rätsel«, gab Maria zu. »Laß es mich in einfache Worte fassen. Wenn sich die Menschen auf diesem Planeten ständig weiterentwickeln, besser werden und der Vollkommenheit immer näher kommen – wer wird dann noch Böses tun? In welcher Form und Gestalt würde sich das Böse dann zeigen?«

»Einen Augenblick, meine Liebe; Moment, liebe Maria«, reagierte Kostas rasch. »Sind wir denn die einzigen in den Universen der Schöpfung? Bestehen die Universen nur aus uns, aus dieser Erde, diesem Sandkorn in der Unendlichkeit des Kosmos? Sind wir, die verhältnismäßig wenigen Wesen auf diesem Sandkorn, denn alle, die existieren?«

»Ich verstehe, worauf du hinauswillst«, bestätigte Maria. »Können wir also davon ausgehen, daß es eine Zeit geben wird, in der das Leben auf diesem Planeten qualitativ besser ist und das Böse sich hier nicht mehr manifestiert?«

»Natürlich, natürlich«, antwortete Kostas allen Ernstes. »Das ist unser Ziel und Zweck. Gäbe es diese Möglichkeit nicht, wozu wäre dann die Wahrheitsforschung gut? Wozu stieg der Logos auf die Erde herab? Warum sind so viele Meister auf diesen Planeten gekommen, um verschiedene Wege zur Selbsterkenntnis und Vollendung zu zeigen?«

»Aber wie könnten wir denn ohne die Barbaren leben?« fragte Glafkos der Künstler mit einer kräftigen Dosis Ironie und spielte damit auf das berühmte Gedicht des alexandrischen Poeten Cavafy an, in dem es heißt, daß wir ohne die »Barbaren« gar nicht wüßten, wer wir sind und was wir tun.

»Wir werden einen Punkt erreichen, mein lieber Glafko, an dem wir keine Barbaren mehr brauchen, keine Polarität mehr benötigen«, antwortete Kostas und lächelte.

Nachdem jeder die Gelegenheit hatte, Fragen zu stellen, ging Kostas zu den Meditationsübungen weiter, die der Entspannung, der Konzentration, aber auch dem Dienst gewidmet waren.

»Ich muß euch daran erinnern«, bemerkte Kostas nach der Meditation, »daß es sehr wichtig ist, auch die Übung zur Selbstbeobachtung zu praktizieren, bevor ihr schlafen geht. Nehmt euch fünf bis zehn Minuten vor dem Einschlafen und betrachtet die Geschehnisse des hinter euch liegenden Tages. Nehmt ein Erlebnis und prüft, wie ihr euch verhalten habt. Prüft eure Gefühle, eure Gedanken, euer Verhalten bei diesem Geschehen aus der Sicht eines unbeteiligten Beobachters. Beurteilt euch weder auf die eine noch auf die andere Weise. Beobachtet nur und erforscht, wie euer Ego sich in den verschiedenen Situationen des Tages verhielt.«

Kostas und Daskalos lehrten, daß solche Übungen der Selbstbeobachtung uns langfristig helfen, unsere Gefühle und Gedanken zu meistern – das heißt unsere psychischen und noetischen Körper.

11

Visionen

Am nächsten Morgen begleitete ich Tina, die Frau eines ausländischen Botschafters, zu Daskalos. Als wir an die Haustür klopften, malte er gerade in seinem Studio und hörte die Nachrichten. Weil sie von Daskalos' großer Liebe zu Blumen erfahren hatte, brachte Tina eine ansehnliche, weiß blühende Gardenie mit. Nachdem ich sie miteinander bekannt gemacht hatte, überreichte Tina den Blumentopf strahlend an Daskalos. Der alte Meister war entzückt. Er freute sich über die vor Gesundheit strotzende Blume, schnupperte daran, seufzte mit sichtlichem Genuß und bedankte sich mehrmals bei Tina. Dann fragte er nach dem Anlaß unseres Besuches. Wir setzten uns ins Wohnzimmer, und Daskalos lauschte Tinas Klage.

Dreißig Jahre lang litt sie nun unter Magenbeschwerden, gelegentlich auch unter schlimmen Kopfschmerzen. Die Ärzte konnten ihr bisher nicht helfen, und man nahm allgemein an, ihre Probleme seien psychosomatischer Natur und auf die Belastung durch den Diplomatenberuf ihres Mannes zurückzuführen. Tina hoffte, daß Daskalos vielleicht die Ursache ihrer Beschwerden feststellen und eine Behandlung verordnen könne. Sie war aufgeschlossen gegenüber seinen Lehren und Ansichten; mit dem Werk Rudolf Steiners war sie bereits vertraut.

Daskalos blickte Tina einige Augenblicke wortlos an, hörte ihr zu und nickte. Dann äußerte er seinen Befund. »Ihr Problem, Madam«, sagte er, »ist nicht psychosomatisch. Die Ärzte irren sich. Ihre Beschwerden in all diesen Jahren sind auf Krankheitserreger zurückzuführen und auf nichts anderes.«

Tina blickte düster drein, als Daskalos weitersprach: »Sie haben einen bestimmten Erreger, der sich in Ihrem Darm festgesetzt hat. Das ganze Problem begann in der Türkei, als Ihr Mann dort im Dienst war. Damals ist es einem bestimmten Erreger gelungen, in Sie einzudringen. Ihre Situation verschlimmerte sich, als Sie nach Japan umzogen. Dort infizierten Sie sich mit einem anderen Krankheitserreger, der sich mit dem türkischen kreuzte. Das Ergebnis war ein neuer Erreger, der in Ihrem Organismus, in ihrem Darm, geblieben ist. Kein medizinischer Test hätte ihn aufspüren können. Ihre Kopfschmerzen entstehen, wenn die Krankheitserreger hin und wieder eine Verkrampfung der zum Kopf führenden Blutgefäße verursachen.«

»Was muß ich jetzt tun?« fragte Tina etwas besorgt.

Daskalos schien einige Sekunden zu überlegen, dann verordnete er folgendes: »Zuerst müssen Sie sämtliche Medikamente und Arzneien absetzen, die Sie gegen Ihre Magenbeschwerden oder Kopfschmerzen einnehmen. Das muß sein. Zweitens tun Sie folgendes: Mischen Sie einen Löffel Honig mit zwei Löffeln Traubenessig und einem halben Glas Wasser. Rühren Sie dieses Gemisch gut um und trinken Sie es. Tun Sie dies zweimal wöchentlich, ein bis zwei Stunden nach der Abendmahlzeit.

Drittens geben Sie zwei Fingerbreit Johannisbrot-Sirup in eine Tasse.« Daskalos zeigte mit den Fingern seiner rechten Hand, welche Menge er meinte. »Pressen Sie eine Zitrone aus und mischen Sie den Saft mit Wasser und dem Johannisbrot-Sirup. Trinken Sie davon, so oft Sie mögen. Es wird besser schmecken und erfrischen als jedes Getränk, das Sie kaufen können. Was aber am wichtigsten ist: Zerdrücken Sie etwa fünf Knoblauch-Zehen, mischen Sie diese mit Joghurt, etwas Olivenöl und ganz dünnen Gurkenscheiben. Sie können die Gurke auch in winzige Stückchen schneiden, wenn Sie wollen, aber schälen Sie sie nicht vorher. Essen Sie diese Mixtur zu den

Mahlzeiten. Sie wird Ihren Darm reinigen und alle Krankheitserreger töten.«

»Woher weißt du, welche Arznei zu verordnen ist?« fragte ich Daskalos, nachdem ich ihn schon wiederholt beim Diktat pflanzlicher Rezepturen mit vorhersehbaren Ergebnissen beobachtet hatte. Er hatte eine einfache Antwort:

»Jedes körperliche Problem strahlt gewisse Schwingungen aus. Das Problem zu behandeln, heißt, gewisse Substanzen zu identifizieren, die Gegenschwingungen abgeben. Wenn du die beiden zusammenbringst, neutralisieren sie sich gegenseitig. Haben wir das nicht schon immer gelehrt?« Daskalos beantwortete sich seine Frage selbst: »Alles ist Bewegung, Schwingung, Pulsation.«

Seine medizinischen Verordnungen, sagte Daskalos, beruhten auf diesem Prinzip. In seinen jüngeren Jahren streifte er über Land und Berge, entdeckte und identifizierte verschiedene Kräuter und Pflanzen, deren Schwingungen »das Gegenteil« derer von verschiedenen Krankheiten waren, die er bei seinen Patienten sah. Durch Übung und aus Erfahrung lernte er, welche Kräuterrezeptur bei welcher Krankheit half. Die einfachen Worte des Daskalos machten mich nachdenken, ob nicht vielleicht ein großer Teil der nichtwestlichen traditionellen Medizin – zum Beispiel die Heilkunst der Schamanen – auf gleiche Weise erfunden wurde, das heißt, auf empirischem Wissen aus der Arbeit mit ›Schwingungen‹ beruhte.

»Erst vor ein paar Tagen«, sagte Daskalos, während Tina alles in ihr Notizbuch eintrug, was er ihr verordnet hatte, »hatte ich einen ähnlichen Fall: Einen Jungen, bei dem man epileptische Anfälle vermutete, weil er ab und zu umfiel und Schaum vor dem Mund hatte. In Wirklichkeit waren Krankheitserreger im Darm die Ursache des Problems; sie gelangten hin und wieder ins Gehirn.« Daskalos berichtete, daß er eine ähnliche Behandlung verschrieben habe, und die Anfälle hörten auf. Tinas Problem wurde ebenfalls geheilt. Als ich einige

Wochen später mit ihr Kontakt aufnahm, teilte sie mir glücklich mit, daß ihre dreißigjährige Leidenszeit zu Ende sei und daß sie und ihr Mann die Rezepte des Daskalos in ihre Ernährungsgewohnheiten integriert hatten.

Dieses Ergebnis überraschte mich nicht. Ich hatte oft beobachtet, daß Daskalos und Kostas genaue Krankheitsdiagnosen stellten, wenn Ärzte völlig im dunkeln tappten, und ich empfand solche Kunststücke mittlerweile als Routine. Soweit mir bekannt, irrte sich Daskalos nur einmal bei der Einschätzung des Gesundheitszustandes eines Patienten. Er diagnostizierte, daß einem Patienten nichts fehle, doch die Beschwerden hielten an. Der Patient flog nach Amerika, um sich in einer der besten Kliniken des Landes untersuchen zu lassen. Die Tests ergaben, daß er tatsächlich keinen Krebs hatte. Die medizinischen Ergebnisse und die Diagnose durch Daskalos waren identisch: kein Krebs. Doch einen Monat später starb der Mann an Krebs. Als ich Daskalos davon berichtete, breitete er die Arme aus und seufzte. »Wir sind nur Menschen«, sagte er. »Wir können auch Fehler machen.«

Nachdem ich Tina nach Hause gefahren hatte, setzte ich mein Gespräch mit Daskalos fort. Kostas' Unterweisung am Vorabend beschäftigte mich noch. Die Vorstellung, daß wir unser eigenes Gewahrsein buchstäblich wie Bildhauer gestalteten und formten und daß der Grad unseres Realitätsverständnisses auf höheren Schwingungsebenen eine physische Erscheinung hatte, die von einem hoch entwickelten Meister wahrzunehmen war, erschien mir atemberaubend. Natürlich muß eine solche Vorstellung für mich hypothetisch bleiben und auf meine persönliche, empirische Bestätigung warten. Wie vieles von dem, was Daskalos und Kostas lehren, können solche Ansichten erst verifiziert werden, nachdem wir selbst eine gewisse Stufe des spirituellen Gewahrseins erreicht haben, die eine Verifizierung ermöglicht.

Zu allen Zeiten haben sich westliche Philosophen mit der

erkenntnistheoretischen Frage abgemüht, was Wissen ermöglicht. Positivistische Denker und Wissenschaftler von Demokrit bis zu Auguste Comte und Bertrand Russell vertraten energisch die Ansicht, daß Wissen von der »Realität dort draußen« nur zu erlangen sei durch mathematische Logik, Sinnesbeobachtung und wissenschaftliches Experiment. Aber der deutsche Philosoph Immanuel Kant zeigte bereits im achtzehnten Jahrhundert, wie illusorisch diese Auffassung war. Kant zerstörte die Hoffnung, daß wir durch streng wissenschaftliches Wissen die Welt erkennen können, wie sie »an sich« ist. Wirklichkeit, sagte Kant, sei »da draußen«, aber wir könnten nie einen direkten Zugang zu ihr finden. Alles, was wir Wissen nennen, ist in Wirklichkeit ein Gebilde des menschlichen Denkens. Wahre Kenntnis der Realität ist deshalb unmöglich.

Parallel zu der endlosen Debatte zwischen der positivistischen und der idealistischen Tradition im westlichen Denken gibt es noch eine weitere, verborgene oder esoterische philosophische Tradition. Vertreter dieser »ewigen«, »zeitlosen« oder »hermetischen« Philosophie äußerten die Auffassung, daß wahres Wissen der Realität möglich sei, jedoch nur durch die mystische Praxis. Sie kann zur Hebung des menschlichen Bewußtseins und Gewahrseins auf höhere und profundere Ebenen der Erkenntnis führen.

Ich empfand den Begriff des psychonoetischen* Körpers bei Daskalos und Kostas als eine Konkretisierung dieser zeitlosen philosophischen Tradition der Mystiker, da er postulierte, daß spirituelle Evolution und höheres Gewahrsein buchstäblich das Wachstum und die Entwicklung des psychonoetischen* Körpers bedeuteten, daß der psychonoetische* Körper durch Inkarnationserlebnisse und spirituelle Praxis reift und so höhere Bewußtseinsebenen und damit objektivere und authentischere Wahrnehmung der Realität ermöglicht. Je weiter der psychonoetische* Körper ausgebildet ist, desto größer wird die Kapazität des Individuums, objektives Wissen von der Realität zu erlangen, wie »sie an sich ist«.

Die Theorie des sich entfaltenden psychonoetischen* Körpers führt noch zu weiteren Zusammenhängen, dachte ich. Die existentielle Aufgabe jedes Menschen, der in die Welt der drei Dimensionen kommt, besteht in der Tat darin, den psychonoetischen* Körper auszubilden. Als wir das »Haus des liebenden Vaters« verließen, wie Daskalos es häufig ausdrückte, erhielten wir als verlorene Söhne und Töchter unser Erbe: einen grobstofflichen Körper, einen noetischen und einen psychischen Körper, durch die wir uns in Zeit und Raum Ausdruck verschaffen können. Die Fähigkeit zu Denken und Fühlen – das heißt zur Erschaffung von Elementalen – ist möglich, weil wir diesen psychonoetischen* Körper bekommen haben. Sowie wir uns auf unsere Inkarnationszyklen einlassen, beginnen wir den Prozeß unserer spirituellen Evolution durch Gestaltung und Vervollkommnung dieser Körper. Die tatsächliche Leistung jedes Individuums als derzeitiger Persönlichkeit wäre also daran zu messen, wie weit das Individuum seinen psychonoetischen* Körper ausgebildet hat. Daskalos und Kostas haben viele Male betont, daß es nicht auf die Rolle und Position in der Welt, nicht auf die akademischen Titel oder den Wohlstand ankommt, den man besitzt, sondern auf den Grad, in dem es einem gelungen ist, den psychonoetischen* Körper zu gestalten. Das ist unsere alleinige, alles umfassende Aufgabe im menschlichen Leben. Das ist unsere Straße zur Selbsterkenntnis und zum Gottesbewußtsein, zur Theose.

Ich erzählte Daskalos von der Diskussion mit Kostas am Abend zuvor und teilte ihm meine Gedanken zum Thema mit. Er lächelte und bemerkte, daß viele praktizierende Mystiker im Laufe der Zeiten angenommen hätten, der psychonoetische* Körper habe sein Zentrum im Solarplexus-Chakra. »Das war ein Fehler«, versicherte Daskalos. »Ihr Irrtum beruhte auf ihren Erlebnissen während langer Meditationen über dieses heilige Zentrum. Durch Konzentration auf diesen Punkt gelang es ihnen, Einblicke in psychonoetische Dimensionen zu erhaschen. Doch sie traten nicht als ganze Selbstbewußtheit in diese Bereiche ein. Sie hatten einen gewissen Einblick in diese Realitäten, wie durch eine Art psychonoetisches Fernrohr. Um in diese anderen Dimensionen einzutreten und dort ganz als selbstbewußtes Wesen zu leben, muß man erst seinen psychonoetischen* Körper ausgebildet haben.«

»Ein grundsätzliches Anliegen von Kostas' Schülern gilt der Frage, wie man das Wachstum des psychonoetischen* Körpers beschleunigen kann«, bemerkte ich, nachdem wir über diese Thematik noch weiter gesprochen hatten.

»Sie können es natürlich durch Meditationsübungen fördern«, sagte Daskalos. »Wenn wir euch auffordern, die Augen zu schließen, tief zu atmen und euch in euren ganzen Körper zu sammeln, ist dies eine Übung zur Gestaltung eures psychonoetischen* Körpers. Die Methode heißt: Konzentration und systematisches Üben.«

Daskalos wies darauf hin, daß neben den Selbstbeobachtungsübungen der sicherste Weg zur bewußten Ausbildung des psychonoetischen* Körpers in den Konzentrationsübungen bestehe, die er und Kostas für diesen Zweck entwickelt hatten. »Setze dich bequem hin«, sagte er, »und spüre, daß du in deinem Körper bist.«

»Ist es wichtig, eine bestimmte Sitzhaltung einzunehmen?« fragte ich (und dachte dabei an die indischen Yogis und deren Meditationspraxis).

»Nein. Wir Wahrheitsforscher folgen anderen Methoden. Setze dich einfach so hin, wie es für dich am bequemsten ist. Es geht darum, unbequeme Positionen zu vermeiden, die deine Konzentration ablenken könnten. Wenn du dich bequem und entspannt fühlst, beginne, zu einem tieferen Atemrhythmus zu finden; dann konzentriere dich auf verschiedene Teile des Körpers. Du kannst beispielsweise bei den Fußzehen anfangen und Stück für Stück bis zum Kopf aufsteigen. Das ist eine Übung für die verschiedenen Eigenschaften der ätherischen Vitalität. Dann mußt du an einen Punkt kommen, an dem du nicht den ganzen Körper spürst, sondern merkst, daß du *im Innern* des materiellen Körpers bist. Auf diesen Unterschied muß du achtgeben. Du fühlst, daß du voll bewußt in deinem grobstofflichen Körper bist. Verweile bei dieser Wahrnehmung nicht länger als zehn Minuten.«

»Das ist nicht einfach zu bewerkstelligen«, bemerkte ich. »Alle möglichen Gedanken kommen einem dabei in den Weg.«

»Jage alle anderen Gedanken fort. Dann nutze die sinnliche Eigenschaft der ätherischen Vitalität und fühle, daß du innerhalb deines Körpers bist. Wenn du diese Übung bewußt durchführst, fängt dein psychonoetischer* Körper unterbewußt an, Gestalt anzunehmen und sich der Form deines grobstofflichen Körpers anzugleichen. Mit Hilfe der prägenden Eigenschaft der ätherischen Vitalität mußt du nun darangehen, zu sehen und zu erleben, daß du in einem strahlenden Körper im Innern des grobstofflichen Körpers bist. Das ist der psychonoetische* Körper.«

»Wird diese Methode uns am Ende befähigen, unseren Körper nach Belieben zu verlassen?« fragte ich.

»Nun ja, du wirst schwer arbeiten müssen, bevor du deinen psychonoetischen* Körper zu einem Fahrzeug entwickeln kannst, mit dem du in der Lage bist, Erfahrungen in anderen Welten und Dimensionen zu sammeln. Doch wenn du so weit bist, werden die Dinge sich allmählich einstellen. Dann wirst du deinen grobstofflichen Körper fast mühelos verlassen und ihn als etwas außerhalb von dir wahrnehmen, weil du als Selbstbewußtheit in deinem strahlenden psychonoetischen* Körper bist.

Ich muß dich darauf hinweisen, daß du am Anfang nicht zu lange draußen bleibst. Du wirst entdecken, daß deine zweite

Eksomatose unvergleichlich einfacher gelingen wird als die erste, und nach einiger Zeit wird dieser Zustand dir zur zweiten Natur. Dann verläßt du deinen Körper so einfach, wie du die Hand hebst. Du brauchst es nur zu wollen.

Diese Methode, die ich gerade geschildert habe« – Daskalos lehnte sich in seinem Sessel zurück –, »ist die einfachste und sicherste.«

»Das heißt, es gibt noch andere, riskantere Methoden der Eksomatose?« fragte ich.

Daskalos lächelte und stellte fest, daß für einen reifen, wohl ausgeglichenen Menschen und für einen Wissenden keine Risiken bestehen. »Es gibt noch eine andere Methode zur Entwicklung des psychonoetischen* Körpers, aber sie ist wesentlich schwieriger durchzuführen.«

»Ich würde gerne etwas darüber erfahren.«

»Bei dieser zweiten Methode«, sagte Daskalos nachdenklich, »benötigst du stärkere Anstrengungen und Übungen mit der prägenden Eigenschaft der ätherischen Vitalität, aber auch mit der kinetischen und sinnlichen.«

Daskalos schwieg einige Momente, bevor er weitersprach. »Mystikern war diese Methode schon seit Jahrhunderten bekannt. Mit Hilfe der prägenden Eigenschaft der ätherischen Vitalität erschaffen sie ein Elemental von sich selbst, das außerhalb ihres Körpers steht. Dann übertragen sie ihr Bewußtsein in dieses Elemental und gebrauchen dieses als neue Hülle ihres Selbstausdrucks. Aus der Sicht dieses Elementals nun nehmen sie ihren grobstofflichen Körper als etwas Äußeres wahr und betrachten und fühlen den selbst erschaffenen Leib als ihren wirklichen.«

»Können wir daraus schließen, daß man mit Hilfe dieser Methode seinen psychonoetischen* Körper ausbilden kann?«

»Nicht ganz. Diese Methode dient dazu, aus Energie ein Elemental von uns selbst zu erzeugen. Doch wenn wir unser Bewußtsein in jenes Elemental projizieren, nehmen wir auch unseren psychonoetischen Körper mit. Wenn wir uns in diesem Elemental von uns auf ähnliche Weise konzentrieren, wie wir dies im Innern unseres materiellen Körpers tun, tragen wir im Grunde etwas zur Ausgestaltung unseres psychonoetischen* Körpers bei.«

»Ich nehme an, daß man dazu in der Praxis der Meditation und Konzentration schon recht weit fortgeschritten sein muß.«

»Absolut. Das braucht Zeit, Geduld und friedvolle Konzentration.«

»Was verstehst du unter friedvoll?«

»Daß du nicht in Eile bist. Sei nicht ungeduldig. Dränge und zwinge dich nicht in die Konzentration. Ungeduldig zu sein, bewirkt genau das Gegenteil: Du erzeugst Schwingungen, die dein Elemental verdünnen, das du aufbauen willst. Hier sind Beharrlichkeit und regelmäßige Praxis der Meditationsübungen gefragt – nicht Verbissenheit, die zu Ermüdung und Enttäuschung führt.

Wir haben nun also«, fuhr Daskalos fort, »zwei Methoden zur bewußten Ausbildung unseres psychonoetischen* Körpers geschildert, den wir eines Tages vielleicht als unabhängigen Körper gebrauchen können, um uns als Selbstbewußtheit darin auszudrücken. Wenn du diese Fähigkeiten einmal entwickelst, wirst du in der eigenen Erfahrung entdecken, daß du weder dein grobstofflicher Körper noch gar der psychonoetische* Körper bist, den du aufgebaut hast. Du wirst merken, daß beide nur ein Gefährt sind, in dem deine Selbstbewußtheit sich Ausdruck verleihen kann. Das ist die erste Erkenntnis, die man aus diesen Übungen gewinnt. Du lernst, wie du deine Ichheit als Selbstbewußtheit von deinen Körpern loslöst. Durch die Beherrschung der Eigenschaften der ätherischen Vitalität wirst du imstande sein, von diesen Körpern vollen Gebrauch zu machen.

Aber ich möchte wiederholen«, sagte Daskalos ernst: »Diese Übungen sind für den ernsthaften Wahrheitsforscher sichere

Methoden. Bei unausgeglichenen und neurotischen Persönlichkeiten könnten solche Methoden Probleme und Verwirrung herbeiführen. Es ist von entscheidender Wichtigkeit, unser Unterbewußtsein durch Selbstbeobachtung und Selbstanalyse zu reinigen. Die erste Stufe, die es zu überwinden gilt, ist unser Egoismus.«

Daskalos lehnte sich in seinem Sessel zurück und seufzte – ein sicheres Anzeichen, daß er müde wurde. In der zurückliegenden Woche hatte er ganztägige Unterweisungen gegeben für eine Gruppe von deutschen und Schweizer Sai Baba*-Anhängern. Als wir nach einer dieser Sitzungen aus der Stoa traten, schlug ich ihm vor, etwas langsamer zu treten, sich auszuruhen und etwas freizunehmen, um sich nicht zu überarbeiten. Kaum sprach ich diese Worte aus, faßte er mich am Arm. »Kyriaco«, sagte er, »ich werde sehr bald abtreten. Ich muß dieses Wissen weitergeben.« Als ich protestierte, erinnerte er mich an sein fortgeschrittenes Alter; er war nun im achtundsiebzigsten Jahr. »Gott sei Dank«, murmelte er, »übernimmt Kostas. Die Erewna ist in guten Händen.« Daskalos hatte wiederholt gesagt: »Kostas und ich sind eins. Was ich weiß, weiß er. Was er weiß, weiß ich. Ich bin er, und er ist ich.«

»Heute morgen hatte ich eine Vision«, bemerkte Daskalos beiläufig, als ich aufstand, um zu gehen. Ich setzte mich wieder, um ihm zu lauschen. Es war kein Traum, betonte er. Er war hellwach und bewußt, als er folgendes erlebte.

»Ich befand mich im Haus meines Vaters. Als ich heranwuchs, hatten wir ein großes Haus mit vielen Zimmern. Das Haus wurde schon vor langer Zeit abgerissen. Auf der grobstofflichen Ebene existiert es nicht mehr. Natürlich existiert es noch auf den psychischen und noetischen Ebenen.

Ich traf meinen Vater und meine Mutter dort an. Ich sagte zu meiner Mutter: ›Mutter, ich gehe in mein Zimmer hinauf und ruhe mich ein wenig aus.‹ In Wirklichkeit brauchte ich gar keine Ruhe. Ich hatte ein großes Zimmer für mich, doppelt so groß wie dieses hier. Ich hatte dort mein Klavier und meine Bücher. Alles war da. Meine Mutter sagte: ›O mein Sohn, du warst so lange fort gewesen. Gestern abend habe ich dein Zimmer Andrew gegeben, deinem Vetter.‹ – ›Ist schon in Ordnung, Mutter‹, antwortete ich. ›Mach dir nichts daraus.‹ Dann sagte mein Vater: ›Komm mit mir.‹ Wir gingen zur Rückseite des Haues. Dort sah ich etwas, das auf der materiellen Ebene nie existierte: ein Treppenhaus. Die Stufen waren breit und aus schimmerndem Alabaster. ›Laß uns hinaufgehen, Vater‹, sagte ich. Wir betraten die Treppe. Wir stiegen viele Stufen hinauf, und mein Vater wurde müde. ›Wir müssen hier ausruhen‹, sagte er, ›ich kann nicht mehr weiter.‹ – ›In Ordnung, Vater‹, antwortete ich. ›Du setzt dich hin, und ich gehe allein weiter.‹ Als er zurückblieb, begann ich nach oben zu fliegen. Ich brauchte nicht mehr Stufe für Stufe emporzusteigen.

Ich erreichte einen Absatz, ebenfalls aus Alabaster«, fuhr Daskalos fort. »Dort waren absolut wunderschöne, exotische Blumen überall. Ich stand nun vor einem Palast, der auch aus schimmerndem Alabaster gebaut war. Als ich vor das Tor trat, öffnete dieses sich von selbst. Ich kam in einen sehr großen Saal, gefüllt mit vielen kostbaren Gegenständen, an denen ich in jüngeren Jahren meine Freude hatte: geschnitzte Truhen und solche Dinge. Alle meine früheren Verlangen, meine früheren Wünsche und Lieben boten sich meinen Augen zur Schau. Alles war da. In der Mitte war ein Teich mit Goldfischen und einem Springbrunnen.

Ein in Weiß gekleideter Bursche von etwa achtzehn Jahren begrüßte mich. ›Willkommen zu Hause‹, sagte er. ›Dies ist dein Zuhause.‹ Ich erkundete die Räumlichkeiten, indem ich mein Bewußtsein ausdehnte und alle Räume auf einmal betrachtete. ›Du sagtest, dieser Palast sei mein?‹ fragte ich. ›Ja‹, antwortete er. ›Er wurde aus dem Material gebaut, das du uns von der Erde heraufgeschickt hast.‹ – ›Ich erinnere mich nicht, euch irgendwelches Material geschickt zu haben‹, entgegnete ich. Er ging weiter und zeigte mir noch einen sehr großen Palast, den man in der Ferne sehen konnte. ›Auch dieser ist dein. Gehe hin, suche ihn auf und mache von ihm Gebrauch. Du hast sogar noch mehr davon.‹ Ich schüttelte den Kopf und lachte. Er fragte: ›Sag mir: Warum lachst du?‹ – ›Unten auf der Erde brauchen wir ein Haus, weil es regnet, schneit und stürmt. Aber was soll ich mit diesen Palästen hier? Wovor sollen sie mich schützen?‹ Er antwortete: ›Du hast dieses Material geschickt, und wir haben sie für dich eingerichtet. Wenn du es wünschst, kannst du sie haben.‹ Nun, ich ging weiter hinein und musterte die wunderschönen Dinge, doch ohne jede Faszination, ohne das Verlangen, sie zu besitzen oder ›mein‹ zu nennen. Da kam ein alter Mann und sprach: ›Willkommen zu Hause, mein Sohn.‹ Ich antwortete: ›Ich danke dir. Aber warum hast du mich gerufen? Dieser Bursche sagte, der Palast hier sei mein.‹ – ›Natürlich ist er das‹, bestätigte der alte Mann. Ich bemerkte: ›Ich kenne mich wohl mit der Bedeutung von mein und dein nicht mehr aus. Übrigens‹, setzte ich hinzu, ›kann ich, wenn ich will, mein Bewußtsein ausdehnen über die Wellen, über die Steine und Gärten und sie alle fühlen und zu einem Teil von mir machen. Ich brauche kein Haus, um darin zu wohnen.‹ Dann sprachen wir weiter über das Wesen des Verlangens und daß wir uns, solange wir an unseren Begierden und Wünschen hängen, in Wirklichkeit nur selbst bestrafen. –

Nun, was meinst du, sollte diese Vision bedeuten?« fragte mich Daskalos und verschränkte die Arme. »Handelte sie von dem törichten Ego, einem ruhelosen Ich?« meinte er und lachte offenbar in der Erwartung, ich würde die Rolle des Visions-Analytikers übernehmen.

»Ich habe den Eindruck«, meinte ich zögernd, »du hast einen Dialog mit deinem inneren Selbst geführt. Der Engel und der alte Mann waren Aspekte von dir selbst.«

»Genau!« Die Augen des Daskalos leuchteten auf. »Was kannst du Kostbareres im Leben finden als dich selbst? Und wenn du dich gefunden hast, brauchst du nichts anderes mehr. Du besitzt Dinge in diesem Leben, weil du sie für dein materielles Überleben benötigst, aber laß dich nicht von ihnen faszinieren. Wenn du dich selbst findest, hast du alles.«

»War dies also die Lehre deiner Vision?« fragte ich.

»Was sonst sollte es gewesen sein?«

(Daskalos' Erlebnis erinnerte mich an eine Vision, die Kostas mir und Petrovna vor einiger Zeit berichtete. »Ich ging die Straße entlang. Da sah ich einen alten, bärtigen Mann. Er war weiß gekleidet und trug ein großes, schweres Kreuz auf dem Rücken. Ich ging zu ihm hin und wollte ihm helfen, aber er hielt mich ab: ›Ich habe etwas anderes für dich zu tragen, mein Sohn. Sieh hier‹, sagte er und zeigte mir einen großen Sack. Ich öffnete ihn – und was meint ihr, was ich darin fand?« – »Tausende von kleinen Kreuzen!« platzte Petrovna heraus und lachte. »Genau«, bestätigte Kostas.)

»Bevor du gehst, hole mir bitte die Fotos, die auf meinem Bett liegen«, bat mich Daskalos.

Es war ein ansehnlicher Berg von Bildern, die ihm aus ganz Europa geschickt worden waren. Daskalos' Ruf breitet sich aus, und sehr viele Menschen suchten ihn auf und schickten Fotos zur Heilbehandlung aus der Ferne. Ich setzte mich wieder neben Daskalos und blieb noch etwas, um ihm zur Hand zu gehen, als er die Bilder sortierte. Ich wiederholte meine Mahnung, daß er wirklich Ruhe brauchte.

Daskalos untersuchte ein Bild nach dem anderen und fühlte die Schwingungen der abgebildeten Personen. Er bat mich, die Fotos nach seinen Anweisungen auf drei Stöße zu verteilen. Ein Häufchen bildeten die Fälle, für die er das Gefühl hatte, nichts tun zu können. Einmal spürte er zum Beispiel die Schwingungen eines Jungen und kam zu dem Schluß, daß es zu spät sei. Der Knabe war bereits gestorben. Auf den zweiten

Stapel kamen die dringenden Fälle, die sofortige Aufmerksamkeit verlangten. Die dritte und umfangreichste Kategorie bildeten die Fotos jener, für die er sich nach und nach einsetzen würde, weil es sich nicht um dringende Notfälle handelte. Nach einer Dreiviertelstunde waren alle Bilder untersucht und sortiert. Dann bat mich Daskalos, die dringenden Fälle zum Altar zu bringen und unter das Schwert ohne Spitze zu legen. Ich stand auf und ging hinaus, als eine weitere Gruppe ausländischer Besucher ins Haus kam.

Die Dinge gerieten allmählich außer Kontrolle. Daskalos und Kostas wurden von Besuchern überschwemmt, die spirituellen Rat oder Heilung suchten oder einfach aus Neugierde kamen. Als ich Daskalos gegenüber zum ersten Mal erwähnte, daß es vielleicht an der Zeit sei, eine Art von Organisation ins Leben zu rufen, die die logistischen Probleme des internationalen Interesses an seinen Lehren und ihm selbst übernehmen würde, winkte er nur ab. Er war daran nicht besonders interessiert und fühlte sich wohl mit seinem Haus der offenen Tür, in dem er zwanglos und jederzeit für jedermann erreichbar war. Doch einige von uns – auch Kostas – erkannten, wie unausweichlich, ja notwendig eine Art von Stiftung wurde, die nicht nur Daskalos und Kostas helfen könnte, sondern auch dem zunehmenden Interesse an den Lehren sowie der Nachfrage nach Tonbandaufnahmen von Unterweisungen, nach Kreisen im Ausland und so weiter gerecht würde.

»Wozu in aller Welt brauchen wir eine Organisation?« hielt mir Daskalos einmal vor. »Jesus hat schließlich ganz erfolgreich unter den Ölbäumen unterrichtet. Wir haben sogar die Stoa und ein Dach über dem Kopf.« Ich versuchte ihm zu erklären, daß die Zeit der Römer vorbei war und wir wohl oder übel im Zeitalter des Düsenflugzeugs lebten. Nach einigem Nachdenken über die Logik meiner Argumentation und angesichts der wachsenden Zahl von Esoterik-Touristen, die sich in Ad-hoc-Manier vor seiner Haustür einfanden, begann Daskalos seine zunächst sehr zurückhaltende Reaktion nun zu überdenken.

Schließlich gab er nach einem Erlebnis, das er und Kostas während einer Zusammenkunft des inneren Kreises hatten, seine Zustimmung zur Gründung einer gemeinnützigen Stiftung. Kostas teilte mir mit, daß Yohannan bei jener Zusammenkunft durch Daskalos gesprochen und sie auf die Weisheit, ein spirituelles Zentrum zu gründen, sowie auf ihre Pflicht hingewiesen habe, die Lehren und die spirituelle Ausbildung einem weiteren Publikum zugänglich zu machen.

»Yohannan«, sagte Kostas, »betonte, daß dieses Zentrum nicht nur Menschen vorbehalten sein sollte, die sich Christen nennen, sondern für jedermann sei – ob Buddhist, Hindu, Moslem, Jude oder was auch immer –, der seiner Liebe-Natur Ausdruck geben könne. Es dürfe weder Dogmatismus noch Benachteiligung geben. Das einzige Kriterium für die Mitgliedschaft in der Organisation müsse die Fähigkeit der Person sein, ihre Menschenliebe zu zeigen.«

Daskalos teilte uns mit, daß er selbst nichts mit den administratorischen Aufgaben einer solchen Stiftung zu tun haben wolle und daß diese – ganz gleich, welcher Art die Vereinigung oder Körperschaft sein würde – dem Ziel der Wahrheitsforschung dienen müsse.

Zur Gründungsversammlung der EREWNA* – unter diesem Namen wurde die neue Verbindung eingetragen – kamen fast zweihundert Mitglieder, darunter einige Deutsche und Amerikaner. Daskalos saß neben Kostas, während dieser den Zuhörern die Art und Zielsetzung der Stiftung erläuterte. Nach der kurzen formellen Einführung bat Kostas Daskalos, aufs Podium zu kommen. Der alte Meister stand langsam auf und trat sichtlich gerührt nach vorn. In diesen Minuten mußte ihm der Gedanke gekommen sein, daß sein Werk nicht nur in Zypern, sondern am Ende auch international angenommen wurde. Jahrzehntelang war es sein einsamer Kampf gewesen, die Lehren mitten in einer Gesellschaft weiterzugeben, die seinem Werk und Wirken eher feindselig als mit Sympathie gegenüberstand. Jetzt endlich, am Abend seines Lebens, begann das Wissen, das aus ihm hervorfloß, ein wachsendes und aufgeschlossenes Publikum anzuziehen. Seine anfängliche Zurückhaltung in bezug auf die Gründung einer Stiftung schien fast verflogen zu sein.

»Mein Herz ist erfüllt von großer Freude«, begann er mit bewegter Stimme, »daß das Werk jetzt systematisiert wird. Mir fehlen die Worte, um meinem Bruder und geliebten Kostas zu danken für die große Aufgabe, die er übernommen hat. Denn er ist es, der tatsächlich die Last und schwierige Aufgabe tragen wird, die Lehren zu systematisieren.«

Daskalos sagte, daß er sich aufgrund seines fortgeschrittenen Alters nicht an den organisatorischen Aktivitäten beteiligen werde. Außerdem, sagte er, sei er bereits überlastet mit seinen spirituellen und heilerischen Verpflichtungen. Dann erinnerte er seine Zuhörer, daß es für jeden, der sich mit dem Sinn der Wahrheitsforschung befasse, unumgänglich sei, zu lernen, wie er seinen Mitmenschen zu Diensten sein kann.

»Als Wahrheitsforscher«, schloß er, »müssen wir erkennen, daß unsere primäre Aufgabe darin besteht, den Drachen unseres Egoismus zu töten, und durch Aufnahme unserer derzeitigen Persönlichkeit in unser inneres Selbst dazu beizutragen, daß die strahlende Lichtkraft und Würde unserer Seelen an seine Stelle tritt.«

Nach dem Festessen gab Kostas dem Drängen von Gästen und neuen Mitgliedern des Kreises nach, die speziell zur Gründungsversammlung gekommen waren, und erklärte sich bereit zu einem improvisierten Einführungsvortrag.

Der Sommer 1989 ging seinem Ende entgegen, und wir bereiteten uns – wie in so vielen früheren Jahren – wieder auf unsere Rückkehr nach Maine vor. Unser guter Freund Yiannis, ein Mitglied in Kostas' Kreis, organisierte für den letzten Sonntag vor unserer Abreise einen Ausflug ins Troodos-Gebirge, um die Gründung der EREWNA zu feiern. Yiannis hing leidenschaftlich an der Vision eines spirituellen Einkehrhauses irgendwo in den geliebten Bergen. Er war Buchhalter mit britischer Ausbildung, setzte sich aktiv für den Umweltschutz ein und war lange Mitglied anderer spiritueller Gruppen, bevor er sich dem Kreis der Wahrheitsforscher anschloß.

Wir wollten uns in Platés treffen, einem schwer zugänglichen, aber herrlich schönen Flußtal im Troodos-Gebirge unterhalb des Dorfes Tris Elies, wo Yiannis aufgewachsen war. Er liebte diese Gegend besonders, nicht nur weil er hier als Junge durch die Berge und Täler streifte, sondern weil er dieses Tal fast im Alleingang davor bewahrt hatte, daß es in einen Stausee umgewandelt wurde. Dank seiner Anstrengungen hatte die neue Regierung es zu einem Landschaftsschutzgebiet erklärt. Langfristig plante Yiannis, die verschiedenen Umweltschützergruppen zu mobilisieren, um das ganze Troodos-Gebirge vor den ›Erschließern‹ zu retten.

Nach einer abenteuerlichen Fahrt über schmutzige Straßen, um enge Kurven und über Brücken kamen wir in Platés an. Wir entluden unsere Fahrzeuge und breiteten unsere Decken am Flußufer in der Nähe einer alten Steinbrücke aus, die in der Frühzeit des Christentums von den Römern gebaut worden war. Die dichte Belaubung, die hohe Lage und die Kühle des fließenden Wassers schützten uns vor der hochsommerlichen Hitze.

Kostas und Antonis brachten aus Limassol ihre Familien und Petrovna mit, die den Sommer auf Zypern verbrachte. Sie hatte bereits eigene Kreise für Wahrheitsforscher in London und Belgien gegründet.

Emily, unsere Kinder und ich waren mit Yiannis und Sophia, die schon seit drei Wochen auf der Insel war, nach Platés gekommen. Unser Gespräch vor zwei Jahren hatte sie offenbar nicht unberührt gelassen. Sie hatte nicht nur wiederholt Daskalos und Kostas besucht, sondern auch an einigen ihrer Zusammenkünfte teilgenommen.

Sophia wollte ein Ferienjahr auf Zypern verbringen; sie beabsichtigte, ihren Forschungen zu den ethnischen Auseinandersetzungen auf der Insel nachzugehen. Sie freute sich auch darauf, für das Center for Women's Studies zu arbeiten, das Emily während ihres Aufenthaltes auf Zypern mit Unterstützung der Vereinten Nationen und der Ermutigung von Daskalos und Kostas mit ins Leben gerufen hatte. Außerdem wollte Sophia die Zusammenkünfte von Kostas' Kreis in Nicosia besuchen. In der Zwischenzeit hatte sie viele der Bücher gelesen, die ich ihr vor zwei Jahren als Einführung in die esoterische Philosophie empfohlen hatte.

Doros und Stephanos mit ihren Familien kamen ebenfalls und brachten ihren Gast Linda mit, eine leitende Angestellte aus New York, die mit ihrer wertvollen Erfahrung mit Forschungsgesellschaften und Stiftungen eine entscheidende Rolle bei der Gründung der EREWNA gespielt hatte.

Doros war Sozialberater* der Wahrheitsforschung und, wie Yiannis, ein langjähriges Mitglied bei etlichen anderen spirituellen Gruppen, bevor er sich dem Kreise anschloß. Sozialberater sind Wahrheitsforscher, die zwar noch keine Meister sind, aber die Lehren Yohannans in Theorie und Praxis so weit aufgenommen haben, daß sie eigene Kreise leiten, die der Oberaufsicht von Daskalos oder Kostas unterstehen.

Nach unserem Mittagsmahl – es gab Gemüse, Oliven, Brot und den zypriotischen Ziegenkäse Halloumi – saßen wir im Kreis und besprachen einige organisatorische Angelegenheiten der EREWNA. Kostas wiederholte erneut, daß es keinerlei Personenkult oder Guruverehrung geben dürfe und daß die

Organisation einzig zu dem Zweck eingerichtet sei, die Verbreitung der Lehren zu erleichtern. »Die Wahrheitsforschung«, sagte er, »ist weder ich noch Daskalos, noch sonst jemand.«

Kostas sagte, daß die Sozialberater immer wachsam bleiben müßten und niemals unkritische Eiferer werden dürften.

»Bitte erkläre dies etwas näher«, bat Petrovna.

»Nun, ich habe schon oft gesagt, daß Meister ebenfalls Menschen mit normalen menschlichen Schwächen sind. Solange du in einem grobstofflichen Körper lebst, kannst du nicht vollkommen sein und auch nicht unfehlbar. Um das sehr grob zu veranschaulichen: Stelle dir vor, jemand geht her und schlägt Daskalos oder mich über den Kopf, und es kommt zu einer Gehirnverletzung. Das Gehirn kann nicht länger als Werkzeug zur Verbreitung des Wissens dienen. Würdest du uns dann immer noch ernst nehmen, ganz gleich, wie unlogisch wir vielleicht zu reden scheinen? Vergiß nicht: Ziel der Wahrheitsforschung ist Erfahrungswissen und das Wachstum des menschlichen Bewußtseins, die Entdeckung der Quelle der Weisheit tief in unserem inneren Selbst.«

»Kosta«, fragte Emily, »du sagtest einmal, daß du und Daskalos die spirituelle Entwicklung der Mitglieder eurer Kreise und der Arbeit der Sozialberater überwacht. Wie macht ihr das? Wie beobachtet ihr unsere spirituelle Entwicklung?«

»Durch die Elementale natürlich.«

»Elementale, die du und Daskalos erschaffen haben?«

»Genau. Deshalb kommt hin und wieder jemand von euch und sagt: ›Ich habe dich dort gesehen.‹ Ich garantiere dir, daß ich nicht dort gewesen bin«, erklärte Kostas und schmunzelte.

»Wer war dann dort?« fragte Emily.

»Ein Elemental von mir, natürlich. In solchen Fällen war euer Bewußtsein auf das Elemental eingestellt, das ich erschaffen habe, und das immer bei dir ist. Das gehört zur Arbeit und Aufgabe des Meisters.«

»Kosta, bietet dieses Elemental Schutz?« fragte Antonis.

»Es schützt und ermahnt – vorausgesetzt, die derzeitige Persönlichkeit benimmt sich nicht unartig«, sagte Kostas und lachte.

»Wieso?«

»Weil jene derzeitige Persönlichkeit vielleicht auf eine Weise handelt, die nicht den Richtlinien der Erewna entspricht. Weißt du, es gibt so etwas wie eine – nennen wir es einmal – Programmierung, die im Unterbewußtsein des Individuums gespeichert ist als Wissen, als Maßstab oder Empfehlung. Sobald jedoch eine derzeitige Persönlichkeit diesen Maßstäben den Rücken kehrt, kann das Elemental keinen Schutz mehr bieten. Sonst würden Individualität und freier Wille der Person verletzt. Dies wäre bedauerlich.«

Nach weiteren Fragen über das Wirken der Schutz-Elementale schilderte uns Kostas eine Episode, die das Gesagte anschaulich illustrierte.

»Vor etwa einem Monat schickten uns Leute aus England das Foto eines Mannes. Es war ein sehr ernster Fall. Die Ärzte hatten ihn bereits aufgegeben. Man bat um Hilfe. Der Patient wußte davon überhaupt nichts. Ja, er war noch nicht einmal ansprechbar. Als ich das Foto in der Hand hielt, erkannte ich, daß sein Krebs sehr weit fortgeschritten war. Unser Ziel ist natürlich, dem Menschen zu helfen. Wir versuchen jetzt seit einem Monat, ihm zu helfen. Zum Glück hat er keine Schmerzen mehr.

Letzte Woche«, fuhr Kostas fort, »rief jemand aus London an. Es war spätabends. Der Anrufer nannte seinen Namen natürlich in englischer Sprache: ›Ich heiße Soundso und bin der Bruder des Mannes, dessen Bild wir Ihnen geschickt haben. Ich möchte Ihnen etwas mitteilten. Letzte Nacht begann mein Bruder uns anzublicken, nachdem er etliche Monate aufgrund seines schlimmen Zustands kein Wort mehr gesprochen hatte. Das war in all diesen Monaten nicht geschehen.

Und er sagte etwas, das uns beunruhigte. Er sagte: »Diese Leute in Zypern kommen in die Quere.«‹ Nun, der Mann wußte überhaupt nichts von uns oder daß wir aus Zypern sind. Der Engländer fragte mich am Telefon: ›Was ist da los? Es hat den Anschein, daß Sie ihn irgendwie behindern.‹ – ›Aber natürlich tun wir das‹, antwortete ich. ›Wir hindern ihn daran, dieses Leben hinter sich zu lassen. Das tun wir ihm an. Wir haben Elementale erschaffen, die ihm helfen, so lange wie möglich in der grobstofflichen Welt zu bleiben.‹

Nun, das soll euch verdeutlichen, wie wir mit Elementalen arbeiten – und daß jener Mann nun in den psychonoetischen Dimensionen der Existenz lebt. Unseren Kontakt zu ihm bemerkte er dort. Dann übertrug er die Erinnerung an das, was auf der anderen Seite geschah, auf die grobstoffliche Ebene. Um ganz offen zu sein: Der Mann lebt inzwischen vorwiegend in jenen anderen Schwingungsebenen.

Nehmen wir einmal theoretisch an, daß dieser Mann wieder vollständig genest. Er ist frei von Krankheit, frei von dieser Erfahrung. Wird er dann die Erinnerung an unsere Begegnungen behalten? Ich sage: Nein. Wißt ihr, warum? Weil sein psychonoetischer* Körper nicht so weit ausgebildet ist, daß er die Erinnerung an seine Erlebnisse in den psychonoetischen Bereichen bewahren kann.«

»Wäre es nicht besser, ihn hinübergehen zu lassen?« fragte Sophia.

»Wir haben bis zum letzten Augenblick die Pflicht, ihm zur Genesung zu helfen. Wir können nie wissen, was das Karma entscheidet. An diesem Fall«, antwortete Kostas, »sind viele Menschen interessiert, sowohl in England als auch hier.«

»Ist das wichtig?« fragte Stephanos.

»Nein, es spielt keine Rolle. Aber sowie jemand Sorge um einen anderen Menschen äußert und uns ein solcher Fall bekannt wird, müssen wir als Wahrheitsforscher diese Äußerung der Liebe von Mensch zu Mensch unterstützen.«

»Aber warum erlaubt ihr dem Mann nicht zu sterben?« fragte Sophia.

»Schau her. Je länger du dem Mann hilfst, in diesem Leben zu bleiben, desto mehr hilfst du ihm, seine karmischen Schulden abzutragen. Es ist nicht nur unsere Pflicht, Leben zu erhalten, sondern auch, ihm zu helfen, sich von der Last des Karmas zu befreien. Warum sollten wir nicht jetzt abzahlen, anstatt an negatives Karma gebunden zu bleiben und es ins nächste Leben mitzunehmen?«

»Bedeutet die Tatsache, daß er ein sterbender Mensch ist, nicht, daß er von seinem Karma befreit wird?« fragte Linda.

»Nein, meine Liebe«, widersprach Kostas mit Nachdruck. »Wäre es so einfach, dann wäre Selbstmord ein Weg zur Freiheit. Gib acht. In Situationen wie dieser sind Menschenwesen mehr in den anderen Welten als hier und werden dort wie verzaubert, so daß sie nicht mehr in ihren Körper zurück wollen. Das ist eine Tatsache. Weißt du, diese anderen Welten haben so viele Vorteile gegenüber der grobstofflichen Welt. Den Menschen gefällt es dort, und sie möchten gerne verweilen. Mit anderen Worten: Sie lockern ihre Verbindung und bemühen sich nicht mehr, in ihrem Körper zu bleiben. Wenn du nun hingehst und ihnen hilfst, im Körper zu bleiben, reagieren sie wie in diesem Fall.«

Ich ergänzte: »Viele Menschen, die ein Todesnähe-Erlebnis hatten, berichten von dem starken Verlangen, in jener Sphäre zu bleiben, in der sie sich befanden.« Ich erzählte, daß manche von ihnen von Begegnungen mit Christus-ähnlichen Wesen berichteten, die sie über die Notwendigkeit aufklärten, in ihren Körper zurückzukehren, wie im Falle des berühmten »Delphin-Psychiaters« John Lilly, der darüber in seinem Buch *Das Zentrum des Zyklons* schrieb. Ich erwähnte auch das eindrucksvolle Werk von Dr. Raymond Moody, der sich ausführlich mit dem Phänomen der Todesnähe-Erlebnisse beschäftigte.

»Wenn jemand wie jener Mann schließlich die Entscheidung trifft, in seinen Körper zurückzukehren und länger in dieser Welt zu bleiben, wird er dann verwandelt? Erlebt er eine Erweiterung seines Bewußtseins?« fragte Linda.

»Nicht unbedingt. Er hat jedoch die Möglichkeit, etwas mehr von seiner karmischen Schuld abzutragen.«

»Wenn du dieses Thema so betrachtest, Kosta«, bemerkte ich, »solltest du zu dem Schluß gelangen, daß Schmerz und Leid, die du erfährst, dich auf einer tieferen Ebene befriedigen sollten, weil du dadurch ja karmische Schulden abträgst.«

»So ist es, mein lieber Kyriaco. Laßt uns realistisch sein. Die Wahrheit ist doch, daß wir durch Leiden weiterkommen und in unserem Verstehen und Bewußtsein wachsen. Auf diese Weise reifen wir. Doch du kannst das Leiden überwinden, indem du schließlich über den Vorstellungen stehst. Denn Leiden ist nichts Reales; es ist letzten Endes eine Vorstellung, eine Bedeutung. Sowie du Meister dieser Bedeutungen wirst, machst du dich frei von der Macht, die sie über dich haben.«

»Bitte erkläre dies etwas genauer«, bat Yiannis, als er die verwunderten Blicke bei einigen von uns sah.

»Du wirst einfach Meister deiner drei Körper. Dann können dir die Welten des Leids nichts mehr anhaben. Sieh dich nur um, und du erkennst, daß dieses Prinzip selbst in deinem Alltag wirksam ist, obwohl die Menschen sich dessen nicht bewußt sind«, sagte Kostas. »Verschiedene Menschen erleben die gleichen Umstände auf unterschiedliche Weise, und dies gilt auch für Schmerz und Leid. Das ist immer und überall um uns so, aber wir achten nicht darauf. Und gewisse Situationen, die uns früher beispielsweise sehr viel Leid verursachten, machen uns heute nichts mehr aus.«

»Und wie steht es mit körperlichen Schmerzen?« fragte Antonis.

»Dieses Prinzip gilt auch für körperliches Leid«, behauptete Kostas; »denke nur einmal darüber nach.«

»Weißt du«, rief Petrovna eifrig, »was du da sagst, klingt für mich sehr sinnvoll. Ich hatte immer das Gefühl, daß zum Beispiel Jesus Christus als der, der er war, am Kreuze nicht so gelitten haben konnte, wie wir es in unseren Religionen annehmen. So empfinde ich es.«

Kostas lächelte, enthielt sich aber eines Kommentars.

Ich stand auf und streckte mich, nachdem wir unsere Meditation zum Dienen beendet hatten. Dann ging ich zu Constantine, Vasia und den Kindern von Doros, die am Flußufer nach Krebsen suchten. Ich zog die Schuhe aus, krempelte die Hosen hoch, setzte mich auf einen Fels und gönnte meinen Füßen den Genuß eines kühlen Bades in einem kleinen Becken, das das kristallklare Wasser gebildet hatte.

Ich dachte nach über die Worte des griechischen Philosophen Heraklit, der sagte: »Du kannst deine Füße nicht zweimal in denselben Fluß setzen«, und »Alles fließt, nichts steht still«.

Als Moses auf den Berg Sinai stieg, um die Zehn Gebote in Empfang zu nehmen, fragte er Gott, der als brennender Dornbusch vor ihm erschien: »Wer bist du?« Und Moses erhielt die Antwort: *»Ich Bin der Ich Bin.«* Als Pontius Pilatus die gleiche Frage an Jesus richtete, erhielt er die gleiche Antwort: *»Ich Bin, wer Ich Bin.«*

Das ›*Ich Bin Ich*‹, das Daskalos und Kostas lehren, ist die einzige Realität hinter dem Fließen der Ereignisse und Phänomene. Die Welten der Polarität, der Schöpfung, existieren nur zu dem Zweck, dem *Ich Bin Ich* zu dienen, da es in diese Welten herabsteigt, um Erfahrungen zu erwerben. Unser Planet existiert im Interesse von Pneumata, die diesem Planeten zugeteilt wurden, um ihre Ontopeisis* zu entwickeln, um ihre Einzigartigkeit und Individualität innerhalb des Einsseins der göttlichen Autarkie zu erlangen.

Ich zog die Füße aus dem fließenden Wasser und ließ sie in der Luft trocknen, während ich weiter über die Philosophie Heraklits und die Lehren Yohannans nachsann. Dann schlüpfte ich in meine Schuhe und ging mit den anderen auf eine lange Wanderung am Fluß entlang.

Glossar

Zahlreiche im Text vorkommende Begriffe stammen aus der griechischen Muttersprache des Verfassers und haben im Amerikanischen des Originals eine leicht abgewandelte Bedeutung. Einige Termini (z. B. Engel, Heiliger Geist) werden zudem anders verstanden als im abendländischen Christentum. Aufgabe dieses Glossars ist es, sie verständlich zu machen in der Weise, wie sie im Griechischen, vor allem des Daskalos, gebraucht werden und gemeint sind. Zu diesem Zweck wurde das folgende Wörterverzeichnis überarbeitet und an einigen Stellen ergänzt.

Karl Friedrich Hörner

absolute Seinsheit (oder *Absolutes):* Die nicht manifestierte Realität hinter allem → Phänomen; die Gottheit oder Gott.

Akasha-Chronik: → *universales Gedächtnis*

Anamnesis (griech.): Erinnerung, d. h., was wir durch Erfahrung im Unterbewußten speichern und nach Belieben von dort abrufen können.

Anapodos: Der mit einer Spitze nach unten gerichtete fünfzackige Stern. Symbol eines dämonischen Zustandes.

Antilepsis (griech.): Wahrnehmung, Gewahrsein

Archetypen: Die Gesetze, Ursachen und Urbilder, die als »Gußformen« der konkreten, phänomenalen Realität dienen. Archetypen sind auf den höchsten Schwingungsebenen des Geistes. Das → Urbild des Menschen ist ein Archetyp. (→ Geist, → höhere noetische Welt)

Astralreise: → *Eksomatose*

ätherische Energie, auch *ätherische Vitalität:* Macht Heilungen möglich. Das Universum ist voll von ätherischer Energie. Sie kann von einer Person auf eine andere übertragen werden und wird über die → Chakren aufgenommen.

ätherisches Doppel: Das Energiefeld, das die drei Körper des Menschen (→ grobstofflicher, → psychischer und → noetischer Körper) am Leben erhält und miteinander verbindet. Jedes Teilchen des menschlichen Körpers hat eine Entsprechung im ätherischen Doppel. (→ schöpferische Eigenschaft des Äthers, → kinetische E.d.Ä., → sinnliche E.d.Ä.)

Baum des Lebens: Symbolische Darstellung der Struktur der Schöpfung vom Makrokosmos zum Mikrokosmos, wie sie von → Yohannan eingegeben wurde. Ähnelt trotz wesentlicher Unterschiede den Darstellungen in kabbalistischen Werken. Zeigt durch verschiedene Symbole den Abstieg des → Pneuma-Ichs in die Welten der Polarität und seinen Aufstieg zurück zur Gottheit. Gibt auch die Lage der → Chakren im Körper an.

Cayce, Edgar: Berühmtes amerikanisches Medium und Hellseher, bekannt als der »schlafende Prophet« oder »der Prophet von Virginia Beach«, geboren 1877. Cayce bewies außergewöhnliche Fähigkeiten bei der Diagnose von Krankheiten in einem tranceähnlichen Zustand. Virginia Beach an der Ostküste der USA ist Sitz der nach ihm benannten Stiftung und Vereinigung.

Chakra: Psychonoetisches Zentrum im → ätherischen Doppel des Menschen. Über die Chakren nimmt die menschliche Persönlichkeit die → ätherische Energie auf, die sie zu ihrer Erhaltung braucht. Durch rechte Disziplin und geeignete Meditationsübungen versucht der Mystiker, seine Chakren für das Erlangen psychonoetischer Kräfte zu öffnen. Ein Hellsehender nimmt die Chakren als rotierende Scheiben wahr. Drei Chakren sind besonders wichtig: Das Chakra im Bereich des Solarplexus steht in Verbindung mit dem → grobstofflichen Körper. Das Herz-Chakra ist das Zentrum des → psychischen Körpers sowie des menschlichen Gewahrseins und Bewußtseins. Das dritte Chakra ist im Bereich des Kopfes und bildet das Zentrum des noetischen Körpers. Die drei Chakren müssen sich gemeinsam entwickeln, damit Balance und Wachstum einer ausgeglichenen Persönlichkeit gewährleistet sind. Chakren werden auch als heilige Scheiben bezeichnet.

Christus-Bewußtsein: Einstimmung der → derzeitigen Persönlichkeit auf den Christus-Logos im Innern. Die Öffnung des Herz-Chakras. Zustand an der Schwelle zur → Theose. (→ Logos)

derzeitige Persönlichkeit: Was wir gemeinhin als die Persönlichkeit des einzelnen verstehen. Sie besteht aus den → noetischen, → psychischen und → grobstofflichen Körpern. Die derzeitige Persönlichkeit ist der niederste Ausdruck von uns selbst, der sich ständig weiterentwickelt und danach strebt, eins mit der → permanenten Persönlichkeit zu werden.

Einssein: Zustand der Einheit von Subjekt und Objekt, Überwindung der Trennung zwischen beiden. Man wird eins mit dem Gegenstand seiner Betrachtung.

Eksomatose (von griech. ἐκ = außerhalb, und σῶμα = Körper): Die Fähigkeit, sich auf eigenen Wunsch vom Körper zu lösen, vollbewußt in den psychonoetischen Dimensionen zu leben und danach in den Körper zurückzukehren. Hierzu gehört auch die Erinnerung an alles, was man in dem Zustand außerhalb des Körpers erlebt.

Elemental: Gedankenform. Jedes Gefühl, jeder Gedanke, den der einzelne aussendet, ist ein Elemental. Elementale besitzen Gestalt und eigenes Leben, unabhängig von dem, der sie ausgesandt hat.

Engel: Projektion (Emanation) von → Erzengelwesen, → Elemental eines Erzengelwesens, das zum Dienst an der Schöpfung gebildet wurde. Im Unterschied zu Erzengeln sind Engel keine ewigen

Wesen, sondern gute Elementale. Menschen können ebenfalls gute Engel-Elementale aussenden.

Erewna, die (von griech. ἔρευνα = Forschung): Das System von Lehren und Arbeit an sich selbst, das von → Yohannan übermittelt wird; die Wahrheitsforschung, die methodische und bewußte Bemühung um Selbsterkenntnis.

EREWNA: Gemeinnützige Stiftung in Zypern zur Förderung der Ziele der → Erewna.

Erzengel: Ewige, heilig-geistige Wesenheiten, die der Schöpfung dienen. Wichtige heilig-geistige Erzengel sind zum Beispiel Michael (Meister der Elemente Licht und Feuer), Gabriel (Meister des Elements Wasser), Rafael (Meister der ätherischen Vitalität) und Uriel (Koordinator der anderen drei). Erzengel senden ununterbrochen Engel-Elementale (Engel) aus, um der Schöpfung zu dienen. Es gibt auch Logos-Erzengel wie Yohannan; sie stehen auf höheren Ebenen der spirituellen Hierarchie. Menschen sind ebenfalls Logos-Erzengel im Prozeß des Erwachens in ihren göttlichen Zustand. (→ Engel, → Heiliger Geist)

Existenz: Manifestation des Göttlichen durch die Übersubstanz (→ Geist). Existenz bezieht sich also auf die Welt der → Phänomene, auf die Reflexion des Seienden. Alles, was existiert, hat Anfang und Ende.

fünfte Dimension: → noetische Welt

Geist: Hierdurch verleiht sich das nicht-manifestierte Absolute Ausdruck. Geist ist die Übersubstanz, durch die alle Universen, alle Dimensionen der Existenz, aufgebaut werden. Alles ist Geist.

Gesetz von Ursache und Wirkung: → Karma

göttliche Autarkie: Der statische und selbsterfüllte Zustand im Absoluten, vor aller Manifestation. Das Absolute hat alles in sich und ermangelt nichts. Der Zustand des Seins. (→ Absolute Seinsheit) *göttliches Selbst:* → *Pneuma*

grobstofflicher Körper: Einer der drei Körper, die die → derzeitige selbstbewußte Persönlichkeit bilden. Der materielle, physische Leib des Menschen. Der Teil der Persönlichkeit, der in der grobstofflichen Welt, der dreidimensionalen Welt, lebt. Der niederste Ausdruck des Selbst. Das Zentrum des grobstofflichen Körpers ist das → Chakra des Solarplexus (Sonnengeflecht).

Grüne Linie: Die von den Vereinten Nationen bestimmte Demarkationslinie in Zypern, die den Frieden zwischen den griechischen und den türkischen Zyprioten wahren soll, nachdem die Türkei die Insel 1974 überfiel und vierzig Prozent des Landes besetzte.

Heiliger Geist: Das unpersönliche Überbewußtsein, das der Macht des Absoluten Ausdruck gibt und die Erschaffung des Universums ermöglicht. Der dynamische Aspekt des Absoluten. (→ Engel, → Erzengel)

heilig-geistig: Alles, was sich allein auf den → Heiligen Geist bezieht. Tiere leben in einem heilig-geistigen Zustand. Sie besitzen nicht den → Logos-Aspekt des Absoluten, das heißt, sie kennen keine Selbstbewußtheit. Der Mensch hat sowohl den heilig-geistigen als auch den Logos-Aspekt.

heilige Monade: Die Bestandteile des Absoluten. Jede heilige Monade strömt Myriaden von Strahlen aus, die durch verschiedene → Archetypen (Urbilder) gehen und Gestalt und phänomenale → Existenz annehmen. Wenn eine solche Ausstrahlung, ein → Pneuma-Ich, das → Urbild des Menschen passiert, wird eine → Seele erschaffen. Menschen, die zu der gleichen heiligen Monade gehören, verbindet eine besondere Verwandtschaft.

Hermes Trismegistos: Jeder Mensch, der den Zustand des überbewußten Selbstgewahrseins erreicht. Jeder, der seine drei Körper (grobstofflich, psychisch, noetisch) gemeistert hat.

höhere noetische Welt: Die Welt der Urbilder, der → Archetypen. Die Welt der ursächlichen Prinzipien und Gesetze, die den Urgrund, die Grundlage aller phänomenalen (Erscheinungs-) Realität bildet.

Inkarnation: Nach der Lehre der Erewna hat eine Person als Ich-Seele viele Leben als eine → derzeitige Persönlichkeit, um Erfahrungen der niederen Welten der Polarität zu erwerben. Jede Inkarnation stellt eine höhere Stufe der spirituellen Evolution dar.

innerer Kreis: Die kleine Gruppe von Eingeweihten, fortgeschrittenen Wahrheitsforschern und Mitgliedern der Erewna, die das → weiße Gewand tragen dürfen. Im Idealfall sind sie Meister ihrer drei Körper und fähig zur bewußten → Eksomatose, zum Heilen und Dienst als → unsichtbare Helfer.

Kamaloka: Sanskrit-Begriff aus dem Hinduismus, entspricht dem Purgatorium der katholischen Terminologie. Ein psychonoetischer Raum zur Rekonvaleszenz der belasteten Persönlichkeit und zum Lernen von Lektionen, die das gerade abgelegte Leben gelehrt hat.

Karma: Das Gesetz von Ursache und Wirkung. Die Summe der Taten, Gedanken und Gefühle einer Person, die deren weitere Existenzbedingungen bestimmt. Jeder Mensch ist selbst voll verantwortlich für die Schaffung seines Karmas, seines Schicksals. Das Erreichen der → Theose, der Gottes-Erkenntnis, setzt die Überwindung des → Karmas voraus.

kinetische Eigenschaft des Äthers: Eigenschaft der → ätherischen Vitalität, die Bewegung und Schwingung ermöglicht. (→ ätherisches Doppel)

Kundalini: Begriff aus dem Hinduismus, bezieht sich auf die Aussage, an der Basis der Wirbelsäule schlummere »heiliges Feuer«, eine Form psychischer Kraft in Schlangengestalt. Wird die K. geweckt, steigt diese Energie durch die Wirbelsäule empor und verleiht dem Individuum außerordentliche psychonoetische Fähigkeiten. Ein vorzeitiges oder laienhaftes Wecken der K. kann zum Wahnsinn führen. Das Flammenschwert des Erzengels Michael ist in der Tradition der orthodoxen Ostkirche ein Symbol der K.

Logos: Der Teil des Absoluten, der die Existenz von Selbstbewußtheit und freiem Willen ermöglicht. Als ewige Wesen besitzen die Menschen sowohl den → heilig-geistigen als auch den Logos-Aspekt des Absoluten. Tiere hingegen haben nur den heilig-geistigen Teil. Jesus als der Christus-Logos repräsentiert den vollständigen Ausdruck des Logos-Aspektes des Absoluten. Je weiter sich der Mensch geistig entwickelt, desto mehr tritt der Logos-Aspekt in ihm in den Vordergrund. (→ Heiliger Geist)

Magus (von griech. μάγος): Wahrsager, Weiser, Sterndeuter, im Geheimwissen Bewanderter, ursprünglich Angehöriger der Priesterklasse bei Persern und Medern. Im Urtext der Evangelien wurden die drei Weisen mit diesem Begriff bezeichnet, die (Matthäus-Evangelium) dem neugeborenen Jesuskinde huldigten (und nur der Legende nach Könige waren).

Maya (Sanskrit: Illusion): Die Welt der → Existenz ist die Welt im ewigen Fließen, letztlich Nicht-Wirklichkeit. Wirklichkeit als Brahman oder Gott ist jenseits der Welt der Maya.

Metanoia (griech.: Sinnesänderung): Reue, Umkehr. Die Läuterung der derzeitigen Persönlichkeit von der Last aus Sünde und Schuld.

noetischer Körper (gespr.: no-étischer K., von griech. νοῦς = der Sinn, der Verstand): Einer der drei Körper, die die → derzeitige selbstbewußte Persönlichkeit bilden. Der Körper der Gedanken. Der noetische Leib existiert in der → noetischen Welt, der fünften Dimension. Sein Bild ist identisch mit den beiden anderen Körpern. Das Zentrum des noetischen Körpers ist das Kopf-Chakra.

noetische Welt: Die fünfte Dimension. In der noetischen Welt sind Zeit und Raum überwunden. Ein Menschenwesen, das in der noetischen Welt lebt, kann augenblicklich über jede Entfernung in Raum und Zeit reisen.

Ontopeisis (von griech. ὤυ = Sein, und πείεις = Werden): Der Prozeß, durch den das → Pneuma-Ich seine Individualität und Einzigartigkeit erlangt, nachdem die Inkarnationszyklen zu Ende sind und sobald das → Karma des niederen Selbst erschöpft ist. (→ Seele)

permanente Persönlichkeit: Der Teil von uns, in dem die Erfahrungen der Inkarnation aufgezeichnet werden und der sie von einem Leben ins nächste weiterträgt. Teil des inneren Selbst.

Pfad, der: → *Weg, der*

Phänomene (von griech. φαινόμευου = das Erscheinende): Erscheinungen in der Welt von Raum und Zeit

Pneuma: Das höchste und wirkliche Selbst. Das Pneuma-Ich im Innern; jener Teil von uns, der qualitativ identisch ist mit dem → Absoluten. Das Pneuma ist unser göttlicher Wesenskern, unveränderlich und ewig. Es wurde nie erschaffen und wird nie sterben. Das Pneuma stieg herab in die Welten der Polarität, um Erfahrung der niederen Welten zu erwerben. Dies tat es, um seine Individualität und Einzigartigkeit innerhalb des Einsseins mit dem Absoluten zu entfalten. (→ Ontopeisis)

prägende Eigenschaft des Äthers: Eigenschaft der → ätherischen Vitalität, die den Bau von Gedankenformen und noetischen Bildern ermöglicht. (→ ätherisches Doppel)

psychischer Körper (von griech. ψυχή = Seele): Einer der drei Körper, die die → derzeitige selbstbewußte Persönlichkeit bilden. Der Körper der Gefühle und Empfindungen hat sein Zentrum im Herz-Chakra. Der psychische Leib lebt in der → psychischen Welt, der vierten Dimension. Sein Bild ist identisch mit dem der beiden anderen Körper, dem → grobstofflichen und dem → noetischen.

psychische Welt: Die vierte Dimension. In der psychischen Welt ist der Raum überwunden. Wer sich in der psychischen Welt aufhält, kann augenblicklich große Entfernungen überwinden. (vergleichbar dem Begriff ›Astralwelt‹)

psychonoetischer Körper:* Die amorphe Masse von Energie, die bei der ersten Inkarnation um das Herz-Chakra erscheint. Über wiederholte Inkarnationen nimmt diese Energiemasse – sie besteht aus Gedanken und Gefühlen – mehr und mehr die Gestalt des grobstofflichen Körpers an. Im Laufe ihrer Entwicklung wird sie immer strahlender. Diesen psychonoetischen* Körper muß jedes Individuum formen und gestalten. Der Grad seiner Ausformung zeigt an, wie weit das Individuum spirituell vorangeschritten ist. Der im Aufbau befindliche psychonoetische* Körper ist zu unterscheiden von dem bereits fertigen, strahlenden und vollkommenen *psychonoetischen* Körper. Dieser psychonoetische Körper untersteht der Obhut des Heiligen Geistes. Er dient als Gußform, die der vom Menschen aufgebaute psychonoetische* Körper mehr und mehr ausfüllt, bis beide eins werden.

Sai Baba: Indischer Guru, von dem außerordentliche Wunderkräfte berichtet werden, so daß die nach Hunderttausenden zählende Schar seiner Anhänger ihn als einen Avatar, »den lebenden Gott-Menschen Indiens«, verehren. Sai Baba wurde 1926 geboren, sein Ashram ist in Puttaparti in Indien.

schöpferische Eigenschaft des Äthers: Eigenschaft der → ätherischen Vitalität, die Leben und die Phänomene Materialisation und Dematerialisation ermöglicht. Die schöpferische Eigenschaft untersteht direkt der Zuständigkeit und Kontrolle des → Heiligen Geistes. (→ ätherisches Doppel)

Schwert ohne Spitze: Ein symbolträchtiges Schwert ohne Spitze, das bei kurzen Einweihungszeremonien gebraucht wird. Der Ursprung des Schwerts wird auf die legendäre Tat eines der drei Magi zurückgeführt, die das neugeborene Jesuskind in Bethlehem besuchten. Er zerbrach sein Schwert in zwei Teile und legte es vor Jesus nieder mit den Worten: »Zu deinen makellosen Füßen, o Herr, ruht alle Macht.« Diese Worte sind in die Klinge des Schwertes ohne Spitze eingraviert. (s. Markides, *Der Magus von Strovolos*, S. 181f.)

Seele: Der Teil von uns, der rein und ungetrübt durch irdische Erfahrungen ist. Die Seele wird erschaffen, wenn ein → Pneuma-Ich durch das → Urbild des Menschen geht. Die Seele ist der Zustand Adams und Evas, bevor diese in die Welten von Zeit und Raum hinabstiegen. Jede Person war einmal Adam und Eva. Nicht: »Die Menschen *haben* eine Seele«, sondern: »Sie *sind* Seelen, die Körper haben.«

sieben Versprechen: Die s. V. gibt ein Initiat sich selbst bei der Einweihung in die Kreise der Wahrheitsforscher. Dazu gehört auch, »meine Mitmenschen zu lieben und ihnen zu dienen ... ganz gleich, wie sie sich mir gegenüber verhalten«.

sinnliche Eigenschaft des Äthers: Eigenschaft der → ätherischen Vitalität, die Gefühle, Empfindungen und Sinneserfahrungen ermöglicht. (→ ätherisches Doppel)

Sozialberater: Mitglied der → Erewna, das ohne schon Meister zu sein eine gewisse Reife erreicht hat und aufgrund seines esoterischen Wissens einen Kreis von Wahrheitsforschern leiten kann.

Steiner, Rudolf: Deutscher Gelehrter und christlicher Mystiker Anfang des 20. Jahrhunderts. Begründer der Anthroposophie, die aus der theosophischen Bewegung hervorging. Der Hellseher von Rang, Lehrer esoterischen Wissens und Visionär erklärte, daß wir eine Geisteswissenschaft entwickeln können, eine »Wissenschaft von den höheren Welten«. Steiner- (»Waldorf«-) Schulen in allen größeren Städten Westeuropas und der USA basieren auf der Lehre dieses außerordentlichen Lehrers.

Stoa: Raum oder Gebäude, in dem Zusammenkünfte und Treffen der Wahrheitsforscher stattfinden. Name des Raumes hinter dem Hause des Daskalos, der für diesen Zweck genutzt wird.

Synantilepsis: »Ko-Wahrnehmung«. Zwei oder mehr Menschen nehmen auf genau die gleiche Weise eine Lektion in ihr Bewußtsein auf oder einen Gegenstand wahr.

Theose (von griech. ϑεός = Gott): Die letzte Stufe in der Entwicklung des Selbst, nachdem es die Erfahrung der grobstofflichen Materie durch aufeinanderfolgende Inkarnationen hinter sich hat. Wiedervereinigung mit der Gottheit.

universales Gedächtnis: Jedes Materieteilchen in allen Dimensionen birgt das gesamte Wissen der Schöpfung. Jede Regung oder Bewegung, sei es Gedanke, Gefühl oder Tat, wird im universalen Gedächtnis aufgezeichnet. In der esoterischen Literatur wird es oft Akasha-Chronik genannt.

unsichtbare Helfer: Meister, die in den → psychischen und → noetischen Dimensionen leben und für die materiellen, körperlichen Augen unsichtbar sind (z. B. Dominico, einer von Kostas' geistigen Führern). Außerdem Meister, die wie Daskalos und Kostas in der grobstofflichen Dimension leben, sich jedoch in der → Eksomatose befinden und dem menschlichen Leben in der grobstofflichen ebenso wie in anderen Dimensionen helfen.

Urbild des Menschen (im Original: *human idea.* Da das Wort Idee im Deutschen nicht mehr dem Sinn des zugrundeliegenden, der griechischen Philosophie entstammenden und hier gemeinten Begriffes entspricht – dem Archetypus –, wurde statt dessen in der Übersetzung das Wort Urbild gebraucht.): Der → Archetypus Mensch, ein ewiger Archetypus innerhalb des Absoluten. Wenn ein → Pneuma-Ich (Emanation einer → heiligen Monade) das Urbild des Menschen passiert, nimmt menschliche Existenz ihren Anfang.

überbewußtes Selbstgewahrsein: Zustand in der spirituellen Entwicklung des Mystikers an der Schwelle zur → Theose. Meisterschaft über die drei Körper. Bewußte und echte → Eksomatose. Die Entfaltung der psychischen Fähigkeiten verlief parallel zur Entwicklung des spirituellen Bewußtseins.

vierte Dimension: → psychische Welt

Weg, der: Der Weg der Ich-Seele zu Selbsterkenntnis und schließlich Theose.

weißes Gewand: Das weiße Gewand wird von Initiaten bei Zusammenkünften des → inneren Kreises getragen. Es dient als Symbol für Reinheit in Herz und Sinn. Der Initiat erhält das weiße Gewand nach seiner Einweihung in den inneren Kreis verliehen.

Welt der Urbilder: → höhere noetische Welt

Yogananda, Paramahansa: Berühmter indischer Yogi (1893-1952) und verehrter Heiliger, Verfasser des Klassikers *Autobiographie eines Yogi*

Yohannan: Der hebräische Name des hl. Johannes, Autor des nach ihm benannten Evangeliums. Daskalos und Kostas bezeichnen sich als Kanäle von Yohannan, jene Erzengel-Superintelligenz, die die spirituelle Evolution des Menschen auf dem Planeten Erde überwachen soll. Die Erewna als ein System spiritueller Praxis basiert auf den Lehren von Yohannan, dem Lieblingsjünger Jesu.